权威·前沿·原创

皮书系列为
"十二五""十三五"国家重点图书出版规划项目

中国社会科学院创新工程学术出版项目

广东省普通高校人文社会科学重点研究基地广州大学广州发展研究院研究成果
广东省教育厅"广州学"协同创新发展中心、广州市教育局"广州学"协同创新重大项目研究成果

广州蓝皮书
BLUE BOOK OF GUANGZHOU

丛书主持/涂成林

2016年中国广州经济形势分析与预测

ANALYSIS AND FORECAST ON ECONOMY OF GUANGZHOU IN CHINA
(2016)

主　编/庾建设　陈浩钿　谢博能
副主编/涂成林　张跃国　李文新

社会科学文献出版社
SOCIAL SCIENCES ACADEMIC PRESS (CHINA)

图书在版编目(CIP)数据

2016年中国广州经济形势分析与预测/庾建设,陈浩钿,谢博能主编. -- 北京:社会科学文献出版社,2016.7
(广州蓝皮书)
ISBN 978 - 7 - 5097 - 9158 - 5

Ⅰ.①2… Ⅱ.①庾… ②陈… ③谢… Ⅲ.①区域经济 - 经济分析 - 广州市 - 2015②区域经济 - 经济预测 - 广州市 - 2016　Ⅳ.①F127.651

中国版本图书馆 CIP 数据核字(2016)第 110012 号

广州蓝皮书
2016年中国广州经济形势分析与预测

主　　编／庾建设　陈浩钿　谢博能
副 主 编／涂成林　张跃国　李文新

出 版 人／谢寿光
项目统筹／任文武
责任编辑／张丽丽　王　颉

出　　版／社会科学文献出版社·皮书出版分社 (010) 59367127
　　　　　地址:北京市北三环中路甲29号院华龙大厦　邮编:100029
　　　　　网址:www.ssap.com.cn

发　　行／市场营销中心 (010) 59367081　59367018
印　　装／北京季蜂印刷有限公司

规　　格／开　本:787mm×1092mm　1/16
　　　　　印　张:24.25　字　数:390千字
版　　次／2016年7月第1版　2016年7月第1次印刷
书　　号／ISBN 978 - 7 - 5097 - 9158 - 5
定　　价／85.00元

皮书序列号／B - 2011 - 158

本书如有印装质量问题,请与读者服务中心 (010 - 59367028) 联系

▲ 版权所有 翻印必究

广州蓝皮书系列编辑委员会

丛书执行编委　（以姓氏笔画为序）

丁旭光　于欣伟　马正勇　王宏伟　王福军
邓成明　邓佑满　邓建富　叶牛平　朱名宏
危伟汉　刘保春　孙　玥　杨　秦　李文新
肖振宇　何镜清　邹采荣　汪茂铸　沈　奎
张跃国　张　强　陆志强　陈小钢　陈怡霓
陈浩钿　陈　爽　陈雄桥　欧阳知　周建军
屈哨兵　贺　忠　袁锦霞　顾涧清　徐　柳
徐俊忠　郭　凡　涂成林　桑晓龙　黄湘平
庾建设　彭高峰　董　皞　傅继阳　赖天生

《2016年中国广州经济形势分析与预测》编辑部

主　　编　庚建设　陈浩钿　谢博能
副 主 编　涂成林　张跃国　李文新
本书编委　（以姓氏笔画为序）

丁艳华　王满四　区海鹏　叶思海　叶祥松
冯　俊　刘秋得　刘　峰　孙晓茵　李　元
李长清　李江涛　李颂东　肖穗华　吴开俊
何晓晴　汪文姣　张秀玲　张其学　张贻兵
陈幸华　陈泽鹏　陈建年　陈婉清　陈　骥
林清才　罗交晚　周林生　周凌霄　庞永师
姚华松　秦　春　聂衍刚　涂雄悦　黄小娴
黄　旭　彭诗升　彭建国　蒋年云　傅元海
蔡兴勇　谭苑芳　缪晓苏　魏绍琼

本书编辑部成员

吕慧敏　杨宇斌　李　文　戴荔珠　梁华秀
王　龙　于荣荣　魏高强　谢意浓　曾恒皋
周　雨　徐佐祺　易卫华　宁超乔　徐阳生
徐子萱　苏维勇　梁柠欣　利小玲

主要编撰者简介

庾建设 男，现任广州大学党委书记，教授，博士生导师。1991年获博士学位，1992年晋升为教授，1994年被聘为博士生导师。曾任湖南大学应用数学系副主任、主任；1993~1994年在加拿大阿尔伯塔大学做访问学者；1997年至2003年12月任湖南大学党委常委、副校长；2003年12月至2013年12月任广州大学校长。主要从事常微分方程与泛函微分方程以及差分方程的理论与应用研究。曾获部省科技进步一等奖2项，二等奖3项。先后主持国家级科研项目9项，部省科研项目16项。获国家教学成果一等奖1项，省教学成果一等奖2项。1994年获国务院特殊津贴，1996年入选国家"百千万"人才工程第一、二层次人选，1997年被评为湖南省十大新闻人物，1998年被评为全国教育系统劳动模范，1999年被评为国家有突出贡献的中青年专家，2000年被列入教育部跨世纪优秀人才培养计划，2002年获第三届教育部"高校青年教师奖"，2006年获国家杰出青年基金。

陈浩钿 男，现任广州市统计局局长。1981年起先后在广州大学、广东省委党校、中山大学接受历史学本科、经济学研究生和工商管理硕士教育，1988年获得经济师职称。1985年后一直在广州市政府工作，先后任广州市发改委副主任、广州市统计局局长，党组书记。长期从事城市战略规划、宏观经济管理和投资项目管理工作，主持多项广州市长期发展规划、综合经济政策、体制改革方案的制定，从事重大问题研究，出版并发表经济分析、产业发展、社会发展等相关专著及论文。

谢博能 男，现任广州市政府研究室主任、党组书记，广州市社会科学联合会兼职副主席。1990年毕业于中山大学，获得经济学硕士学位。曾赴美国马里兰大学进修学习公共管理一年，在国家行政学院、清华大学等参加公共政策研究专题研讨学习。长期在广州市政府机关从事政策研究工作，主持起草市政府重要文稿和政策性文件，在宏观经济、改革开放、财经贸易、科技创新、工业交通、农业农村、城市规划建设管理、文化建设、社会管理等领域，组织开展大量的专题调查研究，并主持撰写重要课题研究报告。

涂成林 男，现任广州大学广州发展研究院院长，研究员，博士生导师。广州市杰出专家，国务院特殊津贴专家。1985年起，曾先后在湖南省委理论研究室、广州市社会科学院、广州大学工作。兼任广东省体制改革研究会副会长、广东省综合改革研究院副院长、广州市蓝皮书研究会会长等。曾赴澳大利亚、新西兰、加拿大等国做访问学者。目前主要从事城市综合发展、文化科技政策及西方哲学、唯物史观等方面的研究。先后在《中国社会科学》《哲学研究》《中国社会科学内部文稿》《中国科技论坛》等刊物发表论文100余篇，专著有《现象学的使命》《国家软实力和文化安全研究》《自主创新的制度安排》等，主持和承担国家社科基金重大项目、一般项目、省市社科规划项目、省市政府委托项目60余项。获得国家、省市政府哲学社会科学奖项20余项，获得"广州市优秀中青年哲学社会科学工作者""广州市杰出专家"等称号。

张跃国 男，现任广州市社会科学院党组书记。1992年7月毕业于中国人民大学中文系，2002年6月毕业于中山大学法学院法律硕士班。先后担任广州市中级人民法院研究室副主任、广州南沙开发区国土房管分局局长助理（挂职）、广州市委政策研究室科教社会处副处长、广州市委政策研究室城乡发展处处长、中共广州市委政策研究室（改革办）副主任。主要从事广州城市发展战略、发展目标、对策措施，广州市经济社会发展综合性政策、各项建设指导性意见和支持政策研究，参与撰写历次市党代会、市委全会报告和专题工作会议报告，多项研究成果转化成市委、市政府有关政策文件。

李文新 男，现任广州市政府研究室副主任。毕业于中山大学行政管理专业，获得硕士学位，长期从事城市发展规划、城市管理、社区治理等方面的研究，参与《政府工作报告》、街道和社区建设意见、简政强区事权改革方案、投资管理实施细则等多个政府政策文件的起草工作，参与广州新型城市化发展系列丛书的编写。

摘 要

《2016年中国广州经济形势分析与预测》由广州大学与广州市政府研究室、广州市统计局联合主编，作为广州蓝皮书系列之一列入社会科学文献出版社的"国家皮书系列"并面向全国公开发行。本书由总报告、经济发展篇、转型升级篇、产业发展篇、财政税收篇、贸易消费篇、附录七个部分组成，汇集了广州科研团体、高等院校和政府部门诸多经济问题研究专家、学者和实际部门工作者的最新研究成果，是关于广州经济运行情况和相关专题分析、预测的重要参考资料。

2015年，面对复杂严峻的国内外环境，广州市主动适应和引领经济发展新常态，坚持稳中求进工作总基调，全力以赴稳增长、促改革、调结构、惠民生，全市经济社会发展呈现稳中有进、稳中提质的良好局面。全市实现地区生产总值（GDP）18100.41亿元，同比增长8.4%，增速高于全国和全省。

2016年，世界经济增长分化趋势更为突出，国内经济领域长期积累的深层次矛盾正在逐步凸显，广州市将通过构建现代产业体系、促进投资增长、深入挖掘消费潜力、着力优化发展环境、实施创新驱动战略、提升对内对外开放水平等政策措施，为经济发展带来新动力。

目　录

Ⅰ 总报告

B.1 2015年广州市经济形势分析和2016年展望
　　………………………………… 广州大学广州发展研究院、
　　　　　　　　　　　　广州市统计局综合处联合课题组 / 001
　　一　2015年广州市经济运行情况分析 ……………………… / 002
　　二　经济运行中需要关注的问题 …………………………… / 010
　　三　2016年展望与对策建议 ………………………………… / 013

Ⅱ 经济发展篇

B.2 2015年广州经济发展质量状况及2016年展望
　　……………………………………………………… 傅元海 / 019
B.3 2015年广州外向型经济发展现状分析和2016年展望
　　……………………………………………………… 邹文理 / 040
B.4 关于越秀区在副省级中心城区综合竞争力的研究
　　…………………… 广州市越秀区发改局2015年课题调研组 / 054
B.5 新常态下关于广州市白云区经济发展的研究
　　…………………………… 广州市白云区政协课题调研组 / 074
B.6 2015年广州、增城、南沙三大国家级经济技术开发区比较研究
　　……………………………………………………… 戴荔珠 / 084

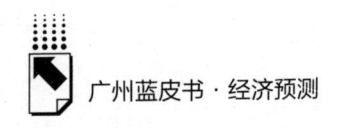

Ⅲ 转型升级篇

B.7 2015年广州金融创新现状分析与2016年展望
　　　　　　　　　　　　　　　　　　　　　黄燕辉 / 094

B.8 创新驱动广州经济发展的路径研究 …………… 陈　贝 / 104

B.9 2015年广州总部经济发展现状分析与2016年展望 ……… 聂　鹏 / 122

B.10 广州越秀区楼宇经济发展的现状和对策研究
　　　　　　　　　　　　　广州大学广州发展研究院课题组 / 131

B.11 海珠区产业转型升级的路径研究 ………………… 符祥东 / 146

Ⅳ 产业发展篇

B.12 广州市产业结构特征及影响因素分析
　　　　　　　　　　　　　　　广州市统计局综合处课题组 / 164

B.13 广州与国内六大城市产业结构的比较研究
　　　　　　　　　　　　　广州市发展改革委员会综合处课题组 / 185

B.14 广州市骨干企业发展情况研究 …… 广州市统计局综合处课题组 / 197

B.15 2015年广州都市农业现状分析与2016年展望
　　　　　　　　　　　　　广州大学广州发展研究院课题组 / 212

B.16 关于越秀区主导产业发展的研究
　　　　　　　　　　　　　越秀区发改局2015年课题调研组 / 224

Ⅴ 财政税收篇

B.17 广州地区分行业地方财力贡献度比较研究
　　　　　　　　　　　　　广州市地方税收研究会课题组 / 236

B.18 广州空港临空产业税源发展问题研究
　　　　　　　　　　　　　广州市国际税收研究会课题组 / 254

B.19 广东自贸区南沙片区税收政策的国内外借鉴研究
　　　……………………………… 广州市国际税收研究会课题组 / 261
B.20 基于地方财税视角的互联网金融发展探析
　　　……………………………… 广州市越秀区地方税务局课题组 / 275

Ⅵ 贸易消费篇

B.21 广州市就业者收入差距影响因素研究 …………………… 潘　旭 / 287
B.22 广州居民消费结构的变化趋势及2016年展望
　　　………………………………………………………… 李玲玲 / 302
B.23 2015年广州开展负面清单管理的现状、问题及对策分析
　　　………………………………………………………… 刘　广 / 317
B.24 广州城市居民消费意向调查研究 ………………………… 乔　勇 / 332
B.25 广州市白云区专业市场发展研究
　　　………………………………… 广州市白云区政协财贸组课题组 / 338

Ⅶ 附　录

附表1　2015年广州市主要经济指标 ………………………………… / 352
附表2　2015年全国十大城市主要经济指标对比 …………………… / 354
附表3　2015年珠江三角洲主要城市主要经济指标对比 …………… / 356

Abstract ……………………………………………………………… / 358
Contents ……………………………………………………………… / 359

皮书数据库阅读使用指南

总 报 告
General Report

B.1
2015年广州市经济形势分析和2016年展望[*]

广州大学广州发展研究院、广州市统计局综合处联合课题组[**]

摘　要： 2015年，面对复杂严峻的国内外环境，广州市主动适应和引领经济发展新常态，采取多种手段促使经济稳增长，全市经济社会发展呈现稳中有进的良好局面。2016年，广州市将通过构建现代产业体系、促进投资增长、深入挖掘消费潜力、

---

[*] 本报告是广东省普通高校人文社科重点研究基地广州大学广州发展研究院、广东省教育厅"广州学"协同创新发展中心、广州市教育局"广州学"协同创新重大项目的研究成果。

[**] 课题组组长：涂成林，广州大学广州发展研究院院长、研究员、博士生导师；黄平湘，广州市统计局副局长。成员：周凌霄，广州大学广州发展研究院副院长、副教授；谭苑芳，广州大学广州发展研究院副院长、教授、博士；汪文姣，广州大学广州发展研究院所长、博士；冯俊，广州市统计局处长；陈婉清，广州市统计局副处长；李俊，广州市统计局主任科员；黄旭，广州大学广州发展研究院所长、副教授。执笔：周凌霄、李俊。

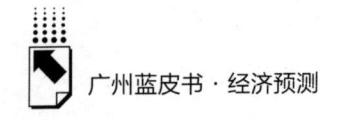

着力优化发展环境、实施创新驱动战略、提升对内对外开放水平等政策措施，为经济发展带来新动力。

关键词： 广州　经济形势　经济运行

一　2015年广州市经济运行情况分析

2015年以来，面对复杂严峻的国内外环境，广州市主动适应和引领经济发展新常态，坚持稳中求进工作总基调，全力以赴稳增长、促改革、调结构、惠民生，全市经济社会发展呈现稳中有进、稳中提质的良好局面。

（一）经济运行整体态势稳中有升

2015年，经初步核算并由省统计局核定，广州市的地区生产总值（GDP）为18100.41亿元，同比增长了8.4%，增速虽然比2014年（8.6%）略有下降（见图1），但仍高于全国（6.9%）和全省（8.0%）水平。与国内其他大城市相比，广州的增速领先于北京（6.9%）、上海（6.9%），低于深圳（8.9%）、天津（9.3%）、重庆（11.0%）。此外，与前三季度（8.3%）、上半年（8.1%）、一季度（7.5%）的增速相比（见图2），分别提升了0.1个、0.3个和0.9个百分点，说明经济增长的整体态势呈现稳中有升。

分三大产业来看，2015年广州市第一、第二、第三产业完成增加值分别为228.09亿元、5786.21亿元、12086.11亿元，较2014年增长了2.5%、6.8%、9.5%。三次产业结构为1.26∶31.97∶66.77，第三产业的增加值比重较2014年提高了1.55个百分点，对经济增长的贡献率达到了70.6%，首度超过七成，反映出产业结构更趋优化（见图3）。

（二）从三大供给看，农业、工业发展稳定，第三产业保持平稳较快增长

农业生产保持平稳。2015年，全市实现农业增加值246.89亿元，增长2.8%。现代农业稳步发展，分别新增农民专业合作社和市级以上示范社124

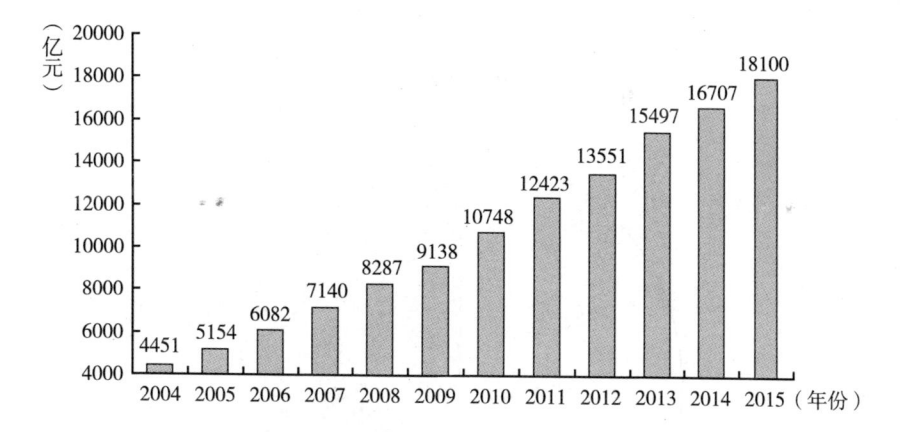

图1 2004~2015年广州市GDP情况

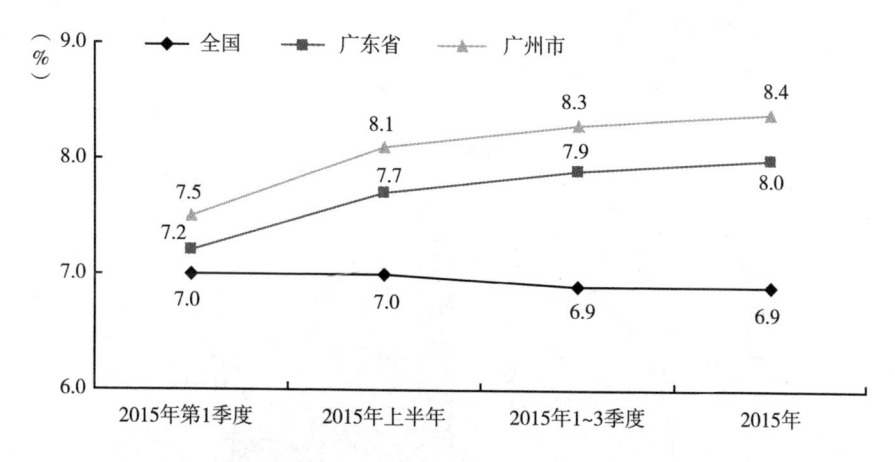

图2 2015年全国、广东省、广州市GDP各季度累计增速

家和6家。圆满完成6个名镇和86个名村创建任务,第三批47个美丽乡村试点中的市财政出资项目已全面完工。

工业生产稳中提质。广州通过实施工业转型升级攻坚战三年行动方案,设立工业发展资金支持机器换人等制造业高端化、智能化发展和工业技术改造。2015年,全市完成规模以上工业总产值18712.36亿元,同比增长6.4%。支柱产业带动经济发展的作用突出,三大支柱产业总产值达到9119.25亿元,增长8.7%,增速比全市平均水平高出2.3个百分点(见图4)。其中,汽车制造业增长6.0%,汽车产、销分别增长12.0%、14.9%,比全国汽车产、销增速

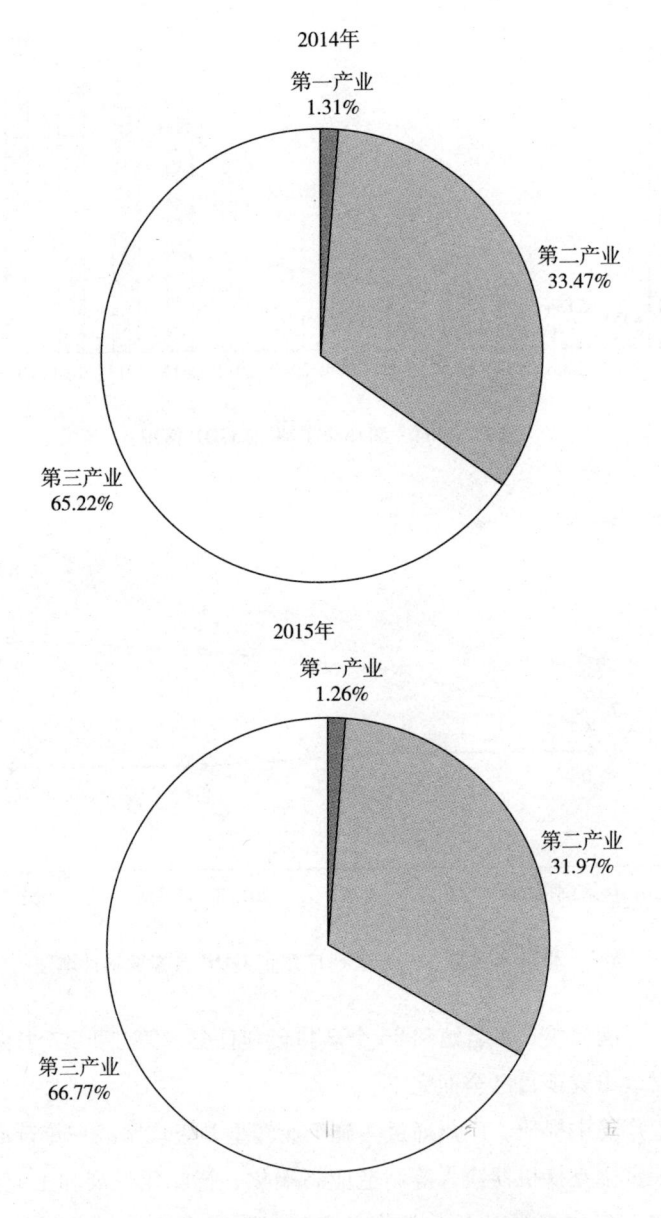

2014年
第一产业 1.31%
第二产业 33.47%
第三产业 65.22%

2015年
第一产业 1.26%
第二产业 31.97%
第三产业 66.77%

图3　2014年、2015年广州市三次产业结构

高出了8.7个和10.2个百分点；电子产品制造业继续保持较好增长势头，增速达到20.6%。先进制造业、高技术制造业增加值分别增长8.8%、19.4%，增速分别高于规模以上工业增加值1.6个和12.2个百分点，工业结构向高端化发展趋势明显。

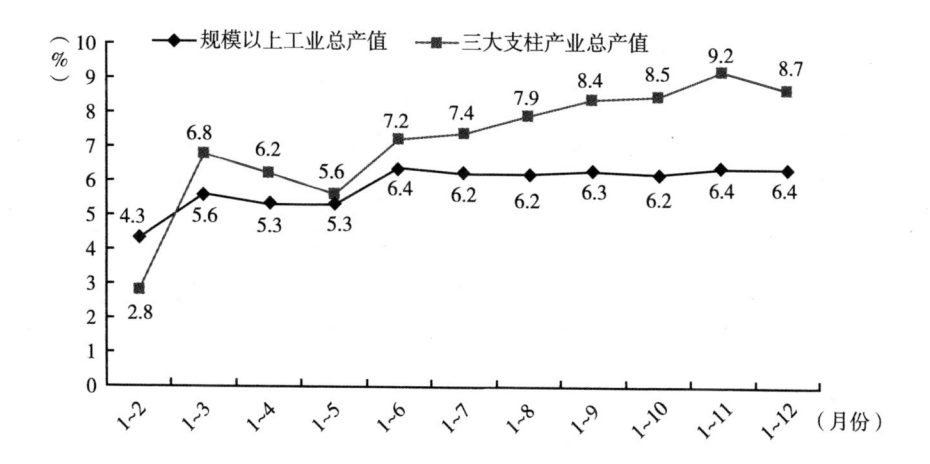

图4 2015年广州市规模以上工业总产值及三大支柱产业总产值各月累计增速

现代服务业发展势头良好。

——国际性综合交通枢纽功能增强。2015年，广州港口的货物吞吐量达到5.20亿吨，集装箱的吞吐量达到1759万标箱。旅客周转量、客运量、货物周转量、货运量分别较2014年同比增长9.0%、8.3%、4.2%、3.9%。白云国际机场旅客吞吐量达到5520.94万人次，居全国第三位。网购的火爆带动快递业务快速发展，快递业务收入占全市邮政业务收入的九成，全年快递业务量同比增长43.8%。全年城市接待过夜游客5657.95万人次，同比增长6.2%；旅游业总收入2872.18亿元，同比增长13.9%。

——现代金融服务体系建设力度加大。金融业增加值增长14.2%，居各行业之首。12月末，金融机构本外币存贷款规模扩大，各项存款余额和贷款余额分别为42843.67亿元和27296.16亿元，同比分别增长12.7%和12.4%。其中中长期贷款增长23.6%，增势良好。金融新业态发展势头凸显，新增"新三板"挂牌企业110家，持牌金融机构20家，设立和引进的互联网金融企业达到200多家。

（三）从三大需求看，投资增长较快，消费保持畅旺，对外贸易取得突破

投资增长较快。2015年，广州市完成固定资产投资5405.95亿元，同比增长了10.6%（见图5）。全力推进重点项目建设工作，156个重点项目共完成投资额1209亿元。工业技改投资增势强劲，增速达51.7%，带动工业投资增速加快。全年工业投资达到754.78亿元，增长了10.2%。民间投资比较活跃，房地产开发投资增速较快，全市民间投资和房地产开发投资分别为2397.76亿元、2137.59亿元，增长了35.8%和17.7%，增速高于全市投资25.2个和7.1个百分点。生产性服务业投资增长较快，租赁和商务服务业，金融业，信息传输、软件和信息技术服务业等投资增速分别达到310%、19.9%、17.7%。

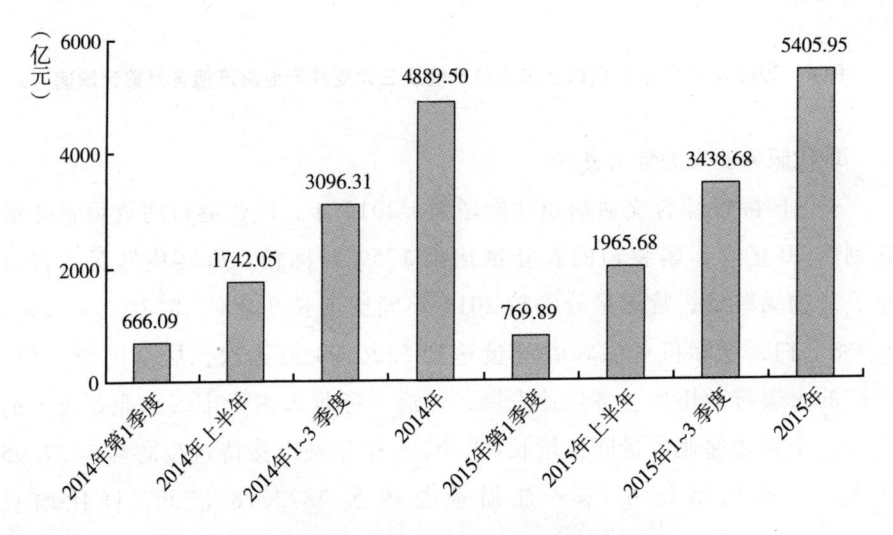

图5 2014~2015年广州市固定资产投资

消费保持畅旺。2015年，广州市通过重点商圈推进升级改造，巩固提升批发市场、百货商场等传统业态，同时积极培育信息、文化、健康、旅游等消费的新热点、新业态，全年实现社会消费品零售总额为7932.96亿元，同比增长了11.0%（见图6），增幅高于全国和全省，其中批发零售业、住宿餐饮业分别增长11.2%、9.8%。网购及与信息消费相关的商品继续保持快速增长势

头，限额以上网上商店零售额增长达到62.1%，对社会消费品零售总额增长的拉动作用明显；通信器材类商品零售额增长了43.5%。全市的消费集聚能力呈现不断提高的发展态势。

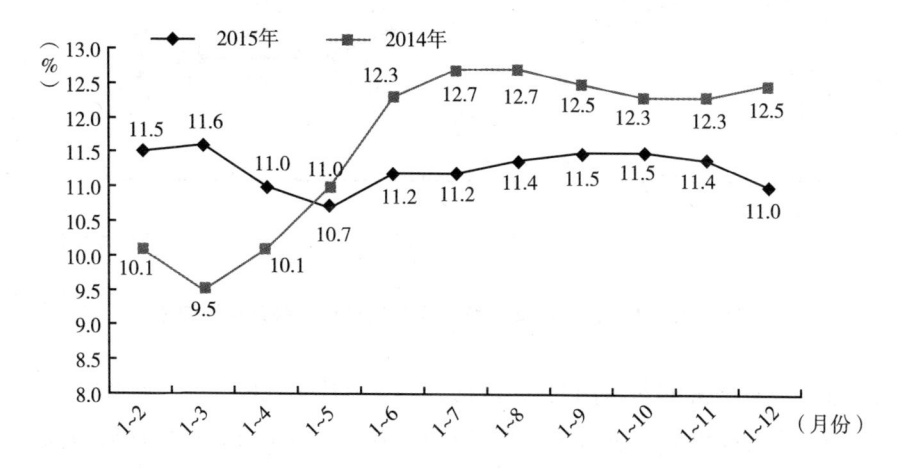

图6　2014年、2015年广州市社会消费品零售总额各月累计增速

对外贸易取得突破。2015年，广州市利用自身作为跨境贸易电子商务试点城市和自贸试验区的政策优势，积极发展跨境电子商务、服务外包、保税物流，全年完成进出口总值8306.41亿元，增长了3.5%，增幅明显高于全国和全省；其中出口总值为5034.67亿元，增长了12.7%。跨境贸易电子商务进出口增长迅速，达到67.50亿元，增长了3.7倍，在全国试点城市中位居第一。目前，广州跨境电商企业总数已达777家，建成及在建投资额在5000万元以上的跨境电商园区总计11个。

（四）从发展动力看，深化改革催生新动能，民营经济活力增强，创新驱动能力提升

深化改革催生新的发展动能。深化改革、简政放权进一步释放了市场活力。一是商事登记制度改革有力地促进了大众创业。2015年，全市新登记注册的市场主体增长14.9%，新登记企业数量呈现快速增加状态，其中信息服务业新登记内资市场主体增长99.9%。二是小微企业释放大能量。减税降费政策发挥作用，实体经济获得更多金融支持，小微企业保持活跃。规模以上小

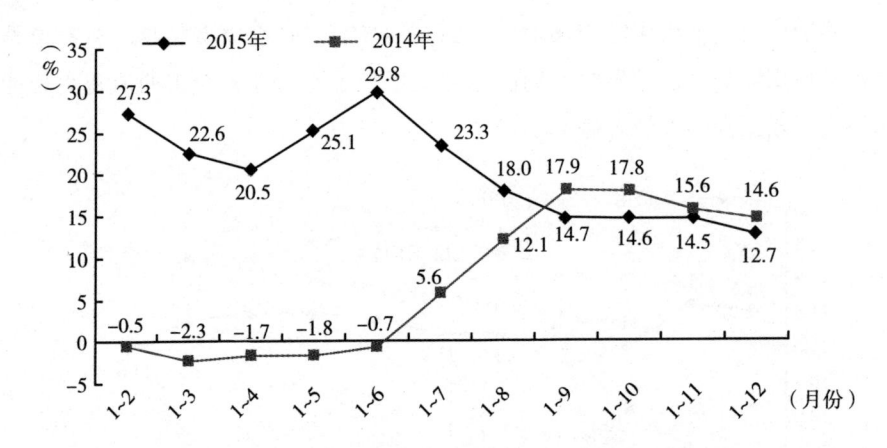

图7　2014年、2015年广州市商品出口总值各月累计增速

微企业工业总产值4429.84亿元,增长10.5%,快于规模以上工业增速4.1个百分点,占规模以上工业的比重达到了23.67%。三是自贸试验区政策显效。广东自贸试验区南沙新区片区挂牌运行,为金融、贸易等领域的制度创新和开发开放带来新的机遇,政策效应初步释放,新增市场主体5790家,注册资本697.3亿元。

民营经济活力增强。2015年,广州民间投资增长速度为35.8%,快于全社会投资增速25.2个百分点,所占比重上升到44.4%,同比提高了8.3个百分点。全市规模以上的民营工业总产值增长了8.2%,高于规模以上工业总产值增速1.8个百分点,所占比重达到了23.84%。

创新驱动能力提升。实施财政投入和孵化器双倍增计划,科技创新引领作用增强。2015年,全市发明专利申请20087件,发明专利授权6626件,分别增长了37.7%和44.4%。规模以上高新技术产品产值增长速度快于工业平均水平,占规模以上工业的比重较上年同期提高1.0个百分点,达到45.0%,拉动规模以上工业增长了3.6个百分点,高新技术产业体现出了比较强的带动作用。

(五)从质量效益看:财政收支增长较快,服务业企业利润增长迅速,工业企业扭亏为盈

财政收支增长较快。2015年,全市一般公共预算收入1349.09亿元,增长8.5%(见图8)。其中税收收入1055.99亿元,增长6.0%。增值税、营业税、企业所得税和个人所得税分别增长6.1%、6.2%、7.7%和19.1%。一般公共预算支出1728.15亿元,增长20.3%。

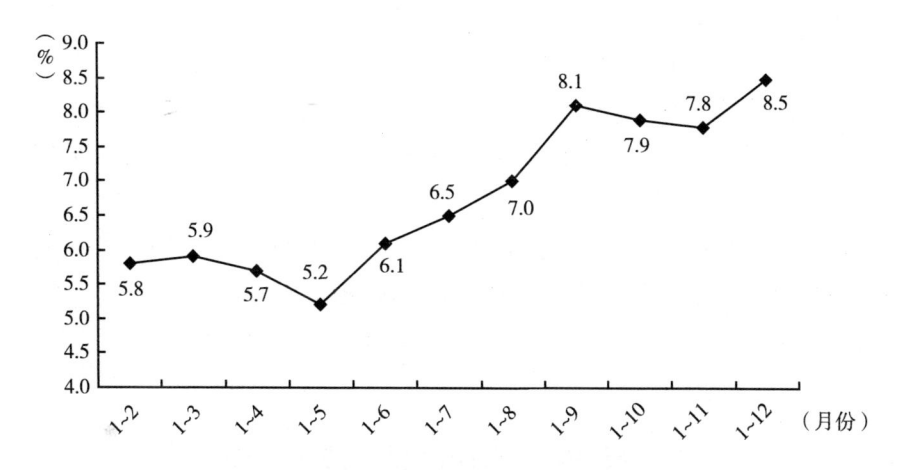

图8　2015年地方一般公共预算收入各月累计增速

服务业企业利润增长迅速。1~11月,规模以上服务业企业营业利润增长36.1%。其中商务服务业增长31.0%,软件和信息技术服务业增长10.5%,交通运输、仓储和邮政业营业利润扭亏为盈,以上三个行业合计实现营业利润占比超七成。

工业企业扭亏为盈、亏损面收窄。1~11月,规模以上工业企业实现利润总额956.34亿元,同比增长1.0%。企业亏损面为20.1%,比前三季度收窄2.85个百分点。其中汽车制造业、化学原料和化学制品制造业、电力热力生产和供应业实现利润超百亿元。

（六）从民生改善看,消费价格保持平稳,就业形势稳定,民生投入持续加大,居民收入稳定增加

消费价格保持平稳。2015年,全市城市居民消费价格（CPI）同比上涨1.7%,上涨幅度为2010年以来最低;其中消费品和服务项目价格分别上涨0.5%和4.3%。工业生产者出厂价格（PPI）和购进价格（IPI）分别下降3.2%和6.3%。

就业形势稳定。通过实施促进就业的措施,2015年,城镇新增就业人员

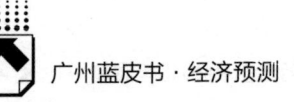

27.47万人、失业人员实现再就业18.04万人,均超额完成年度任务。城镇登记失业率为2.2%,控制在3.5%的目标以内。

民生投入持续加大。2015年,一般公共预算支出中,财政支出有力地保障了民生支出,教育、社会保障和就业、医疗卫生与计划生育分别支出289.41亿元、203.43亿元和133.87亿元,分别增长26.4%、36.1%和15.1%,合计占全市地方一般公共预算支出的比重为36.26%,较上年同期提高1.80个百分点。

居民收入稳定增加。根据城乡一体化住户调查数据,2015年,广州城市和农村常住居民人均可支配收入分别为46606元和19323元,同比分别增长8.5%和9.4%,增速与GDP增速基本同步。

二 经济运行中需要关注的问题

(一)工业发展后劲有待增强

一是新增工业企业量少、拉动力弱。2015年仅新增规模以上工业企业10家,完成产值仅12.40亿元。工业投资754.78亿元,占固定资产投资的14.0%,低于"十一五"的20.9%和"十二五"前四年的15.0%。与国内大城市相比差距较明显,2015年天津市、重庆市工业投资分别达到5054.83亿元、4990.09亿元。

二是部分工业大户生产回落,部分行业总产值下降。全市4507家规模以上工业企业中,有1873家企业生产下降,其中286家降幅超过50%。产值排名前30的企业中有7家企业生产出现下降,合计拉低全市规模以上工业总产值增速1.4个百分点。2015年,广州全市完成规模以上工业总产值18712.36亿元,而天津市、重庆市规模以上工业总产值分别达到28016.75亿元、21404.66亿元。广州市三大支柱产业总产值9119.25亿元,增长8.7%,虽然与2014年(8.8%)基本持平,但与2013年(16.3%)相比回落幅度较大。此外,在全市35个工业行业大类中,有10个行业出现负增长,工业整体发展态势存在一定隐忧。

三是新兴产业尚处于培育壮大时期。2015年,广州先进制造业、高技术制造业增加值分别增长8.8%、19.4%,高技术制造业增加值占规模以上工业的比重达到11.7%。而深圳先进制造业、高技术制造业增加值分别增长11.3%、9.6%，占规模以上工业增加值比重分别为76.1%、66.2%，其中，计算机、通信和其他电子设备制造业增加值占规模以上工业增加值比重突破六成，达到62.1%。所以，广州在战略性新兴产业和新业态的培育上仍然任重道远。

（二）投资状况有待改善

一是投资规模偏小。2015年，广州固定资产投资（5405.95亿元）仅为天津（13065.86亿元）的41.37%、重庆（15480.33亿元）的34.92%，也低于北京（7990.90亿元）、上海（6352.70亿元）等城市，投资率也低于全国平均水平（见表1）。

二是投资量大质优的产业项目仍然较少。广州全年计划投资额超亿元的项目有2060个，比上年同期减少128个；新开工大项目个数不多，2015年新开工建设项目中只有389个项目完成投资超亿元，比上年（503个）减少114个，稳定投资增长的压力仍然较大。

表1 2015年国内主要城市投资增长情况

单位：亿元，%

城市	固定资产投资	增速	工业投资	增速	民间投资	增速	房地产投资	增速
广州	5405.95	10.6	754.78	10.2	2397.76	35.8	2137.59	17.7
北京	7990.90	5.7	671.30	-5.7	3296.20	25.8	4226.30	8.1
上海	6352.70	5.6	957.17	-17.2	—	—	3468.94	8.2
天津	13065.86	12.1	5054.83	5.0	—	12.5	1871.55	10.1
深圳	3298.31	21.4	591.05	13.4	1691.91	0.9	1331.03	24.5
重庆	15480.33	17.1	4990.09	19.8	7731.64	17.9	3751.28	3.3

资料来源：根据各地统计数据整理。

（三）消费需求有待扩展

2015年，全市消费品市场发展较为稳定，社会消费品零售总额增长11.0%（见表2），但主要是依靠网上销售、通信器材等商品销售的支撑，进一步提升难度较大。

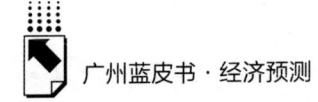

一是高档宾馆酒店消费呈下降态势，全市星级宾馆营业额下降3.3%，其中五星级以上酒店营业额下降0.2%。

二是网上销售额的快速增长，挤压了部分实体店的销售增长空间。限额以上有店铺企业零售额增长3.2%，增速低于全市社会消费品零售总额增速7.8个百分点，其中专业店零售额下降0.1%，百货店零售额仅增长4.4%。

表2　2015年国内主要城市社会消费品零售总额情况

单位：亿元，%

城市	社会消费品零售总额	增速	限额以上网上商店零售额	增速
广州	7932.96	11.0	516.21	62.1
北京	10338.00	7.3	2016.90	40.2
上海	10055.76	8.1	1091.35	31.6
天津	5245.69	10.7	244.03	95.2
深圳	5017.84	2.0	—	—
重庆	6424.02	12.5	177.87	40.2

资料来源：根据各地统计数据整理。

（四）科技创新能力有待提高

"十二五"时期，广州市一直在加大科技创新力度，出台"1+9"科技创新系列政策，实施财政科技投入和孵化器双倍增计划，推进知识产权示范和枢纽城市建设。2015年广州市财政科技支出71.70亿元，是2010年的4.68倍；科技企业孵化器119家、孵化面积650万平方米，分别是2010年的4.25倍、3.76倍；在孵企业超过6000家；工业高新技术产品产值8420.56亿元；发明专利授权6626件，比2014年增长44.1%。但与北京、上海、深圳等城市相比，广州市科技创新能力仍然需要进一步提高（见表3、表4）。

表3　2013~2015年我国部分城市发明专利受理状况统计

单位：件

城市	2013年	2014年	2015年
北京	67554	78129	88930
上海	39157	39133	46976
广州	12174	14595	20087

续表

城市	2013年	2014年	2015年
深圳	32200	31097	40028
天津	21946	23391	28510
重庆	12562	19418	35086
杭州	14054	14800	17814
南京	22482	28050	27825
西安	23534	21383	14244
成都	17327	22096	29791

资料来源：根据国家知识产权局统计数据整理。

表4 2013~2015年我国部分城市发明专利授权状况统计

单位：件

城市	2013年	2014年	2015年
北京	20695	23237	35308
上海	10644	11614	17601
广州	4057	4597	6626
深圳	10987	12032	16956
天津	3141	3279	4624
重庆	2360	2321	3964
杭州	4915	5559	8298
南京	4735	5275	8268
西安	3708	4379	5992
成都	3196	4021	6206

资料来源：根据国家知识产权局统计数据整理。

三 2016年展望与对策建议

（一）2016年经济发展环境分析

从国际来看，全球经济复苏步伐弱于预期，美日欧等发达经济体复苏速度有所加快，新兴和发展中经济体经济仍然存在下行压力，世界经济增长分化趋势更为突出。2015年12月，美国消费者信心指数（96.5）回升，达7年来的最高值；欧元区制造业采购经理指数（PMI）升至53.2%，创下20个月来最高水平，且首次出现所有成员国制造业扩张的局面；日本制造业PMI（52.6%）与11月持平，表明发达经济体在2015年底均保持增长动能。但美国11月工业产出环比下降0.6%，以2012年3月以来的最快速度下滑；日本11月工业产出环比下降1.0%，表明制造业疲软状况正在加速。鉴于新兴市场经济体表现疲弱，抑制了整体经济的发展，世界银行将2016年全球经济增长预测值下调0.4个百分点至2.9%，并对发展中国家增长前景提出预警。

从国内来看，经济领域长期积累的深层次矛盾正在逐步凸显。2015年8月以来，中国制造业采购经理指数（PMI）一直位于临界点（50%）以下，进出口总额持续下降，内外需求依然偏弱；第四季度中国人民银行企业家信心指数（46%）较上季度下降4.5个百分点，较上年同期下降15个百分点。工业生产者出厂价格（PPI）连续43个月同比下降，工业利润、投资下行势头仍在延续，房地产去库存压力不减，投资增速可能继续回落，传统动能持续减弱，国内经济下行压力依然较大。

从广州市发展环境来看，广州经济发展机遇和挑战并存。广州第五次被福布斯评为中国大陆最佳商业城市第一名，成为第二批国家跨境电商综合试验区城市，营商环境良好。南沙新区自贸园区建设开启开放发展的新路径，自贸园区建设为保税物流、跨境电子商务、租赁贸易发展提供新动力，电子商务、金融服务、机器人项目等新业态具有较好发展优势，为新常态下经济稳定增长奠定了基础。12月广州市制造业（重点企业）采购经理指数为50.6%，较上月回升3.2个百分点，重返荣枯线以上。但困难和挑战不容忽视，当前广州经济运行面临的主要困难是市场有效需求的不足和结构性矛盾的存在；消费增长动力略显不足，信息消费、汽车消费、旅游消费等亮点尚未成规模；房地产市场存在诸多不确定性；市场物价走势疲软，表明整体市场需求不旺。工业品出厂价格单月指数连续44个月负增长，科技创新短板明显，调结构转方式的任务依然艰巨。

（二）对策建议

2015年，广州经济实现稳定健康发展，圆满完成"十二五"规划主要目标。经济增长呈现结构调整优化，经济质量和效益不断提升，新产业、新业态、新模式对经济增长的拉动力增强的态势。下阶段，要继续深入贯彻落实中央、省、市各项决策部署，着力推进供给侧结构性改革，加快结构调整和转型升级，扶持实体经济发展，促进大众创业、万众创新，推动经济持续稳定健康发展。

1. 构建高端高质高新现代产业新体系

一是推动制造业高端化发展。实施《广州制造 2025 战略规划》和工业转型升级行动计划，发展高端制造业，化解过剩产能。重点培育发展智能装备及机器人、新一代信息技术、节能与新能源汽车、生物医药和健康、新材料与精细化工、轨道交通、能源及环保、高端船舶与海洋工程装备、航空与卫星应用、都市消费工业十大重点领域，着力打造一批千亿级产业集群。

二是加快发展战略性新兴产业和新业态。密切跟踪国际新技术发展趋势，积极推进工业机器人、高性能专用芯片、3D 打印技术等产业发展。启动一批重大技改升级工程，推进汽车制造、电子信息、纺织服装等行业智能化改造。支持新材料、汽车、船舶、医药、食品等领域建设数字化车间及智能工厂，提升传统工业生产工艺和质量水平。启动工业大数据示范应用试点，支持企业应用大数据开展生产、管理、商业模式创新。

三是大力发展现代服务业。围绕建设现代金融服务体系目标，推进国际金融城、南沙现代金融服务区等金融功能区建设。设立创新型期货交易所、数据交易中心等金融交易平台，推动政府投融资改革，支持各区设立政府投资基金，提升金融服务实体经济水平。继续推进传统优势服务业转型升级，推进一批生产服务功能区和工业设计中心建设。围绕建设国际航运中心目标，做强广州航运交易所，发展金融保险、融资租赁、法律仲裁等现代航运服务业。推动旅游综合改革政策落地，发展健康、养老、体育等新兴产业，培育新的经济增长点。

2. 狠抓投资增长

从我国经济发展的历史规律来看，未来很长一段时间，投资在拉动经济增长方面仍然具有难以替代的重要作用。广州未来经济的发展仍然需要依靠投资的增长，一方面，要挖掘带动作用强、影响力大的好项目来支撑投资的力度；另一方面，要通过重点投资领域和投资结构的变化来推动产业升级和优化产业发展的基础设施条件。

一是全力抓好重点项目建设。加快重点建设项目进度，强化项目土地、资金等要素保障，加强各区各部门推进重点项目建设的力度。加快推进为国际航运枢纽和国际航空枢纽建设服务的配套重点工程建设。加快推进白云机场二期扩建、港航项目、国铁工程、城际轨道、地铁、高速公路和一大批市政工程项目等基础设施建设。

二是加大项目储备。提升项目储备水平，注重项目质量效益，优化产业投资结构，重点引进一批量大质优项目、高端产业项目和优质企业，增强投资增长后劲。

三是促进房地产健康发展。抓住房地产市场回暖势头，积极推进从化、花都、增城、南沙等地去库存，稳定房地产开发投资和住房消费，加快城市更新项目建设。

3. 深入挖掘消费潜力

在稳增长的动力中，消费需求规模最大，和民生关系最直接。消费不仅是经济增长的重要引擎和转型升级的重要推力，也是促使经济保持中高速增长的潜力所在。2016年，广州要更好地发挥消费对经济增长的作用，进一步释放居民的消费潜力。

一是着力培育新型消费需求。加快发展依托网上购物、电子商务、互联网服务等发展起来的新产品和新业态，培育以信息、教育、文化娱乐、旅游、医疗保健等为代表的消费新热点，不断促进消费结构升级。

二是引导境外消费回流。制定出台配套措施，通过跨境电商体验店、电商的海外直购频道等，推动进口商品销售，把境外消费留在本地，推动居民消费提档升级。

三是大力发展电子商务。抓住机遇积极推进电子商务平台建设，加快培育一批电子商务示范企业，促进网络消费健康发展，加快传统零售业特别是传统专业市场的转型升级。

四是进一步提升广州作为中心城市的消费吸引力。通过举办国际购物节、美食节等主题展销活动，利用重大节庆时点带动传统消费，发展智能、绿色、健康、安全消费；进一步优化城市营商环境，完善核心商圈的消费配套，积极发挥高铁对周边省市的辐射带动能力，吸引更多的外来客户、游客前来广州消费。

4. 继续着力优化发展环境

一是大力发展总部经济。立足于广州的区位优势、资源基础、产业基础和城市功能，加快吸引公司总部机构在广州集聚，优化总部经济发展环境。充分发挥华南经济中心和交通枢纽的区位优势，大力引进一批龙头企业在穗设立总部、区域总部、结算中心、共享服务中心等，着力打造华南总部基地。

二是优化政策环境。持续落实建设市场化、国际化、法治化营商环境，率先形成与市场经济相适应的体制机制，通过良好的信用体系汇集活跃的市场主体，提升投资贸易便利化水平和生活便利化水平，为电子商务等新业态发展、"互联网+"企业的商业运作及模式创新提供优质环境，打造制度竞争力、信用竞争力和政府服务竞争力。

三是积极引导民间投资和民营企业发展。放宽民间投资市场准入，推出一批民生公共服务和基础设施项目向社会资本开放。积极推行PPP等投资模式，引导民间资本投向广州经济、社会、城建、文化领域。切实减轻民营企业发展负担，为民营企业发展创造良好的外部经营环境。

5. 积极实施创新驱动战略

一是大力推动科技进步与研发工作。加大研究与开发投入，特别是加大基础研究领域的公共投入，切实提高研发经费占GDP的比重。推动协同创新，加快"产学研"合作创新平台建设，举办科技成果与产业对接会。大力实施创新驱动发展战略，培育引进更多高新技术企业和科技型中小企业，推动形成创新主体集聚发展效应，激发全社会创新活力。强化企业创新主体地位，建立以企业为主体的"产学研"技术创新联盟，鼓励发展新型研发机构，开展一批原始创新与核心技术攻关，培育有国际竞争力的创新型领军企业。完善对科技小巨人企业、创新型企业的扶持措施，实施科技创新小巨人企业及高新技术企业培育行动计划。

二是培育引进创新创业人才，完善人才政策。努力改善人才创业发展环境，在广东国际创客中心、广州科学城、广州大学城、天河智慧城、创意大道等园区，发展创客空间，创建公共服务平台。鼓励设立各种风投基金，大力支持社会组织的创新行为，着力推动大众创业、万众创新活动的深入开展。

6. 努力提升对内对外开放水平

一是发展高水平开放与合作。结合国家的"一带一路"战略，加快中欧区域城市合作试点,推进中小企业先进制造业中外合作区的建设,探索设立丝路发展基金,积极参与沿线国家的基础设施建设以及中国—东盟自由贸易区升级版的建设。推进穗港澳深度融合,推动穗台交流合作,加强与高铁沿线城市的交流合作,重点推进与周边城市之间的城际轨道、高速公路、经济合作区建设及跨界河涌整治等重大合作项目,带动粤东西北的振兴发展。

二是加大吸引外资的力度。举办国际投资年会和南沙自贸试验区、中新广州知识城、天河中央商务区推介活动,利用广交会、达沃斯论坛、海上丝绸之路博览会和主题论坛等平台渠道,吸引一批成长性好、实力强的项目落户。

三是积极扩大进出口贸易和对外投资。实施优进优出战略,扩大先进技术设备、关键零部件和大宗商品等的进口,鼓励开展飞机、船舶租赁业务,发展旅游购物、跨境电商、保税物流等外贸新业态。申报服务贸易、市场采购贸易方式等国家试点,大力发展服务贸易和服务外包,支持民营进出口企业做大做强。加大对"走出去"企业的服务力度,推动国际产能和装备制造业合作,鼓励企业赴境外投资。

(审稿　陈浩钿　涂成林　彭诗升　冯俊　虞水)

经济发展篇

Economic Development

B.2
2015年广州经济发展质量状况及2016年展望[*]

傅元海[**]

摘　要： 2015年广州经济发展进入新常态。提高经济增长质量是主动适应新常态和引领新常态的必然要求，是"十三五"期间广州经济发展的主线。本文从经济增长动力结构转换、经济结构变化、经济效率变化、环境污染控制等方面考察2015年广州经济发展质量状况，并展望了2016年广州经济发展质量变化趋势。

关键词： 经济发展质量　动力结构　经济结构　经济效率　环境污染

---

[*] 本报告是广东省教育厅"广州学"协同创新发展中心、广州市教育局"广州学"协同创新重大项目及广州大学广州区域经济发展研究团队的研究成果。
[**] 傅元海，广州大学经济与统计学院教授，经济学博士，主要研究方向为技术进步与经济增长。

由于资源供给和环境承载力趋于极限，持续30多年的高速增长难以为继，全国及各地从高速增长期相继进入中高速增长期、前期政策消化期和经济结构调整阵痛期的"三期叠加"新阶段。1979~2010年广州经济平均增长14%，2011~2013年平均增长11.1%，2014年增长8.6%，2015年增长8.4%，增速有所放缓。经济发展开始进入新常态，是对广州及全国经济发展进入重要战略阶段的研判和认识。经济新常态的特征主要表现在速度变化、结构调整和动力转换三个方面，实质上是经济发展由投入驱动向创新驱动、效益驱动转变。而长期依靠投入驱动经济发展导致供需失衡、经济结构失调、环境恶化、效率下降等深层次矛盾突出，因此，转变经济发展方式以提高经济增长质量，将是"十三五"期间广州经济发展的主线。准确把握广州经济发展质量状况及其变化趋势，是实现广州经济持续发展的重要保障，具有重要的现实意义。本文主要从经济增长动力结构、经济结构、经济效率、环境污染等方面考察2015年广州经济发展质量状况。

一　经济增长的动力结构加快转换

（一）第三产业对广州经济增长的拉动作用上升，第二产业的拉动作用下降

长期依赖投入驱动经济发展导致资源供给难以为继，经济增长速度放缓是必然结果，发展动力转换是必然选择。三次产业对经济增长的贡献存在较大差异，2015年第一产业增加值增长率最低，增速同比上升0.7个百分点，拉动广州地区经济增长0.006个百分点；第二产业增加值增速为6.8%，明显低于地区生产总值增速，同比回落0.6个百分点，拉动经济增长2.4个百分点；其中工业增加值增速为6.9%，不仅低于地区生产总值增速，而且同比下降0.9个百分点，拉动经济增长2.3个百分点，同比下降0.43个百分点；第三产业增加值增速最高，达到9.5%，明显高于GDP增速，拉动经济增长5.9个百分点，与上年持平。三次产业中，第三产业对广州经济增长贡献最大，是拉动广州2014~2015年经济增长的主要动力，第二产业次之，但对广州经济增长拉动作用有所减弱，第一产业拉动作用很小。广州经济增长的产业动力转换与广州的产业结构升级方向一致，有利于促进广州经济可持续增长。

（二）广州经济所有制动力结构正在加快转换

从经济所有制动力结构看，民营经济已经成为广州非常重要的经济增长动力源。2015年广州民营经济增加值为5136.42亿元，同比增长8.1%，略低于广州经济增长幅度，但比2014年增幅高，拉动广州经济增长3.23个百分点，对广州经济增长的贡献率接近38%，与2014年相比，贡献率上升。从规模以上工业所有制结构动力结构看，2015年1~10月国有企业增加值同比下降11.3%，抑制了规模以上工业增加值增长；三资企业增长7.8%，高于规模以上工业增长率，拉动规模以上工业增长4.73个百分点，同比下降0.43个百分点；股份企业拉动规模以上工业增长2.52个百分点，同比下降0.32个百分点；集体企业拉动规模以上工业增长0.04个百分点，同比上升0.03个百分点；其他企业拉动规模以上工业增长0.06个百分点，同比上升0.058个百分点。基于上述分析可以判断，广州经济增长的所有制动力结构正在加快转换（见表1）。

表1　工业增长的所有制结构

指标	时间	国有企业	集体企业	股份企业	三资企业	其他企业
增长率(%)	2014年1~10月	3.8	4.5	9.7	8.1	0.1
	2015年1~10月	-11.3	11.2	7.4	7.8	7.6
拉动规模以上工业增长(个百分点)	2014年1~10月	0.18	0.01	2.84	5.16	0.002
	2015年1~10月	-0.24	0.04	2.52	4.73	0.060

（三）消费和出口对广州经济增长的贡献下降，投资驱动经济增长的特点依然突出

消费、投资和出口是拉动经济增长的三大动力。三者的协调是经济可持续增长的重要保障。表2反映了2010~2014年三大动力对经济增长影响的变化。最终消费支出对广州经济增长的贡献率和拉动作用呈不断下降趋势，贡献率从2010年的67.9%下降到2014年的42.2%，对广州经济增长的拉动作用从2010年的9.0个百分点下降到2014年的3.6个百分点。资本形成总额对广州经济

增长的贡献率和拉动作用呈波动态势，仅从2014年看，资本形成总额对广州经济增长的作用超过消费，贡献率为48.6%，同比上升8.9个百分点，拉动经济增长4.2个百分点，同比下降0.4个百分点。货物和服务净流出对广州经济增长的贡献率和拉动作用呈波动态势，2014年货物和服务净流出对经济增长的贡献率仅为9.2%，比上年下降8.7个百分点，拉动广州经济增长0.8个百分点，比上年下降1.3个百分点。

表2 广州三大动力结构变化

单位：%，个百分点

年份	最终消费支出		资本形成总额		货物和服务净流出	
	贡献率	拉动增长	贡献率	拉动增长	贡献率	拉动增长
2010	67.9	9.0	44.0	5.8	-11.9	-1.6
2011	49.2	5.6	17.5	2.0	33.3	3.7
2012	47.0	4.9	50.8	5.4	2.2	0.2
2013	42.4	4.9	39.7	4.6	17.9	2.1
2014	42.2	3.6	48.6	4.2	9.2	0.8

进一步分析2015年1~10月数据发现，固定资产投资达到3583.51亿元，同比增长14.3%，明显超过广州地区经济增长率，也超过社会消费品零售增长幅度，增长幅度同比上升3.3个百分点，意味着投资对广州经济增长的贡献上升；社会消费品零售总额达到6530.65亿元，同比增长11.5%，虽然高于广州经济增长率，但是增长幅度同比下降0.81个百分点，表明消费对广州经济增长的作用可能会下降；出口达到682.05亿美元，同比增长19.3%，增长幅度同比上升5.2个百分点，说明出口对广州经济增长的作用可能会上升。从三大动力看，2014年以来消费对广州经济增长的作用呈下降趋势，消费不足是制约广州经济保持中高速增长的主要因素；投资对广州经济增长的作用增大，投资驱动广州经济增长的方式仍在持续；2015年出口对广州经济增长的作用会上升，外需是促进广州经济增长的重要动力。因此，从增长动力转换看，广州经济增长动力转换关键是促使投资驱动向需求拉动转变，扩大居民消费是扩大内需的重点（见表3）。

表3　固定资产投资、社会消费品零售总额和出口总值变化情况

时间	固定资产投资 总量（亿元）	固定资产投资 增速（%）	社会消费品零售总额 总量（亿元）	社会消费品零售总额 增速（%）	出口总值 总量（亿美元）	出口总值 增速（%）
2014年1~10月	3583.51	11.00	6373.56	12.31	598.04	14.10
2015年1~10月	3976.29	14.30	6530.65	11.50	682.05	19.30

强调扩大消费对广州经济增长的作用，并不能否认投资对广州经济增长的作用，无论何时何地投资都是经济增长的重要动力。对于广州而言，更好地发挥投资对经济增长的作用，关键是优化投资结构。不同产业或行业投资增长率和比例存在很大差异，2015年1~10月第一产业固定资产投资增长幅度虽然大，但是所占比例低，仅为0.55%，对广州固定资产投资的影响不大。第二产业固定资产投资为561.39亿元，同比增长9.20%，增长幅度同比上升2.2个百分点，所占比例为14.12%，同比下降0.34个百分点，主要表现在工业特别是制造业固定资产投资的变化上。第三产业固定资产投资为3392.85亿元，同比增长10.90%，增长幅度同比下降4.6个百分点，所占比例为85.33%，同比上升0.11个百分点；其中房地产开发投资为1706.97亿元，同比增长19.50%，增长幅度同比上升0.9个百分点，所占比例为42.93%，同比上升3.06个百分点。从固定资产投资的所有制结构看，2015年1~10月民营经济固定资产投资1847.08亿元，同比增长28.80%，占全社会固定资产投资的比例为46.45%，同比上升6.44个百分点；国有经济固定资产投资869.87亿元，同比下降12.80%，占全社会固定资产投资的比例为21.88%，同比下降5.95个百分点。

综合上述分析可以发现，三次产业固定资产投资中，第三产业对固定资产投资增长的拉动作用最大，其次是第二产业，固定资产投资结构变化与三次产业结构优化的趋势一致；民营经济固定资产投资比例上升，国有经济固定资产投资比例下降，表明民营经济固定资产投资增长是拉动全社会固定资产投资增长的主要因素。因此，固定资产投资的三次产业结构和所有制结构不断优化，有利于发挥固定资产投资对经济增长的作用。但是固定资产投资的细分行业结构不合理，如房地产业增长过快，不仅高于第二产业、第三产业、工业等，而

且所占比例偏高，增长幅度和所占比例均同比上升，表明固定资产投资的细分行业结构有待进一步优化。

（四）南沙区正成为广州新的增长极，经济增长的空间动力趋于多元化

2014年广州各区域经济增长速度差异大，各区域对广州经济增长贡献的差异也大。排在第1位的是天河区，对广州市经济增长的贡献最大，贡献率达到19.24%，拉动广州经济增长1.65个百分点，但是与2013年相比，天河区对广州经济增长的拉动作用下降，贡献率下降0.9个百分点，拉动经济增长的作用下降0.69个百分点。排在第2位的是合并后的新黄埔区，对广州经济增长的贡献率为14.20%，拉动广州经济增长1.22个百分点，与2013年相比，贡献率下降1.58个百分点，拉动作用下降0.61个百分点。排在第3位的是越秀区，对广州经济增长的贡献率为13.88%，拉动广州经济增长1.19个百分点，与2013年相比，贡献率上升0.96个百分点，拉动作用下降0.31个百分点。番禺区对广州经济增长的贡献居第4位，贡献率达到9.49%，拉动经济增长0.82个百分点，与2013年相比，贡献率下降0.03个百分点，拉动作用下降0.28个百分点。南沙区对广州经济增长的贡献居第5位，贡献率为9.27%，拉动广州经济增长0.80个百分点，与2013年相比，贡献率上升3.02个百分点，拉动作用上升0.07个百分点。从化区对广州经济增长的贡献最低，贡献率仅为2.25%，拉动广州经济增长0.19个百分点，与2013年相比，贡献率上升0.34个百分点，拉动作用下降0.03个百分点。增城区对广州经济增长的贡献很小，贡献率仅为2.59%，拉动广州经济增长0.22个百分点，与2013年相比，贡献率下降3.23个百分点，拉动作用下降0.46个百分点。荔湾区对广州经济增长的贡献率较低，为4.45%，拉动广州经济增长0.38个百分点，与2013年相比，贡献率下降1.57个百分点，拉动作用下降0.32个百分点。花都区、海珠区和白云区对广州经济增长贡献的差距不大，贡献率分别为7.37%、8.28%、8.97%，同比分别上升1.73个、0.3个、0.97个百分点；分别拉动广州经济增长0.63个、0.71个、0.77个百分点，同比分别下降0.02个、0.22个、0.16个百分点。

广州各区经济增速最快的是南沙区，增速达到13%，不仅高于广州经济增长率，而且同比上升0.5个百分点；花都区、从化区、海珠区、番禺区、白云区和天河区增长率均高于广州市，但是与2013年相比，增长幅度均是下降的；增城区、荔湾区、越秀区、新黄埔区经济增长率不仅低于广州市，而且除越秀区外，其他三个区经济增长幅度均呈大幅下降。

综合上述分析可以得出如下结论：天河区是广州最重要的经济增长动力源，能提高广州经济增长速度，但是因为贡献率下降致使其重要程度下降；新黄埔区和越秀区是重要程度仅次于天河区的增长动力源，但是它们的增长率均低于全市，不过，新黄埔区作为动力源的重要程度在下降，而越秀区作为动力源的重要程度在上升；番禺区作为广州经济增长动力源的重要程度虽在下降，但仍能提高广州经济增长速度；南沙区是广州新的增长极，不仅能提高广州经济增长速度，而且重要程度在不断上升；白云区、海珠区和花都区不仅能提高广州经济增长速度，而且重要程度也在上升。因此，广州经济增长的空间动力源正在趋于多极化，有利于广州区域经济协调发展。

另外，广州创新驱动发展方式正在形成。2015年1~10月广州高技术产业产值占规模以上工业总产值的比例为44.9%，同比上升1个百分点。2014年受理发明专利申请数达到14589件，增长20.0%；发明专利授权数达到4590件，增长13.2%。科学研究和技术服务业固定资产投资力度加大，2014年新增固定资产投资增长幅度比2013年高0.29个百分点；每万人拥有的发明专利授权5.48件，增加0.58件；每万人口城镇单位技术人员数达到807人，同比增加94人，这表明广州创新驱动力不断提升。

总之，广州经济增长的产业动力不断加快转换，第三产业成为广州经济增长最主要的动力；增长的所有制动力不断转换，民营经济对广州经济增长的作用越来越大，国有经济和外资经济的贡献不断下降；需求动力结构没有改善，投资驱动仍在持续，三次产业投资结构虽趋于优化，但房地产投资比例过高和消费不足意味着需求动力结构需要加快转换；增长的空间动力加快转换，天河区和新黄埔区对广州经济增长的作用下降，南沙区已经成为广州新的经济增长极，对广州经济增长的作用不断增大，同时，越秀区、海珠区、白云区、花都区对广州经济增长的作用越来越大。此外，广州技术创新能力不断提高，创新驱动力得到提升。

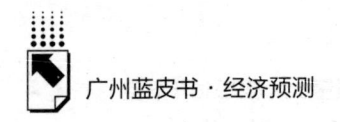

二 产业结构不断优化,但工业外向型特征明显,投资来源结构有待优化

(一)三次产业结构不断向服务化方向演进,与广州经济发展阶段一致

优化经济结构可以提高资源配置效率,提高经济增长效益和质量,有利于经济保持可持续发展。从三次产业结构看,2015年第三季度第一产业比例为1.18%,同比下降0.15个百分点;第二产业比例为32.69%,同比下降1.32个百分点,其中工业比例为30.00%,同比下降1.18个百分点;第三产业比例为66.13%,同比上升1.47个百分点。因此,广州第一产业和第二产业比例不断下降,第三产业比例不断上升,说明三次产业结构不断向服务化方向演进,三次产业结构变化方向与广州经济发展阶段一致,有利于资源再配置效率的改善(见表4)。

表4 产业结构

单位:%

时间	第一产业比例	第二产业比例	第三产业比例	工业比例
2014年第三季度	1.33	34.01	64.66	31.18
2015年第三季度	1.18	32.69	66.13	30.00

(二)工业结构变化趋向于轻型化,与城市产业结构调整和发展动力转换方向一致,但外向型特征明显

从工业结构看,2015年1~10月轻工业比例为34.55%,重工业的比例为65.45%,轻工业比例同比上升0.55个百分点,重工业比例同比下降0.55个百分点,表明广州工业不断趋向于轻型化,与城市产业结构调整和城市经济发展动力转换方向一致。三大支柱产业的比例为48.44%,同比上升1.52个百分点,意味着制造业集聚水平不断提升,有利于形成规模经济,进而提高制造业效益。进一步分析工业所有制结构发现,国有及国有控股企业比例为

26.79%，同比下降0.59个百分点；股份企业的比例为35.36%，同比上升4.52个百分点；三资企业的比例为62.06%，同比下降0.37个百分点；民营企业比例为23.25%，同比上升1.29个百分点，工业所有制结构不断趋于多元化，但是三资企业比例仍很高，工业外向型特征仍然很明显（见表5）。

表5 工业结构

单位：%

时间	产业类型			所有制类型			
	轻工业	重工业	支柱产业	国有及国有控股企业	股份企业	三资企业	民营企业
2014年1~10月	34.00	66.00	46.92	27.38	30.84	62.43	21.96
2015年1~10月	34.55	65.45	48.44	26.79	35.36	62.06	23.25

注：支柱产业包括汽车制造、电子产品制造、石油化工制造。表中所有制类型数据为各类产业或企业总产值占规模以上工业总产值的比例。股份企业包括股份合作制企业和股份制企业。

（三）高技术产业中电子及通信设备制造业比例进一步上升，有利于产业集群化发展，但外向程度高，不利于提高自主创新能力

高技术产业是工业特别是制造业结构升级的方向。高技术产业结构优化是高技术产业发展的重要前提。从行业结构看，2015年1~10月电子及通信设备制造业增加值为2196.02亿元，占高技术产业增加值的比例最高，为82.420%，同比上升3.633个百分点。其余行业比例均较低，其中医药制造业增加值达到219.56亿元，占比为8.240%，同比下降1.569个百分点；计算机及办公设备制造业增加值为127.68亿元，占比为4.792%，同比下降2.208个百分点；医疗设备及仪器制造业增加值为59.51亿元，占比为2.234%，同比下降0.554个百分点；信息化学品制造业增加值为34.64亿元，占比为1.300%，同比上升0.723个百分点；航空航天及设备制造业增加值为27.01亿元，占比为1.014%，同比下降0.025个百分点。因此，高技术产业中电子及通信设备制造业所占份额最高，超过80%，其他5个行业比例不足18%，而且电子及通信设备制造业所占份额与上年同期相比上升。这表明广州高技术产业结构与广东省高技术产业结构基本一致，有利于形成电子及通信设备制造业集群，与广东电子及通信设备制造业集群发展相互呼应，这既有利于企业形成规

模经济,又有利于产业形成规模经济,提高电子及通信设备制造业效益和质量。此外,广州高技术产业发展与广东省高技术产业发展也有分工,如广州医药制造业增加值占全省比例超过50%,是广东省医药制造业最重要的生产基地。

从高技术产业的所有制结构看,2015年1~10月国有企业增加值为12.81亿元,仅占高技术产业的0.481%,同比下降0.142个百分点;集体企业增加值为31.66亿元,占比为1.188%,同比下降0.040个百分点;股份企业增加值为522.23亿元,占比为19.600%,同比上升0.463个百分点;三资企业增加值为2090.56亿元,占比为78.462%,同比上升0.231个百分点(见表6)。因此,高技术产业的所有制结构中,三资企业比例最高,其次是股份企业,这两类所有制企业比例上升,而国有企业和集体企业比例低且占比在下降,说明广州高技术产业发展的外向程度偏高,不利于形成具有自主知识产权的创新能力,也不利于创新驱动发展方式的形成。

表6 高技术产业结构

单位:亿元,%

项 目	企业类型	2014年1~10月 增加值	比例	2015年1~10月 增加值	比例
	高技术产业	2204.08	—	2664.42	—
所有制类型	国有企业	13.73	0.623	12.81	0.481
	集体企业	27.07	1.228	31.66	1.188
	股份企业	421.79	19.137	522.23	19.600
	三资企业	1724.28	78.231	2090.56	78.462
行业类型	医药制造业	216.19	9.809	219.56	8.240
	航空航天及设备制造业	22.91	1.039	27.01	1.014
	电子及通信设备制造业	1736.53	78.787	2196.02	82.420
	计算机及办公设备制造业	154.29	7.000	127.68	4.792
	医疗设备及仪器制造业	61.45	2.788	59.51	2.234
	信息化学品制造业	12.71	0.577	34.64	1.300

(四)固定资产投资主体结构变化特征是对信贷资金依赖性增强,自主性下降

固定资产投资是经济发展的重要前提,是经济运行的重要环节。固定资产投资来源结构变化实质上反映了投资主体的变化，是经济结构优化的重要维度。从表7可以看出，2015年1~10月广州固定资产投资中国家预算达到289.15亿元，增长8.00%，增长率是全部资金增长率的2倍以上，占全部资金的比例达到6.48%，同比上升0.26个百分点。国内贷款为675.80亿元，增长4.90%，略高于全部资金增长幅度，占全部资金的比例达到15.15%。利用外资仅9.50亿元，同比下降89.90%，占比仅为0.21%。自筹资金2205.02亿元，增长1.60%，远远低于全部资金的增长幅度，占比最高，达到49.44%，同比下降1个百分点。其他资金为1275.06亿元，增长率为23.90%，超过全部资金增长率的6倍，占全部资金的比例为28.59%。由上述数据可以发现，广州固定资产投资中国家预算资金增长率高且比例上升，表明财政杠杆撬动作用增强，不利于投资效益提高。国内贷款增长率不高但比例较高，且比例较2014年有所上升，表明国内宽松货币政策的作用开始显现；更多的项目选择银行融资，致使银行贷款对投资行为的影响力增强，进而使得投资主体受成本约束影响可能会提高投资效益。自筹资金的比例虽然最高，但是增长率低于全部资金，且比例下降，说明自筹资金的支撑作用下降，固定资产投资的自主性不断弱化，不利于资金使用效率提高。外资支撑作用已经微不足道。总之，虽然广州固定资产投资对信贷资金的依赖性增强，信贷资金的成本约束可能促使投资主体提高投资效益，但是广州固定资产投资资金来源结构变化也反映了政府宏观调控效果增强，投资自主性下降，不利于投资效益提高。

表7 固定资产投资资金来源结构

单位：亿元，%

指标	2014年1~10月			2015年1~10月		
	金额	增长率	比例	金额	增长率	比例
资金来源	4300.93	10.30	—	4459.66	3.70	—
国家预算	267.62	97.60	6.22	289.15	8.00	6.48
国内贷款	644.15	-6.20	14.98	675.80	4.90	15.15
利用外资	93.64	-43.50	2.18	9.50	-89.90	0.21
自筹资金	2169.42	19.30	50.44	2205.02	1.60	49.44
其他资金	1029.11	-5.90	23.93	1275.06	23.90	28.59

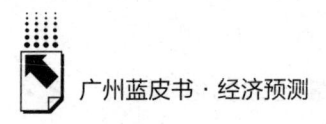

综上，广州三次产业结构不断向服务化方向演进，三次产业结构特点、工业轻型化与广州城市功能定位、经济发展阶段一致；三大支柱产业集聚水平不断提升，有利于提高制造业效益。广州工业所有制结构不断趋于多元化，但是三资企业比例偏高，外向型特征仍然很明显；特别是高技术产业中三资企业比例过高，国有及国有控股企业比例和民营企业比例过低，不利于广州形成具有自主知识产权的创新能力。

三 经济效率变化较为复杂

经济增长质量的一个重要方面就是经济效率。一般而言，投入不变而产出增加，或者产出不变而投入下降，意味着投入产出率提高，即资源利用效率提高。提高经济增长质量，本质上就是提高资源利用效率，降低消耗。这里主要从相对劳动生产率、投资效率、工业效益、投入产出率和能源利用效率等方面分析广州经济效率。

（一）第三产业相对劳动生产率最高且上升，第二产业相对劳动生产率次之但下降

产业或行业的增加值比例与就业比例之比为相对劳动生产率，反映产业或行业的相对劳动利用效率。从表8可以看出，2014年广州第三产业相对劳动生产率为1.169，比上年高0.034，第三产业相对劳动生产率不仅最高而且上升；第二产业相对劳动生产率为0.924，低于第三产业，高于第一产业，但是较上年低0.058；工业相对劳动生产率为0.923，较上年下降0.065；第一产业相对劳动生产率最低，仅为0.164，比上年降低0.009。因此，第三产业的劳动利用效率最高，并且不断提高，第二产业特别是工业的劳动利用效率较高，第一产业的劳动利用效率最低，而且第二产业和第一产业劳动利用效率下降。

表8 相对劳动生产率

年份	第一产业	第二产业	第三产业	工业
2013	0.173	0.982	1.135	0.988
2014	0.164	0.924	1.169	0.923

（二）第二产业投资效率最高但下降，第三产业投资效率次之且上升

现有文献常用边际资本—产出比（ICOR）衡量投资的边际效率，反映每增加1个单位的产出需要增加的资本，即当年全社会固定资产投资与GDP增量之比，该指标值越大投资效率越低，反之投资效率越高。由表9可以看出，2015年第三季度广州边际资本—产出比为3.191，同比增加0.149，即投资效率下降；其中民营经济边际资本—产出比高于广州，为3.837，同比上升0.64，民营经济投资效率下降。从产业看，第二产业边际资本—产出比最低，仅为1.594，但同比上升0.155；其中，工业边际资本—产出比为1.673，略高于第二产业，同比上升0.248。第三产业边际资本—产出比为3.698，高于工业，低于第一产业，同比下降0.009。第一产业边际资本—产出比最高，达到4.586，上升1.336。因此，2015年第三季度广州投资效率下降，民营经济投资效率下降和第二产业、第一产业投资效率下降是重要原因；在三次产业中，投资效率最高的是第二产业，其中工业投资效率略低于第二产业，第一产业投资效率最低，且第二产业包括工业、第一产业投资效率下降，第三产业投资效率居中，但第三产业投资效率相比2014年提高。

表9 资本效率

时间	广州	第一产业	第二产业	第三产业	工业	民营经济
2014年第三季度	3.042	3.250	1.439	3.707	1.425	3.197
2015年第三季度	3.191	4.586	1.594	3.698	1.673	3.837

（三）工业赢利能力下降，但工业效益总体上不断提高

新常态下中国部分工业行业产能过剩问题非常突出，工业经济运行出现深层次矛盾，但是广州工业效益总体上不断提高。具体来说，2015年1~10月规模以上工业利税率为9.62%，同比下降0.13个百分点，其中国有及国有控股企业利税率为10.78%，同比上升1.06个百分点。数据说明广州工业企业赢利能力下降，但国有及国有控股企业赢利能力提高。

从经济效益综合指数看，2015年1～10月规模以上工业为341.17%，同比上升10.42个百分点，增幅收窄；其中国有及国有控股企业为548.37%，同比上升11.19个百分点，与2014年同期相比增幅收窄。这意味着广州工业企业综合经济效益提高，但是综合效益提高速度下降。从工业企业亏损情况看，2015年1～10月规模以上工业亏损额上升8.9%，同比下降13.7个百分点；而国有及国有控股企业亏损额下降2.3%。2015年1～10月工业产品产销率达到97.18%，同比上升0.26个百分点，表明广州工业发展较好地契合了市场需求。因此，广州工业企业虽然赢利能力下降，亏损额扩大，但是较好地对接了市场需求，提高了产销率，经济综合效益指数提高（见表10）。

表10 工业效益

单位：%

时间	利税率 规模以上工业	利税率 国有及国有控股企业	经济效益综合指数 规模以上工业	增长率	经济效益综合指数 国有及国有控股企业	增长率	亏损 规模以上工业	亏损 国有及国有控股企业	工业产品产销率	增长率
2014年1～10月	9.75	9.72	330.75	27.4	537.18	26.3	22.6	23.8	96.92	-0.7
2015年1～10月	9.62	10.78	341.17	16.2	548.37	14.6	8.9	-2.3	97.18	0.5

（四）工业投入产出率不断下降，但是高技术产业明显高于其他产业，轻工业高于重工业，国有企业高于其他企业

投入产出率直接反映经济增长效率，因为缺失增值税数据，所以采用增加值率测度投入产出率。表11反映了农业和工业及不同类型工业企业的增加值率，2015年1～10月农业增加值率为0.589，较2014年下降0.001，但明显高于各类工业企业。在规模以上工业企业中，全部企业增加值率为0.258，比2014年下降0.009；轻工业明显高于重工业，为0.307，但较2014年下降0.022，重工业为0.233，同比变化不大；高技术产业企业增加值率达到0.385，高于轻工业，低于农业，且较2014年增加0.052；各类所有制企业中，国有企业增加值率为0.353，高于轻工业，也是各类所有制工业企业中增加值率最高的，同比上升0.095；集体企业增加值率为0.268，高于股份企业、三资企业和其他企业，比2014年增加0.008；三资企业增加值率为0.259，同比

下降0.014；股份企业增加值率为0.255，同比下降0.004，其他企业增加值率最低，仅为0.221，且比2014年下降0.039。

从上述分析可以得出如下判断，2015年1~10月农业和工业经济增长质量较2014年下降；农业投入产出率明显高于工业；高技术产业企业投入产出率高于全部工业，也高于轻工业，工业结构升级即高技术化发展能提高工业经济质量；轻工业投入产出率高于重工业，广州轻工业化发展有利于提高工业经济质量。工业经济增长质量不高且下降的原因可以概括为两个方面：一是2015年1~10月三资企业和股份企业比例达到97%以上，且两类企业增加值率均不高且下降，是广州工业经济质量不高的主要原因；二是国有企业和集体企业虽然投入产出率较高且上升，但是占规模以上工业比例大幅下降，是广州工业经济质量难以上升的主要原因。

表11 增加值率

时间	农业	规模以上工业企业							
		全部	轻工业	重工业	国有企业	集体企业	股份企业	三资企业	其他企业	高技术产业企业
2014年1~10月	0.590	0.267	0.329	0.235	0.258	0.260	0.259	0.273	0.260	0.333
2015年1~10月	0.589	0.258	0.307	0.233	0.353	0.268	0.255	0.259	0.221	0.385

（五）能源利用效率明显提高

能源已成为现代经济发展的重要支撑，能源利用效率也成为衡量经济增长质量的重要指标。2014年广州消耗能源5496.46万吨标准煤，比2013年增长3.05%，消耗电力765.85亿千瓦时，增长7.76%，能源总量消耗增长率低于广州地区生产总值增长率，意味着广州单位地区生产总值的能耗和电力消耗均下降；工业消耗能源2329.07万吨标准煤，比2013年下降1.23%，消耗电力386.04亿千瓦时，比2013年增长5.58%，低于工业增加值增长率，工业生产消耗能源总量增长率低于工业增长率，表明生产单位工业增加值能源消耗下降。进一步从能源利用效率看，广州2014年万元GDP消耗能源0.3475吨标准煤，比2013年下降3.85%；万元GDP消耗电力0.0487万千瓦时，比2013年下降0.83%。2014年万元工业增加值消耗能源0.4348吨标准煤，比2013

年下降8.42%；万元工业增加值消耗电力0.0721万千瓦时，比2013年下降2.04%。因此，无论是对比地区能源消耗总量增长率与地区生产总值增长率、地区工业能源消耗总量增长率与地区工业增加值增长率，还是考察单位地区生产总值的能耗、电耗及单位工业增加值的能耗和电耗，均发现广州能源利用效率显著提高。

从上述分析可以看出，三次产业相对劳动生产率存在较大差距，其中第三产业的劳动利用效率最高且呈上升态势，其次是第二产业，最低的是第一产业，且第一、第二产业劳动利用效率下降。广州总体投资效率下降，民营经济和第二产业投资效率下降是主要原因；在三次产业中，投资效率最高的是第二产业，其次是第三产业，最低的是第一产业，其中第二、第一产业投资效率下降，第三产业投资效率提高。广州工业企业赢利能力下降，亏损额扩大，但是较好地对接了市场需求，提高了产销率，经济综合效益指数提高。农业和工业投入产出率同比下降，但是农业投入产出率明显高于工业，轻工业高于重工业，高技术产业企业高于轻工业企业。2015年1~10月工业经济投入产出率不高，是因为占比超过97%的三资企业和股份企业投入产出率低。能源利用效率方面，广州能源消耗总量增长率低于地区生产总值增长率，地区工业能源消耗总量下降而工业增加值增长，初步判断是因为广州能源利用效率提高，对单位地区生产总值的能耗、电耗及单位工业增加值的能耗和电耗的进一步分析，验证了这一结论。

四 环境污染得到有效控制，绝大多数污染物排放减少

高投入、低产出、高排放的粗放型发展方式不仅导致资源难以为继，而且使得环境承载力趋于极限。转变经济发展方式以提高经济增长质量，一个重要的方面就是降低排放，改善生态环境，实现经济与环境协调发展。表12显示，2014年除了废水排放量和交通干线噪声平均值增长外，其余污染物排放总量下降，且下降幅度多数超过2013年，初步判断广州污染物高排放状况已经得到明显遏制。具体来说，2014年废水排放总量161484.47万吨，增长2.30%，低于地区生产总值增长率；工业废水排放总量19181.11万吨，下降15.00%；

工业废气排放总量3737.21万吨,下降0.40%;工业二氧化硫排放总量5.65万吨,下降10.70%;工业烟粉尘排放总量1.00万吨,下降9.10%;一般工业固体废弃物产生量495.88万吨,下降10.70%;交通干线噪声平均值68.90分贝,增长0.20%。从污染物总量看,广州环境污染得到有效控制。

进一步从污染物排放强度看,2014年生产万元地区生产总值排放废水1.1489吨,比2013年减少0.3067吨;生产万元工业增加值排放废水3.7387吨,比2013年减少1.0013吨;生产万元工业增加值排放废气0.7284吨,比2013年减少0.0603吨;生产百万元工业增加值排放二氧化硫0.11吨,比2013年减少0.02吨;生产千万元工业增加值排放烟粉尘0.2吨,变化不大;生产10万元工业增加值产生固体废弃物0.967吨,比2013年减少0.2吨。污染物排放强度表明,单位产出的污染物排放明显减少,可以判断2014年广州发展经济的同时,切实控制了污染,改善了环境。

表12　环境污染

项目	2014年 排放量	增长率(%)	排放强度(吨/万元)
废　水(万吨)	161484.47	2.30	1.1489
工业废水(万吨)	19181.11	-15.00	3.7387
工业废气(万吨)	3737.21	-0.40	0.7284
工业二氧化硫(万吨)	5.65	-10.70	0.0011
工业烟粉尘(万吨)	1.00	-9.10	0.0002
一般工业固体废物(万吨)	495.88	-10.70	0.0967
交通干线噪声平均值(分贝)	68.90	0.20	—

五　2016年广州经济发展质量展望及对策

(一)2016年展望

基于2014年至2015年1~10月广州经济增长质量特点,我们可以从增长动力结构、经济结构、经济效率和环境污染等方面展望2016年广州经济发展质量。

1. 经济增长的动力结构将平稳转换

从经济增长的产业动力看，2016年第三产业仍然是拉动广州经济增长的主要因素，而且拉动经济增长的作用将进一步增大；第二产业是拉动广州经济增长的重要因素，但是对广州经济增长的拉动作用进一步缩小；第一产业拉动经济增长的作用变化不大。从所有制动力结构看，民营经济对广州经济增长的重要性进一步提升；在工业增长中，国有企业和三资企业的贡献将会进一步缩小，广州经济增长的所有制结构动力不断趋于多元化。三大动力不协调仍是广州经济增长中继续面临的突出问题，其中投资是拉动广州经济增长的主要因素，基础设施投资如港口、空港等建设投资和南沙自贸区建设投资是重点；消费需求不足问题在2016年仍将较为突出，出口拉动经济增长的作用面临诸多不确定性，广州经济增长动力无法实现由投资驱动向需求拉动转换。从经济增长的空间动力结构看，南沙区作为广州经济增长极的作用将得到进一步发挥，天河区、新黄埔区、越秀区、番禺区依旧是广州的重要经济增长极，但作用可能下降，广州经济增长的多极化趋势进一步明显。广州创新驱动发展方式进一步固化，自主创新能力进一步提升，创新驱动力不断提高。

2. 经济结构不断优化，但工业外向型特征仍然突出

从三次产业结构看，随着城市功能更加明确，金融业、商贸业等产业地位的提升，第三产业的比例将进一步提高，第二产业特别是工业的比例将进一步下降，第一产业比例较为稳定，三次产业结构将进一步向服务化方向演进。工业特别是制造业在广州经济发展中具有重要地位，为进一步推动高端要素集聚，促进科技创新和充分发挥综合服务功能，制造业结构应该进一步调整和优化，2016年广州制造业将进一步向轻型化方向发展，高技术产业比例会稳步上升，但是高技术产业仍然以电子及通信设备制造业占绝对优势，医药制造业的比例仅次于电子及通信设备制造业但变化不大，而且工业外向型特征特别是高技术产业的外向型特征短期内不会发生明显变化，不利于自主创新能力的形成。

基于保增长的目标，固定资产投资在经济增长中仍然将发挥重要作用。在固定资产投资主体结构中，因为空港、港口和南沙自贸区的建设，政府会加大投资力度，因此国家预算资金占广州固定资产投资的比例仍然保持较高水平，财政杠杆将继续发挥撬动作用；国家将继续实施宽松货币政策，广州投资项目将更容易获得银行贷款，贷款占固定资产投资比例可能继续上升；自筹资金的支撑作用将继续下降。因此，2016年广州固定资产投资结构变化使投资效益变化面临不确定性，对信贷资金的依赖性增强，使得成本约束性增强，有利于投资效益提高；而财政杠杆作用增强，投资自主性下降，则不利于投资效益提高。

3. 广州2016年经济效率变化将有喜有忧，环境污染将得到有效控制

2016年广州产业间资源利用效率将继续保持2015年的特点。随着现代服务业的发展，广州第三产业相对劳动生产率不仅最高而且将进一步提高，第二产业相对劳动生产率仍然仅次于第三产业，高于第一产业，工业相对劳动生产率较为稳定。从投资效率看，广州边际资本一产出比将上升，投资效率下降。其中，第二产业边际资本一产出比最低将继续下降，即投资效率最高并将继续上升；第三产业边际资本一产出比低于第二产业，高于第一产业，即第三产业投资效率仅次于第二产业。

由于供求矛盾，2016年广州工业利税率不会止跌回升，即工业赢利能力不会好转；工业经济效益综合指数继续上升，亏损额上升幅度和工业产品产销率变化不大。农业投入产出率变化幅度不大；工业继续向轻型化发展，工业结构不断升级，可以预期2016年广州工业投入产出率不会出现较大幅度下降，即工农业经济质量较为稳定；能源和电力消耗增长幅度将低于地区生产总值增长幅度，能源利用效率将提升，即万元地区生产总值的能耗、电耗及万元工业增加值的能耗、电耗将继续下降。

由于广州三次产业结构向服务化方向演进，工业进一步轻型化和高技术产业比例上升，可以预期广州多种污染物排放量将下降，如工业废水、工业废气、工业二氧化硫、工业烟尘、一般固体废弃物等总量将进一步减少；单位产出的污染物排放也将下降，如万元地区生产总值的废水排放、单位增加值产出的废水排放、废气排放、二氧化硫排放、烟粉尘排放、固体废弃物排放将继续下降。因此，2016年广州环境质量将提升。

（二）提升广州经济发展质量的对策

1. 加快创新驱动方式的形成

加快创新驱动方式的形成，提高创新能力是广州经济增长动力转换的根本路径。广州是珠三角国家自主创新示范区的双龙头之一，不仅要加大创新投入力度，提高研发水平，通过培养和引进相结合大力提高广州科技人力资本水

平，而且要发挥民营企业和国有企业在自主创新中的主体作用，因为外资企业在广州经济中占比高，但外资企业不可能成为自主创新的主体，只有民族企业才能承担这一重任。广州要充分利用自身高端要素集聚、科技中心和高等教育中心的优势，突破关键领域的关键技术，在增加产业链条中的高附加值环节上下功夫；企业要在加大研发和设备更新改造投入基础上，加大技术创新和引进的力度，引进技术要瞄准世界先进技术，着力创新和引进实用技术，切实推动经济的转型升级和通过创新驱动产业结构的升级、产品质量和效率提升。

2. 进一步优化经济结构

结合广州城市定位，加快经济增长动力转换。首先，提高第三产业比例，重点是加快现代服务业发展。具体来说，加快生产性服务业的发展，通过固定资产投资、产业政策等手段大力发展电子通信、信息传输服务，为互联网发展提供必要条件，促进网购等新兴业态的发展；大力发展金融服务业，利用广州国际大都市和毗邻港澳的优势，大力推进金融创新，增强金融支撑实业的能力；积极发展现代物流业，借助空港和港口建设，提高广州市货物和旅客转运能力，支撑广州商贸业的发展。其次，加快工业轻型化和高技术产业发展，以保持产业发展与广州城市定位的一致性；高技术产业发展不仅要以电子及通信设备制造业为重点，而且要着眼于提高电子及通信设备制造业集聚水平；广州是华南地区的制药基地，在原材料、技术等方面具有传统优势，所以大力发展医药制造业，提高医药制造业占高技术产业的比例，是优化广州制造业结构的一个重要方面。

大力发展民营经济，扭转外向型经济主导广州经济发展的局面，推动广州经济增长的所有制结构动力多元化。因为外资经济主导不利于自主创新能力的形成和提高，而且发展民营经济可以提高抵御国际经济风险的能力。经济增长实现投资驱动向需求拉动转变，保持消费稳步增长，提高消费比例特别是居民消费比例至关重要，为此要提高低收入人群收入，缩小居民收入差距；同时加快供给侧改革，既要改变部分产能过剩现象，又要提高一些产品的供给能力，扭转广州市居民一方面消费不足，另一方面又到境外购物的奇怪现象。

加快广州经济增长空间动力结构优化。充分发挥天河、越秀等地区对广州经济增长的重要作用的同时，着重加快形成广州经济增长的新增长极，南沙区是重中之重，南沙可以借助自贸区、国家级开发新区、国际新区、国际航运中心和物流中心建设等机遇，成为广州经济最重要的增长极；而花都区可以借助空港建设，成为广州经济新的增长点。

转变广州经济增长方式，不是否定投资对经济增长的作用，而是充分有效地发挥投资的作用，重点是优化投资结构。要将投资重点放在惠民生的公共服务建设领域，如提高教育、科技、文化、卫生、体育等公共事务领域投资比例；增加宽带和光网建设投资，推进无线宽带发展，拓展4G应用范围和领域，促进网购、互联网金融等新业态发展，培育新的消费点，不仅可以优化投资结构，提高资金使用效率，而且可以充分发挥投资对经济增长的拉动作用。

3. 提高经济增长效益

着力提高资源利用效率和经济增长质量是新常态下广州经济发展的重要任务。首先，要抑制效率下降趋势，提高投资效率。提高资本效率的途径是优化投资结构。从空间看，南沙区是投资重点，花都区空港建设是投资的另一个重点；从领域看，研发、科技成果转化、知识产权、信息服务、现代物流、公共设施建设投资要加大力度。其次，也是最重要的，要提高投入产出率。提高工业投入产出率主要是大力发展高技术产业，因为高技术产业投入产出率高；加快工业轻型化发展进程，降低重工业的比例；提高引进外资质量，着力解决外资企业本地化程度不高的问题，如规定外资企业在广州创造附加值比例不低于35%，这样不仅可以直接提高外资企业投入产出率，而且会促使外资企业使用先进技术，并可能向本地企业转移和扩散先进技术。同时，积极推动服务业向高端化发展，降低传统服务业的比例，提高高附加值服务业的比例，以提高第三产业的投入产出率。

（审稿　陈婉清）

B.3
2015年广州外向型经济发展现状分析和2016年展望[*]

邹文理[**]

摘　要： 本文结合世界经济环境和广州市最近几年外向型经济发展状况，分析了2015年广州外向型经济发展所存在的问题，并对广州市2016年外向型经济发展进行了展望。

关键词： 广州　外向型经济　国际贸易　对外直接投资

一　2015年广州对外贸易发展现状

（一）对外贸易总体趋势不容乐观，出口贸易稳健增长，进口贸易剧烈下降

由于受到全球经济较为低迷的影响，广州市进出口贸易总体趋势不容乐观。截至2015年11月，广州市进出口总额为1227.24亿美元，同比增长3.7%，相对于2014年9.8%的增长速度有较大幅度的下滑（见图1）。

从进出口贸易结构看，截至2015年11月，广州市的出口贸易依然保持2014年较快的增长势头，出口总额为746.76亿美元，同比增长13.7%（见图2）。相反，广州市的进口贸易则出现了大幅度的下滑，进口贸易总额为480.48亿美元，同比下降8.8%，为10多年来的历史最低点（见图3）。

---

[*] 本报告是广东省教育厅"广州学"协同创新发展中心、广州市教育局"广州学"协同创新重大项目及广州大学广州区域经济发展研究团队的研究成果。
[**] 邹文理，经济学博士，广州大学经济与统计学院讲师，主要研究方向为金融与外向经济。

2015年广州外向型经济发展现状分析和2016年展望

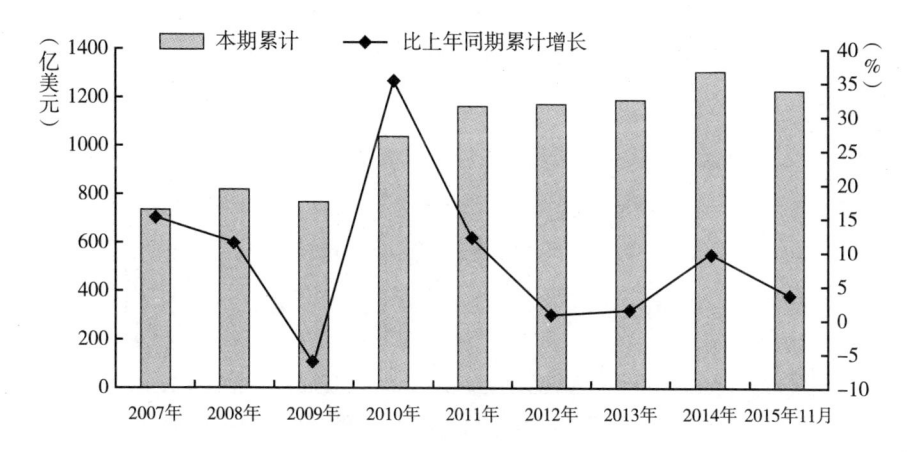

图1　广州市2007年至2015年11月的进出口贸易情况

注：数据来源于广州市商务委员会外贸统计数据。

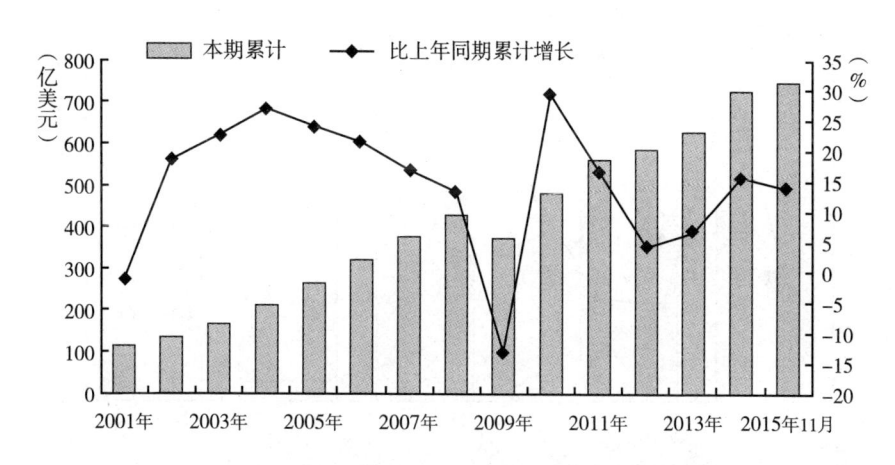

图2　广州市2001年至2015年11月的出口贸易情况

注：数据来源于广州市商务委员会外贸统计数据。

从2015年逐月数据来看，2015年上半年广州市的进出口总额的累计同比增长速度保持较为稳健的增长，但下半年的增长速度不断下降。出口方面，广州市上半年的同比增长速度较高，下半年同比增长速度下降到10%之下（见图4）；进口方面，2015年1~5月，广州市月进口同比增速较低，一直处于-10%以下的水平，从6月开始，广州进口同比增速由负转正（见图5）。

041

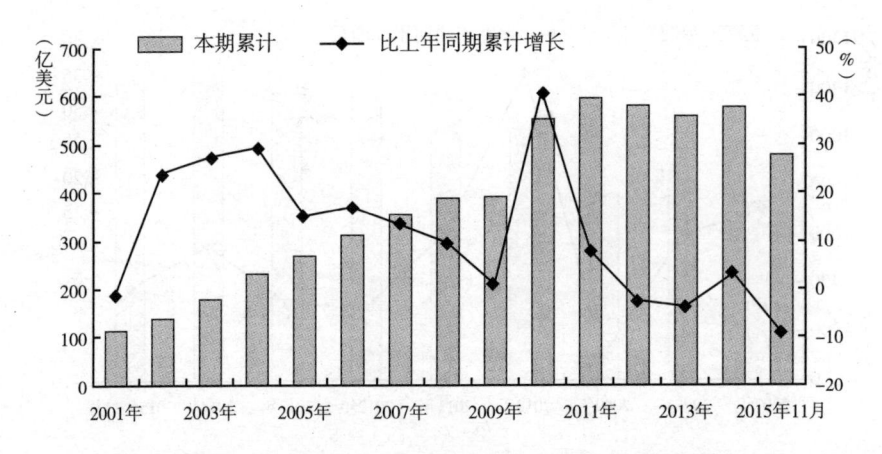

图 3　广州市 2001 年至 2015 年 11 月的进口贸易情况

注：数据来源于广州市商务委员会。

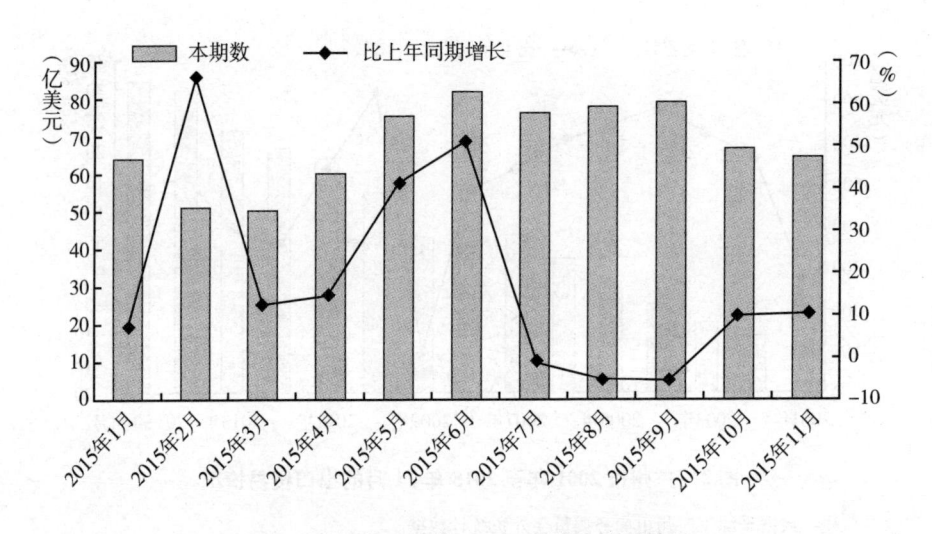

图 4　广州市 2015 年 1~11 月出口贸易情况

注：数据来源于广州市商务委员会外贸统计数据。

（二）一般贸易基本保持不变，加工贸易有所下滑

从贸易方式看，截至 2015 年 11 月，一般贸易和加工贸易方式仍然是最主要的贸易方式，占广州市进出口总额的 78.22%。其中一般贸易的进出口总额为 530.53 亿美元，占进出口总额的 43.23%，同比下降 0.21%。一般贸易的

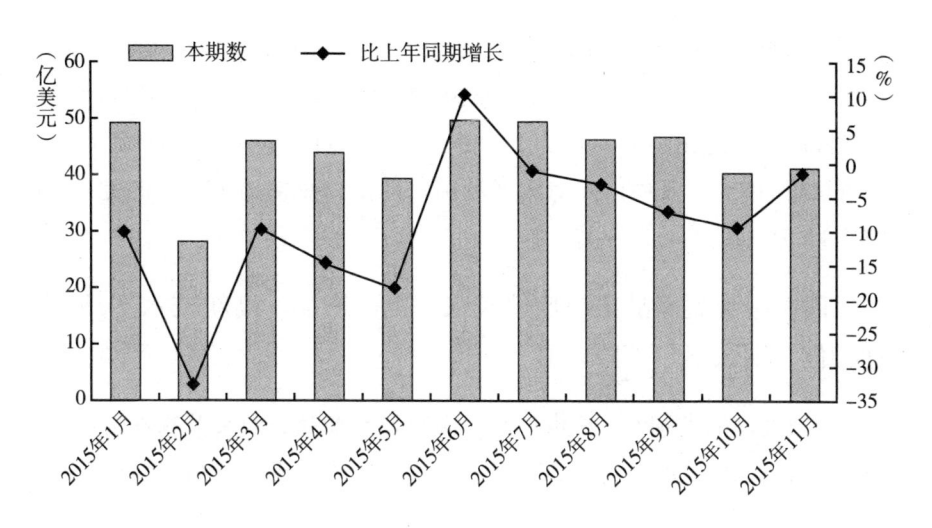

图5 广州市2015年1~11月进口贸易情况

注：数据来源于广州市商务委员会外贸统计数据。

出口额为285.44亿美元，同比增加4.39%；一般贸易进口额为245.09亿美元，同比下降5.09%。加工贸易的进出口总额为429.48亿美元，占进出口总额的35%，同比下降2.82%。加工贸易出口额为257.18亿美元，同比下降0.47%；加工贸易进口额为172.30亿美元，同比下降6.12%。

（三）出口市场转移，对非洲和拉丁美洲等新兴市场出口保持较快增长，对亚洲、北美和欧洲等传统国家或地区的出口增速明显回落

从贸易伙伴关系看，截至2015年11月，与亚洲国家的进出口贸易额为668.84亿美元，同比增长2.5%，占全部进出口总额的54.50%，其中广州对亚洲国家的出口总额为380.70亿美元，同比增长13.68%；与欧洲国家的进出口贸易额为176.95亿美元，同比下降4.14%，占全部进出口总额的14.42%，其中广州对欧洲国家的出口总额为103.17亿美元，同比下降0.72%；与北美洲国家的进出口贸易额为180.73亿美元，同比增长5.32%，占全部进出口贸易额的14.73%，其中广州对北美洲国家的出口总额为118.29亿美元，同比增长5.13%；与非洲国家的进出口贸易额为106.94亿美元，同比增长21.20%，占全部进出口总额的8.71%，其中广州对非洲国家的出口总额为77.53亿美元，同比增长44.78%；与拉丁美洲国家的进出口贸易额为69.21亿美元,同比增长22.12%,占全部进出口总额的5.64%,其中广州对拉丁美洲国家的出口总额为53.11亿美元,同比增长33.97%;与大洋洲国家的进出口贸易额为24.52亿美元,同比下降18.64%,占全部进出口总额的2%,其中广州对大洋洲国家的出口总额为13.95亿美元,同比增长13.78%。

(四)服装类产品出口增速较快,机电产品、高新技术产品出口增速稳健,钢铁出口下降明显

从出口商品的类别看,机电产品、高新技术产品、服装及衣着附件仍然是占比较大的出口商品。截至2015年11月,广州市机电产品的出口总额为378.28亿美元,同比增长17.33%,占全部出口商品的54.45%;高新技术产品出口127.11亿美元,同比增长13.51%,占全部出口商品的18.30%;服装及衣着附件出口102.78亿美元,同比增长28.17%,占全部出口商品的14.80%;鞋类出口19.81亿美元,同比增长24.37%,占全部出口商品的2.85%;钢铁出口13.55亿美元,同比下降23.48%,占全部出口商品的2%;自动数据处理设备及其部件出口14.71亿美元,同比下降14.12%,占全部出口商品的2.12%;液晶显示板出口32.17亿美元,同比增长7.99%,占全部出口商品的4.63%,汽车零配件出口22.62亿美元,同比增长24.39%,占全部出口商品的3.26%;家具及其零件出口26.98亿美元,同比增长7.36%,占全部出口商品的3.88%;灯具、照明装置及零件出口19.51亿美元,同比增长49.12%,占全部出口商品的2.8%;塑料制品出口13.10亿美元,同比增长18.54%,占全部出口商品的1.89%;贵金属或包贵金属的首饰出口37.17亿美元,同比下降2.52%,占全部出口商品的5.35%。

二 2015年广州利用外资和对外直接投资情况

(一)广州利用外资规模总体保持稳定增长势头

在经历了2008年金融危机时期外商直接投资增速的较大幅度的下降后,

广州市实际利用外商直接投资增速一直保持着较为稳定的增长势头。截至2015年11月,广州市新签外商直接投资项目1149个,合同外资78.20亿美元,同比增长0.20%,实际利用外资53.52亿美元,同比增长7.90%,是金融危机以来增速最高的时期(见图6)。

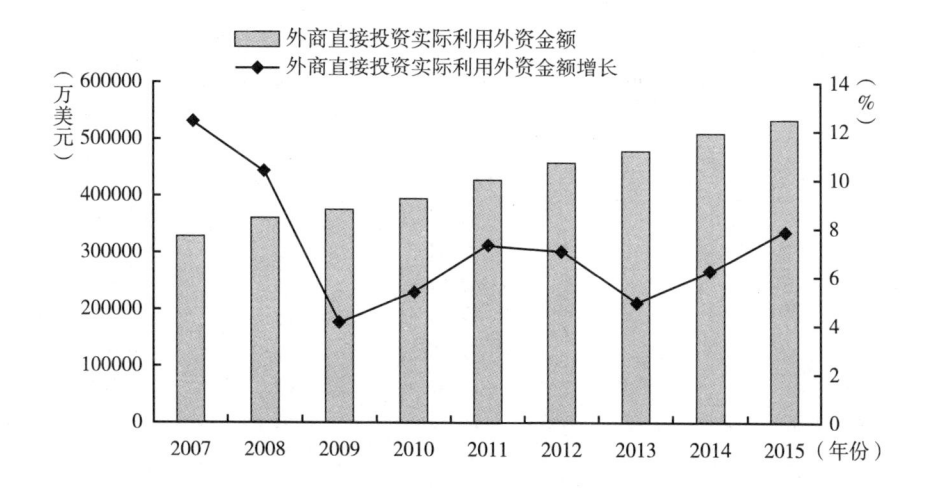

图6　广州市2007年至2015年11月外商直接投资实际利用外资金额情况

注:数据来源于广州市商务委员会外资统计数据。

(二)外资技术引进国家(地区)开始向新兴市场转移

外资直接投资主要是通过从国外引进先进技术来实现的。从外资技术引进的国别看,广州的技术引进99%以上来自亚洲、北美洲和欧洲的相关国家和地区。具体而言,从亚洲地区完成的技术引进合同金额为93161.46万美元,占全部技术引进总额的68.23%,同比增长11.12%;从北美地区完成的技术引进合同金额为28788.04万美元,占全部技术引进总额的21.08%,同比下降14.78%;从欧洲地区完成的技术引进合同金额为14263.09万美元,占全部技术引进总额的10.45%,同比下降19.33%;从大洋洲完成的技术引进合同金额为85.34万美元,同比下降37.96%。由此可见,从欧美等传统发达国家进行的技术引进已经开始不断向亚洲新兴市场转移(见表1)。

表1 广州市2015年1~11月技术引进按国别地区分类统计

国别地区	合同数(个)	合同金额(万美元)	金额占比(%)	金额同比增长(%)
一、亚洲	252	93161.46	68.23	11.12
中国香港	22	2098.10	1.54	-31.76
印度	2	108.06	0.08	5.96
日本	202	88732.77	64.99	16.49
马来西亚	1	3.73	0.00	—
新加坡	3	192.77	0.14	30.25
韩国	13	1117.32	0.82	-63.9
泰国	1	1.73	0.00	—
中国台湾	8	906.98	0.66	-27.47
二、非洲	1	44.64	0.03	-0.16
毛里求斯	1	44.64	0.03	-0.16
三、欧洲	66	14263.09	10.45	-19.33
比利时	3	73.48	0.05	58.29
丹麦	2	166.00	0.12	-50.01
英国	10	846.91	0.62	-1.54
德意志联邦共和国	17	8625.38	6.32	-29.4
法国	4	393.82	0.29	9.51
爱尔兰	1	9.02	0.01	-93.19
意大利	4	283.34	0.21	-68.53
荷兰	4	353.96	0.26	203.15
西班牙	3	112.88	0.08	-35.72
奥地利	1	53.84	0.04	—
马耳他	2	25.00	0.02	—
波兰	1	75.74	0.06	—
罗马尼亚	1	15.14	0.01	—
瑞典	3	590.13	0.43	121.74
瑞士	9	2579.98	1.89	19.2
斯洛伐克共和国	1	58.47	0.04	-43.81
四、南美洲	2	200.14	0.15	-18.13
英属维尔京	2	200.14	0.15	-18.13
五、北美洲	44	28788.04	21.09	-14.78
加拿大	5	146.67	0.11	-17.41
美国	39	28641.37	20.98	-14.77
六、大洋洲	2	85.34	0.06	-37.96
澳大利亚	2	85.34	0.06	-37.96
总　计	367	136542.71	100.00	0.6

注：数据来源于广州市商务委员会技术和服务贸易的统计数据。

（三）通过专有技术的许可或转让方式完成的技术引进比重最大、增长最快

从技术引进方式来看，截至2015年11月，通过专有技术的许可或转让方式完成的技术引进所占比重最大，其合同金额为121852.87万美元，占全部技术引进合同总额的89.24%；通过专利技术的许可或转让（包括专利申请权的转让）完成的技术引进增长速度最快，其合同金额为7594.29万美元，同比增长78.31%；通过计算机软件的进口完成的技术引进增长速度次之，其合同金额为1637.81万美元，同比增长29.47%；通过技术咨询、技术服务完成的技术引进金额下降最快，同比下降35.74%。

（四）制造业在技术引进方面的合同金额占比最高，发展最快

在产业配比方面，制造业在技术引进方面利用的外资总额为13.39亿美元，占全部引进技术外资的98.1%。此外，制造业在技术引进方面的合同金额同比增长1.97%，在11个行业大类中增长速度最快（见表2）。

表2 广州市2015年1~11月技术引进按国民经济行业分类统计

行业	合同(个)	合同金额(万美元)	占比(%)	合同金额同比增长(%)
一、农、林、牧、渔业	1	57.94	0.04	—
畜牧业	1	57.94	0.04	—
二、制造业	321	133948.65	98.11	1.97
农副食品加工业	2	107.76	0.08	-33.76
食品制造业	7	12480.64	9.14	-28.14
饮料制造业	2	533.28	0.39	19.11
烟草制品业	1	97.50	0.07	—
皮革、毛皮、羽毛（绒）及其制品业	1	558.64	0.41	-1.01
造纸及纸制品业	1	66.64	0.05	28.15
石油加工、炼焦及核燃料加工业	6	64.29	0.05	9.39
化学原料及化学制品制造业	46	23331.18	17.09	-13.71
医药制造业	4	1664.68	1.22	-2.46

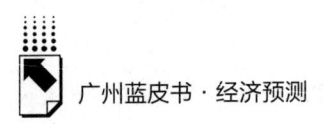

续表

行 业	合同(个)	合同金额(万美元)	占比(%)	合同金额同比增长(%)
橡胶制品业	2	158.81	0.12	212.8
塑料制品业	4	242.57	0.18	-56.43
非金属矿物制品业	3	118.33	0.09	10.32
金属制品业	7	68.62	0.05	-53.72
通用设备制造业	9	668.02	0.49	-29.02
专用设备制造业	20	6581.96	4.82	-14.36
交通运输设备制造业	151	76193.88	55.80	18.6
电气机械及器材制造业	16	5234.42	3.83	182.62
通信设备、计算机及其他电子设备制造业	29	4461.58	3.27	-36.41
仪器仪表及文化、办公用机械制造业	2	715.28	0.52	1.01
工艺品及其他制造业	4	440.85	0.32	20.07
废弃资源和废旧材料回收加工业	4	159.72	0.12	-39.45
三、电力、燃气及水的生产和供应业	3	90.39	0.07	—
电力、热力的生产和供应业	3	90.39	0.07	
四、建筑业	1	105.83	0.08	-40.43
建筑装饰业	1	105.83	0.08	-1.60
五、交通运输、仓储和邮政业	1	22.83	0.02	-52.48
铁路运输业	1	22.83	0.02	23.67
六、信息传输、计算机服务和软件业	8	782.83	0.57	-42.70
电信和其他信息传输服务业	5	213.28	0.16	-2.90
计算机服务业	1	59.3	0.04	165.92
软件业	2	510.25	0.37	-54.62
七、住宿和餐饮业	2	2.28	0.00	-97.83
住宿业	2	2.28	0.00	-97.83
八、房地产业	11	516.72	0.38	-42.04

续表

行　业	合同(个)	合同金额(万美元)	占比(%)	合同金额同比增长(%)
房地产业	11	516.72	0.38	-42.04
九、租赁和商务服务业	11	293.04	0.21	-31.43
商务服务业	11	293.04	0.21	-31.43
十、科学研究、技术服务和地质勘查业	7	320.57	0.23	-45.5
研究与试验发展	1	15.2	0.01	—
专业技术服务业	6	305.37	0.22	-48.08
十一、文化、体育和娱乐业	1	401.63	0.29	-16.89
体育	1	401.63	0.29	4.79
总　计	367	136542.71	100.00	0.6

注：数据来源于广州市商务委员会技术和服务贸易的统计数据。

（五）广州对外经济合作发展迅速

截至2015年10月，广州对外投资的协议投资总额为446017万美元，同比增长58.60%；对外直接投资额131001万美元，同比增长121.89%。与国外进行经济合作新签订合同额75041万美元；完成营业额51526万美元，同比增长30.97%；派出人次达12359人次，同比增长5.56%（见表3）。

表3　2015年1~10月对外经济合作业务统计

内　容		计量单位	月末累计	2014年同期	同比增长(%)
对外投资	项目数	个	232	139	66.91
	协议投资总额	万美元	446017	281227	58.60
	中方协议投资额	万美元	352422	271822	29.65
	对外直接投资额	万美元	131001	59039	121.89
国外经济合作	新签订合同额	万美元	75041	45099	66.39
	完成营业额	万美元	51526	39341	30.97
	派出人次	人次	12359	11708	5.56
	月末在国外人数	人	24775	22344	10.88

注：数据来源于广州市商务委员会外经合作的统计数据。

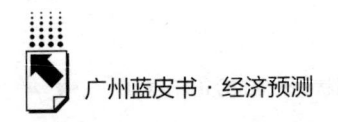

三 广州外向型经济存在的问题及2016年展望

（一）对外贸易存在的问题

第一，广州的经济增长方式仍然非常依赖出口导向，对外贸易依存度高。广州是中国对外开放的窗口，发展出口导向的外向型经济仍然是广州促进经济增长的重要手段。尽管目前广州的对外贸易依存度有所下降，但是截至2015年第三季度，广州的国内生产总值为12983.31亿元，折合约20128亿美元，进出口额约为10140亿美元，广州的对外贸易依存度仍然有50%之多。在当前全球经济不景气，国际贸易遭遇"最冷的冬天"的情况下，扩大广州市内部需求，减少对贸易的依赖是广州未来经济增长需要长期解决的问题。

第二，进出口贸易不协调，出口增长速度远高于进口增速，容易引发贸易摩擦。截至2015年11月，广州的出口总额同比增长13.70%，进口总额同比下降8.80%。

第三，对外贸易结构仍然有待改善。在广州的对外贸易中，尽管广州市2015年的加工贸易增速有所下降，但加工贸易仍然占有35%的比重，且其呈现"两头在外"的特点，原料、半成品均从国外进口，同时将加工后的产品再出口，广州在加工贸易中只能获得相当低的加工费。因此，改变对外贸易结构，提升一般贸易在对外贸易中的比重对于提高广州外向型经济的竞争力非常重要。

第四，进出口贸易产品类别单一，大多为低附加值的劳动密集型产品。在"三来一补"的贸易模式下（来料加工、来样加工、来件装配和补偿贸易），纺织品、服装、机电产品、数据设备零件等仍然是左右出口贸易总额的关键。

第五，出口贸易地区结构不均衡。广州的对外出口国家和地区布局较为集中，出口国家和地区集中在亚洲，对亚洲的出口占广州市出口总额的50%以上，其中以中国香港地区、日本、韩国和新加坡等地为主；而亚洲之外的国家和地区则以美国和欧盟为主。在TPP生效之后，中国与东盟等国家的贸易往来将受到一定的影响。

（二）利用外资和对外投资的问题

第一，FDI的产业结构有待优化。广州引进的外资主要投向制造业，而制造业以劳动密集型的加工贸易居多，有研发创新能力的少，第三产业引进的外资也主要集中在房地产业、餐饮娱乐业，而金融、信息咨询等现代服务业中的外资很少。

第二，FDI质量有待提高。现有FDI主要看重广州的廉价资源与劳动力。随着经济的发展，广州需要提高外资质量，吸引技术含量较高的外资。

第三，广州生产企业的技术较为落后，技术进步对FDI的依赖度较高。如何与外资合作，如何对国外的先进技术进行消化，并将其转换为自己的技术，形成自身的产业和产品特色是广州引进外资时需要考虑的关键问题。

（三）2016年展望与政策建议

2016年，国际和国内环境仍然处于风云变幻之中，广州的外向型经济的发展也将面临诸多不确定因素。

从国际环境的角度看，尽管美国经济已经开始有复苏的迹象，但是欧洲仍然将持续疲弱，目前欧元区经济增长率不足1%，主要经济体法国、意大利经济接近零增长，同时多个国家陷入通缩局面。此外，由于新兴经济体通常是全球重要的能源资源生产国、消费国和贸易国，受国际大宗商品价格持续下跌的影响，新兴经济体增速也开始不断放缓。因此，未来全球经济增长的前景不容乐观。

从国内环境的角度看，随着人口红利的不断消失，人工成本和土地成本的不断提高，国内的生产企业将长期面临较为严峻的考验；同时在大宗商品价格下跌以及美联储加息等因素的影响下，像中国这样的新兴经济体对国际资本的吸引力在一定程度上有所下降，国际资本开始大量撤离新兴经济体。但是，随着改革进程的加快和城镇化建设的深入，国内的消费和投资仍然有较大的发展空间。2015年南沙自贸区的建立，"海上丝绸之路"战略的实施，对于广州对外贸易的发展将会有重要的促进作用。

2016年广州外向型经济发展可能面临如下情况。

第一，欧洲经济持续疲软，美国经济开始复苏，新兴经济体经济增长速度开始下降，广州对外贸易将保持中速增长态势。尽管2015年底美国在经济有所复苏的背景下上调了联邦基金利率，但世界经济仍然持续疲软，这就使得全球各国对国际贸易的需求不够旺盛。可以预见，2016年广州的出口贸易整体将保持近年的增长势头，但增长速度有可能会有所下降；在中国经济增长速度整体下降和近年进口持续下降趋势的影响下，2016年广州的进口贸易也将难有起色，仍然会延续持续下降的发展态势。

第二，2015年在经济增长放缓、大宗商品价格下跌以及美联储加息等因素的影响下，国际资本大量撤离新兴市场。净资本流出凸显了国际市场对有关中国和巴西等新兴经济体的增长前景的担忧情绪，表明了中国等新兴市场对国际资本吸引力的下降。由于新兴市场国家的经济增长速度放缓的趋势难以转变，因此这一因素短期内很难发生转变，新兴市场资本外流的状态将具有一定的长期性。在这样的背景下，广州在引进外资方面将会遇到相当大的阻力，2016年广州外商直接投资增长速度有可能会下降。相反，在"一带一路"战略的推进下，中国企业对外投资意愿明显增强，广州的对外投资增长速度将会有较大幅度的上升。

为使2016年广州市外向型经济保持较快发展势头，抓住一切可能利用的契机，我们提出以下政策建议。

第一，进一步提高和改善外贸环境。简化进出口贸易的流程，坚决清理和规范贸易的收费环节，进一步提高贸易便利化水平。进行目录清单管理，对依法合规设立的进出口环节的行政事业性收费、政府性基金以及实施政府定价或指导价的经营服务性收费实行录清单管理，对未列入清单的其他收费一律按照乱收费的行为进行查处。对在通关口岸查验没有问题的企业免除吊装、移位、仓储等各种费用，通过加快通关一体化、一站式改革等举措，提高口岸通关效率。

第二，强化各种信贷和融资政策，支持外向型企业的进出口贸易。在融资服务方面，加大对出口信用担保和保险的支持力度，保证出口企业的出口积极性，特别是在短期出口信贷方面，进一步扩大短期出口信用保险规模，加大对中小微企业及开拓新兴市场企业的支持力度。在人民币结算方面，进一步提高跨境贸易人民币结算的便利化水平，千方百计帮助企业规避汇率波动带来的风险。

第三，提高加工贸易的进入门槛和推动加工贸易主体结构优化升级。在广州的外向型经济中加工贸易仍然占有非常重要的地位，加快和优化加工贸易对于提升广州外向型经济的整体竞争力至关重要。通过修订外商投资的指导目录以适度提高加工贸易的进入门槛，以确保外资进入我们所期望的高端制造业、低碳产业、高端服务业。在提高加工贸易进入门槛的同时，要鼓励本地企业与主导加工贸易的外企合作，在与国外企业合作的过程中，逐渐掌握加工贸易的主动权，实现从"硬性制造"向"软性制造"转型，强化资源管理、服务导向、人才培养与流程创新等"软性"要素，以促进广州市加工贸易合理布局、协调发展。

第四，促进广州市双向投资的平衡、均衡发展。近年来，由于资金短缺，广州大多只是注意如何引入外资，对国内资金"走出去"的重视不够。随着国内资金缺口的减小，国际环境的变化，新兴市场经济体经济的增长和机会的增多，促进投资双向平衡发展是未来广州市需要考虑的方向。在规划好外资投入领域、严格外资投资审批制度的同时，要考虑如何引导本地闲置资金投向境外，积极参与国际贸易分工，引导本地资金投向新兴市场。

第五，抓住目前有利于中国的良好契机，巩固和保持广州市外向型经济的发展势头。亚投行的成立将通过公共部门与私人部门的合作，有效弥补亚洲地区基础设施建设的资金缺口，这对促进亚洲国家经济发展与区域经济一体化具有重要意义，广州需要在经济新常态、去产能和"一带一路"建设的大背景下，充分利用亚投行提供的条件助推自身的经济结构的转型和升级，促进广州经济的增长。国际大宗商品价格降低会拉低企业的生产成本，在一定程度上缓解广州整体经济下滑的压力。2015年12月20日，中韩、中澳自由贸易协定正式生效，"中韩自由贸易协定"规定中韩双方货物贸易自由化比例均超过税目的90%、贸易额的85%，"中澳自由贸易协定"规定，在过渡期内，中澳双方各有占出口贸易额85.4%的产品实现零关税。过渡期后，澳方零关税的税目占比和贸易额占比都将达到100%，中方零关税的税目占比和贸易额占比将分别达到96.8%和97%。韩国是广州开展经济合作的重要国家之一，澳门作为和广东毗邻的地区与广州也有着天然的经济合作优势，因此，充分利用中韩、中澳自由贸易协定，加强广州与韩国和澳门的经济合作能够为广州外向型经济的发展提供巨大推力。

（审稿　陈婉清）

B.4
关于越秀区在副省级中心城区综合竞争力的研究

广州市越秀区发改局 2015 年课题调研组*

摘　要： 针对目前的宏观经济发展形势，本文建立中心城区综合竞争力评价模型，就越秀区在全国中心城区的竞争地位进行量化分析，并指出制约越秀区竞争力提升的主要因素以及促进竞争力提升的路径。

关键词： 中心城区　综合竞争力　越秀区

本文以第三次经济普查数据以及 2014 年城区数据为支撑，选取位于长三角、珠三角、环渤海三大经济发展区域的 10 个副省级中心城区进行分析与评价，以剖析制约越秀区综合竞争力提升的因素并提出针对性建议。

一　中心城区经济总体概况

（一）法人单位数量多，增速参差不齐，行业分布集中

从总量看，中心城区经济基础都比较扎实，法人单位总数都达到 1 万家以上。其中，西城区法人单位数量最多，共 43087 家；下城区法人单位数量最少，共 14977 家；越秀区法人单位数量处于中等水平，共 29779 家，比西城区

---

* 课题组成员：刘震海，越秀区发改局局长；蒲敏珩，越秀区发改局调研员；卢延，越秀区发改局统计科科长；汤亚丽，越秀区统计调查队科员。

少 13308 家（见表1）。

从增速看，各城区法人单位数量增长情况差别较大。其中，罗湖区法人单位增长最快，比2008年末增长53.2%；徐汇区增速最慢，仅增长0.3%；越秀区增速略缓，增长5.4%，在城区中处于中游水平。

表1　第三次经济普查时中心城区法人单位总数及其增长情况

单位：个，%

指标名称	东城区	西城区	徐汇区	越秀区	天河区	下城区	罗湖区
法人单位总数	38710	43087	22504	29779	32881	14977	21190
比2008年末增长	49.6	28.6	0.3	5.4	4.8	31.6	53.2

注：2008年为第二次经济普查年份。

从行业分布看，中心城区法人单位主要集中在批发和零售业，租赁和商务服务业，公共管理、社会保障和社会组织，科学研究和技术服务业，信息传输、软件和信息技术服务业等第三产业；除徐汇区外，中心城区三大行业的法人单位占全部法人单位总数的比重均在65%以上，区域行业呈现较强的集聚性。其中，西城区三大行业法人单位总数最多，达28321家；罗湖区三大行业法人单位占全区的比重最大，比重达70.11%；越秀区三大行业法人单位总数和比重在各城区均处于中游位置，法人单位总数比西城区少8110家，占全区的比重比罗湖区低2.14个百分点。

表2　第三次经济普查时中心城区法人单位分布数量最多的三大行业

单位：个，%

	指标名称	东城区	西城区	徐汇区	越秀区	天河区	罗湖区	下城区
1	行业名称	租赁和商务服务业	批发和零售业	批发和零售业	批发和零售业	批发和零售业	批发和零售业	批发和零售业
	单位数量	11355	12550	8454	12134	13119	9395	6770
	比重	29.33	29.13	37.57	40.75	39.90	44.34	45.20
2	行业名称	批发和零售业	租赁和商务服务业	租赁和商务服务业	租赁和商务服务业	信息传输、软件和信息技术服务业	租赁和商务服务业	租赁和商务服务业
	单位数量	10409	11603	4042	5900	3750	3983	2479
	比重	26.89	26.93	17.96	19.81	11.40	18.80	16.55

续表

	指标名称	东城区	西城区	徐汇区	越秀区	天河区	罗湖区	下城区
3	行业名称	科学研究和技术服务业	科学研究和技术服务业	科学研究和技术服务业	公共管理、社会保障和社会组织	租赁和商务服务业	交通运输、仓储和邮政业	科学研究和技术服务业
	单位数量	3678	4168	1832	2177	5782	1476	917
	比重	9.50	9.67	8.14	7.31	17.58	6.97	6.12
合计		25442	28321	14328	20211	22651	14854	10166
比重		65.72	65.73	63.67	67.87	68.88	70.11	67.87

（二）吸纳就业能力强，从业人员增长迅速

从总量看，中心城区吸纳就业能力较强。其中，西城区从业人员人数最多，达116.96万人；下城区从业人员最少，总数为36.80万人；越秀区从业人员101.72万人，在各城区处于中游水平。

从增速看，各中心城区的从业人员增长较快，都达到两位数增速。其中，徐汇区增速最快，增长32.57%；下城区增长最慢，增长14.80%；越秀区从业人员增速处于中游偏后的位置，增长17.80%（见表3）。

表3 第三次经济普查时中心城区从业人员情况

单位：万人，%

指标名称	东城区	西城区	徐汇区	越秀区	天河区	下城区
从业人员总数	85.66	116.96	90.02	101.72	110.67	36.80
比2008年增长	30.70	19.40	32.57	17.80	26.70	14.80

（三）产业结构合理，第三产业优于第二产业

从法人单位看，中心城区的第三产业法人单位数量远大于第二产业，大部分城区第三产业法人单位数占比达95%以上。其中，天河区第二产业法人单位数比重最大，占6.64%；越秀区第三产业法人单位数比重最大，占98.20%。

表4　第三次经济普查时中心城区法人单位总数及其结构

单位：个，%

指标	东城区	西城区	徐汇区	越秀区	天河区	下城区	罗湖区
法人单位总数	38710	43087	22503	29779	32881	14977	21190
其中：第二产业法人单位数	814	1095	1107	536	2183	809	984
占法人单位总数的比例	2.10	2.54	4.92	1.80	6.64	5.40	4.64
第三产业法人单位数	37896	41992	21396	29243	30698	14168	20206
占法人单位总数的比例	97.90	97.46	95.08	98.20	93.36	94.60	95.36

（四）小结

从第三次经济普查的数据可知，各中心城区的经济实力雄厚，吸纳就业人员能力较强，产业结构较优。越秀区的法人单位以及从业人员的总量指标在各城区中均处于中游；增速与其他城区相比处于中游偏后位置，增长相对缓慢；产业结构中第三产业法人单位数比重最高。

二　特色经济发展现状

（一）现代服务业

1. 越秀区发展情况

2014年越秀区现代服务业实现增加值1584.97亿元，同比增长[①]8.6%，占GDP的比重提高至64.3%。其中，租赁和商务服务业实现增加值327.71亿元，占现代服务业增加值的比重为20.68%；信息服务业实现增加值53.28亿元，增长7.1%，占现代服务业增加值的比重为3.36%。

---

① 下文简称"增长"，与2013年相比。

2. 其他中心城区发展情况

从总量看，现代服务业在中心城区经济总量中占较大比重，除徐汇区外，中心城区现代服务业占 GDP 的比重都在 60%以上；从增速看，除徐汇区外，其他城区现代服务业增长迅猛，增速高于同期 GDP 增速；从区位熵看，中心城区现代服务业在全国都有较强的竞争优势，除徐汇区外，其他城区现代服务业区位熵都在 1.3 以上。

表5 部分中心城区 2014 年现代服务业发展状况

地 区	现代服务业增加值（亿元）	增速（%）	占 GDP 的比重（%）	区位熵*
越秀区	1584.97	8.6	64.3	1.36
天河区	1971.97	8.9	63.4	1.36
罗湖区	1087.19	8.9	66.9	1.39
福田区	2068.24	9.9	69.9	1.45
徐汇区	479.31	8.1	40.4	0.84
下城区	446.09	7.0	64.6	1.34

* 区位熵是指一个地区某一部门产值在本地区的比重与全国同一部门产值在全国的比重之比。

越秀区现代服务业发展水平在各中心城区中属于中游位置，但与现代服务业发展更加成熟的地区，如福田区相比，无论在总量规模、增速还是在竞争优势方面都还有较大的提升空间。

（二）总部经济及楼宇经济

1. 越秀区发展情况

2014 年越秀区新认定 362 家总部（优质）企业，共实现增加值 1176.95 亿元，增长 8.2%，比 2009 年增加 555.58 亿元，增长 89.4%；总部企业中有 67 家被认定为 2014 年度广州市总部企业，占全市总部企业总数的 1/5。

重点楼宇成为越秀区产业转型升级和经济可持续发展的有力保障，2014 年越秀区共有重点商务楼宇 341 栋，实现税收收入 152.47 亿元，占全区的 49.56%；其中，年税收超亿元的楼宇 39 栋，年营业收入超百亿元的楼宇 7 栋。

2. 与天河区的对比

由于各地的总部企业认定标准不一，这里只与天河区进行对比。在2014年广州市认定的328家总部企业中，在天河区注册的有96家，占全市的29.3%。目前，天河中央商务区已建成投入营运的高端商务楼宇达110栋，其中营业收入超10亿元、税收超1亿元的楼宇达43栋，形成了以金融服务业、现代商贸业、商务服务业为主导的产业体系。目前天河区在建楼宇共19栋，总面积共259万平方米，建成后将进一步增大天河区总部集聚空间。

从广州市认定的总部企业数量来看，越秀区比天河区少29家；从楼宇资源看，税收超亿元楼宇比天河区少4栋，而且在建楼宇数量也少于天河区，这将进一步拉大越秀区与天河区总部经济间的差距。

（三）互联网金融

1. 越秀区发展情况

2014年越秀区新兴产业蓬勃发展。2014年越秀区新增注册资本1000万元以上企业753家，近六成是移动互联网、融资租赁、新媒体、互联网金融等领域的新业态企业。广州民间金融街顺应"互联网+"金融潮流，建成全市首个互联网金融产业基地，成立广州市首家民间金融征信公司和互联网金融特色小额贷款公司。截至2015年9月，民间金融街共集聚各类民间金融及其配套机构168家，其中小额贷款公司57家，占全市的76%，互联网特色小额贷款公司10家（大部分是由国内外知名上市企业发起设立），互联网金融机构增至26家。

2. 其他中心城区发展情况

2014年黄埔区的外滩金融创新试验区建设成效明显，黄埔区出台促进互联网金融发展"新十条"，引进金融机构130家，其中互联网金融企业42家；上海首个互联网金融园区挂牌成立，互联网金融、民营金融加速集聚，新增企业73家，成功推出互联网金融线下交流平台。

对比黄埔区，越秀区互联网金融产业集聚态势尚不明显，互联网金融机构比黄埔区少16家。互联网金融的发展现状也是新兴产业在越秀区发展情况的体现。在越秀区，新产业、新业态、新技术、新模式发展势头良好但体量偏小，需要紧密对接落实好国家"互联网+"战略，推进互联网新技术、新理念、新模式在各领域的融合应用。

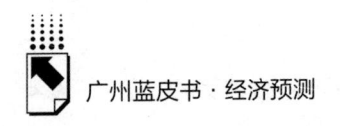

三 中心城区综合竞争力分析

（一）综合竞争力评价指标体系的构建

本文收集整理了全国 10 个副省级中心城区 2014 年国民经济与社会发展统计公报及年鉴资料，在兼顾全面性、针对性、可比性、可操作性等原则的基础上，建立由 5 个一级指标、19 个二级指标构成的中心城区综合竞争力指标体系，从不同维度系统地反映中心城区的综合竞争力。

表 6 中心城区综合竞争力指标体系

一级指标	二级指标	指标说明	计量单位
经济实力竞争力	地区生产总值（GDP）	反映城区目前所达到的发展状况和实际水平	亿元
	GDP 增长率		%
	地均 GDP		亿元/平方公里
	社会消费品零售总额	分析区域消费市场变动情况，反映经济景气程度的重要指标	亿元
	居民年人均可支配收入	衡量居民生活水平，反映地区居民的购买能力	元/人年
	固定资产投资额	反映长期竞争所需要的资本形成情况	亿元
	金融业增加值占 GDP 的比重	金融是现代经济核心，资源配置的枢纽	%
结构竞争力	第三产业增加值	评价产业结构高级化程度	亿元
	第三产业占 GDP 的比重		%
	第二产业增加值		亿元
	第二产业占 GDP 的比重		%
开放竞争力	实际利用外资	衡量区域利用外资的水平	亿美元
	资本依存度[1]		%
	外贸出口依存度[2]	衡量本地经济对国际市场辐射力和竞争力	%
科技竞争力	专利申请量	衡量区域经济创新的先期指标	件
	专利授权量		件

续表

一级指标	二级指标	指标说明	计量单位
环境竞争力	人均公园绿地面积	生态环境是吸引人才和高附加值产业重要外在要素	平方米
	绿化覆盖率		%
	PM2.5年均浓度		微克/立方米

注：①实际利用外资额占固定资产投资的比例。②地区进出口总额与地区生产总值之比。

（二）中心城区综合竞争力的排序

在多指标评价体系中，各指标由于性质不同，通常具有不同的量纲和数量级。当各指标间的水平相差很大时，如果直接用原始指标值进行分析，就会突出数值较高的指标在综合分析中的作用，相对削弱数值较低指标的作用。因此，为了保障结果的可靠性，需要对原始指标数据进行标准化处理。本文采用以下标准化处理方法：

$$U_{ij} = \frac{a_{ij} - \overline{X}_i}{\sigma_i}$$

上式中：U_{ij}为城区j第i个指标的标准化分数；a_{ij}为城区j第i个指标的原始值；$\overline{X}_i$为第i个指标的平均值；σ_i为第i个指标的标准差。

在求出每个二级指标的U值后，分别把各城区的U值加权平均，再加以比较得出最终评价结果。在中心城区的最终评价得分中，有很多城区的得分为负数，但这并不代表该中心城区的综合竞争力为负。这里的正负仅表明与平均水平的位置关系，中心城区的平均水平为零点，这是将数据标准化处理后的结果。

表7 中心城区综合竞争力得分及排名

一级指标		东城区	西城区	徐汇区	黄埔区	罗湖区	福田区	越秀区	天河区	下城区	鼓楼区
经济实力竞争力	得分	-0.29	0.41	-0.74	-0.15	-0.17	0.86	0.53	0.67	-0.69	-0.42
	排名	7	4	10	5	6	1	3	2	9	8
结构竞争力	得分	-0.21	0.60	-0.18	-0.24	-0.14	0.39	0.02	0.77	-0.56	-0.44
	排名	7	2	6	8	5	3	4	1	10	9

续表

一级指标		东城区	西城区	徐汇区	黄埔区	罗湖区	福田区	越秀区	天河区	下城区	鼓楼区
开放竞争力	得分	-0.55	-0.60	-0.12	0.95	1.11	1.56	-0.64	-0.59	-0.61	-0.49
	排名	6	8	4	3	2	1	10	7	9	5
科技竞争力	得分	0.24	2.04	0.40	-0.98	-0.61	1.07	-0.35	-0.26	-0.75	-0.79
	排名	4	1	3	10	7	2	6	5	8	9
环境竞争力	得分	-0.97	-0.93	-0.55	-0.73	1.53	1.15	-0.34	0.61	0.13	0.12
	排名	10	9	7	8	1	2	6	3	4	5
得分总计		-0.36	0.30	-0.24	-0.24	0.34	1.00	-0.16	0.24	-0.47	-0.41
排名		8	3	7	6	2	1	5	4	10	9

1. 中心城区综合竞争力总体分析

从中心城区综合竞争力总体排名情况看，福田区、罗湖区、西城区、天河区位列前4位，这4个城区的综合竞争力都在10个城区的平均水平之上；越秀区、黄埔区、徐汇区、东城区、鼓楼区和下城区6个城区的综合竞争力在平均水平之下。

越秀区综合竞争力排名第五位，位于平均水平之下，主要由于其开放竞争力（排名第十位）、科技竞争力（排名第六位）、环境竞争力（排名第六位）三项竞争力指标得分相对较低，从而拉低了综合竞争力的整体排名。

2. 中心城区综合竞争力分项评价

（1）经济实力竞争力

从经济实力竞争力综合评价结果来看，福田区、天河区、越秀区、西城区居前四位，竞争力得分在平均水平之上；鼓楼区、东城区、黄浦区、罗湖区、下城区和徐汇区的排名相对靠后，竞争力得分在平均水平之下。

越秀区的经济实力竞争力指标排名居第三位，各项二级指标得分都在平均水平之上。其中，地均GDP排名第二位，达到76.55亿元/平方公里，仅低于黄埔区的79.18亿元/平方公里，说明越秀区经济集中程度较高，区域经济实力雄厚；固定资产投资额排名第二位，但与排名第一位的天河区相比，无论在总量规模还是在增速上都有一定差距：2014年天河区固定资产投资额为856.29亿元，增长8.2%；越秀区固定资产投资额为356.89亿元，增长4.3%。

表8 中心城区经济实力竞争力得分及排名

一级指标	二级指标	东城区	西城区	徐汇区	黄浦区	罗湖区	福田区	越秀区	天河区	下城区	鼓楼区	越秀区二级指标排名
经济实力竞争力	GDP（亿元）	1733.0	3052.3	1187.0	1624.7	1625.3	2958.9	2464.4	3109.7	690.8	907.0	4
	标准化指数	-0.28	-0.21	-0.57	-1.67	0.09	0.75	0.16	0.75	-0.94	1.92	
	GDP增长率（%）	7.50	7.60	7.10	5.60	8.00	8.90	8.10	8.90	6.60	10.50	4
	标准化指数	-0.28	-0.21	-0.57	-1.67	0.09	0.75	0.16	0.75	-0.94	1.92	
	地均GDP（亿元/平方公里）	41.42	60.20	21.61	79.18	45.85	37.62	76.55	21.92	21.96	17.00	2
	标准化指数	-0.04	0.78	-0.90	1.60	0.15	-0.20	1.48	-0.89	-0.88	-1.10	
	居民年人均可支配收入（元/人·年）	45052	47392	47710	47710	43626	54092	47538	47877	45949	46597	5
	标准化指数	-0.84	0.01	0.13	0.13	-1.36	2.46	0.07	0.19	-0.51	-0.28	
	社会消费品零售总额（亿元）	913.3	887.0	525.0	778.5	1011.3	1509.6	1178.1	16334	768.3	715.5	3
	标准化指数	-0.22	-0.30	-1.32	-0.60	0.05	1.47	0.53	1.82	-0.63	-0.78	
	金融业增加值占GDP比重（%）	24.13	44.41	12.96	34.65	37.96	36.19	30.80	15.53	30.09	8.60	5
	标准化指数	-0.29	1.43	-1.23	0.60	0.88	0.73	0.28	-1.01	0.22	-1.60	
	固定资产投资额（亿元）	214.70	241.20	146.04	75.72	95.11	181.18	356.89	856.29	101.70	254.47	2
	标准化指数	-0.16	-0.05	-0.46	-0.77	-0.69	-0.31	0.46	2.64	-0.66	0.01	
	得分	-0.29	0.41	-0.74	-0.15	-0.17	0.86	0.53	0.67	-0.69	-0.42	—
	排名	7	4	10	5	6	1	3	2	9	8	

（2）结构竞争力

从结构竞争力综合评价结果来看，各中心城区整体产业结构都呈现第三产业比重大于第二产业比重的特征。其中，福田区、西城区、天河区、越秀区排名居前4位，竞争力得分在平均水平之上；罗湖区、徐汇区、东城区、黄埔区、鼓楼区、下城区6个城区排名相对靠后，竞争力得分在平均水平之下。

越秀区结构竞争力排名第四位，其中第三产业增加值占GDP的比重达97.68%，远高于国际化城市占比70%的标准，在中心城区中居首位；第二产业增加值比重较低，占GDP的比重排在最后一位。

表9 中心城区结构竞争力得分及排名

一级指标	二级指标	东城区	西城区	徐汇区	黄埔区	罗湖区	福田区	越秀区	天河区	下城区	鼓楼区	越秀区二级指标排名
结构竞争力	第三产业增加值（亿元）	1662.8	2754.5	1005.3	1554.4	1498.5	2756.1	2407.3	2703.7	640.5	823.8	4
	标准化指数	-0.15	1.18	-0.94	-0.28	-0.35	1.18	0.91	0.99	-1.39	-1.16	
	第三产业占GDP的比重（%）	95.95	90.24	84.69	95.67	92.20	93.15	97.68	86.94	92.72	90.83	1
	标准化指数	0.95	-0.42	-1.76	0.89	0.05	0.28	1.44	-1.34	0.18	-0.28	
	第二产业增加值（亿元）	70.20	297.80	181.72	70.34	126.68	201.38	57.17	403.03	50.28	83.18	9
	标准化指数	-0.70	1.21	0.23	-0.70	-0.23	0.40	-0.85	2.11	-0.87	-0.59	
	第二产业占GDP的比重（%）	4.05	9.76	15.31	4.33	7.79	6.81	2.32	12.96	7.28	9.17	10
	标准化指数	-0.95	0.42	1.77	-0.89	-0.05	-0.29	-1.44	1.32	-0.17	0.28	
	得分	-0.21	0.60	-0.18	-0.24	-0.14	0.39	0.02	0.77	-0.56	-0.44	—
	排名	7	2	6	8	5	3	4	1	10	9	

（3）开放竞争力

从开放竞争力综合评价结果来看，福田区、罗湖区、黄埔区排名居前3位，竞争力得分在平均水平之上；徐汇区、鼓楼区、东城区、天河区、西城区、下城区和越秀区的排名相对靠后，竞争力得分在平均水平之下。

越秀区在开放竞争力上表现不佳，排名最后一位，主要由于越秀区利用外资水平较低：2014年越秀区实际利用外资3.9亿美元，资本依存度1.08%，在中心城区均排名倒数第2位，说明越秀区对国际资本的聚集能力弱。另外，越秀区外贸出口依存度为3.55%，在中心城区排名第5位，说明越秀区对国际市场的依赖度不高。由于第三产业中很大一部分属于不可贸易产品,第三产业占比较高使越秀区外贸出口依存度在中心城区中仅处于中游,外贸出口依存度对开放竞争力得分的贡献不大。

表10 中心城区开放竞争力得分及排名

一级指标	二级指标	东城区	西城区	徐汇区	黄埔区	罗湖区	福田区	越秀区	天河区	下城区	鼓楼区	越秀区二级指标排名
开放竞争力	实际利用外资(亿美元)	5.1	4.3	7.3	12.8	9.3	17.1	3.9	6.6	3.1	4.9	9
	标准化指数	-0.52	-0.70	-0.02	1.19	0.41	2.17	-0.80	-0.19	-0.98	-0.56	
	资本依存度(%)	2.38	1.80	5.01	16.8	9.73	9.45	1.08	0.77	3.01	1.93	9
	标准化指数	-0.54	-0.65	-0.04	2.23	0.87	0.81	-0.79	-0.85	-0.42	-0.63	
	外贸出口依存度(%)	2.09	2.85	3.79	2.16	18.1	16.0	3.55	1.12	2.97	4.00	5
	标准化指数	-0.59	-0.46	-0.31	-0.58	2.05	1.69	-0.35	-0.75	-0.44	-0.27	
	得分	-0.55	-0.60	-0.12	0.95	1.11	1.56	-0.64	-0.59	-0.61	-0.49	—
	排名	6	8	4	3	2	1	10	7	9	5	

（4）科技竞争力

从科技竞争力综合评价结果来看,西城区、福田区、徐汇区、东城区排名居前4位,竞争力得分在平均水平之上;天河区、越秀区、罗湖区、下城区、鼓楼区、黄埔区排名相对靠后,竞争力得分在平均水平之下。

越秀区科技竞争力排名第六位,处于中游位置,竞争力得分在平均水平之下,与排名首位的西城区相比差距非常大。2014年越秀区专利申请量6024件,专利授权量2913件,分别仅为西城区专利申请量（23258件）的25.90%,专利授权量（7739件）的37.64%。

（5）环境竞争力

从环境竞争力综合评价结果来看,罗湖区、福田区、天河区、下城区、鼓楼区排名居前5位,竞争力得分在平均水平之上;越秀区、徐汇区、黄埔区、西城区、东城区排名相对靠后,竞争力得分低于平均水平。

表11　中心城区科技竞争力得分及排名

一级指标	二级指标	东城区	西城区	徐汇区	黄埔区	罗湖区	福田区	越秀区	天河区	下城区	鼓楼区	越秀区二级指标排名
科技竞争力	专利申请量（件）	8303	23258	5474	2304	3843	13655	6024	5737	3346	3000	4
	标准化指数	0.13	2.44	-0.31	-0.81	-0.57	0.96	-0.23	-0.27	-0.64	-0.70	
	专利授权量（件）	4806	7739	6539	1349	2492	6686	2913	3438	2047	2000	6
	标准化指数	0.35	1.64	1.11	-1.16	-0.66	1.18	-0.48	-0.25	-0.86	-0.88	
	得分	0.24	2.04	0.40	-0.98	-0.61	1.07	-0.35	-0.26	-0.75	-0.79	—
	排名	4	1	3	10	7	2	6	5	8	9	

越秀区在环境竞争力上排名第六位，处于中游位置，略低于平均水平。与同区域的天河区、罗湖区、福田区相比，越秀区的环境竞争力排名相对靠后。受城区面积限制，越秀区环境承载能力较低，人均公园绿地面积仅排名第九位，拉低了环境竞争力的整体得分。

表12　中心城区环境竞争力得分及排名

一级指标	二级指标	东城区	西城区	徐汇区	黄埔区	罗湖区	福田区	越秀区	天河区	下城区	鼓楼区	越秀区二级指标排名
环境竞争力	人均公园绿地面积（平方米）	6.0	6.0	5.8	2.5	16.9	16.0	5.6	18.2	15.2	13.9	9
	标准化指数	-0.78	-0.78	-0.82	-1.37	1.06	0.91	-0.84	1.29	0.77	0.56	
	绿化覆盖率（%）	28.0	29.2	28.5	28.5	64.5	46.0	34.1	40.0	40.4	44.0	6
	标准化指数	-0.90	-0.79	-0.86	-0.86	2.28	0.67	-0.37	0.15	0.18	0.50	
	PM2.5年均浓度（微克/立方米）	88	88	52	52	37	32	49	46	65	68	4
	标准化指数	-1.22	-1.22	0.01	0.03	1.25	1.88	0.19	0.40	-0.58	-0.70	
	得分	-0.97	-0.93	-0.55	-0.73	1.53	1.15	-0.34	0.61	0.13	0.12	—
	排名	10	9	7	8	1	2	6	3	4	5	

3. 总结

结合全国中心城区竞争的实践来看，本文关于 10 个中心城区综合竞争力的排序与分类结论与实际情况基本相符，这也证明了本文选取的分类指标及对指标数值的赋予是合理的。

通过分析可知，越秀区综合竞争力排名第五位，在全国 10 个主要副省级中心城区中处于中游，除经济实力竞争力和结构竞争力处于相对优势地位外，其他竞争力指标都处于中游。同时，越秀区综合竞争力得分（-0.158）与福田区（1.004）、罗湖区（0.339）有较大的差距，而与紧随越秀区之后的黄埔区（-0.240）差距有限（见表13）。前有标兵，后有追兵，越秀区需放眼全局，精准发力，才能在日益激烈的区域竞争中立于不败之地。

表13　中心城区综合竞争力得分及排名

城　区	东城区	西城区	徐汇区	黄埔区	罗湖区	福田区	越秀区	天河区	下城区	鼓楼区
总得分	-0.361	0.299	-0.244	-0.240	0.339	1.004	-0.158	0.237	-0.467	-0.405
排　名	8	3	7	6	2	1	5	4	10	9

四　制约越秀区综合竞争力提升的因素

（一）城区国际化水平不高

一是区域经济的外向度不高，外资利用水平低，对国际资本的集聚能力不强，开放竞争力在中心城区中排名最后一位。二是企业"走出去"的积极性不高，对区域经济的拉动作用有限。2013 年越秀区境外投资项目数量和投资额虽然在全市占有一定的比例，但境外投资项目数仅为天河区的 46.34%，境外投资项目中方投资额为天河区的 52.04%。三是越秀区对外交往途径狭窄。虽然越秀区国际交往平台和沟通渠道不断完善，但是与北京、上海的中心城区相比仍有差距。越秀区乃至广州市至今仍无国际组织进驻，而北京有 3 家，上海有 1 家；在缔结国际友好城市方面，越秀区共有 4 个，而北京的西城区和东城区均有 6 个。

表14　2013年天河区、越秀区境外投资项目比较

城　区	项目数（个）	占全市比例（%）	中方投资额（万美元）	占全市比例（%）
越秀区	19	16.38	49427	27.18
天河区	41	35.34	94976	52.23

（二）城区环境有待改善

越秀区生态文明建设相对滞后，环境竞争力在中心城区中排第六位。优越的城区环境现如今已成为吸引人才和高附加值产业的重要外在要素，环境竞争力越强，通过环境来吸引经济社会发展所需资源的能力就越强，创造经济、社会及环境价值的能力就越强，综合竞争力也就越强。目前，越秀区生态文明建设总体不仅落后于其他副省级中心城区，也滞后于自身的经济社会发展情况。从广州市范围看，2014年广州首次公布的各城区环境竞争力排名中，越秀区排第9位，南沙、番禺、天河等城区的环境竞争力排名比较靠前。

（三）总部机构能级与其他城区存在差距

一方面，越秀区总部企业的职能比较单一，处于初级阶段，行政总部、研发总部和营销总部等高端总部机构少。在越秀区的34家世界500强企业中，多数是分公司、项目公司或者办事处，中国总部或华南地区总部较少。另一方面，越秀区总部企业的数量也不占优势。在世界500强企业数量方面，越秀区（34家）与上海浦东新区（308家）、北京朝阳区（87家）、深圳福田区（81家）等相比有较大差距。与此同时，越秀区目前还没有培育或引进具有较强影响力的本土总部企业，与同区域的中心城区有一定差距：福田区有招商银行、平安保险、正威集团3家世界500强企业，天河区则有南方电网1家世界500强企业。

（四）自主创新能力不足

自主创新能力是一个国家和地区的核心竞争力，是经济社会发展的决定

性因素，大力提升自主创新能力已成为全球发展的主潮流。目前越秀区科技研发和创新能力仍显不足，科技竞争力在中心城区中排第六位。一方面，专利申请量与授权量较少：2014年越秀区专利授权量为2913件，占专利申请量的48.36%；其中发明专利数量为1362件，占专利授权量的46.76%。另一方面，国有企业创新动力不强。由第三次经济普查数据可知，越秀区国有企业数量占广州市国有企业总数的26.67%，在全市各区中排名第一，比排名第二的天河区多1158家，但国有企业的考核、任命、任期制度，决定了其对创新缺少持续动力。从整个广州市的情况看，2011年广州国有企业持有专利1934件，仅占当年专利申请量的6.7%，与民营企业对专利申请量的贡献形成巨大反差。

五　越秀区综合竞争力的提升路径

（一）以总部楼宇经济提升为引擎，推动产业高端化

一是设立办公楼宇升级改造专项资金，为相关楼宇公共部位和公共设施设备升级改造工程提供财政补助，着力美化楼宇外观和提高楼宇智能化、自动化水平。

二是结合越秀区主要功能区发展规划，通过盘活闲置地块、实施城区更新改造项目以及其他途径，引入有实力的开发商新建一批规模较大的高等级商业楼宇，通过个案扶持、战略合作引导新建商务楼宇围绕越秀区四大主导产业向特色化、品牌化、高端化发展。

三是通过引入国家及国际知名物业管理公司，为商务楼宇入驻企业提供规范化、高标准、专业细致的物业管理服务，全面提高各楼宇物业服务管理水平。

四是实施有针对性的楼宇招商计划，聚焦主导产业和主体功能区，建立龙头企业招商名录，依托自身资源和优势，做优公共服务，做实扶持配套，提高招商工作质量和水平，吸引更多华南地区总部、"珠三角"地区总部、结算中心和金融法人实体落户；打造一批"文化产业楼""信息服务楼""高端商贸楼""金融楼""物流楼"，力争新增一批行业集中、特色鲜明的亿元税收楼宇群。

（二）以科技创新为核心，增强产业优化升级驱动力

一是提高全社会研发投入强度。建立财政科技拨款稳定增长机制，实施财政科技经费倍增计划。市区联动，积极争取国家和省重大科技项目支持。采取多元化科技投入机制，发挥政府资金杠杆作用，更多采取引导资金、补改投等支持形式，带动社会资本投入科技研发。建立政府购买服务的市场化服务机制，推行越秀科技创新服务券，通过创新主体和区域科技服务资源对接，为企业提供专业化服务。

二是大力推进互联网和传统产业深度融合。加强资源对接，鼓励各行各业与互联网企业进行交流合作，推动行业技术路径、商业模式及服务方式的创新变革和跨界融合。助力互联网企业为金融、商贸、旅游等服务业提供"互联网+"一揽子解决方案，实现服务行业和互联网的深度融合。加快专业市场转型升级和电子商务应用，引导传统商贸业转型升级。引进网络信贷、融资租赁等新金融、类金融业态，推动区内金融业发展；加快推动广州民间金融街扩容，推动金融街公司完成股份制改革，建设互联网金融孵化中心，创建"全国民间金融知名品牌示范区"。

三是强化企业的创新主体地位。发展众创空间，推进大众创业万众创新，鼓励行业领军企业、创业投资机构、高校院所和专业孵化团队等社会力量共同参与众创空间建设，为创业者提供低成本、便利、全要素、开放式的创业服务平台。引进培育具有发展潜力的科技创新企业，支持企业内部创业和二次创业，孵化一批创新创业团队。鼓励科技企业增强技术研发能力，引导和支持科技型中小企业朝"专精特新"方向发展，完善区域产业链。

四是加强知识产权创造和保护。培育和引进知识产权服务龙头企业及品牌机构，并拓宽其知识产权服务领域，促进知识产权保护与运用，为科技企业提供便捷高效、内容丰富的知识产权服务。

（三）以综合环境改善为抓手，激发城区发展活力

营商环境改造方面，一方面推进工商登记便利化，会同区政务服务中心实施"三证合一"，推进"一窗受理、后台审批、一窗发照（证）"集成服务；对总部企业、重点纳税企业、区政府及有关部门通过招商引进的优质企业、守

重企业以及持驰名、著名商标的企业等提供"绿色通道"服务；对于从外区迁入及有利于区、街发展的企业，工商登记实行"特事特办"。另一方面，充分发挥市场在资源配置中的决定性作用，引导形成以四大主导产业为龙头，以总部楼宇经济为架构的产业结构；整合会计、律师等社会服务资源，发挥商会、行业协会等社会的组织的力量，共同服务企业发展，形成完整的服务链条。

在生态环境改造方面，一是以国际先导城区的品质要求，全面梳理辖区地铁出入口、人行通道口景观，探索与企业合作共建的模式，不断优化绿地结构、功能和空间布局；二是建立健全街道、社区、物业三级长效常态化管理机制，对背街小巷、边角地带和偏僻地段进行全面清理整治，确保城区环境无盲点；三是提升城区环境内涵，比照新加坡、中国香港等地的标准，探索建立一套涵盖绿化管养、清扫保洁、市容秩序等城市管理各领域的城市管理服务国际化、标准体系，并依照标准强化精细管理。

（审稿　刘汉中）

附表　2014年中心城区综合竞争力指标体系——原数据

一级指标	二级指标	计量单位	东城区	西城区	徐汇区	黄埔区	罗湖区	福田区	越秀区	天河区	下城区	鼓楼区
经济实力竞争力	地区生产总值(GDP)	亿元	1733.00	3052.30	1187.00	1624.74	1625.34	2958.85	2464.45	3109.71	690.76	906.95
	GDP增长率	%	7.50	7.60	7.10	5.60	8.00	8.90	8.10	8.90	6.60	10.50
	地均GDP	亿元/平方公里	41.42	60.20	21.61	79.18	45.85	37.62	72.91	32.28	21.96	17.00
	居民年人均可支配收入	元/(人·年)	45052	47392	47710	47710	43626	54092	47538	47877	45949	46597
	社会消费品零售总额	亿元	913.30	887.00	525.00	778.47	1011.27	1509.56	1178.06	1633.95	768.26	715.54
结构竞争力	金融业增加值占GDP的比重	%	24.13	44.41	12.96	34.65	37.96	36.19	28.61	15.53	30.09	8.60
	固定资产投资	亿元	214.70	241.20	146.04	75.72	95.11	181.18	356.89	856.29	101.70	254.47
	第三产业增加值	亿元	1662.80	2754.50	1005.28	1554.40	1498.54	2756.14	2407.28	2703.69	640.48	823.77
	第三产业占GDP的比重	%	95.95	90.24	84.69	95.67	92.20	93.15	97.68	86.94	92.72	90.83
	第二产业增加值	亿元	70.20	297.80	181.72	70.34	126.68	201.38	57.17	403.30	50.28	83.18
	第二产业占GDP的比重	%	4.05	9.76	15.31	4.33	7.79	6.81	2.32	12.96	7.28	9.17
开放竞争力	实际利用外资	亿美元	5.10	4.30	7.32	12.75	9.26	17.12	3.86	6.60	3.07	4.92
	资本依存度	%	2.38	1.80	5.01	16.84	9.73	9.45	1.08	0.77	3.01	1.93
	外贸出口依存度	%	2.09	2.85	3.79	2.16	18.12	15.96	3.55	1.12	2.97	4.00

续表

一级指标	二级指标	计量单位	东城区	西城区	徐汇区	黄埔区	罗湖区	福田区	越秀区	天河区	下城区	鼓楼区
科技竞争力	专利申请量	件	8303	23258	5474	2304	3843	13655	6024	5737	3346	3000
	专利授权量	件	4806	7739	6539	1349	2492	6686	2913	3438	2047	2000
环境竞争力	人均公园绿地面积	平方米	6.00	6.00	5.78	2.49	16.90	16.00	5.61	18.22	15.16	13.90
	绿化覆盖率	%	28.00	29.20	28.50	28.50	64.50	46.00	34.08	39.98	40.40	44.00
	PM2.5年均浓度	微克/立方米	88	88	52	52	37	32	49	46	65	68

B.5
新常态下关于广州市白云区经济发展的研究

广州市白云区政协课题调研组[*]

摘　要： 本文分析了广州市白云区经济发展面临问题的历史成因和现实约束，同时也总结了白云区在区位与大交通等方面所具有的优势，有针对性地提出了新常态下白云区经济发展的思路及对策建议。

关键词： 经济发展　白云区　广州市

一　白云区经济发展存在的问题

经过广泛而深入的调查研究，结果显示，大量存在的制假售假、无牌无证生产经营和低端无序的"出租屋经济"所带来的问题，是当前白云区经济发展面临的瓶颈。

（一）制假售假现象严重制约了产业与企业的发展空间

良好的市场秩序是市场经济正常运作的基本保证。假冒伪劣带来的信息不对称严重干扰了市场秩序，迫使守法诚信的厂家、商户和消费者要么退出市场，要么也被迫加入非诚信交易，最终摧毁市场生命力，造成产业萎缩。白云区的市场秩序混乱现象之严重，可以从大量媒体报道、立案查处的案件数量以

---

[*] 课题组成员：李恒丰、夏永雄、吴炳权、罗程渊、黄旭颖、聂慧。合作专家：广东外语外贸大学国际经济贸易学院教授张昱。执笔：黄旭颖。

及企业反映中得到较为充分的体现。

近年来，媒体对白云区乱象问题的报道不断，如央视《焦点访谈》节目于 2014 年 4 月 20 日以"打不尽的假名牌"为题曝光了白云皮具城大量销售假名牌皮包的问题，又于同年 12 月 3 日做了关于国大鞋城狂卖假名牌的报道。白云世界皮具贸易中心、兴发广场等知名专业市场和石井等街镇被广东省、广州市有关部门列为相关重点整治对象。立案查处案件形势也较为严峻。2014年，白云区受理核查制售假案件线索 5876 条，占全市的 24.61%；捣毁窝点 576 个，占全市的 27.83%；立案查处的制售假案件有 2036 宗，占全市的 22.45%。在近期开展的"四上"企业服务需求调查中，八成以上被访企业表示不能容忍无证照生产经营和假冒伪劣现象。

白云区制假售假、市场秩序混乱，不仅极大地损害了区域的对外形象，也使正规守法经营的企业和商户身处"劣币驱逐良币"的不利环境，既不利于企业树立品牌意识、做大做强，也不利于产业有序发展、实现内涵式提升。

（二）无牌无证生产经营单位大量存在成为市场秩序混乱的根源

无牌无证生产经营单位的大量存在是白云经济的另一个突出特点。白云区现有登记注册的生产经营单位 22 万户，而据有关部门估计，未登记注册的有超过 10 万户。这些无牌无证的生产经营单位的存在成为市场混乱问题的根源。

我们在调查中了解到以下几个基本事实：第一，白云区从事假冒伪劣产品生产经营活动的基本上是无牌无证生产经营单位；第二，全区约 50% 的污染源来自无牌无证和假冒伪劣产品生产经营单位；第三，2014 年涉及 5 人以上的劳资纠纷案中有 60.54% 的案件发生于无牌无证生产经营单位。

无牌无证生产经营单位的大量存在不仅严重影响了市场主体的整体质量，成为制假售假、环境污染、劳资纠纷等问题产生的根源，严重破坏了公平竞争的市场秩序，而且还加大了环境保护和污染治理的难度，为社会治安的维护和安全生产、消防管理等增加了不稳定因素。

（三）低端无序的出租屋经济加剧了各种经济乱象

从 20 世纪 80 年代初开始，随着大量加工企业的产生和外来人口的流入，白云区生产厂房仓库和产业工人住房需求快速增长，农民从"种地"转变为"种屋"，村集体经济从"承包到户"转向发展"工业小区"，出租屋经济成为白云区经济发展和劳动力集聚的重要特征，也成为集体和个人重要的收入来源。目前，白云区的出租物业遍布全区每一个街镇，据初步统计，全区共有出租屋112128栋869537套，以及大大小小的村社工业小区303个。

随着近年来广州市"腾笼换鸟"、"退二进三"等政策的实施，以及劳动力、土地、租金成本的不断提高，生产企业陆续迁出，留下了大量空置的厂房、仓库、住宅。由于早期缺乏规划与监控，历史遗留下来的旧出租物业普遍存在开发强度过大、建设标准低、建筑密度过高，道路、绿化、环卫、体育、消防等市政基础设施条件差等问题，这些旧出租物业严重落后于现实发展的需要，难以引入"金凤凰"。受利益驱动，村民以较低的价格将这些低端物业租给城市流动人口，以及小档口、小作坊、小型娱乐场所等（俗称"三小"场所），并在原有出租物业基础上搭建、加建了大量严重超标超限、不符合安全消防要求的违章建筑。

出租屋经济低端、无序发展降低了土地的利用效率，并进一步加剧了白云区经济发展的散、小、乱现象，成为制假售假、无牌证经营等各种经济乱象产生的重要原因，同时也为白云区带来了治安管理难题和安全隐患，大大增加了社会治理的难度。在调查中，多个街镇纷纷表示，对低端、无序出租物业的改造工作已迫在眉睫，"不改造只会越来越乱"。

二 白云区经济发展问题形成的历史原因与现实条件

白云区经济呈现上述乱象与问题，既有历史的原因，也因现实条件的约束。

（一）产业与市场特点形成的历史原因

自20世纪80年代改革开放之初，白云区便已成为广州商贸活动活跃的市场前沿地区。白云区紧邻中心城区，土地资源丰富，地理位置优越，交通条件便利，有广州白云国际机场，并且广州火车站、省汽车总站等与广州白云国际机场毗邻，陆港发展的优势尤为突出，汇聚了天南海北大量的人流物流，交易活动十分活跃。在改革开放政策的推动和政府的支持引导下，白云区充分利用区位优势和市场基础，努力发展外向型经济，加之土地租金比中心城区便宜，吸引了大量从事皮具、服装、鞋业、化妆品、汽车零配件、电气机械和电子设备等轻工制造的外资"三来一补"企业快速集聚发展，并带动了本地区仓储业、批发零售业、物流业等相关产业的发展。近年来，白云区已成为华南地区物流企业、批发市场的重要集中地。据不完全统计，全区规模以上的专业市场达186个，各类物流园区、货运市场达82家。物流货运、专业市场取得了蓬勃发展，既促进了区域经济的发展，也提高了广州专业批发市场、物流业在国内外的知名度和影响力。物流业与专业市场相互支撑，提升了整个广州市作为国家中心城市的经济辐射力。

然而，早期市场的自发生长也往往伴随着政府监管的缺位。随着白云区市场急速扩张和企业快速增加，制度建设与政府监管步伐难以赶上经济活动的发展速度，一系列管理问题也随之产生并积留下来，如假冒伪劣、无证照生产经营、出租屋经济的无序发展、环境污染、安全生产、消防治安问题等。在这一过程中，政府管理部门处于被动状态，总是跟着媒体和上级走，往往在被新闻媒体报道或上级"戴帽"、立案后做"运动式"应对处理，治标而不能治本。近期开展的"四上"企业服务需求调查显示，超过七成被访企业认为，区政府在打击无牌照企业或假冒伪劣产品工作中，最突出的问题是"打击力度不够，造假者违法成本低"。随着时间的推移，相关市场问题的治理难度将越来越大。

（二）白云区产业与市场发展受到的现实条件约束

与中国大部分地区相似，在改革开放的30多年里，白云区在经济发展过程中主要强调数量增长和规模扩大，期望通过积极发展大平台、招大商引大资、开发建设大项目、培育大企业等，改善"小、乱、散"现象，提升经济质量。然而，白云区特定的资源条件和有限的财政能力并不支持这种开发模式，因此收效并不明显。政府可主导利用的适合园区连片开发的建设用地资源缺乏，而且区级财政实力不强，长期处于"吃财政饭"的状况，没有足够的财力投入建设配套基础设施较为完善的园区平台。此外，相对比广州市中心城区，白云区在市政道路、水电气、排污等方面的基础设施薄弱，历史欠账较多，从客观上造成企业办证难和落地难，成为制约经济发展的短板。

此外，广州的城市扩大空间规划对白云区扩大工业增量形成了另一重硬约束。2000年，广州市确立了"东进、西联、南拓、北优"的城市发展战略方针，其中"北优"战略的核心理念是"控制和保护"，将北部列为广州主要的生态敏感区和水源涵养地，从严控制开发强度，重点建立生态廊道和生态保护区。这一空间规划布局使白云区在发展增量经济的道路上陷入困境。客观上缺少市一级的政策扶持和引导，主观上未能对区内大量的集体所有土地进行有效的规划指引和统筹，一直未能很好地理顺环境保护与开发建设的关系，镇街、村居强烈的发展需求没有得到科学、规范的引导，导致土地利用和城乡建设管理长期滞后、无序、粗放，经济"散、小、乱"粗放式发展，市场乱象丛生。

同时，由于对本土企业扶持、传统产业发展、现有物业改造等存量资源未能给予充分的关注和重视，尚未形成全区较为系统的存量经济发展的思路和工作体系，而且经过多年发展也逐步累积了土地、市场、基础设施等方面盘根错节的历史欠账和遗留问题，优化提升存量经济举步维艰。

三 新常态下白云区经济发展的思路及对策

在经济下行压力较大，经济增速平缓的新常态下，课题组认为可以从以下几个方面着手，大力推动白云区发展方式转型、市场秩序规范、服务机制完善、产业与市场升级、经济增长点的转换，等等。

（一）转变思想观念，明确政府职责，抓住重点进行治理

在市场经济条件下，政府对经济活动的直接引导作用逐步减弱，管理方式由直接参与具体经济活动向明确市场规则、维护市场秩序的方向转变是改革与发展的大趋势。在对区"四上"企业进行的问卷调查中，有70.4%的被访企业认为影响企业做大做强的关键因素是"诚信经营"，有64.2%的被访企业认为白云区打造总部经济要考虑的重要因素是"经营环境秩序良好"，调查结果均反映了规范市场秩序、优化发展环境在经济发展中的重要性。

在此背景下，白云区经济发展方式和政府对现存经济问题治理的思想观念应有所转变。一是要将政府管理思路从对产业与企业行为的直接干预，转移到维护市场秩序、优化营商环境上来。二是改善政务服务软环境，提供优质公共

服务。结合商事制度改革等工作的推进，认真研究解决好企业普遍反映的审批前置环节和条件多、规划政策指引不清晰、对参与行政审批的中介服务管理不到位等所造成的办证难问题。进一步提高政务服务质量，完善服务措施，努力形成服务规范、运转协调、公正透明、廉洁高效的政务服务工作体系。三是当前要抓住治理无牌无证生产经营、打击制假售假、推动低端物业改造的工作重点，从根源上改善白云区市场环境，为经济转型发展创造条件。

（二）切实围绕企业发展需求，搭建交流平台，细致服务好企业

企业是经济发展的重要细胞。上海、杭州、台州、义乌等地经济快速发展的重要原因之一，就是政府重视亲商、扶商，从转变政府与企业的关系入手，重点完善服务企业的机制。上海崇明县完成了从重权力到重责任、从重审批到重监管、从重管理到重服务的三大转变；杭州江干区通过实施优化企业发展环境、拓展服务企业新领域、引导服务企业创新、建立服务企业新机制等举措，促进了企业的良性发展，开创了经济发展新局面。根据课题组对中小微企业的调研，企业反映较为集中的问题之一，是目前企业了解规划政策和行业动态信息的渠道较为单一，希望政府及有关部门能经常性地组织或通过支持行业协会举办交流论坛、政策培训、行业座谈会等，帮助企业了解有关政策信息，研判行业发展趋势，寻找交流合作的机会。此外，在问卷调查中，被访"四上"企业也提出了希望政府帮助搭建交流平台，以实现电子商务环境下相关应用的推广和合作。

建议区政府认真考虑白云区企业的特点、需求，特别是结合传统优势产业转型升级和新兴产业培育发展的需要，联手行业协会、地方商会，经常性地组织举办各类主题培训，在各行业内部或跨行业之间建立起日常沟通交流机制，重点围绕白云区物流、商贸等传统优势产业和电子商务、总部经济等新兴产业，打造区域性、全国性的专业论坛、推介会等品牌活动，邀请企业人员、专家、相关部门人员共同交流，使企业能更好地理解和掌握政府制定的规划政策，更准确地把握最新的经济形势和行业发展趋势，实现企业间、行业间资源共享和交流合作，并不断提高相关行业在区域、全国及国际的影响力。与此同时，区政府及有关部门也能更全面、更及时地了解企业需求，制定支持企业做大和吸引新企业入驻的政策，配足行政资源，抓好营商环境的"硬件"建设

和"软件"服务工作，重点解决好不同类型、不同阶段企业所面临的发展问题。

（三）以治理无牌无证经营为突破口，整顿市场秩序，优化营商环境

市场秩序直接影响地区经济发展的可持续性。白云区整顿市场秩序的关键是要改变大量存在的无牌无证经营现象，从而从根本上解决制假售假、环境污染等一系列问题。近年来，浙江省义乌市政府一直旗帜鲜明地坚持打假治劣，政府、企业、协会三方联动打造良好的诚信经营氛围和公平竞争的市场经济秩序，促进了经济发展。简单推算，假如在10万户无牌无证经营单位中，有1/4进行合法运营，以目前全市个体户纳税5000元/年的平均水平计算，仅税收一项至少每年可增加1.25亿元。此外，"干净、整洁、平安、有序"不仅是经济转型升级的发展需要，也是辖区群众生活的迫切需要。根据最新公布的《广州市区县环境竞争力评价报告》，白云区环境竞争力排名最后，加强环境治理工作已到了刻不容缓的地步。因此，必须抓住目前白云区各种乱象的症结所在，以治理无牌无证为突破口，积极整顿并维护市场秩序，围绕"干净、整洁、平安、有序"的城市环境建设要求推动城市环境面貌的改善。

对无牌无证经营活动的治理，不能简单采取"一刀切"的方式。一方面，要大力"清除"，对从事违法经营活动、存在安全隐患的无牌无证生产经营单位，要坚决予以清理取缔；另一方面，要积极"理顺"，对于有意愿、有能力走合法经营道路的无牌无证生产经营单位，应给予指导和帮助，减少审批前置条件，简化办事程序，支持和引导它们由地下走到地上，依法注册登记，并接受管理、履行纳税义务。良好的营商环境并非通过一朝一夕的突击整顿就能建立，不能搞"运动式"处理，不能因为摘了帽就有所松懈，需要政府长期进行引导和维护。

（四）加快推进低端物业改造，有重点地发展总部经济与楼宇经济

白云区有不少通过物业改造实现产业转型升级的成功案例，如黄石街的"国际单位"、云城街的"汇·创意园"等。位于云城街的"228创意园"，改造后由一家鞋生产基地转型升级为集鞋业、手袋、衣服、化妆品等企业总部、品牌中心和电子商务运营中心于一体的产业园区，入驻知名企业 30 家，年税收增长了近 10 倍。多个成功案例所积累的经验，为白云区破解"出租屋经济"等问题指明了出路。白云区企业和基层单位反映较为集中的问题是物业改造审批流程优化问题，它们普遍认为审批程序烦琐、不清晰、互为前置等是物业改造不能顺利推进的重要原因。

  白云区可进一步从以下几方面着手加快推进低端物业改造，以推动产业业态的升级：一是加快白云新片区的改造进程，对收储土地严格按照规划要求进行建设，减少临时性行为，避免形成新的混乱和治理难题。二是加快基础设施建设，特别是加强国、省道以外的城区道路建设及园区配套的污水处理设施、管网设施、水电气等设施设备的建设，进一步完善发展的硬环境。三是优化物业改造审批流程，在严格实施总体规划的前提下，研究探索将改造审批权限下放到街镇，充分发挥街镇在推动改造工作中的主动性，更加务实地推进低端物业改造。四是以园区建设带动总部经济和高价值税源经济的发展，推广"国际单位""汇·创意园""228 创意园"等园区改造的成功经验，着力打造一批具有特色的专业园区。五是积极推动楼宇批发市场升级改造，改变批发市场低效占用土地资源的现状，推动现有专业市场转型升级。

（五）大力推动诚信体系建设，积极培育白云品牌、白云价格

  重点推进诚信体系建设，充分发挥行业组织对行业内部和跨行业资源的整合作用，建设优势产业白云品牌、白云价格，不断增强行业话语权，增强原有优势产业在未来发展中的可持续性和竞争力。林安物流、新邦物流等本土企业和台州、义乌等地在诚信和品牌建设方面的实践探索对白云区都具有启发性。林安物流联合中国物流与采购联合会调查发布中国公路物流运价指数，打造反映公路物流运输供应与需求情况的"晴雨表"，增强了自身在全国的影响力和行业的话语权。义乌市在中国小商品城建立线上线下联动的诚信交易保障体系，推动了义乌小商品品牌的不断发展壮大。

  借鉴先进经验做法，白云区可以从以下几方面着手。一是建立企业诚信档案。在合法合规的前提下对诚信企业给予行政便利与适当的政策倾斜，将屡次扰乱市场秩序的企业和商家列入"黑名单"，实施重点监督。二是设立财政专项资金，重点扶持一批本地知名品牌，积极打造优势行业的白云品牌、白云价

格、白云标准。三是要充分发挥行业协会在强化品牌和质量意识中的作用。积极推动行业协会、商会发展，鼓励行业协会自行制定产品品质标准和行业服务标准，实施行业自律。四是鼓励龙头企业设立行业标准，整合产业链条。推广林安物流、新邦物流等平台模式，鼓励行业内的龙头企业打造行业交易与服务公共平台和行业信用标普服务体系，加速对产业上下游环节和企业的整合，完善产业链条，推动相关行业能级提升。

（六）规范引导新兴产业发展，推动传统优势产业转型升级

在考察过程中，课题组了解到其他地区在发展电子商务、推动转型升级方面的一些好经验、好做法。如义乌市引导各镇街错位发展，规划发展"一镇一品"的镇街电子商务产业园区，由政府主导开展各类电子商务培训累计超过 30 万人/次；桐庐县引入阿里巴巴农村电商全国培训中心，并在各村设立农村淘宝服务站；台州、义乌等地推动传统市场转型升级的法宝就是把电子商务作为战略性、先导性产业来培养，作为市场转型升级的主引擎来抓，推动电子商务与实体经济深度融合发展。为抢占先机加快电子商务发展，目前全国各地都陆续出台了推动电商发展的扶持政策，广州各兄弟区也纷纷制定出台了鼓励电商发展的政策措施①。白云区电子商务发展速度很快，与物流业、批发市场相互支撑，内生性强，目前正处于发展的早期阶段，行业管理和监管如不能及时跟进，则有可能成为假冒伪劣、无牌无证等市场乱象的新的滋生地，相反，若及早规范则能促进其在未来的较长时期内健康有序发展。

建议政府从以下几方面入手推进白云区产业转型升级。一是及早出台相关措施，规范引导电子商务健康发展。如结合上级政府的相关政策及时出台并实施白云区的"电子商务管理扶持办法"；引导电商经营者依法注册登记；为电商企业提供专业人员培训、政策咨询；建设电商产业园，引导辖内微商、电商企业走出出租屋，进入电商产业园集聚发展，以进一步对其加强监管引导。二是鼓励传统优势产业与新兴产业的融合发展。借鉴台州市路桥区政府通过实施

---

① 黄埔区颁布了《广州市黄埔区引进电子商务人才实施办法》，天河区出台了《天河区移动互联网企业租金补贴管理办法》，海珠区制定了《广州市海珠区大力推动电子商务发展的实施意见》《广州市海珠区扶持电子商务发展实施方案（试行）》，等等。

微商城规划推动传统小商品市场转型升级的经验，以及义乌市依托国际商贸城培育建设义乌购电子商务平台等做法，逐步建立与全球专业市场有效对接的"蛛网式"联盟。白云区皮具、鞋服、化妆品、汽配等传统优势行业正是当下电子商务发展的热点领域，政府应因势利导，积极利用"互联网+"的技术和电商平台推动现有业态升级。三是推动传统产业发展总部经济和现代商贸。通过颁布细分行业领域总部经济标准，重点引导和鼓励化妆品、皮具、汽车零配件、物流等传统行业发展总部和现代商贸，推动企业转型升级。

（七）建立长效机制，抓好落实保障，推动问题解决

为落实解决好相关问题，建议：一是区委、区政府按照轻重缓急，就重大的、关键性的问题，如制假售假和无牌无证生产经营治理、低端物业改造、专业市场转型升级、物流业发展、电子商务发展等，成立专项工作小组，分别由分管区领导牵头，相关职能部门参与，逐项进行深入调研，研究提出具体、可操作的解决方案或发展计划，并认真组织实施。通过建立全区联动的工作机制，切实解决好每一项问题。二是依据全区总体发展部署，结合各街镇的特点和发展优势，研究制订各街镇产业发展规划，通过规划引领各街镇有序开展低端物业改造、产业转型升级等工作，以及简政放权增强街镇发展的自主性，进一步释放街镇发展的活力，引导各街镇走特色、错位发展之路。三是落实长效工作机制，避免"运动式"治理思路。对企业的服务不能只停留在出台一份文件、制定一项措施和召开一次会议，要分行业认真了解不同类型企业的需求，制订具体服务计划，长期跟进落实，树立起服务型政府的良好形象。

（审稿　谭苑芳）

B.6
2015年广州、增城、南沙三大国家级经济技术开发区比较研究[*]

戴荔珠[**]

摘　要： 本文通过梳理广州市三个国家级经济技术开发区的发展现状，并对三个国家级新区进行对比研究，进而对进一步推动三个开发区的发展提出相关建议。

关键词： 国家级经济技术开发区　比较研究　广州

截至2015年9月，我国共设立了219个国家级经济技术开发区（简称国家级开发区）。广东省占了6个，其中广州市就占了3个。这种情况并不常见，特别是最近的两个开发区相距仅约20公里。这样的布局会不会导致区域发展出现资源浪费、重复建设、产业同构的现象？根据这三个开发区的现状和发展特点，认清三者发展的优劣势，对开发区进行有效的功能整合，避免三者产生恶性竞争，从而协调整个广州市乃至珠三角发展，具有重要意义。

一　广州市国家级开发区的发展现状

广州市具备发展开发区的良好条件：毗邻香港，拥有良好的区位优势，具备广阔的人缘优势，吸引大量外资，产生大量外贸。早在1984年，广州市建

---

[*] 本报告是广东省高校人文社科重点基地广州大学广州发展研究院、广东省教育厅"广州学"协同创新发展中心、广州市教育局"广州学"协同创新重大项目的研究成果。
[**] 戴荔珠，广州大学广州发展研究院助理研究员，博士后。

立了第一个国家级经济技术开发区——广州开发区。此后广州先后又布局了两个国家级经济技术开发区：南沙和增城开发区。

（一）广州开发区

广州开发区位于广州市区东部，是国内最早成立的国家级经济技术开发区。经过30多年的发展，其经济实力不断增长，空间规模不断扩大。

1. 经济规模庞大

2015年的前三个季度，广州开发区的地区生产总值和工业总产值分别达到1795.3亿元和4211.1亿元，工业总产值占全市的30.5%。

2. 产业结构以第二产业为主，且有向重工业发展的趋势

2015年前三季度，三次产业结构为0.22∶69.63∶30.75，为典型的二、三、一结构，但第二产业比上年同期增长9.5%，略小于第三产业的增长速度（10.2%）。工业发展过程经历了从以重工业为主，到以轻工业为主，目前又呈现以重工业为主的倾向。例如重工业的比重从1999年的69%，降为2002年的37%，至2015年又升为60%。

3. 六大支柱产业实力雄厚

六大支柱产业为：装备制造业、汽车制造业、金属冶炼及加工业、食品饮料制造业、化学原料及化学制品制造业。2015年的前三个季度，六大产业完成的工业总产值达到3538亿元，占全区工业总产值的86.2%。其中电子及通信设备制造业增长幅度最大，比2014年增长32.4%，其次为电气机械及器材制造业。

4. 外向型经济特征较明显

广州开发区一直都是国际投资的焦点、跨国公司投资的热土。据广州市社科院发布的《世界500强企业走向与广州开发区发展策略》，世界排名前500的跨国公司已有111家在这里落户。然而外资外贸的发展速度近年开始减缓。[①] 2015年实际利用外资6.4亿美元，比2014年下降53.5%。同时，全区出口额达120.4亿美元，比上一年同比下降2.5%。

---

① 《广州开发区有111家500强企业》，《信息时报》2014年8月7日，http://informationtimes.dayoo.com/html/2014-08/07/content_2712828.htm。

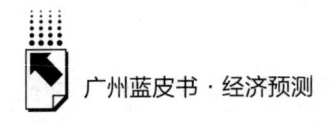

（二）南沙开发区

南沙开发区成立于1993年。南沙地处珠三角的地理几何中心，东临狮子洋与东莞市隔洋相望，西隔洪奇沥水道与中山市相对，北依沙湾水道与番禺区相邻，南滨珠江入海口，与香港、澳门仅分别相隔38海里、41海里，是广州通往海洋的关键通道，更是连接珠江口两岸城市群、连接港澳地区的重要枢纽性节点。[①] 2015年，广东自贸区总体方案获批，其中南沙新区片区，占地面积60平方公里。至此，南沙作为自贸试验区和国家级开发区享有双重国家级政策优惠。

1. 自从2002年调整发展战略以来，经济增长迅速

实际上南沙开发区2002年之前经济发展并不乐观。1993年南沙开发区成立，其地区生产总值为4.2亿元；2001年，地区生产总值增长至17.24亿元，年均增长速度在10%左右。2002年，南沙调整发展战略，通过引进大规模重工项目，使得经济实现飞速发展。2002年，南沙经济总量达到了61.73亿元，是2001年的3倍以上。随后，经济增长速度维持在20%以上，现阶段增长速度稍微有所放缓。2015年前三季度，地区生产总值达799.48亿元，增长速度达13.1%。

2. 产业结构以第二产业为主，重工业发展迅速

2015年的前三个季度，南沙开发区的三次产业结构为4∶73.2∶22.8，以第二产业为主。工业发展又以重工业为主，轻重工业比例为30.1∶69.9。重工业中汽车、机械装备、石化、钢铁、造船以及港口物流等产业发展迅速。其中，装备制造业和汽车制造业，2015年前三季度分别实现工业总产值828.22亿元和614.82亿元，占全区规模以上工业总产值的70%。

3. 对外开放程度

2002年以来南沙对外开放程度迅速提高，然而受全球金融危机影响，近几年又稍有回落。2002年以前，南沙引进外资和出口几乎处于停滞状态。特别是南沙的实际利用外资常年负增长，从1996年的0.56亿元降到2001年的0.52亿元，1998年亚洲金融危机时甚至达到历史最低水平0.24亿元。2002年以后，外资引进和出口才开始迅速增加。然而受2008年全球金融危机影响，

---

① 南沙新区，http：//www.gzns.gov.cn/zjns/。

南沙对外开放程度稍有回落，至今仍未恢复。2015年前三季度，南沙实际利用外资达到23亿元，比2014年同期下降了50%。

4. 主导产业具备特色和优势，其中以港口物流业最为突出

2004年9月，南沙区港口有四个5万吨级码头建成并投入使用。此后，南沙区港口运输获得突破性发展。仅2005年，南沙区港口货物吞吐量已达到3491万吨，比2004年增长了7倍，其中散货吞吐量这一项增长了13.8倍。2007年，石化码头投产，年吞吐量高达1236万吨。南沙区港口成为珠三角区域最大的石化码头。2015年，南沙区万吨级以上港口泊位已达12个。前三季度，全区港口货物吞吐量达20807万吨，比2014年同期增长了12.6%。由于南沙区港口的迅速发展，广州的港口货物吞吐量已从2005年的全球第12名跨越到第5名，使"广州实现了从内河港到海港的战略转移"①。

（三）增城开发区

增城开发区创办于1988年，位于广州东部、增城南部，是增城市规划建设的三大主体功能区之一、南部重点开发的新型工业集聚区的龙头和核心，也是广州"东进"战略的重要组成部分。

1. 增城开发区的经济规模较小

2015年前三季度增城开发区的地区生产总值（GDP）达到186.39亿元，工业总产值达到628.36亿元，完成固定资产投资44.87亿元，财政收入38.07亿元，缴纳税收34.62亿元，远远小于广州和南沙开发区的规模。

2. 增城开发区推动产业实现集群化、高端化发展，已初步形成了高端装备制造业产业、汽车及新能源汽车产业、现代服务业三大主导产业

据官方透露，广汽本田增城工厂、北汽集团华南基地（增城）两大汽车整车生产龙头企业，预计2016年将实现饱和产能78万辆；国内第一家合资企业自主品牌的研发机构——广汽本田汽车研发中心已落户增城开发区研发创意产业园，将着力打造成为华南地区从材料到汽车整车研发体系最完善、集聚自主创新要素最强大的核心平台；同时，增城开发区集聚了一大批以广汽本田

---

① 《2014年广州港货物吞吐量突破5亿吨》，中国金融信息网，2015年3月18日，http://futures.xinhua08.com/a/20150318/1471461.shtml。

20万台发动机、日本电装、日立汽车、福耀玻璃、中新塑料等为代表的100多家汽车核心零部件企业，已形成高、中、低档轿车及各种改装车与专用车、汽车零部件、研发设计、生产销售、物流配送、汽车维修、汽车美容护理等在内的完整产业链。截至2014年底，已投产汽车及其零部件企业完成产值492.5亿元、缴纳税收43.8亿元，分别占全区70.8%、97%。

二 广州市国家级经济技术开发区的对比分析

（一）评价指标体系

要评价开发区经济发展水平，首先应衡量开发区的经济实力。本文将从规模指标、投资指标和产出指标三个方面综合评价开发区的经济实力，并分别设置了相应的客观的度量或者评价指标。① 同时，基于开发区还肩负着带动整个区域发展的重任，本文相应地分别从对外开放程度和社会贡献两方面设置了评价指标。指标体系的具体设置见表1。

广州市各开发区的经济和社会发展水平的基本数据来源于各部门经济统计数据资料和实地调研，根据基本数据，通过计算获得指标值。

表1 广州市经济技术开发区评价指标体系

	一级指标	二级指标
经济实力	投资指标	固定资产投资 X_4（亿元）
		基础设施建设投资 X_5（亿元）
	产出指标	地区生产总值（亿元）
		工业总产值 X_6（亿元）
		工业增加值 X_7（亿元）
		高新技术产业产值 X_8（亿元）
社会贡献	上缴税费总额 X_{10}（亿元）	
对外开放程度	出口创汇额 X_{12}（亿元）	

---

① 范娇艳、姚永鹏、黄天龙：《甘肃省开发区经济发展水平评价》，《资源开发与市场》2013年第3期。

（二）指标分数计算

量化是评估指标的一个重要程序。本文通过加权来实现量化。权重的确定采用专家打分法，即由少数专家直接根据经验来定出权重。

采用加权求和法，指标分值计算公式如下：

$$Z_j = \sum \left[(X_i - X_{\min})/(X_{\max} - X_{\min}) \times b_i \right]$$

其中，i 代表某项指标，j 代表第 j 个开发区；Z_j 表示 j 开发区的评估得分；X_i 为该指标的实际值；$X_{\min}$ 为该指标在全部开发区中的最小值；$X_{\max}$ 为该指标在全部开发区中的最大值；b_i 为该指标的权重。

（三）分析结果

研究分析结果如表 2 所示。三个开发区实力相差悬殊。广州开发区排名第 1，综合得分为 0.88；南沙开发区排名第 2，综合得分是 0.58；增城开发区排名最后，综合得分为 0。增城开发区的综合得分以及各项指标得分均为 0 是因为采用此算法，增城开发区的各项指标均为最低值，自身相减则为 0。

第一，经济实力方面，三个开发区相差悬殊。经济总量上，南沙开发区地区生产总值、工业总产值和工业增加值分别为广州开发区的一半或一半以下。增城开发区的地区生产总值、工业总产值和工业增加值仅为南沙开发区的 1/3 左右，是广州开发区的 1/7 左右。从固定资产投资指标来看，南沙开发区和广州开发区差别不大，后者仅为前者的 1.3 倍，而增城开发区的固定资产投资则仅为广州开发区的 1/10。从基础设施投资指标来看，南沙开发区的投入高于广州开发区，可见南沙开发区还在迅速发展阶段，有大量资金流入基础设施领域，正通过创造更好的硬件条件来吸引投资。从高新技术产业产值的角度来看，广州开发区依然排名第一，分别为南沙和增城开发区的 2 倍和 20 倍。综上，广州、南沙、增城三个开发区的经济实力得分差别很大，分别为 4.93、2.90、0。

第二，社会贡献方面，广州开发区与南沙开发区相差不大，得分分别为 1.00 和 0.68。考虑到广州开发区的经济实力，其单位产值缴纳税收额远小于南沙开发区，仅为 0.18，与增城开发区持平，可见其享受政策力度较大。

第三，对外开放程度方面，南沙开发区与广州开发区水平接近。广州开发区的突出优势是能吸引更多的外商直接投资，而南沙开发区的突出优势是可以创造更大的出口总额。这主要缘于南沙新区的地缘优势和港口优势，南沙新区地处珠江出海口，既是大珠江三角洲地理几何中心，又是珠江流域通往海洋的关键通道；既是连接珠江口两岸的重要节点，又是国家自贸试验区的战略部署点，其港口货物吞吐量近年来持续居全球第5位。

表2　三个经济技术开发区的得分结果分析

开发区	经济实力	社会贡献	对外开放程度	综合
广州开发区	4.93	1.00	1.87	0.88
南沙开发区	2.90	0.68	1.53	0.58
增城开发区	0	0	0	0

三　三个开发区发展中存在的问题

根据对比分析结果，本研究认为这三个开发区在发展过程中存在以下问题。

第一，产业结构雷同，三个开发区第二产业比重占地区总产值的70%以上，且重工业比重不断增加，南沙开发区的重工化趋势更明显。广州开发区以装备制造业、汽车制造业、金属冶炼及加工业、食品饮料制造业、化学原料及化学制品制造业为主导产业，而南沙开发区以汽车制造业、装备制造业、航运物流为主导产业，增城开发区以汽车制造业、装备制造业和纺织服装业为主导产业。三个开发区都以汽车制造业和装备制造业为主导产业，抢夺资源、各自为政的现象非常严重。同目标、同模式、同产业结构必将导致激烈的对产业资源的争夺，难免重复建设配套基础设施，难免浪费人力财力。另外从集聚经济的角度看，将有限的资源分散，不利于促进区域经济发展。三个开发区需要充分地认清自身的优势和不足，进行科学合理的规划，更需要站在区域协调与发展的高度上进行有选择性的建设和开发，实现分工协作，提高社会总体效益。

第二，经济和社会效益上，三者的差距也很大。相比较而言，南沙开发区的开发力度最大，尽管地区生产总值不到广州开发区的50%，但已开发的土地面积和已投入的基础设施投资已是后者的1.5倍。此外，从单位产值税收来看，南沙开发区远远超过了广州开发区。虽然广州开发区的产值远远高于南沙和增城两个开发区，然而其单位产值税收仅相当于南沙开发区的3/5，与增城经济技术开发区相当。

第三，对外开放程度上，三个开发区经济增长过度依赖外资，受国际市场干扰大。自国际金融危机以来，各国经济增长乏力，国际市场受到重创，珠三角地区外贸景气指数明显下滑。以广州开发区为例，广州开发区近年来经济外向度不低于30%。由于国际市场萎靡，广州开发区的实际吸引外资额在2015年前三季度较2014年同期下降了53.5%以上，进出口总值较2014年同期下降了7.9%。

四 推动三大开发区发展的对策建议

（一）差异化培育新增长点，增强经济发展后劲

三大国家级经济技术开发区应该"坚持优中选优，以大项目推动大发展。瞄准国家级高、精、尖重大科技专项项目及重点企业新型技术项目，促进科技产业集聚发展。引导制造业和金融、商贸、会展、物流、创意、健康等产业的总部企业向开发区的功能平台集聚发展"。建议围绕广州战略性主导产业发展布局和重大平台建设，结合各开发区的功能定位，形成资源共享、错位竞争、联动发展的产业格局。

通过国家级开发区与海关特殊监管区域的互动融合，广州可以充分利用好这些特殊功能区域的政策优势，提高贸易、投资便利化水平，加快产业转型升级，形成高端入区、周边配套、辐射带动的良性发展新格局。同时加强区域优化整合，推动现有海关特殊监管区域业务创新。

（二）对开发区进行功能整合，提高经济集约发展水平

第一，从发展现状来看，南沙至今尚未形成高新技术产业集群；从发展趋势来看，南沙的高新技术产业发展仍显迟缓。与此同时，广州开发区高科技产业日趋成熟。若南沙的高新技术产业片区能与广州开发区的高科技产业片区合

并成为一个完整的高新区，形成集群效应，那么将对二者的发展带来巨大帮助。

第二，现代化港口的主要功能和特征是集装箱远洋运输。南沙港区目前拥有世界上最大、最先进的集装箱作业港区，可靠泊世界上最大的集装箱船舶，具备现代化港口的条件。黄埔新港与新沙港自南沙港开发以来日益失去竞争力，远远不能满足经济全球化背景下现代化港口的要求，仅能发挥内河港作用。至今南沙港区已建成16个10万吨级集装箱深水泊位，其规模和优势更是黄埔新港与新沙港所无法比拟的。此外，港口是保税区货物转口的最重要的基础设施保障。在港口建设上，黄埔新港相对于南沙港而言显然不具备建立保税区的优势，因而与其让内河港惨淡经营，不如集中力量建设南沙港，让其充分利用其港口优势发挥保税区的功能。

第三，南沙以汽车、钢铁、石化等重工业为主导产业，目标为建成环珠江口宜居湾区优质生活圈示范区和区域性国际健康休闲旅游中心，重工业基地的烟囱林立与海滨城市的碧水蓝天，显然是互相矛盾的。相比较而言，广州开发区，特别是科学城，更具备建设成广州宜居新城的条件。首先，科学城在分散城市中心人口的功能上更具有区位优势，其靠近奥体中心，距离广州市中心仅约20公里，是南沙与广州距离的1/3。其次，科学城始终重视环境建设。科学城是广州高新区的重要组成部分，在产业布局方面，坚持发展高新技术产业，严格拒绝污染企业进入；在环境建设方面，广州开发区投入很大一部分资金用于科学城的绿化建设和维护。

（三）坚持科技创新引领，增强经济内生动力

一是政企合作搭建创新载体。鼓励和引导企业、科研机构、民间资本投资建设专业孵化器，建立连接国际的孵化器体系。加快引进专业机构管理运营孵化器，为科技企业提供技术转移、政策辅导、"产学研"对接、产业人脉等专业化服务。开发区政府应积极扩大科学城、生物岛各类孵化器和加速器建设规模，进一步扩大全区孵化面积，缓解科技企业缺乏发展空间的困境。

二是实施科技投入倍增计划。全方位改善科技创新环境，积极对接广州市科技投入倍增计划。充分发挥企业的创新主体作用，加快实施"瞪羚企业"培育工程。推动天使投资和孵化器相结合，形成"天使投资+孵化"的创业模式，力争2017年实现开发区科技投入倍增。

三是大力引进科技创新资源。以知识城院士专家创新创业园为载体，着力引进光启研究院等新型研发机构。加快推动北京大学产业创新研究院、武汉大学生物医药与健康产业园、浙江大学华南工业技术研究院等一批重点项目落地建设。

（四）推进重点领域改革，释放经济发展活力

一是创新政府监管模式。继续深入推进行政审批制度改革，制定权责清单，努力打造民生事项扁平化审批机制和亲民营商"电子政府"。

二是深化投融资体制改革，放宽市场准入，营造公平的投资环境。进一步创新融资方式，继续推进区域发展基金的设立，探索在基础设施建设领域采用融资租赁等资产融资模式，激发民间投资活力。继续盘活财政存量，提高财政资金利用效率。

三是争取先行先试政策。抓住国家继续深化体制改革、实施创新驱动发展战略、加快建设21世纪海上丝绸之路等重大战略机遇，积极创建自主创新示范区，争取复制自贸区创新政策，争取政府在监管模式改革、金融创新、投资贸易便利化等方面的先行先试政策。

（审稿　周凌霄）

参考文献

《广州开发区有111家500强企业》，《信息时报》2014年8月7日，http://informationtimes.dayoo.com/html/2014-08/07/content_2712828.htm。

南沙新区，http://www.gzns.gov.cn/zjns/。

《2014年广州港货物吞吐量突破5亿吨》，2015年3月18日，中国金融信息网，http://futures.xinhua08.com/a/20150318/1471461.shtml。

范娇艳、姚永鹏、黄天龙：《甘肃省开发区经济发展水平评价》，《资源开发与市场》2013年第3期。

转型升级篇
Transformation and Upgrading

B.7
2015年广州金融创新现状分析与2016年展望[*]

黄燕辉[**]

摘　要： 本文对广州金融创新现状进行了分析，并在借鉴国内外先进城市金融创新经验的基础上，对广州金融创新提出了创建全国性金融交易平台、打造一批全国性法人金融机构和新设一批法人金融机构、打造21世纪海上丝绸之路金融主航道、创新发展产业金融和修改高端金融人才引进办法五个方面的政策建议。

关键词： 广州　金融创新　金融发展　区域金融中心

---

* 本报告是广东省教育厅"广州学"协同创新发展中心、广州市教育局"广州学"协同创新重大项目及广州大学广州区域经济发展研究团队的研究成果。
** 黄燕辉，广州大学经济与统计学院讲师，经济学博士，研究方向为资本市场和公司金融。

一 广州金融创新现状分析

为了发展广州金融业，打造广州区域金融中心，广州金融业进行了六方面的重大创新：创新建设金融交易平台、创新发展中小额贷款公司、创新发展特色金融、创新发展科技金融、创新发展互联网金融以及创新发展普惠金融。

（一）创新建设金融交易平台

1. 广州股权交易中心

广州股权交易中心位于广州金融创新服务区，于2012年8月9日正式开业运营，主要为挂牌企业和合格投资者提供股权登记、托管、交易、结算、股权和债权融资等综合金融服务。广州股权交易中心在板块建设方面做出重大创新，先后创建了知识产权交易板、广东省高成长中小企业板以及中国青创板等板块。其中，知识产权交易板是在全国区域性股权交易中心中首次被推出的关于知识产权交易的板块；广东省高成长中小企业板定位为打造中小企业上市培育平台；中国青创板由共青团中央和广东省人民政府共建，成立于2015年11月17日，致力于打造成为服务全国青年大学生创新创业项目的综合金融服务平台，截至2015年12月28日，中国青创板累计共有项目985项，其中创业项目724个，创业企业261家，覆盖全国15个省、自治区、直辖市。

2. 广州金融资产交易中心

广州金融资产交易中心位于广州金融创新服务区，于2014年4月18日正式开业运营。业务范围涵盖金融股权、金融不良资产、地方小额贷款公司资产收益权、担保资产增信、定向债权投资工具、票据收益权、资产权益流转、类资产证券化产品等交易及跨境人民币业务。截至2015年7月，广州金融资产交易中心已完成小额贷款公司资产收益权转让业务40笔，实现交易额6亿元；完成广州银行国有股权转让，实现交易额40亿元。

3. 广州产权交易所

广州产权交易所是广东省国资委确定的从事广东省企业国有产权交易的机构之一，主要职责是搭建企业国有产权交易平台，在规范国有产权交易的基础上，以市场机制优化资源配置，通过创新交易方式，促进国有资产保值增值，

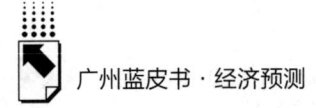

助力广州国有企业混合所有制改革。2014年，广州产权交易所权益类交易项目近5万宗，涉及交易额497亿元。

4. 广州碳排放权交易所

2012年9月11日，广州碳排放权交易所在广州联合交易园区成立，主要致力于搭建"立足广东、服务全国、面向世界"的交易服务平台，为企业进行碳排放权交易、排污权交易提供服务。截至2015年5月31日，广州碳排放权交易所累计成交碳配额1608.50万吨，总成交金额8.38亿元，约占全国的50%。

5. 中国（广州）国际金融交易·博览会

自2012年创办以来，中国（广州）国际金融交易·博览会（广州金交会）共吸引了境内外参展机构300家，参观人次近40万，实现产融对接意向签约金额逾1万亿元，实现小额贷款授信及其他各类现场交易逾47亿元。2015年6月28日，历时三天的第四届广州金交会在广州圆满落幕。第四届广州金交会参展机构共320家，参观人次近20万，共有58个产融对接项目进行签约，实现意向性签约金额达4532亿元。

（二）创新发展中小额贷款公司

广州创新发展中小额贷款公司主要体现在创建广州民间金融街上。广州民间金融街于2012年初成立，位于越秀区长堤大马路，经过近几年的发展，目前已涵盖小额贷款公司、小额再贷款公司、融资担保公司、典当行、互联网金融企业、融资租赁公司等各类金融机构。截至2015年11月底，在民间金融街入驻的金融和非金融机构达到168家，其中小额贷款公司57家（占全市76%），互联网金融企业26家（含10家互联网特色小额贷款公司）。广州民间金融街具体金融创新如表1所示。

表1 广州民间金融街金融创新一览

时间	创新举措
2013年10月	国内首家小额再贷款公司——广州立根小额再贷款有限公司在金融街挂牌成立
2014年4月	广州首个互联网金融产业基地——广州民间金融街互联网金融基地正式挂牌成立
2014年5月	率先在全市开展互联网特色小贷公司试点
2014年6月	成立全国首家专注于服务民间金融的市场化征信公司——广州民间金融街征信公司
2015年3月	成为全国唯一的"全民间金融产业知名品牌示范区"
2015年6月	率先允许全国和境外企业在金融街发起设立小额贷款公司,成为全国性民间金融街
2015年11月	"金融街在线"上线运营暨互联网金融孵化中心成立

（三）创新发展特色金融

2014年11月13日，中国人民银行、国家发改委等10部委联合印发了《关于支持南沙新区深化粤港澳台金融合作探索金融改革创新的意见》，这是广东省第二个国家级金融专项政策，也是广州市第一个国家级金融专项政策。2015年4月21日，广州自由贸易区南沙新区正式挂牌成立，广州抓住自贸区建设契机，围绕广州市建设国际航运中心、物流中心、贸易中心的发展战略，在自由贸易区南沙新区重点创新发展跨境金融、航运金融、融资租赁、大宗商品交易等特色金融，打造广州金融创新新高地和新增长极。2015年4月21日，国内首家专门服务于商品金融的创新型金融平台广州商品清算中心在南沙自贸区正式挂牌；2015年7月13日，南沙正式试点跨境人民币贷款业务；2015年12月16日，广东省首家获得全国性金融租赁牌照的企业——珠江金融租赁公司在南沙现代金融服务区挂牌成立；2015年全年，广州航交所共办理船舶交易428艘次，交易额15.29亿元，船舶交易艘次比2014年增长40%，交易额增长52%。

（四）创新发展科技金融

1. 创新融资渠道

截至2015年7月，广州市设立了4家科技支行（全省最多）；广州股权交易中心的知识产权质押融资产品为9家企业募集资金6300万元；广州技术产权交易中心为12家企业提供了总额为3.8亿元的专利质押贷款；广州市实施"科技企业上市路线图"计划，近几年新增上市科技企业20家，全市共有19家科技企业发行公司债券，筹资72.8亿元。

2. 科技保险试点

2012年，广州开发区开始试点科技保险。截至2015年7月，累计为100多家科技企业提供金额超过120亿元的风险保障资金。出台了《关于促进科技、金融与产业融合发展的实施意见》。

（五）创新发展互联网金融

为促进互联网金融的创新发展，广州市出台了《广州市关于推进互联网金融产业发展的实施意见》。2014年4月29日，首个互联网金融产业基地——广州民间金融街互联网金融基地挂牌成立,之后在天河CBD、广州中小微企业金融服务区、海珠万胜广场相继成立三个互联网金融产业基地;2015年3月23日,广州首个互联网金融产业园区在广州科学城挂牌成立;2015年11月3日,广州e贷在众多平台中脱颖而出,荣获"2015中国十佳互联网金融创新企业"大奖;2015年11月17日,广州股权交易中心在全国首创设立"青年大学生创业板"及互联网股权众筹平台;互联网金融企业方面,截至2015年7月,全市已设立和引进第三方支付、P2P网贷、股权众筹等各类互联网金融企业超过100家,其中具有第三方支付牌照的法人机构10家、分支机构39家,具有一定业务规模的P2P网贷机构近50家。

(六)创新发展普惠金融

1. 加强中小微企业金融服务

一是创建广州市中小企业投融资公共服务平台。截至2015年7月,平台进驻金融机构近78家,注册中小企业用户超过9000家。二是大力发展小额贷款公司。截至2015年11月底,全市共有小额贷款公司75家。三是创建广州中小微企业金融服务区。金融服务区主要由两大服务机构集群组成,即金融和类金融机构集群以及经营顾问机构集群,着重解决中小微企业的投融资和经营管理等方面的相关问题。此外,园区还搭建了五大功能服务平台:金融服务平台、公共服务平台、创新创业服务平台、科技服务平台和政务服务平台。截至2015年7月,园区进驻企业305家,已营业的有210家,其中金融机构34家,金融配套服务机构18家,累计向中小微企业发放贷款47.9亿元,推荐5家企业到股权交易中心挂牌。

2. 完善农村金融服务体系

完善农村金融服务体系的创新工作主要体现在创建增城农村金融改革创新综合试验区上,具体表现为:一是建设农村金融服务站。截至2015年6月底,广州市增城区共授牌18个农村金融服务站,开展助农取款业务27455笔。二是开展农业政策性保险工作。开展政策性农村住房保险工作,2015年全区投保农户共139934户;开展政策性水稻保险工作,2014年全区水稻保险承保92800户,承保率约为94.52%。三是创新成立了资金互助合作社等金融机构。首先,创新成立了福享、粤汇两家资金互助合作社,在全国开创了依托农业龙头企业设立资金互助合作社的先例。截至2015年6月底，福享资金互助合作社吸收互助金余额17.97万元；贷放互助金余额837万元；粤汇资金互助合作社吸收互助金余额120万元，贷放互助金余额782万元。其次，新设立2家小额贷款公司、1家商业保理公司、1家融资租赁公司、1家信用保障公司和1家消费金融公司。

3. 创新开展社区金融服务

截至2015年7月，全市已建成社区金融服务站410家，社区覆盖率达到26.7%，社区金融服务站建设模式正在全省进行推广；广州邮局推出的"三网合一"社区型邮政金融服务站即"智慧邮局"已建成25个，布置了126台民生服务智能终端（含存取款机48台、智能包裹柜19组），遍及全市11个行政区，目前也正在全市进行大力推广。

二 广州金融创新面临的主要问题

（一）缺乏全国性金融交易平台

具有影响力的金融交易平台不仅能为金融创新成果提供交易的场所，同时也有助于其所在地区吸引金融机构的入驻，从而进一步促进金融创新。然而，广州目前没有一个全国性金融交易平台，这在一定程度上制约了广州金融创新。从北京、上海和深圳来看，上海拥有证券交易所、期货交易所、外汇交易中心和全国银行间市场等众多全国性金融交易平台，深圳也有全国性金融交易平台——深圳证券交易所，北京则有全国性金融交易平台——全国中小企业股份转让系统（俗称"新三板"）。另外，从世界主要国际金融中心来看，具有举足轻重地位的金融交易平台它们不可缺少的一部分，如纽约有纽约证券交易所、约期货交易所和纽约外汇交易市场等国际性金融交易平台，伦敦有伦敦证券交易所，东京有东京证券交易所，香港有香港证券交易所。

（二）缺乏金融机构总部，特别是缺乏具有综合实力的全国性金融机构总部

金融创新主要来源于微观主体金融机构，而金融机构总部由于实力雄厚、人力资源丰富等，在金融创新方面具有更明显的优势。从目前来看，广州金融

机构总部较少，制约了广州金融创新。银行机构总部只有广发银行、广州银行、广州农村商业银行3家，证券公司总部只有广发证券、广州证券、万联证券3家，保险公司总部只有安联财产保险、众诚汽车保险、珠江人寿3家，公募基金公司总部只有易方达基金、广发基金和金鹰基金3家，期货公司总部只有广发期货、广州期货等6家，具有综合实力的全国性金融机构总部只有广发银行、广发证券、易方达基金、广发基金、广发期货5家。北京、上海都集聚了大量的银行、证券、保险、基金等领域具有综合实力的全国性金融机构总部；深圳除了招商银行、中国平安集团之外，依靠深圳证券交易所也集聚了大量证券、基金等领域具有综合实力的全国性金融机构总部。

（三）金融功能区创新形式不足，且定位存在一定的重叠

广州为了建成区域金融中心，创建了广州民间金融街、广州国际金融城、广州金融创新服务区、南沙现代金融服务区、广州中小微企业金融服务区和增城农村金融改革创新综合试验区六个金融功能区。从目前来看，尽管金融功能区已吸引了大量银行机构入驻，形成了银行机构的聚集地，但还没有形成一定规模的证券、基金、信托等金融机构的聚集地，使得金融功能区的创新主要以间接融资创新为主，即各种贷款形式和产品的创新为主，而直接融资或衍生金融工具创新则很少，即公司债券、企业债券、期货、期权和资产证券化方面的创新不足。此外，金融功能区定位存在一定的重叠，比如广州国际金融城定位为金融机构总部，与现有的珠江新城CBD的定位存在一定的重叠。

（四）外部竞争压力增大

外部竞争压力增大给广州金融创新带来一定的挑战。根据《2015广州金融白皮书》区域金融中心竞争力数据，2014年，广州区域金融中心竞争力综合指标得分为-0.05，明显落后于上海（2.1）、北京（2.09）、深圳（0.56），略高于重庆（-0.17）和天津（-0.19）；从金融产业绩效分指标来看，广州金融产业绩效排名第6位，不仅落后于上海、北京和深圳，还落后于杭州和南京。根据2015年3月伦敦金融城发布的第17期"全球金融中心指数"（全球最权威的国际金融中心地位指数，GFCI）数据，上海、深圳、北京分别排第

16名、第22名、第29名，大连首度进入榜单，成为我国内地第四个进入GFCI指数的金融中心，排名第51名。根据深圳综合开发研究院2015年9月发布的第7期"中国金融中心指数"数据，中国金融综合竞争力排名前10位的城市依次是上海、北京、深圳、广州、杭州、天津、南京、成都、重庆和大连，上海、北京和深圳相对于其他区域金融中心保持绝对领先优势。目前广州金融业已被深圳全面超越，如果广州不加大金融改革创新力度，与深圳的差距将会进一步拉大，并且可能被天津、大连等城市追赶上，从而可能面临被边缘化的处境。

（五）高端金融人才缺失严重

多年来，广州对高端金融人才不够重视，没有建立相应的人才培养和引进机制，直到2014年7月18日才发布《广州市高层次金融人才支持项目实施办法（试行）》，2015年2月4日发布《2015年广州市高层次金融人才开发目录》，这不仅使得广州高端金融人才严重不足，而且使得广州人才流失比较严重。从北京、上海和深圳来看，北京和上海在培养和吸引高端金融人才方面具有明显的优势，而深圳一直是全国改革开放的排头兵，金融业改革创新的各项政策经常在深圳先试先行，使得深圳依靠各种优惠政策也吸引了大量的高端金融人才。

三 推进广州金融创新的政策建议

针对上述问题，本文认为，广州可以从创建全国性金融交易平台、打造一批全国性法人金融机构和新设一批法人金融机构、打造21世纪海上丝绸之路金融主航道、创新发展产业金融和修改高端金融人才引进办法五个方面进一步推动金融创新工作。

（一）创建全国性金融交易平台

2015年4月8日，国务院印发的《中国（广东）自由贸易试验区总体方案》明确提出，在广东自贸区研究设立以碳排放为首个品种的创新型期货交易所，并且将使创新型期货交易所落户广州。在期货交易所基础上，建议将广州碳排放权交易所打造成为全国性碳排放权交易所。截至2014年12月31日，广州碳排放权交易所累计完成配额成交量1522万吨，占全国的46%，总成交金额8.14亿元，占全国的58.5%，因此将广州碳排放权交易所打造成为全国性碳排放权交易所具有可行性。广州目前有广州股权交易中心、广州金融资产交易中心、广州交易所集团下属的广州产权交易所、广州私募股权交易所等，从长期发展战略来看，广州应争取成立一家全国性证券交易所——广州证券交易所。

（二）打造一批全国性法人金融机构和新设一批法人金融机构

一方面要打造一批新的具有全国影响力的法人金融机构。主要是推动广州银行、广州证券、广州农商银行、万联证券通过公开发行上市等方式做大做强实现跨越式发展，并且最终发展成为具有全国影响力的金融机构；另一方面是新设一批法人金融机构和类金融机构。主要是根据各金融功能区的定位和发展目标，在各金融功能区新设一批金融机构和类金融机构。在自贸区南沙新区创新成立一批外商独资或中外合资的银行、证券公司、保险公司、基金公司、股权投资公司、融资租赁公司、信托公司、财务公司等金融机构，新设一批航运保险公司、商业保理、消费金融公司等新型类金融机构；鼓励和支持大型民营企业在广州国际金融城创建民营银行、保险公司等金融机构；在广州金融创新服务区新设各类股权投资和科技金融机构；在广州民间金融街、广州中小微企业金融服务区新设小额贷款公司、小额再贷款公司、互联网金融公司等金融机构；在增城、从化、花都等地区新设村镇银行、小额贷款公司。

（三）打造21世纪海上丝绸之路金融主航道

南沙新区的战略定位是建设成为粤港澳深度合作示范区、21世纪海上丝绸之路重要枢纽。借助自贸区建设契机，通过金融创新将南沙新区打造成21世纪海上丝绸之路金融主航道。一是深化粤港澳台金融合作。港澳台特别是香港的金融业比较发达，应引进或鼓励港澳台的金融机构到南沙设立机构开办业务，为自贸区内金融机构和个人与港澳台金融机构和个人提供跨境人民币结算、投融资等金融服务。二是创新发展跨境金融。推动人民币成为自贸区与21世纪海上丝绸之路沿线国家进行跨境大额贸易和投资的计价、结算的主要货币，推动自贸区与21世纪海上丝绸之路沿线国家开展跨境担保业务、跨境金融资产交易，允许自贸区企业在一定范围内与21世纪海上丝绸之路沿线国家开展跨境人民币投融资活动。三是创新发展航运、物流金融。南沙自贸区的功能定位是重点发展航运物流、特色金融、国际商贸等产业，通过积极创新发展航运、物流金融等金融新业态支持21世纪海上丝绸之路沿线国家的经济建设。四是创新打造南沙外币离岸中心。支持商业银行在自贸区内设立机构开展外币离岸业务，允许自贸区内符合条件的中资银行试点开办外币离岸业务。

（四）创新发展产业金融

一是互联网金融。鼓励和支持互联网金融企业做大做强，打造若干互联网金融龙头企业，加快三个互联网金融基地和一个互联网金融园区的建设，引导金融机构与互联网企业合作发展互联网金融，创新互联网金融监管方式，防范风险的发生。二是科技金融。出台相关优惠政策扶持科技金融的发展，新设一批专业科技金融机构，创新和完善科技企业的信用评价机制。三是消费金融。2015年6月国务院常务会议决定将消费金融公司试点推向全国，但目前广州消费金融公司较少，特别是缺少具有一定实力的消费金融公司，建议通过制定相关政策鼓励和支持大型民营企业、互联网企业在广州创建消费金融公司。

（五）修改高端金融人才引进办法

一是提高金融人才的引进补贴标准。2014年7月18日发布的《广州市高层次金融人才支持项目实施办法（试行）》规定，广州市高层次金融人才支持项目包括对金融领军人才、金融高级管理人才和金融高级专业人才的支持。引进补贴标准为为金融领军人才给予一次性安家补贴100万元、金融高级管理人才30万元、金融高级专业人才20万元。因为金融业属于高收入行业，所以目前的补贴额度吸引力不够，建议提高补贴标准以吸引国内外高端金融人才。二是完善现有金融人才引进结构。根据2015年2月4日发布的《2015年广州市高层次金融人才开发目录》，目前广州的金融人才引进主要偏向于业界的人才，建议将学界金融人才也纳入引进目录，通过引进国内外权威学者来提高广州高校的金融教育水平和知名度，为广州金融创新和金融发展培养更多金融人才。

（审稿　陈婉清）

B.8 创新驱动广州经济发展的路径研究

陈 贝*

摘　要： 本文以创新驱动经济发展的四大因素为基础，通过构建相应指标体系，对全国20个创新型城市进行实证分析，通过对比，依照广州创新驱动经济发展各因素的特点，尝试得出创新驱动广州经济发展的路径选择。

关键词： 创新驱动　经济发展　城市对比

一　广州经济发展进入新常态

（一）经济实力持续增强，经济由高速增长转向平稳增长

改革开放以来，广州经济稳步发展，经济实力日益增强。广州GDP 2000年为2492.74亿元，2005年突破5000亿元大关，达到5154.23亿元；2010年突破1万亿元大关，达到10748.28亿元；2013年突破1.5万亿元大关，达到15420.14亿元；2014年达到16707.87亿元（见图1）。

从经济增速来看，2000年以来，广州经济增速基本保持在10.0%以上，"十五"时期（2001~2005年）GDP平均增速为13.8%；"十一五"时期（2006~2010年）GDP平均增速为13.5%；"十二五"时期前四年（2011~2014年）GDP平均增速为10.5%。广州GDP增速在2007年达到15.3%的顶峰后，开始放缓，2014年增速下降至8.6%，呈现经济从高速增长转向平稳增长的走势（见图2）。

---

* 陈贝，国家统计局广州调查队主任科员、统计师；主要研究方向为专项统计调查。

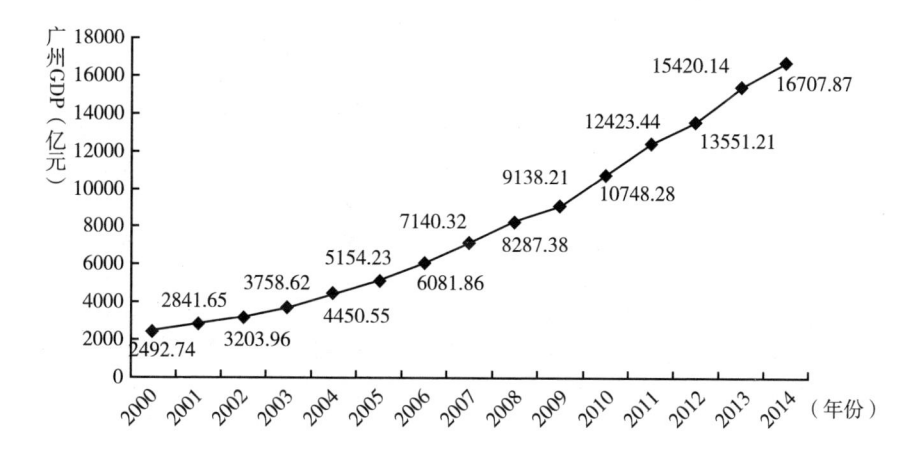

图1 2000~2014年广州地区生产总值

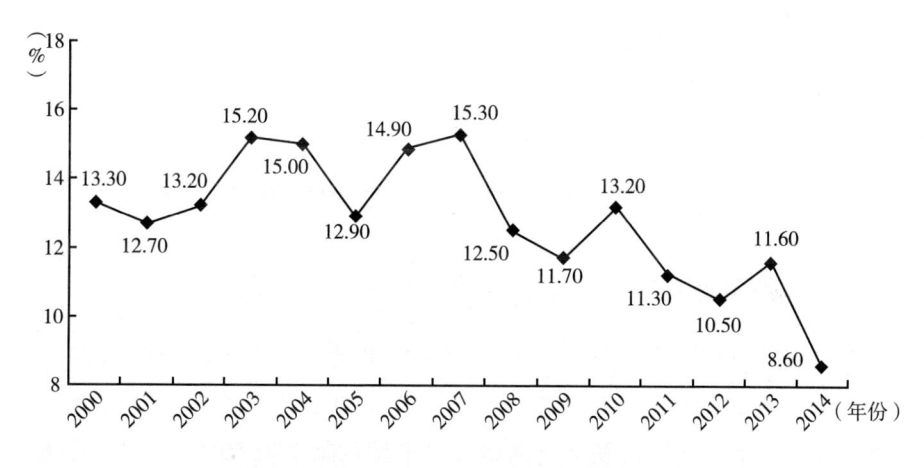

图2 2000~2014年广州地区生产总值增速

（二）产业结构不断优化

随着经济的发展，广州产业结构也在不断优化（见表1），第一、第二、第三产业增加值的比重从2000年的3.79∶40.98∶55.23调整至2014年的1.42∶33.56∶65.02。十几年间广州第三产业比重上升了9.79个百分点，第二产业在2006年占比达到40.20%的高峰后持续下降，至2014年占比降为33.56%。可见，广州产业结构正向第三产业倾斜，产业结构不断优化。

表1　2000~2014年广州地区生产总值构成

单位：%

年份	第一产业	第二产业	第三产业
2000	3.79	40.98	55.23
2001	3.42	39.14	57.44
2002	3.22	37.81	58.97
2003	2.93	39.53	57.54
2004	2.63	40.18	57.19
2005	2.53	39.68	57.79
2006	2.10	40.20	57.70
2007	2.10	39.57	58.33
2008	2.04	38.95	59.01
2009	1.89	37.26	60.85
2010	1.75	37.24	61.01
2011	1.65	36.84	61.51
2012	1.58	34.84	63.58
2013	1.48	33.90	64.62
2014	1.42	33.56	65.02

（三）消费保持平稳，投资拉动明显，出口贡献减弱

从消费、投资、出口对广州经济的贡献程度看，消费在2001~2014年保持比较平稳的贡献率（见表2）。"十五"时期最终消费支出平均贡献率为47.3%；"十一五"时期最终消费支出平均贡献率为50.5%；"十二五"时期前四年最终消费支出平均贡献率为45.2%。投资在近10年对经济增长的贡献率显著提升，"十五"时期资本形成总额平均贡献率为20.2%；"十一五"时期资本形成总额平均贡献率为39.4%；"十二五"时期前四年资本形成总额平均贡献率为39.2%。出口对经济增长的贡献率则显著下降，"十五"时期货物和服务净流出平均贡献率为32.6%；"十一五"时期货物和服务净流出平均贡献率下降为10.0%；"十二五"时期前四年货物和服务净流出平均贡献率为15.6%。从增长率来看，"十五"时期平均增长率最高的为出口，达到29.9%，消费为14.2%，投资为7.8%；"十一五"时期平均增长率最高的是投资，达到16.4%，消费为14.9%，出口降至

7.6%；"十二五"时期前四年平均增长率最高的仍是投资，达到11.8%，消费为10.0%，出口为9.7%。从贡献率和增长率来看，在拉动经济增长的三大需求中，消费保持稳定，投资拉动作用明显，出口拉动作用有所减弱。

表2 "十五"时期至"十二五"时期前四年广州三大需求平均贡献率和增长率

单位：%

时间	最终消费支出平均贡献率	最终消费支出平均增长率	资本形成总额平均贡献率	资本形成总额平均增长率	货物和服务净流出平均贡献率	货物和服务净流出平均增长率
2001~2005年	47.3	14.2	20.2	7.8	32.6	29.9
2006~2010年	50.5	14.9	39.4	16.4	10.0	7.6
2011~2014年	45.2	10.0	39.2	11.8	15.6	9.7

（四）劳动生产率虽不断提升，但劳动生产率增长率逐步下降

随着经济的不断发展，广州劳动生产率不断提升，从2000年的5.02万元/人上升至2014年的17.02万元/人[①]。值得注意的是，人均劳动生产率增长率呈逐步下降的趋势，"十五"时期平均劳动生产率增长率为10.5%；"十一五"时期平均劳动生产率增长率为8.8%；"十二五"时期前四年平均劳动生产率增长率下降为6.1%。劳动生产率增长率下降问题值得关注。

二 创新驱动广州经济发展的条件逐步强化

（一）企业创新发展取得长足进步

企业是经济发展的基础单元，也是经济创新的实现单元，经过多年的发展和积累，广州企业在创新领域取得了较大的进步。从广州企业创新规模

---

① 人均劳动生产率由历年可比价格GDP除以全社会从业人员得出。

看，有科技机构的规模以上工业企业从2000年的156家增加到2014年的393家，年均增幅为6.8%，企业创新规模不断扩大。从企业投入研发资金来看，规模以上工业企业研发经费从2009年的103.1亿元增加到2014年的170.8亿元，年均增幅为10.6%。从企业研发人才看，规模以上工业企业研发人员从2000年的18941人增加至2014年的80196人（见图3），年均增幅为10.9%；规模以上工业企业研发人员占城镇单位专业技术人员的比重从2000年的9.1%上升至2014年的11.8%，可见企业对研发经费和人员的投入持续增加。

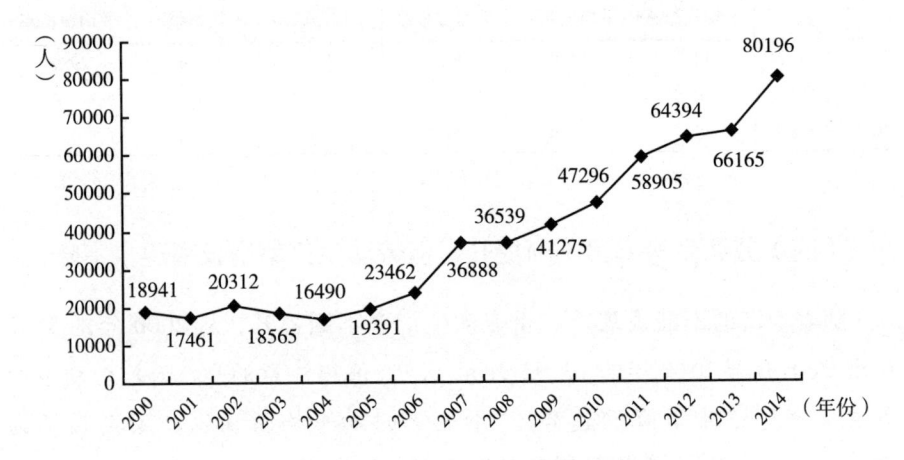

图3 2000~2014年规模以上工业企业研发人员数

从企业创新成果上看，2000~2014年广州企业专利申请共9.9万件。高新技术产品产值从2000年的487.32亿元上升至2014年的7730.84亿元，年均增幅为21.8%。高新技术产品销售收入从2000年的446.8亿元增加至2014年的7365.5亿元，年均增幅为22.2%。工业高新技术出口产品销售收入占工业出口产品交货值比重从2000年的11.6%上升至2014年的45.4%，比重持续扩大。

（二）创新驱动资源保障力度不断增强

创新驱动离不开资源的保障。从广州人力资源方面看，广州每万人城镇单位就业人员拥有专业技术人员的数量持续增加，从2000年的624人增加至

2014年的807人（见图4），广州人力资源的质量在不断提高。从科学研究和技术服务领域的资源投入来看，科学研究和技术服务业新增固定资产占全社会固定资产增量的比重也在不断提高，从2000年的0.42%增加至2014年的2.41%。科学研究和技术服务领域固定资产比重的增加，标志着广州对科学研究和技术服务领域重视程度越来越高。

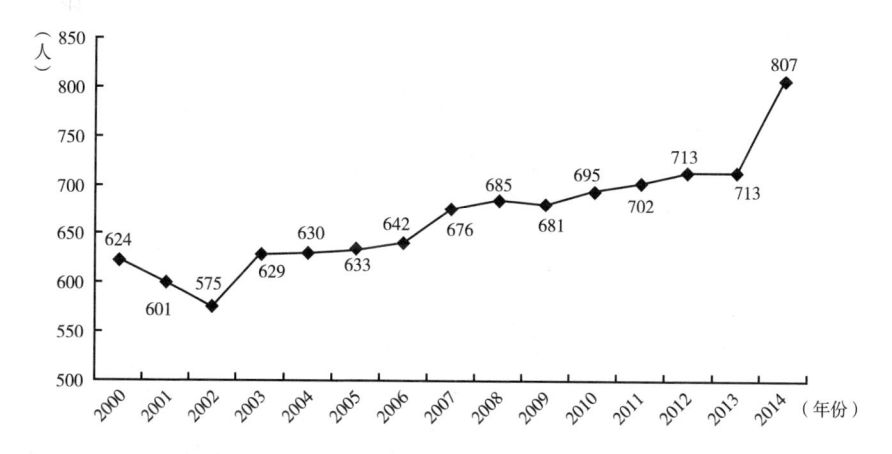

图4 2000~2014年广州每万人城镇单位就业人员拥有专业技术人员数

从普通高等院校数量看，广州高等院校从2000年的31所上升至2014年的80所。同时，高等院校的科研质量也在不断提高。从科研机构数和从事科研活动人员数来看，2014年广州共有科学机构148所，从事科研活动的人员19763人。目前广州有国家级工程中心18家、国家企业技术中心22家、国家重点实验室17所、国家工程实验室11所和国家级质检中心10所，中国科学院院士17人，中国工程院院士20人。从科研和专利成果看，2000~2014年，广州共获得国家级科技奖励成果212项，专利授权17.02万件。

（三）创新驱动经济发展效应日趋显现

随着广州创新活动的开展，创新驱动经济发展的效应也日趋显现。从高新技术产业看，高新技术产品增加值从2000年的143.91亿元增加到2014年的2307.15亿元（见图5），年平均增幅为21.9%，远高于同时期GDP平均增速

（名义增速为14.6%）。高新技术企业增加值占GDP的比重也由2000年的5.8%上升到2013年的13.8%。

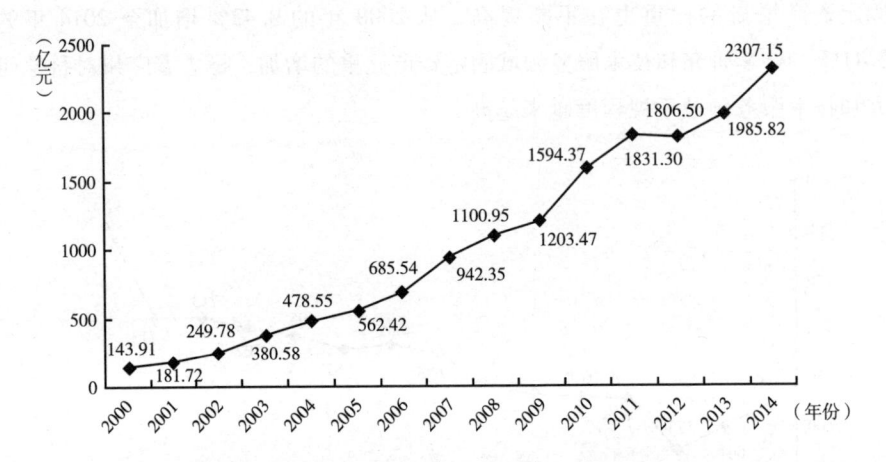

图5　2000~2014年广州高新技术产品增加值

从产业集聚的角度来看，2004~2014年规模以上工业企业新产品项目共有3.94万项。工业高新技术企业总产值从2000年的487.3亿元增加到2014年的7730.8亿元，年均增幅为21.8%；工业高新技术企业总产值占工业总产值比重也由2000年的15.7%上升到2014年的41.2%。第三产业增加值由2000年的1376.7亿元增加到2014年的10897.2亿元，年均（名义）增幅为15.9%；第三产业增加值占GDP比重也由2000年的55.2%上升到2013年的65.2%。可见，广州创新驱动经济发展的效应已有所体现，创新驱动使广州经济向高新技术产业集聚、向第三产业集聚的趋势更加明显。

（四）创新驱动环境日益改善

随着信息技术的发展，技术交易市场的成熟以及创新金融扶持政策的完善，广州创新驱动环境日益改善。从信息技术环境来看，每万人互联网用户数从2000年的1190户增加至2014年的8810户（见图6），年均增幅为15.4%。技术中介服务方面，技术市场成交金额从2000年的34.86亿元增加至2014年的246.87亿元，年均增幅为15.0%。

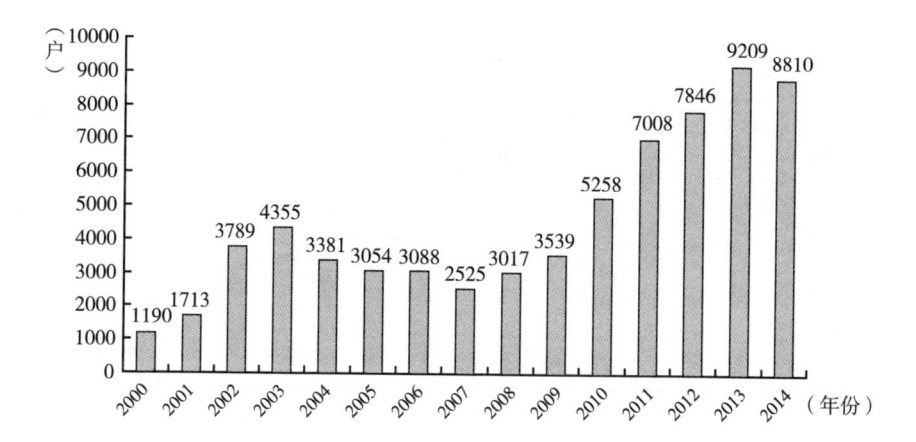

图6　2000~2014年广州每万人互联网用户数

从政府财政支持的角度来看，用于科学技术的财政支出从2000年的6.90亿元增加至2014年的56.32亿元，年均增幅为16.2%。从教育经费来看，财政教育支出从2000年的25.19亿元上升至2014年的229.04亿元，年均增幅为17.1%。

（五）资源利用效率持续提高

从理论上说，单纯依靠增加生产要素投入来扩大生产，会出现生产要素边际效用递减的情况，只有通过科技创新，提高生产要素利用率，才能使生产要素的边际效用提升。通过创新驱动经济发展，使得广州用于发展经济的各类资源利用效率持续提高。从人力资源来看，广州劳动生产率从2000年的5.02万元/人上升至2014年的17.02万元/人，年均增幅为10.9%。从能源利用来看，广州平均每万元GDP能源消费从2002年的0.81吨标准煤下降至2014年的0.36吨标准煤，年均降幅为6.5%（见图7）。广州资源利用效率的提高，客观上体现了广州经济正在依靠着创新驱动不断发展。

（六）创新制度不断完善

广州为了加快实施创新驱动发展，2015年相继出台了"1+9"系列政策措施，其中"1"为《中共广州市委广州市人民政府关于加快实施创新驱

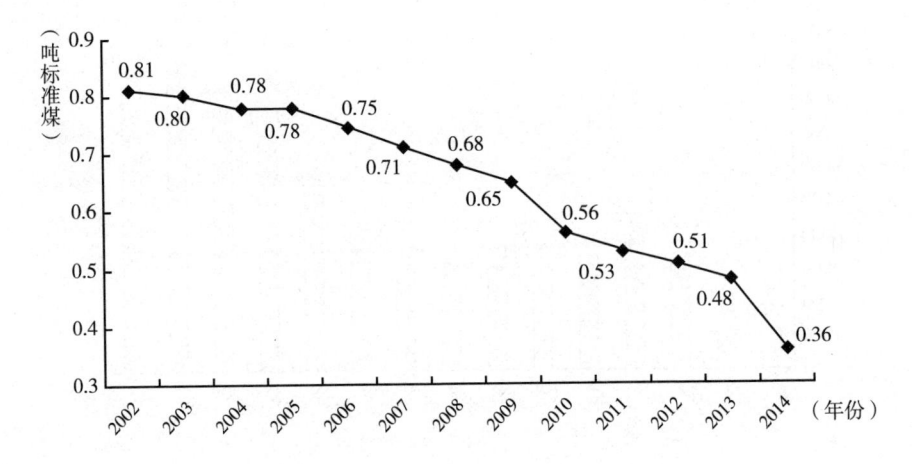

图7　2002～2014年广州平均能源消费量

动发展战略的决定》，"9"为细化落实纲领性文件的9份配套政策文件。《中共广州市委广州市人民政府关于加快实施创新驱动发展战略的决定》作为纲领性文件，确立了创新驱动在城市发展战略中的核心地位。其他如《广州市人民政府关于加快科技创新若干政策的意见》等纲领性文件内容覆盖科技金融产业融合、创新载体建设、新型研发机构发展、科技成果转化等诸多关键领域及环节。这些政策措施的出台体现了广州在未来将通过创新制度的不断完善，为创新驱动经济发展提供制度保障，加速推进创新驱动发展战略。

三　创新驱动经济发展因素评价实证模型

（一）模型框架

本文以创新驱动经济发展的因素为构建单元，考虑指标的反映功能以及指标数据的可得性，根据创新驱动经济发展的主体因素指标、创新驱动经济发展的资源因素指标、创新驱动经济发展的效应因素指标、创新驱动经济发展的环境因素指标，建立创新驱动经济发展因素的评价体系，具体由4个一级指标、11个二级指标及16个三级指标组成（见表3）。

表3 创新驱动经济发展的指标评价体系

一级指标	二级指标	三级指标
主体因素	企业主体规模	高新技术企业占全市企业总数比重(%)
		企业研发经费/主营业务收入(%)
	企业人才研发	企业研发人员数量/城镇单位专业技术人员数量(%)
	创新能力	企业办科技机构数/科学研究和技术服务业单位数(%)
		企业专利申请数/全市专利申请数(%)
		企业新产品销售收入/主营业务收入(%)
资源因素	人力资源	每万人城镇单位就业人员拥有专业技术人员数(人)
	资金投入	科学研究和技术服务业新增固定资产占全社会固定资产比重(%)
	资源整合	各类科学研究与开发机构数量(个)
效应因素	知识产出	每万人授权专利数(件)
		高新技术企业增加值占GDP比重(%)
	产业聚集	高新技术企业总产值占工业总产值比重(%)
		第三产业增加值占GDP比重(%)
环境因素	信息服务	每万人互联网用户数(户)
	中介服务	技术市场成交金额占GDP比重(%)
	政府支持	科技三项经费占财政支出比重(%)

注：由于资料有限，本文主体因素指标统计口径为规模以上工业企业。

本文采用熵值法①计算各城市四大创新驱动经济发展因素的分值，进而得出各城市创新驱动经济发展的综合得分及排位。

指标权重计算公式如下：

在有 m 个评价指标，n 个城市的评估中，

第 i 个评价指标的熵值为：$e_i = -k\sum_{j=1}^{n}p_{ij}\ln(p_{ij})$ (1)

---

① 熵值法是一种利用信息量的大小来确定指标权重并进行综合评价的方法。一般认为，熵值法能够深刻地反映指标信息的效用价值，通过熵值法求得的各类要素的指标权重体现了指标在发展创新中的重要程度。

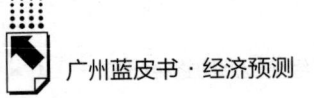

其中 $p_{ij} = \dfrac{r_{ij}}{\sum_{j=1}^{n} r_{ij}}$, $k = \dfrac{1}{\ln n}$;

第 i 个指标的熵权为：$w_i = \dfrac{g_i}{\sum_{i=1}^{m} g_i}$ (2)

其中 $g_i = 1 - e_i$, $\sum_{i=1}^{m} = 1$;

综合评价值 $v_j = \sum_{i=1}^{m} w_i p_{ij}$ (3)

（二）数据来源

本文选取北京、上海、天津和重庆4个直辖市，广州、南京、武汉、西安等15个副省级城市和苏州共20个城市作为样本。这些城市多是国家创新型城市建设试点、传统的区域科技创新中心和近些年取得丰硕创新成果的城市，本文将它们概括为创新型城市。本文的原始数据为各城市2011~2013年的平均数据，通过各城市统计年鉴、科技统计年鉴、国民经济和社会发展统计公报数据整理得出。

（三）实证分析结果

根据公式（1）、（2）计算出各层指标熵权（见表4），可以看出：从全国20个具有创新驱动经济发展能力的城市来看，四类创新驱动因素对创新驱动城市经济发展影响程度最大的是创新驱动主体因素（占39.33%），其次是创新驱动环境因素（占23.21%），再次是创新驱动资源因素（占22.09%），最后是创新驱动效应因素（占15.37%）。从模型的熵权数据可以看出，在建设创新型城市、利用创新驱动经济发展的过程中，应当首先倾向于加强打造创新主体即企业，注重创新驱动环境的支持作用，同时要注重创新资源的投入。此外，由于我国各城市创新驱动经济发展尚不充分，创新效应因素对创新驱动城市经济发展的作用还比较小，但仍需要对其予以重视。

根据公式（3）求得20个城市创新驱动因素的综合评价值和各类因素的得分。考虑到求得的得分分值过小，故在不影响分析结果的基础上，本文将分值统一扩大了100倍，各项因素的得分和综合评价值及排序结果见表5。同时根据各因素得分排名，绘制了图8至图11。

表4 创新驱动经济发展各因素的指标熵权

一级指标	二级指标	三级指标	三级权重（%）	二级权重（%）	一级权重（%）
主体因素	企业主体规模	高新技术企业占全市企业总数比重（%）	5.54	9.73	39.33
		企业研发经费/主营业务收入（%）	4.19		
	企业人才研发	企业研发人员数量/城镇单位专业技术人员数量（%）	6.51	6.51	
	创新能力	企业办科技机构数/科学研究和技术服务业单位数（%）	3.49	23.09	
		企业专利申请数/全市专利申请数（%）	7.91		
		企业新产品销售收入/主营业务收入（%）	11.69		
资源因素	人力资源	每万人城镇单位就业人员拥有专业技术人员数（人）	3.70	3.70	22.09
	资金投入	科学研究和技术服务业新增固定资产占全社会固定资产比重（%）	5.45	5.45	
	资源整合	各类科学研究与开发机构数量（个）	12.94	12.94	
效应因素	知识产出	每万人授权专利数（件）	8.86	10.02	15.37
		高新技术企业增加值占经GDP比重（%）	1.16		
	产业聚集	高新技术企业总产值占工业总产值比重（%）	4.23	5.35	
		第三产业增加值占GDP比重（%）	1.12		
环境因素	信息服务	每万人互联网用户数（户）	2.59	2.59	23.21
	中介服务	技术市场成交金额占GDP比重（%）	15.14	15.14	
	政府支持	科技三项经费占财政支出比重（%）	5.48	5.48	

表5 各城市创新驱动经济发展的因素综合评价值及排位

城市	主体因素	主体因素排名	资源因素	资源因素排名	效应因素	效应因素排名	环境因素	环境因素排名	综合评价值	综合排名
北京	2.59	5	2.14	1	1.06	1	3.25	1	9.05	1
深圳	3.75	1	1.86	2	1.04	2	2.11	2	8.77	2
上海	3.31	2	1.75	3	0.91	9	1.82	3	7.78	3
广州	3.15	3	1.47	5	0.92	7	0.95	11	6.49	4
厦门	2.69	4	1.18	7	0.90	10	1.09	6	5.85	5
苏州	2.17	6	1.59	4	0.94	6	0.86	15	5.57	6
南京	1.82	9	1.17	8	0.98	4	1.32	4	5.29	7
天津	2.12	8	1.06	10	0.91	8	1.09	7	5.19	8
杭州	2.14	7	0.97	12	0.80	13	1.05	8	4.97	9

续表

城市	主体因素	主体因素排名	资源因素	资源因素排名	效应因素	效应因素排名	环境因素	环境因素排名	综合评价值	综合排名
宁波	1.70	11	0.68	17	0.99	3	1.22	5	4.58	10
武汉	1.71	10	1.11	9	0.89	11	0.67	19	4.37	11
西安	1.46	15	1.40	6	0.49	18	0.95	10	4.31	12
济南	1.51	14	0.69	16	0.97	5	0.89	14	4.07	13
大连	1.37	16	1.02	11	0.81	12	0.84	17	4.05	14
青岛	1.64	12	0.80	14	0.55	16	0.89	12	3.88	15
沈阳	1.57	13	0.60	18	0.55	15	1.00	9	3.72	16
重庆	1.14	18	0.83	13	0.57	14	0.89	13	3.44	17
成都	1.29	17	0.71	15	0.26	20	0.84	18	3.10	18
长春	1.13	19	0.50	20	0.51	17	0.62	20	2.76	19
哈尔滨	1.03	20	0.56	19	0.30	19	0.85	16	2.75	20

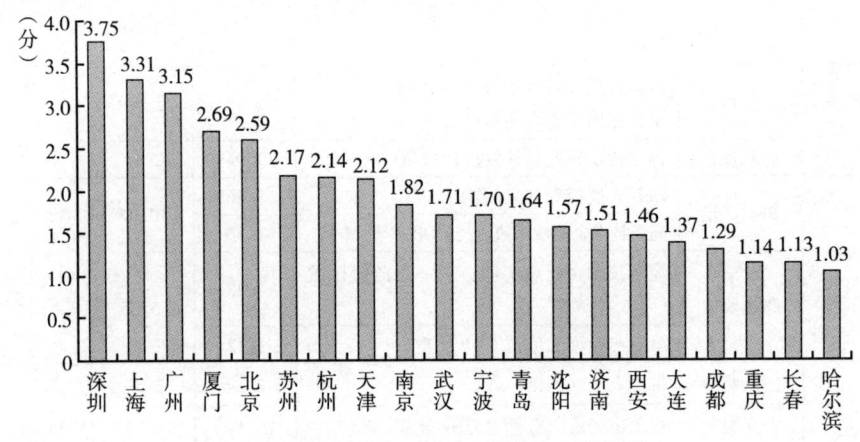

图 8 各城市创新驱动经济发展主体因素得分

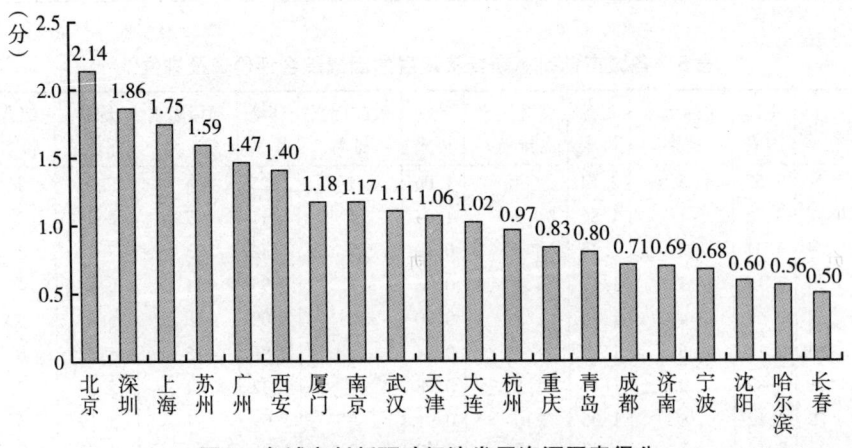

图 9 各城市创新驱动经济发展资源因素得分

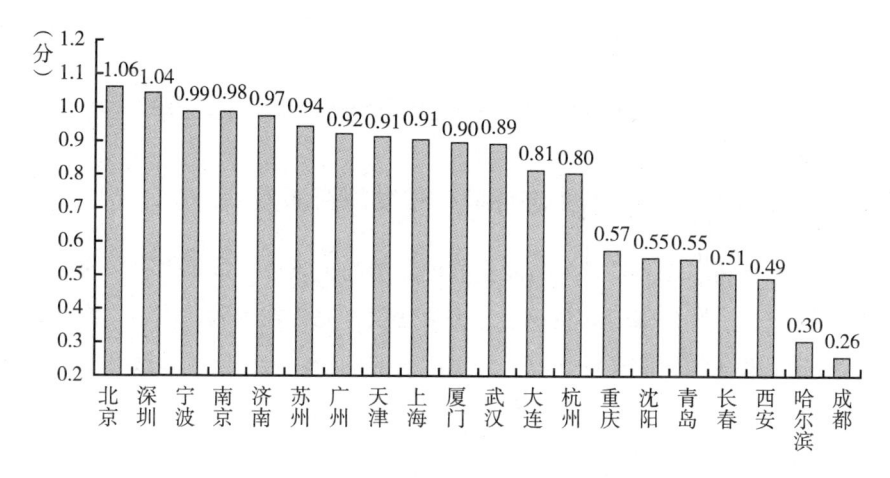

图10 各城市创新驱动经济发展效应因素得分

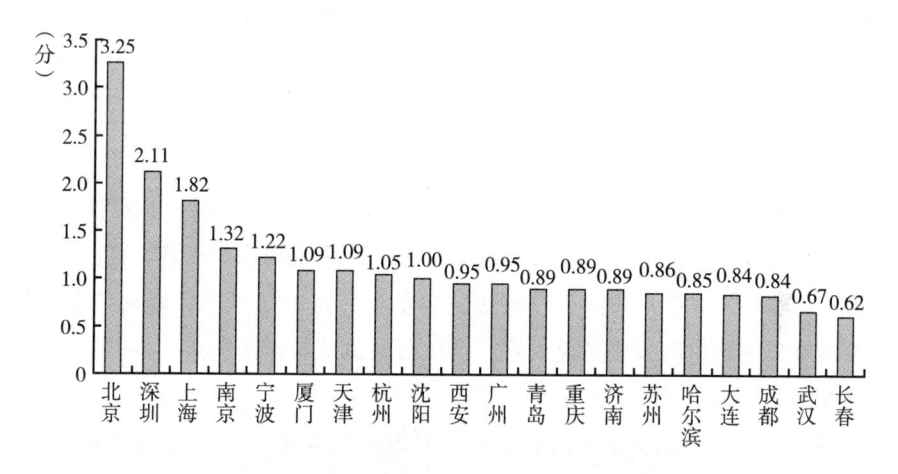

图11 各城市创新驱动经济发展环境因素得分

从综合评价值看,在20个样本城市中,广州位居第4。从创新驱动经济发展的主体因素这个最重要的因素来看,广州位居第3。从创新驱动经济发展的资源因素来看,广州位居第5。从创新驱动经济发展的效应因素来看,因专利数量等知识产出不占优势,广州创新驱动经济发展的效应因素排第7位。从创新驱动经济发展的环境因素来看,广州位居第11位。与全国其他19个创新型城市对比,广州的优势在于创新驱动经济发展的主体质量较高,创新资源丰富;但也存在着创新环境较弱,创新效应不足的问题。

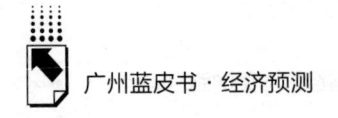

四 创新驱动广州经济发展的路径选择

（一）完善广州创新生态环境，激发创新活力

良好的创新生态环境，是激发企业创新的前提条件。近年来，广州不断加大财政科技投入和加强公共技术信息平台建设，完善技术服务体系，推动形成大众创业、万众创新的良好环境。虽然广州的创新环境已有明显改善，但相比于国内其他创新型城市，广州的创新环境优势并不突出。政府应该继续从以下几个方面入手营造良好的创新环境。

（1）营造激励创新的市场环境。政府应进一步改革产业监管制度，将以前置审批为主转变为以依法加强事中监管为主。深化行政审批制度改革，减少政府对微观企业运行的干预，同时简化企业注册登记、税务登记等办事流程，为企业的生产经营提供便利。发挥市场竞争激励创新的根本性作用，营造公平、开放、透明的市场环境。

（2）营造保护创新的法制环境。政府应加强知识产权保护，建立和完善知识产权维权援助网络和涉外维权预警机制，为企业知识产权诉讼提供维权咨询和援助服务。发挥广州知识产权法院的作用，完善知识产权审判工作机制，引导扶持知识产权法律服务业发展。强化行政执法与司法衔接，将侵权行为信息纳入社会信用记录，营造保护创新的法制环境。

（3）建设政府创新集成服务平台。以政府购买服务的方式为创新型企业提供法律、工商、会计、税收、知识产权、信息服务等，搭建公共服务平台，创新服务模式。推进专利代理、专利导航和专利预警分析，促进知识产权服务业的发展。

（4）加强创新金融扶持力度。实施财政科技经费倍增计划，建立以政府为引导、企业投入为主体、社会资金参与的科技经费投入机制。鼓励发展天使投资和创业投资，配合国家和省新兴产业创投计划，设立市级创业投资引导基金，为初创期创新型企业提供融资服务，撬动更多社会资本投入科技企业。完善科技担保体系，创新政策性担保资金运作模式，制定科技保险保费补贴扶持政策，降低企业研发风险。

(5) 建立创新成果转化机制。制定促进科技成果转化实施办法，完善科技成果转化的利益分享机制，提高骨干团队、成果主要完成者的受益比例。制定高等学校、科研院所科技成果转化个人奖励政策，鼓励各类企业通过股权、期权、分红等激励方式，调动科研人员创新积极性。

（二）结合广州产业发展和规划方向，创新发展重点产业

当前全国经济已步入新常态，广州应充分发挥比较优势，把握产业变革的新机遇，深入推进经济结构战略性调整，加快转型升级，构建高端高质高新的产业体系，提升广州产业核心竞争力。依照广州产业发展情况，结合广州"十三五"规划，本文在重点产业发展方面提出以下建议。

（1）增强广州制造核心优势。一是做大做强制造业支柱产业。充分利用自身传统优势，依靠创新，优化提升汽车、电子、石化三大支柱产业，同时将装备制造业培育成为新的支柱产业，打造先进装备制造产业集聚区。二是推动制造业智能化发展。以推进智能制造为主攻方向，加快新一代信息技术与制造业深度融合，巩固工业基础，提高综合集成水平，推动制造业向产业链、价值链、创新链高端发展。三是推动制造业服务化。促进服务业与制造业深度融合，推动制造业企业发展研发设计等高端环节。如推进有条件的装备制造业企业由产品制造型企业向技术研发、全程服务型企业转变，促使条件的装备制造业企业开展一体化增值服务等。四是改造提升传统制造业。提高传统制造企业的创新水平、管理水平和生产效率，如在食品、医药、化工等流程类制造业企业中推进集成制造技术的应用改造。

（2）培育壮大战略性新兴产业。推动新一代信息技术、生物医药、高端装备制造、新材料、新能源与节能环保等战略性新兴产业成为新支柱产业，重点培育移动互联网、云计算、卫星导航、3D打印、机器人、可穿戴设备、蛋白类生物制药和高端医学诊疗设备等新业态。对3D打印、卫星导航等具有比较优势但未形成完整产业链的新业态，通过引进龙头企业，建立健全产业链。对汽车服务、跨境电子商务等有一定基础，但竞争力和辐射力有待提升的新业态，通过引进产业链研发、营销等环节缺失的企业，补齐产业链短板。对移动互联网、网上会展等拥有较强产业基础、产业辐射能力强的新业态，以规模化、品牌化、信息化建设为核心做优做强产业链，建设一批新业态示范企业和

园区。

（3）提升现代服务发展水平。一方面，优化提升生产性服务业。深入推进国家服务业综合改革试点，着力优化服务业发展的体制机制和政策环境，把生产性服务业打造成为服务业新的增长点。突出金融、科技和总部经济三个重点，着力提升金融业、总部经济、商贸会展业、航运物流业的国际竞争力，做大做强旅游业、信息服务业、科技服务业、商务服务业，引导制造企业主辅分离，建设一批综合性生产性服务业集聚区。另一方面，大力发展生活型服务业。如大力发展健康服务业，推动以健康管理、医药保健、健康文化、健康旅游等为重点的综合健康服务业联动融合发展，形成以医药产品、医疗及康复器械、健康管理服务等领域为重点的健康服务产业集群。大力发展家庭服务业，完善家政服务信息平台和社区综合服务信息平台，规范家庭服务行业。鼓励发展教育培训、文体娱乐等新兴生活型服务业。

（三）整合广州创新资源，形成具有国际影响力的创新产业集群

广州作为广东省的省会城市，是创新资源最集中的地区，应充分发挥政府和市场两方面的力量，大力整合创新资源，在促进大众创新的基础上，重点突破，形成创新龙头企业，集聚和联合上下游企业形成具有国际影响力的创新产业集群。

（1）汇聚创新人才资源。首先，强化高等教育和职业教育创新人才培养功能，鼓励高校开设创新创业教育课程，培养一批具有原始创新潜力的学科带头人。其次，政府应加大引技引智工作力度，以"留交会"等海外高端引才平台为依托，促进创新要素集聚和创新人才交流。最后，政府应激发各类人才的创新活力。优化人才创新创业环境，加强人才服务保障工作，为创新创业人才的安家落户、科技研发、职称评定、经费支持、医疗保障等方面提供全方位便捷优质的服务。

（2）促进大众创业万众创新。一方面，大力构建创客空间。弘扬"敢为人先"的广州精神，发挥行业领军企业、创业投资机构等主力军作用，推进创新与创业相结合、线上与线下相结合、孵化与投资相结合，鼓励分布式网络化创新和全社会"微创新"。简化注册登记手续，支持中小微创新企业发展。另一方面，推动科技企业孵化器发展。坚持市场化、专业化、多元化思路，优先安排并以优惠价格出让建设用地，加大财政资金支持力度，引导社会资本投入，为在孵企业和项目提供融资渠道，加快建设各类科技企业孵化器。

（3）促进创新产业集群建设和发展。一是促进制造业园区化发展。重点加快以天河区东部、新黄埔区至增城区南部先进制造业为东翼，以南沙区、番禺区临港制造业和科研企业集群为南翼，以白云北部、花都区及从化区西南部临空制造业为北翼的产业集聚带建设。二是建设战略性新兴产业基地。着力打造琶洲互联网创新集聚区，大力引进如国美控股集团有限公司第二总部、腾讯移动互联网创意产业基地、阿里巴巴集团华南营运中心、唯品会公司总部等互联网总部企业，争取将其打造成广州的"硅谷""中关村"。东部建设以中心广州知识城、广州科学城为重点的战略性新兴产业核心基地。南部推进建设以南沙新区为核心、广州国际创新城等为重点的临海战略性高新产业基地。北部建设以空港经济花都高新科技产业基地为主轴，以广州航空产业城、广州国际健康产业城等为支撑的临空战略性新兴产业基地。三是打造现代服务业聚集区。着力打造由天河北商贸服务区、珠江新城金融商务区、广州国际金融城组成的广州总部、金融集聚区。依托产业基础、资源禀赋，着力打造南沙自贸区、南站商务区、空港经济区、黄埔临港商务区等。

（审稿　傅元海）

B.9
2015年广州总部经济发展现状分析与2016年展望[*]

聂 鹏[**]

摘 要: 本文对2015年广州总部经济发展的现状、存在的问题以及原因进行了详细分析,并提出了相应的政策建议。笔者认为在发展总部经济时广州应凸显华南地区的区域总部集聚中心的合理定位,引进和培育人才,发展现代服务业,重视总部经济政策与企业总部需求之间的契合性,着力培育适合总部经济发展的市场环境。

关键词: 总部经济 科技创新 现代服务业

广州是华南地区政治、经济、科技、教育和文化中心,被称为"第三世界首都",濒临东南亚,与香港、澳门隔海相望,对外贸易发达。发展总部经济能够大大提升广州的城市品位和竞争力,为整个珠江三角洲带来巨大的经济辐射效应。广州总部经济的发展,应当根据目前广州经济发展的现状和未来规划,制定切实可行的发展战略和选择合适的发展模式。通过总结总部经济发达的城市的经验发现,吸引跨国公司地区总部及国内大型企业集团总部落户广州,是实现经济转型升级和持续发展的重要途径。加快总部经济发展,实施"企业总部—正产基地—资源产业化—辐射泛珠三角"的发展战略和模式,是在新常态背景下广州实现经济结构调整、产业升级、发展方式转变和城市功能转型的有效方式。

---

[*] 本报告是广东省教育厅"广州学"协同创新发展中心、广州市教育局"广州学"协同创新重大项目及广州大学广州区域经济发展研究团队的研究成果。
[**] 聂鹏,经济学博士,广州大学经济与统计学院讲师,研究方向为经济增长与总部经济。

一 广州总部经济发展的现状与特点

1. 总部经济发展能力位居全国第三

广州的经济总量大，仅次于北京、上海，经济辐射能力强，商业环境优越；广州的基础设施体系完善，环境质量很好，尤其好于北京和上海；另外，广州的交通、通信发达，政策优越，现代服务业发展水平高，这些都为总部经济的发展创造了有利的条件。通过对总部经济发展能力的六大评价指标（基础设施、商务环境、创新能力、配套服务、政府政策和经济开放度）进行测算和比较发现，广州总部经济发展综合能力位居全国第三。另外，美国《财富》最新数据表明，上海、北京、广州、深圳是中国总部经济发展能力最突出的四个城市，也是跨国公司和国内知名企业优先考虑落户的城市。

2. 总部经济的经济效应不断增强

总部经济是在经济全球化和现代化、信息网络技术高速发展以及中心城区土地资源稀缺条件下，企业对各类资源进行重新配置的一种高效的经济形态。总部经济的资源重新配置是指企业将管理、研发、营销等总部落户在市中心，将生产基地安置在郊区或者生产成本更低的周围城市，从而既能获取重要的商业信息、政治信息和重要的商业资源，又能降低生产成本。对于企业总部落户城市来说，总部经济的发展能够为城市的发展带来多种经济效应，如优化城市的经济结构、促进要素的流动和升级、推进制度的改革和科技创新、提升城市的功能和形象、促进就业和消费、增强经济的持续发展能力等。

广州总部经济的发展为广州带来了多种经济效应。总部经济的发展极大地促进了广州经济的增长。根据广州市统计年鉴数据，截至2014年底，328家总部企业纳税总额112亿元，同比增长13%。税收的贡献只是总部经济效应的一小部分，更大的效应在于总部经济促进了相关产业和高端服务业的迅速发展和壮大，进一步推动了总部经济工业园区和高新科研工业园区的发展以及经济发展方式的转变。

3. 总部企业结构不断优化

广州总部企业类型多种多样，以国内企业总部为主，跨国公司总部较少。截至2015年底，在广州的所有总部企业中，进入世界500强的有2家（广汽

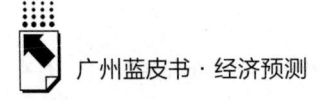

集团和南方电网）。

4. 总部经济集聚效应初步显现

经过多年的发展，广州已经初步形成了商务、金融、研发、物流、管理、营销等独具特色、功能多样的总部聚集区，总部经济集聚效应初步显现。广州的总部经济聚集区从最初的环市东商务区，发展到天河北—体育中心商务区—珠江新城金融商务区，并延伸到海珠会展经济区和广州开发区商业零售业总部经济区。随着"一带一路"战略的实施和南沙自贸区的发展，一个坐落于南沙和空港经济区的总部经济工业园区开始慢慢崛起，目前来看，其具有巨大的发展潜力。

二 广州市总部经济发展存在的问题分析

1. 企业总体规模偏小

根据财富中文网（http：//www.fortunechina.com）统计数据，2015年世界500强企业排行榜中，中国上榜的公司总数已经达到106家，其中，近一半的500强企业落户在北京（共52家），而仅有2家落户广州，占全国拥有量的1.9%，排名第5位。从图1可看出，广州进入世界500强的企业数量远远落后于北京、上海，甚至落后于深圳。

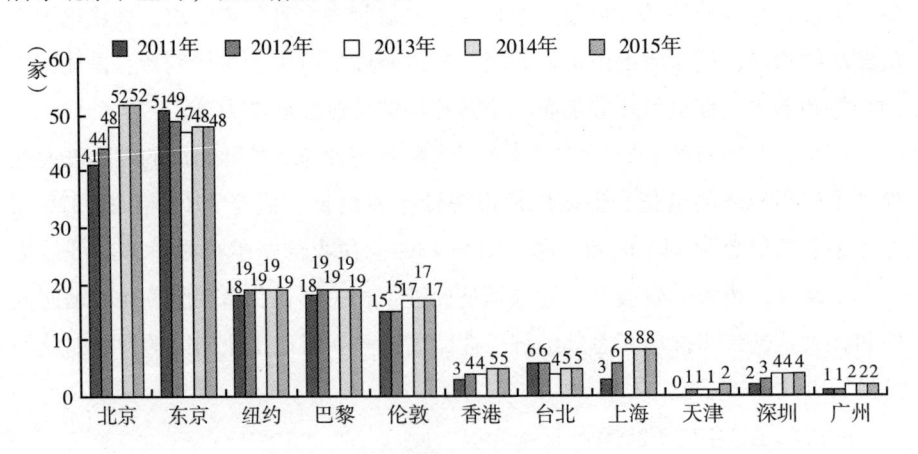

图1 世界500强企业的城市分布状况

资料来源：根据财富中文网（http：//www.fortunechina.com）相关数据整理。

2015年广州总部经济发展现状分析与2016年展望

另外,广州拥有的中国 500 强企业数量较北京、上海也有较大差距。从图 2 来看,广州拥有的中国 500 强企业数量排名也是第 5 位,与北京、香港、上海、深圳都存在较大差距。

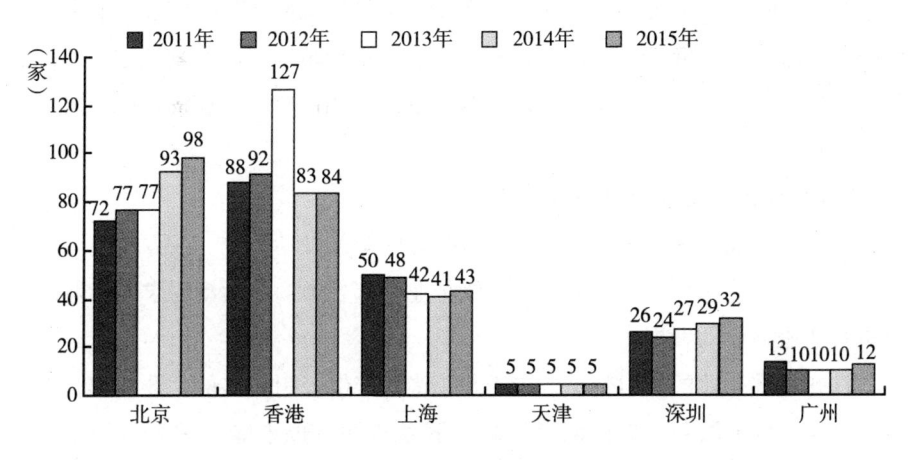

图 2 中国 500 强企业的城市分布状况

资料来源:根据财富中文网(http://www.fortunechina.com)相关数据整理。

广州总部经济协会的数据显示(尚无 2015 年的数据),广州总部企业 2014 年营业收入总额达到 3.49 万亿元,利润总额达到 0.1428 万亿元,创造了 112 亿元的税收收入。2015 年财新网统计数据显示,北京 98 家中国 500 强企业的营业收入达 29.02 万亿元,净利润达 1.67 万亿元,纳税总额达 2.22 万亿元。与总部经济发达的城市相比,广州在落户的总部企业数量以及总部企业经营效益方面都与其他发达城市有显著的差距。

2. 总部企业的结构不够合理

从产业分类来看,广州总部企业有 30% 分布在第二产业,70% 分布在第三产业。从行业分布类型来看,广州总部企业主要分布在工业、批发、零售、租赁、房地产等行业的传统行业,而高端制造业、高新技术产业和生产性服务业等行业的企业总部稀缺。落户广州的外资企业总部,大部分进入了广州的工业、零售、批发、租赁、房地产、商务服务等行业,引进的外资企业总部只有很小的比例属于研发、高科技服务、信息技术等行业,这也从一定程度上导致了广州的产能过剩,不利于经济结构的优化和升级。

3. 总部企业外迁趋势明显

广州市政协数据显示，2003~2013年，广州部分知名企业将总部迁往北京和上海两地。其中，中英人寿、中意人寿保险公司总部于2006年迁往北京，网易总部于2009年迁往北京，外资保险公司信诚人寿总部于2010年迁往北京，宝洁研发总部于2013年迁往北京；好又多量贩超市于2003年将总部迁往上海，宝洁销售中心于2013年迁往上海。这些企业总部的外迁对广州经济发展造成了巨大的负面影响。

4. 总部企业的辐射带动效应不足

总部经济能够聚集多种资源，具有较强的辐射带动效应。一方面，可以吸引一批关联企业总部；另一方面，围绕企业总部各项商务活动需求，能够加速推进现代服务业的发展。

广州总部企业的辐射带动效应不足，尚未能够吸引更多的企业总部，未能聚集金融、商务服务、文化创意等高端服务资源，也未能有效配置技术、人才、资金、信息等各种要素。反观国内总部经济发达的城市，总部企业都能具有较强的辐射和带动效应，例如香港、北京、上海等。

三　广州总部经济发展相对落后的原因分析

1. 高端人才相对缺乏

发展总部经济的关键是人才，与北京、上海相比，广州较为缺乏高端人才。尽管广州与香港接壤，又濒临东南亚，对外开放较早，加工贸易发达，但是高端人才，特别是能够带动一个产业的链式人才匮乏。而北京、上海跨国企业总部较多，国内大企业总部也多，教育、科技、经济、文化都很发达，同时这两个城市也是外籍高端专业人才集聚的地方，因此企业总部很容易找到所需人才和合作伙伴。

2. 科技创新能力落后

科技创新是现代企业持续发展的核心，一个城市的科技创新能力是影响企业总部选址的决定性因素。科技创新和企业能力相对落后极大地制约了广州总部经济的发展。广州市总部经济协会主编的《广州总部企业经济运行分析》数据显示，在研发投入方面，目前广州的总部企业中，仅有74家在审计报告中披露有研发经费投入，约一半的企业研发经费投入不足1%。另外，广州市总部经济在研发能力方面与发达的城市也有较大差距。据中国总部经济研究中心编写的《中国总部经济发展报告（2013~2014）》，广州总部经济的研发能力得分为64.19分，在全国排名第六，比排名第一的北京低了近24分（北京的得分为87.57分）。

统计年鉴数据显示，2012年至2015年11月，广州的研发经费投入和发明专利数量排名都是第七，在东部城市中排倒数第一，仅高于中西部的武汉、成都和重庆。南方网数据显示（最新到2013年），与北京、上海相比，在院士、高科技创新企业数量等方面广州都处于劣势地位。广州的两院院士仅有40名，仅为上海的23%，北京的4%；广州留学归国人员仅有3万人，而北京有11万人，上海有7.5万人；广州的高新企业数量为1546家（2013年），而北京有6271家（2012年），上海有4198家（2012年）。

3. 金融与资本支持功能较弱

企业管理、研发、市场营销、生产运营等都需要资金，资金融通便利会极大地提高企业总部资源的配置效率。因此，高质量的金融服务和发达的资本市场成为吸引总部企业落户的重要因素。

与北京、上海、深圳相比，广州缺少全国性的金融交易平台，证券期货、私募股权、融资租赁等发展都比较落后，总体的金融实力和资本市场功能也相对较弱。另外，广州互联网金融无法同步支持电子商务的高速发展，其规模不断缩小，落后于杭州、深圳等地。金融与资本市场落后，成为广州总部企业外迁的重要原因。

4. 对外贸易的传统优势明显减弱

在进出口贸易方面，广州的优势已经大不如以前。海关数据显示，2013~2015年，广州进出口贸易额已经落后于北京、上海、深圳、天津。2014年天津进出口贸易额为1339.12亿美元，广州为1306亿美元。

广州2015年引进和使用外资规模较小，增速较低，与国内其他城市有较大差距。2012年广州实际使用外资45.75亿美元，2013年实际使用外资50亿美元，2014年实际使用外资51亿美元，远远低于北京、上海、天津（上海、天津、北京最近几年实际使用外资总额都超过150亿美元），甚至还不如内陆城市重庆和成都。

广州吸引外资能力下降，反映了30多年来外资在华投资重心的转移。与北京、上海相比，广州在政策、经济、人力资源等各方面都存在很大差距。所以，绝大多数跨国企业总部都聚集在北京、上海，甚至其他城市的跨国企业总部也开始迁往这两大城市。

5. 政策吸引力不足

与北京、上海、深圳等城市总部经济发展的优越政策相比，广州市在发展总部经济方面的政策吸引力不足是导致诸多企业总部外迁的重要原因。就财税分配体制而言，广州市的税收收入，留归地方的份额不足三成，这在很大程度上制约了广州市从政策上吸引企业总部，刺激总部经济发展的能力。另外，与北京、上海、深圳等地相比，广州在发展总部经济的用地、人才、财政等方面的政策也缺少创新和吸引力，很难吸引和留住企业总部。

四 推进广州总部经济发展的若干建议

1. 合理定位，明确发展总部经济的类型

国外知名的总部经济聚集区一般都拥有自己的特色产业和独特的区域定位（见表1）。根据广州的经济发展情况和比较优势，广州总部经济应当定位为面向东南亚、辐射华南地区的总部经济聚集区，重点发展先进制造业、高新技术产业和现代服务业，重点引进那些影响力和竞争力强的跨国公司和国内知名企业的区域总部、研发总部、营销总部、决策和管理总部等。

表1 四大城市总部经济比较

城 市	主导产业	形成模式	城 市	主导产业	形成模式
纽 约	金融服务业	城市功能	新加坡	航运和贸易	政策优势
伦 敦	金融和创意产业	主导产业	香 港	智能服务业	特定资源

2. 引进和培育人才，弥补人力资本不足的劣势

丰富的人力资本和教育资源，可以满足公司总部知识密集型价值创造活动的特定需要。实施人才战略，大力引进和培育高端人才是推动总部经济发展的强大动力。为此，广州不仅要吸引海内外高端管理人才和研发人才到广州来发展，而且要加快培育本土人才，从而扩大广州的人力资源规模，丰富广州人才的结构，为总部经济的发展打好坚实的基础。

3. 大力发展现代服务业，打造总部经济新高地

总部经济的发展依托于现代服务业，而现代服务业的发展与总部经济是相辅相成、相互促进的关系。金融、保险、会展、商贸、航运、物流、旅游、法律、教育培训、中介咨询、公关、电子信息网络等行业能够为总部经济的发展提供高质量、专业化的支撑。高度发达的现代服务业是提高城市经济效益和经济实力的必然选择，也是吸引总部企业聚集，发展总部经济的重要条件。事实上，国际化程度高、对总部吸引力高的城市，其服务业占 GDP 的比重都在 70% 以上，如香港的服务业占 GDP 的比重已达到了 82%。

广州要大力发展现代服务业以促进总部经济的发展。一方面，要结合实际，加快金融、物流、会展、中介、科技等行业的发展，促使加工生产向研发和高端生产转变，推动产业升级，为总部经济的发展奠定坚实的基础。另一方面，要积极构建和完善信息传播和信息搜集的通道。因为，各种信息的快速获取、高效的沟通可以为企业决策、生产提供巨大的帮助。如三个全球性城市，即纽约、香港、新加坡能够集中数量极多的大跨国公司的总部，是与其便利的信息获取和沟通渠道密不可分的。

4. 强化政府服务职能，创造良好的投资环境

从纽约、伦敦、新加坡、北京、上海等总部经济发达城市的发展历程来看，政府科学合理地规划，充分发挥各项职能，创造一个信息网络健全、交通物流发达、落户政策条件优越、人文气息浓厚的商业环境和居住环境对总部经济的发展非常重要。为了更好地推动广州总部经济的发展，第一，政府要积极推进制度创新，清除影响总部经济发展的体制机制障碍，吸引更多、更强的企业入驻广州。第二，优良的商务环境和公平竞争的市场环境对企业的吸引力巨大。政府在招商引资的同时应当努力创造一个规范的、尽量不受干预的市场，实施知识产权保护政策，增强依法治理违法行为的执行力，构建公平竞争的优质商业环境和市场环境。第三，建立总部经济的管理机构，尽快制定出一套关于总部经济发展的评价和监测指标体系，定期对总部经济的发展状况进行评估，同时制定相应的对策。

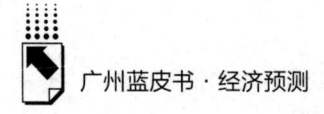

5. 加强广州和香港的合作，发展特色总部经济

广州作为华南地区政治、经济、教育、文化中心，应该利用好自身工业和加工贸易的优势，加强与香港的经济合作，推进与深、港两地在金融、贸易、航运、中介等生产性服务领域的全方位合作，打造独具特色的总部经济。同时，广州总部经济的发展应结合"企业总部—正产基地—资源产业化—辐射泛珠三角"的发展模式，避开与周边城市的竞争，协同合作、共同发展特长突出、分工科学、富有国际竞争力的、高端的总部经济聚集区。

（审稿　冯俊）

参考文献

凌捷：《总部经济视角下的战略性新兴产业空间布局研究》，《改革与战略》2013年第2期。

毛翔宇、高展、王振：《基于总部经济的服务业集聚动力机制探讨》，《上海经济研究》2013年第8期。

史忠良、沈红兵：《中国总部经济的形成及其发展研究》，《中国工业经济》2005年第5期。

余典范：《总部经济区位选择及影响因素：基于上海的实证研究》，《经济管理》2011年第6期。

张丽丽、郑江淮：《国外总部经济研究进展与述评》，《上海经济研究》2011年第4期。

张泽一：《北京总部经济的特点及提质升级》，《经济体制改革》2015年第1期。

中国人民银行营业管理部课题组、姜再勇：《总部经济对中国货币政策传导渠道影响机制研究》，《金融研究》2008年第7期。

B.10
广州越秀区楼宇经济发展的现状和对策研究[*]

广州大学广州发展研究院课题组[**]

摘　要： 通过发展楼宇经济推动产业升级和城市升级是国内外许多特大城市老城区推进城市更新、扩大城市空间的重要举措之一。广州市越秀区通过借鉴国内外老城区更新改造的先进经验，把盘活公有物业资产、大力发展楼宇经济作为调结构、促转型的重要突破口，并对越秀区重点发展片区的楼宇经济发展提出了具体对策。

关键词： 楼宇经济　公有物业　越秀区

一　越秀区发展楼宇经济的现状和特点

（一）商务楼宇数量众多，创富效益高

作为广州曾经的核心城区，越秀区是广州重要的交通枢纽，已形成贯穿南北、连接东西的"一网、三横、五纵"交通格局[①]。商务楼宇数量较

---

[*] 本报告是广东省教育厅"广州学"协同创新发展中心、广州市教育局"广州学"协同创新重大项目、广东省高校人文社科重点研究基地广州大学广州发展研究院的研究成果。
[**] 课题组组长：涂成林。成员：汪文姣、黄旭、谭苑芳、周凌霄。执笔人：汪文姣，广州大学广州发展研究院所长，助理研究员，博士。
[①] "一网、三横、五纵"出自《越秀区"十二五"规划城区发展规划篇》。一网：双快交通网，轨道交通网，是新越秀远期公共交通发展最重要的支持；内外环是越秀城区交通疏导的重要通道。三横：指市路、东风路、中山路三条东西向交通大动脉。五纵：人民路、解放路、越秀路、东湖路、广州大道五条南北向交通干线。

多,并为越秀区发展创造了高效益和高财富。统计资料显示,越秀区现有重点商务楼宇①338栋,占地面积仅1.08平方公里,年税收超亿元楼宇39栋,年营收超百亿元楼宇7栋,实现营业收入3829.41亿元,占该区营收总额的42.26%,平均每栋楼营业收入约11.33亿元;纳税总额141.86亿元,占越秀区总税收的47.98%;吸纳就业人员38.36万人,占该区从业人员总数的42.74%。

(二)重点楼宇分布集中,公房比例较高

越秀区众多楼宇主要沿交通主干线分布,其中75%的楼宇(255栋)分布在东西走向的主干道周边(见表1),包括环市路、东风路、中山路以及沿江路等。相关楼宇在所有权属上,超过30%的楼宇第一大业主为国有性质的单位,其拥有超过40%的总建筑面积,其中甲级写字楼148栋,公有物业比重超过30%,但大多数公有物业由于面积狭小,难以吸引成规模的企业进驻,导致经济产出不高。而一些面积较大的公房物业,由于种种原因被拆分转租经营,业态较为低端。

表1 越秀区重点商务楼宇分布情况

分布区域	数量(栋)	占比(%)	商用面积(万平方米)
环市路沿线	76	22.49	196.80
东风路沿线	75	22.19	203.80
中山路沿线	57	16.86	168.20
沿江路沿线	47	13.91	94.56
广州大道沿线	21	6.21	45.23
其他区域	62	18.34	136.10
合 计	338	100.00	844.69

① 参照国内其他城区的定义,楼宇经济中的楼宇特指生产经营用房,其中商业及办公部分建筑面积合计在5000平方米及以上的楼宇是本研究的重点,本研究将这部分商务楼宇统称为重点商务楼宇。

（三）调控潜力大，政策机制具有前瞻性

据统计，截至 2013 年 5 月，越秀区范围内，市级行政事业单位和国有企业拥有并对外出租的非住宅类出租房源达到 1704 套。区房管局受市国土房管局委托管理的非住宅类物业共 3553 套，其中 708 套属公产，约占总量的 20%；其余 2845 套属代管产，代管产物业较为集中地分布在人民路以东、东风路以南、东濠涌高架以西、沿江路以北的区域。拟建和在建面积在 5000 平方米以上的楼宇共有 37 栋，现存烂尾楼 21 栋，超过 94% 的建筑面积为商用楼宇；烂尾地和闲置地块 32 宗，占地面积 22.8 万顷，主要分布在人民南路以东、广州大道以西、东风中路以南、沿江西路以北的片区。

表 2 越秀区非住宅类物业基本情况

非住宅类物业权属	数量(套)	占地面积(万平方米)
市级行政事业单位和国有企业	1704	236.95
市行政单位	706	23.53
市国有企业	998	213.42
区房管局	3553	38.40
公产	708	8.50
代管产	2845	29.90

2014 年，越秀区提出"楼宇经济"这一概念，创新对楼宇经济的服务工作，先后制定出台了《越秀区楼宇经济工作方案》《越秀区楼宇经济数据库日常调查制度》《越秀区促进楼宇经济发展试行办法》等多项具有前瞻性的政策，并构建了楼宇经济工作的区、街联动机制和楼宇经济协会，致力于资源整合，积极完善楼宇经济信息管理系统。

二 越秀区发展楼宇经济存在的主要问题

虽然越秀区楼宇经济发展较早，但是由于载体资源短缺与空间资源有限，越秀区大量的公有物业长期处于低效使用和闲置状态，低端业态导致部分总部

企业外迁，部分有进驻意向的企业受空间的限制而选择落户他区，核心商务区向天河区的东迁更是恶化了越秀区的发展现状。此外，市、区两级政府尚未形成完整的政策扶持体系。越秀区通过盘活公有物业推动楼宇经济的升级主要面临以下几个方面的挑战。

（一）物业管理和载体经营业态的低端化

由于物业利用低效，现有楼宇的物业管理复杂，有效载体不足，经营范围相对固定，无法形成大规模的楼宇片区，大多数物业管理面积狭小，而且配套严重滞后，无法产生较高的利用价值。业主管理方以收租为目标，物业大厦经过多次转租，经营模式"短平快"，大多以低端批发市场、零售商铺、餐饮等低端业态为主（见图1）。楼宇间功能协调互补性差，限制了楼宇群的发展和中心城区的功能定位。

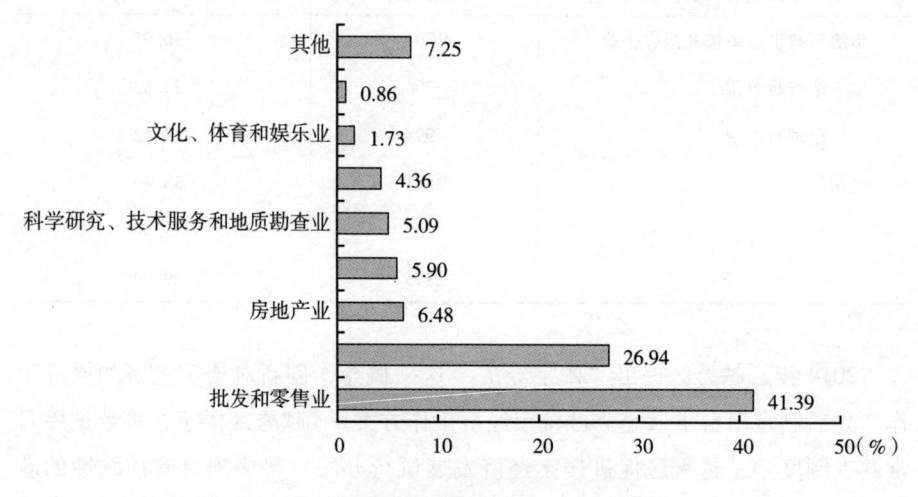

类别	比例(%)
其他	7.25
	0.86
文化、体育和娱乐业	1.73
	4.36
科学研究、技术服务和地质勘查业	5.09
	5.90
房地产业	6.48
	26.94
批发和零售业	41.39

图1　越秀区重点楼宇入驻企业的结构

（二）公有物业地域分布的碎片化

从空间分布形态看，越秀区的公有物业总体面积大，但分布呈碎片化，其中市属直管房中的住宅绝大多数处在内街、巷等偏僻位置，不利于大面积开发。根据摸查情况，区职能部门共上报闲置和低效使用物业149套，达3.05

万平方米。闲置物业的最大面积为 3554 平方米，最小面积为 14 平方米，平均面积达到 205 平方米/套，其中以小的为主，300 平方米及以下的占比 75% 以上。

（三）物业管理隶属部门的分散化

闲置公有物业是发展楼宇经济的重要载体之一，但是目前越秀区的部分闲置和低效使用的物业所有权单位高达 100 多家，隶属多个部门，管理分散。

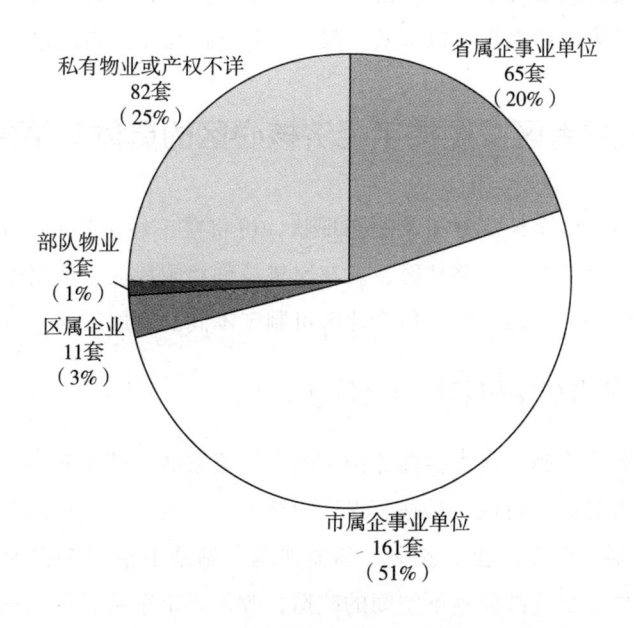

图2 越秀区公有物业产权归属

统计数据显示目前越秀区闲置和低效使用物业产权属于省属企事业单位的有 65 套、属于市属企事业单位的有 161 套（其中属于市职能局的 41 套、属市属企业的 120 套）、属于区属企业的有 11 套、登记为私有物业或产权不详的有 82 套、属部队物业的有 3 套，分别占摸查总数的 20%、51%、3%、25% 和 1%（见图2）。在辖区内，物业之间缺乏信息沟通，协调工作很难开展，基本上成了城市管理的"死角"。要综合利用这些闲置和低效的公有物业来发展楼宇经济，统一所有权和使用权是当务之急。

（四）楼宇经济规模效应的局限性

越秀区真正意义上的专业楼宇所占的比重较小，而且专业楼宇所占多为金融、商贸、电信等以国有企业为主的楼宇。环市路和东风路的天誉大厦、东宝大厦等大都为综合性楼宇，黄花岗科技园也存在楼宇发展的趋同化问题，楼宇经济发展之间存在恶性竞争，专业楼宇发展尚在萌芽阶段，同质化的发展不利于越秀区特色化楼宇的集中和规模效应的发挥。楼宇之间缺乏长期的协作机制，难以形成协同效应来放大规模经济的影响。此外，公房下放和闲置物业的下放政策和措施在短期内难以奏效，限制了越秀区楼宇经济的进一步发展。

三 越秀区发展楼宇经济核心区的具体对策建议

根据老城区楼宇经济分布及业态现状，可将楼宇经济核心区分为四大块，分别是环市东路和东风东路片区、黄花岗科技创意园片区、广州火车站周边片区以及北京路和一德路片区。每个片区可制定不同的发展策略，具体如下。

（一）环市东路和东风东路片区

环市东路作为越秀区大型商业楼宇的主要集聚区，其商务功能已经开始扩散，向建设大马路、建设三马路、先烈中路等一带发展。该片区发展主要以国家"千人计划"南方创业服务中心和地铁淘金站地下空间工程主要项目为推手，通过地铁、公交线路地下空间的改造，改善环市东路、东风东路的地面交通，同时完善停车服务设施，提升地面楼宇经济的附加值，为环市东路提供更加完善的商业、交通、空间载体配套。

——明晰定位，提升国际办公和专业服务功能。区分环市东路、东风东路和天河区 CBD 的定位，运用该片区特有的涉外功能，协助领事馆开展国际办公，以高端化、专业化楼宇经济发展为契机，争取引进国际知名的猎头公司、智囊公司，强化国际办公和高档零售功能。打造淘金路金融服务街，以地区房地产开发、健康医疗产业、文化产业和现代服务业作为辖区经济发展的主要方向。加速人才集聚和创新企业孵化，提升科技创新实力，努力将环市东路、东风东路打造成为高端专业服务机构的商务楼宇集聚地。

——重启淘金路地下空间工程和花园城市广场建设。拓展空间，加强交通管理，推进淘金路地下空间工程的建设，通过综合利用地下空间开发、地面连廊建设等手段，将白云宾馆世贸中心、友谊商店、好世界、花园酒店、合银广场等高端写字楼和酒店连为一体，带动解决周边地面交通、地下交通及写字楼之间的楼际交通等问题，建设便捷的人行系统，实现整个环市东商务区楼宇的互连互通。将花园城市广场的建设重新纳入规划，以此为契机集中建设一批特色鲜明的高档次写字楼，采取成片重建改造、零散改造相结合模式，强化商务办公、金融保险、高档商业、星级酒店、国际办公等功能，以友谊商业大厦为主体，联合周边楼宇打造环市东国际精品购物圈，完善配套设施。

——加大闲置土地和物业的二次开发。通过集约利用闲置地块和低效物业，减少住宅用地、开展"三旧改造"等，增加优质总部经济载体及商业配套设施供给，培育现代服务业的新型空间载体，强化现代服务功能，集聚更多优质的知识密集型企业在此发展，发挥产业集群效应。依托现已建设或正在建设中的高、中档写字楼，拓展空间资源，使环市东智力总部区与珠江新城在产业空间上形成更紧密的连接。

（二）黄花岗科技创意园片区

黄花岗楼宇经济发展依托汇华商贸大厦园区、中科院广州分院、中侨大厦、东山广场，在动漫发行、网络音乐和游戏创作、软件开发与服务、工业设计、咨询策划，以通信网络平台（包括互联网、移动网、广电网）为依托的通信服务等方面奠定了良好的基础。未来该片区将以扩大区域面积，进一步引进高新技术产业为目的，聚集一批国内外知名创意品牌、知名创意企业（区域）总部，将文化创意龙头企业引进创意大道，对诸如"喜羊羊"这样本地发展起来的"土著"品牌制定好应对收购与反收购的保护措施等，建立一个功能定位合理、具有明显特色的创意产业园区。具体措施如下。

——推动专业化楼宇的发展，降低同质楼宇比例。打造精品特色楼宇群，明确各楼宇的功能定位。坚持"精品示范、高端引领"，高起点设计、高标准建设一批有品位、上档次的楼宇群，为楼宇经济的发展筑好"巢"。深化"企业化+电子商务"模式，大力发展电子商务，发挥创意与网络经济的功能，引进龙头科技企业、创意设计企业。培育一批龙头骨干企业，按照企业龙头带动产业发展的思路，充分发挥辖区内漫友、奥飞等骨干企业对整个产业的支撑和带动作用，逐步形成一批上规模的、原创能力强的、具有核心技术竞争优势和品牌影响力的文化创意企业群体，占据文化创意产业链高端，使文化创意产业真正能够成为黄花岗创意及网络经济区的支柱产业。以成功引进全省唯一的第三方药品电子交易商务平台——广东省药品交易中心为契机，重点支持健康产业的平台建设、产业集群、技术创新、人才会集、市场开拓、环境优化、社会办医七大领域的发展。打造"科学研究、技术开发、中试孵化、市场销售、优质服务"的健康产业链，支持培育药品加工、医疗器械、流通销售、数字化医疗、健康养生和医院后期服务业，实现研发、销售和服务三者结合，着力提升产业成果转化能力，提高健康产业企业的经济效益，打造国际性的健康产业园区，建成中国南方国际"健康之都"。

——加大周边环境改造力度，进一步扩充科技园区。同时通过"三旧改造"，加大投资，扩大楼宇置换改造的积极性和主动权。整治清理周边低端专业市场，提升片区楼宇经济业态，推动国家级高新区黄花岗科技园扩容提质。通过主题注入、整体包装、联合招商的方式，引导行业领先、业态相近的创新型企业向同一园区集聚，着力打造具有国际竞争力的创新型特色产业集群。探索推行土地资本、金融资本、产业资本相融合的"三资融合"建设模式，加快盘活区内烂尾楼和闲置地块，并将其优先用于发展科技产业园。着重盘活资源，拓展创意产业发展空间；构筑品牌，发挥重点项目示范带动效应；突出重点，促进创新创意能力更大幅度的提升；加强规划引导，增强创意产业发展后劲。

利用黄花岗科技园区的技术力量，加快该地区网络经济和创新型业态的发展。一方面，适度控制该地区专业市场发展规模，加大对落后业态的淘汰力度；另一方面，关闭达不到要求且不具备升级改造条件的专业市场。可考虑引入大学生创业基地，探索为产业发展提供创新动力及实现区域人才资源的集聚。

——推进知识产权保护和技术标准建设，支持投融资服务平台建设。鼓励企业自主创新，对企业在创业、创新活动中获得的贷款所缴纳的利息，给予一定的补贴，并积极推动科技与金融融合，促进黄花岗科技园区创新发展。以增强原创能力为核心，以创意产业园区建设为重点，推动创意产业成为更具规模的经济增长点。促进科技与金融、文化产业融合发展。依托广州民间金融街建设广州科技金融大厦，推动市区联动设立科技金融投资基金，引导发展天使投资、创业投资、产业投资，带动社会资本投向创新型产业。

（三）广州火车站周边片区

通过借鉴上海虹桥机场中心商务区的建设经验，改造广州火车站周边环境，打造现代物流中心。以"交通枢纽+旧城改造"的模式推动火车站周边商务楼宇的建设。

——统筹火车站广场改造，构建高端商务楼宇。在火车站改造的基础上，利用环市西路、梓元岗路以及高架候车室落客平台形成进出车站的环形交通走廊，以提高车辆的通行能力。重点推进火车站广场建设，增加公共空间，发展展贸式高端商务楼宇。具体而言，以广州火车站整改为依托，在满足车站客运基本功能的基础上，开发上盖和周边物业。落地物业主要布置在车站南、北侧毗邻上盖的广场上，物业形态以高层写字楼为主。

——加强交通接驳，打造枢纽中心。整合周边核心区域，向东扩展至草暖公园，向西至邮政局，向南至环市路的边界，向北跨越梓元岗路，加强交通道路的接驳，将铁路站场、车站综合体、站前广场等纳入整体规划。以"双港双快"（空港、海港、快速轨道交通、高快速路）为龙头，将广清、广肇等城际轨道接入火车站，规划城际广场，将通道建设与枢纽建设并重，整体推进综合交通枢纽体系建设。

——完善配套设施，协调业态搭配。依托专业市场转型升级"2+5"系列政策措施，升级改造白马、红棉等多个专业市场，大力发展全市首个专业市场电子商务孵化基地。在周边众多成熟的服装、鞋帽、钟表等生活消费品专业市场群基础上，改造"流花展贸中心"，在流花—矿泉地区重点引进服装产业的设计总部、营销总部的基地，打造服装设计创意园。以流花展馆为核心，依托流花时尚品牌运营区战略性发展平台和广东风尚国际服装采购中心，以旧广交会流花展馆周边楼宇为核心，重点发展国际采购、高端展贸，培育特色商贸行业总部，将该片区商务楼宇发展成为国内外时尚品牌的展示、贸易、营销、电子商务、营运管理中心。

（四）北京路和一德路片区

作为广州市历史最悠久的商业片区，北京路和一德路商圈集聚了大批专业批发市场，主要涵盖干果海味、玩具精品、进口食品等产品批发市场，该片区仓储和物流需求较大，导致交通拥堵，安全隐患较大。对于北京路和一德路商圈的整治应主要从物业管理、业态提升和招商引资等几个方面入手。

——统一物业管理。理清北京路、一德路楼宇发展的所有权属，盘活不同所有制、不同权属、不同级别的现有资源。

整合公有物业资源，由市政府出面协调物业所有权属，并实施统一管理，加大对低效和闲置存量建设用地的"二次开发"力度，加快对低效土地、物业资源的混合使用。

着重对老旧住宅进行改造，通过"住改商"方式推动居住用地发展商业、办公、娱乐等功能，并推动北京路传统商业中心向昌兴街、高第街等历史街区纵向延伸，带动区域整体经济复兴。

有效运用市下放的旧城成片改造政策，创新利用区内的省市公有物业与区合作共建机制，支持旧载体升级和新载体开发，解决单幢楼宇综合配套不足问题。

——以交通改造为契机，大力发展地下空间，推动路面楼宇经济的升值。形成地下商业空间、地铁和地下停车场三位一体的立体化空间复合型开发利用格局。同时向高空争取空间，在一些街块较小、建筑密集的区域有条件地加强对空中连廊空间的开发利用。

——重点提升该片区的产业形态。引入高端商业项目和投资，将低端的批发市场进行整合，将北京路、一德路一带建设成为凸显广府文化特色和欧陆风貌特点的商务休闲区。

（1）依托长堤金融街的发展，推动申报全国民间金融品牌示范区。打造金融街腹地经济，引导长堤大马路的金融功能向北部扩展，以果菜西社区改造为契机，置换一德路批发市场裙楼空间，形成"一轴五区"的发展格局。

（2）通过加快电子商务建设，引导和发展电子商务，构建电商发展平台，同时引导传统专业市场转型升级，转变传统交易模式，推动北京路专业市场向展贸型现代化市场转型升级。依托大型百货企业和流花、海印、一德路等专业市场集群，促进衣联网、一德批发网等电商平台与专业市场的深入合作，支持爱购网、壹药网、一九在线等知名电商企业扩大市场规模、提升行业竞争力，推动移动电商、跨境电商加快发展。

（3）结合北京路、一德路现有的楼宇结构，采用空间腾挪模式置换原有厂房、仓库等空间，并开发建设一德路地铁站东南侧的历史文化街区建控地带，引入高档西餐厅、咖啡厅、啤酒吧、连锁餐饮等相关配套，形成以商业、休闲、旅游、餐饮等功能为主的综合服务区。

（4）通过引入大的房地产项目，促使北京路、一德路片区成为高规模、高质量的商贸城聚集中心，改善整体商业经营环境，提升周边楼宇利用价值，盘活现有的低效物业。

（5）充分挖掘文化底蕴，以"广府文化源地"为主题整合北京路的传统商业模式，根据北京路楼宇经济发展的特色引导专业市场向品牌化、精品化发展，重点发展项目为北京路文化核心区建设。北京路目前是越秀区在建商务楼宇最为集中的区域，包括吉祥大厦、濠景坊、名城广场、东方文德广场等，这些楼宇将陆续投入使用，应为片区发展提供充裕的优质载体。应大力盘活北京路南段闲置地块、烂尾楼，提升北京路广府文化商贸旅游区的承载力。

四 广州市支持越秀区楼宇经济发展的政策保障

发展楼宇经济是破除广州市城市可利用空间不足难题的重要手段。越秀区将发展楼宇经济作为新一轮经济工作重点，进一步加大旧城改造和闲置物业整合力度。但是，由于缺乏顶层设计和指导，以及政策上的约束，越秀区的楼宇经济的规模化发展受限，在手段上需要广州市的支持和协调。因此，应将楼宇经济发展上升到市级层面，积极获取广州市政府的政策、资金和信息支持，并将越秀区楼宇经济发展纳入广州市发展的整体规划，这样既有利于盘活越秀区闲置楼宇，拓展空间资源，也能够加快广州市的城市和经济的双重升级。

（一）成立楼宇经济办公室

借鉴天津市发展经验，成立专门的统筹机构——楼宇经济办公室，打破由经济部门主导的现状，明确各部门职责，在区经济协作办（区投资促进服务中心）加挂"楼宇经济办公室"牌子，由越秀区统一规划管理。楼宇经济办公室负责全区楼宇经济发展决策、组织、指导和统筹协调工作，如研究拟定楼宇经济发展规划、制定实施年度计划等。

（二）建立联席会议制度

创新工作推进机制，由市政府主要领导牵头，建立三级楼宇经济工作联席会议制度，定期召开工作例会，专题研究加快楼宇经济发展新思路、新方法，指导重点商务楼宇的招商引资、优惠政策制定、重大项目协调服务、发展特色楼宇产业等工作，并将人力、资金、资源和政策相对集中地投放到重点发展片区。将楼宇经济发展列入绩效考核指标体系，其中涵盖引进企业数量和质量、特色楼宇建设和楼宇经济指标等，并考察楼宇企业入住率和楼宇对所在片区发展的贡献率。

（三）明确属地政府为物业管理和使用主体

积极推进房屋管理权限的下放，实现公有物业的扁平化管理，完善"越秀区房屋管理局"的工作权限，建立灵活高效的组织体制。将市直管公房租赁证发放和承租人变更审批、直管公房使用权有偿转让转租审批等非行政许可事项审批权限下放至越秀区国土房管部门。建立楼宇经济发展服务系统，及时更新数据，保证信息准确全面。开展有针对性的调研和分析，定期编制市、区县楼宇经济市场主体发展报告，加强与市、区县楼宇经济发展主管部门的沟通、联系，实现信息共享。

——将越秀区范围内原由市属行政机关单位和事业单位管理、使用的闲置物业下放给越秀区，用于社区建设和公共配套设施建设。这些闲置物业包括：产权性质为商业、办公或住宅，现做仓库使用的物业；超标使用的办公用房；其他低效和闲置的商业、办公用房。

——市属企业的物业凡用于专业市场、仓储，或闲置，或现合同约定的租金明显低于市场平均水平的（公益事业经营网点除外），在保证市属企业利益的前提下，实行所有权和经营管理权分离，将物业的经营管理权委托给越秀区。

——结合广州市教育城开发，在区内原市属职业教育院校外迁后，将原用房交越秀区用于教育和公共配套建设。

——进一步探索下放非住宅类公租房权限，市行政事业单位的公房可直接划拨到区，给予市行政事业单位适当收益补偿；市属国企的公房产权或经营权可允许区房管及国资部门以优惠价格购买，实现资源的整合。

（四）建立市区联动机制，推动市级政策"聚焦"

将越秀区楼宇经济发展上升到广州市乃至广东省的战略高度，将越秀区楼宇经济重点工程项目列入市、区中长期发展战略和工作计划之中。争取将楼宇经济的重点工程项目纳入《广州市战略性主导产业发展资金管理暂行办法》列出的集聚区发展专项、总部经济奖励专项等扶持项目。将越秀区确定为全市"楼宇经济示范区"，充分用足用好放宽市场主体准入、放宽经营范围、拓展企业投融资渠道、支持科技型中小企业发展、支持新兴行业发展、支持经济功能区等一系列支持政策和措施，确保政策落实到位。凡是国家、广东省和广州市已颁布实施的支持现代服务业、民营经济、科技研发企业和中小企业发展的扶持政策，均适用于越秀区符合相关条件的楼宇经济项目。

（五）简化企业入驻办事流程

完善服务企业的各项制度，简化手续、提高效率、降低费用，使政府办事程序更加人性化、责任更加清晰化、服务更加优质化。努力为企业入驻提供高效、便捷、全面的服务，为重点企业开辟"绿色通道"，急事急办，不断提高楼宇入驻企业的满意度。简化楼宇企业报建的办事程序，设立专门的为重点楼宇业主、物管公司、入驻企业服务的窗口。

（六）设立旧城改造升级专项基金

推动市层面设立旧城改造升级专项基金，在越秀区商务楼宇改造、升级等方面给予一定的专项资金的支持。以越秀区各楼宇企业当年实现区级税收为基数，提取5%~10%设立越秀区楼宇经济发展专项资金。按照"鼓励新增、规模集聚、专业特色、效益优先"的原则，通过申报审核、绩效考核，采取无偿奖补方式给予扶持。对入驻企业和中介人也要分情况给予相应的奖励。若企业同时符合省、市其他同类奖励扶持政策，按企业受益最多的政策给予扶持，不重复奖励。

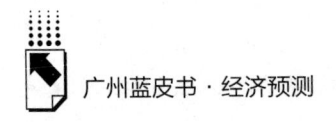

（七）营造楼宇招商良好环境

围绕越秀区楼宇经济的发展，市有关部门要主动跟进服务，协调解决涉及行政审批、招商引资、金融服务、工商注册、楼宇改造、设施配套及其他有关方面的困难和问题。强化舆论引导，加大宣传力度，不断提升楼宇的知名度和影响力。利用报纸、电视、网络等媒体，宣传越秀区的商务楼宇。运用市场化运作手段，通过举办经济专家论坛、楼宇经济发展研讨会，参与国内外楼宇招商推介会，聘请咨询专业机构制订招商推广方案等途径，对越秀区的重点楼宇进行专题报道。联合各楼宇开发商，策划推出商务板块概念，整合优势资源，形成楼宇宣传和运作的规模效应。面向全国、全市加强宣传，不断拓展推介的广度和深度。

（八）促进新增和存量楼宇资源并重发展

要结合旧城改造，一方面，抓好新增楼宇建设工作，做足楼宇资源的增量，对在建楼宇项目要突出重点，快建优用，统筹推进项目建设，力争项目早建成、早投入、早见效；另一方面，抓好存量楼宇资源盘活利用工作，鼓励现有楼宇提档升级。要以"三改一拆"为契机，大力推进现有楼宇、老旧楼宇、旧厂房、专业市场的改造提升工作，进一步扩大楼宇资源空间。要扎实推进环市东、火车站周边和黄花岗科技园等地块的改造项目，积极培育楼宇增量空间，为楼宇经济打造新增长极。

（九）加大楼宇经济发展的财政投入

市政府应划拨财政专项资金，用于打造新型楼宇聚集群、相邻楼宇小连片区升级改造和星级楼宇评选。对入驻商务楼宇的企业，根据其税收贡献，通过"以奖代补""一企一策"等方式给予有力的财税扶持，以吸引更多相关企业集聚。设置相关前置条件，按照开发面积或投入情况给予重奖重补，吸引有实力的开发企业，开发建设高档商务楼宇。对创收较高的企业给予重点扶持。

加大对入驻企业和自主经营自建楼宇开发企业的扶持奖励力度，对成功打造亿元楼的商务楼宇业主、授权经营单位、物管公司、招商中介机构等单位给予重点奖励。经认定的重点商务楼宇，楼宇内入驻企业属于同行业或相关行业的比例达到50%以上（按实际使用面积计算）的，认定为专业特色楼宇，一次性再给予楼宇业主（或经营管理单位）20万元的奖励。

（十）出台相应的税收优惠政策

规范楼宇入驻企业税收属地征管制度，理顺税源结构，打破市属、区属企业界限，实行属地统一征收、统一监管，分税种或按比例分成的财政管理体制和分级入库的属地征收办法。凡新引入的国外、外省和台湾、香港、澳门的企业结算中心、研发中心、营销中心以及动漫创意等高端业态企业和机构，对于所缴纳的营业税和企业所得税，市、区两级财政出台相应的优惠政策予以奖励，也可考虑延长引入高端企业的税收优惠政策期限。如规定对于广州市认定的市外优质楼宇入驻企业，分别在5年内，实行返税政策等。

（审稿　涂成林）

B.11
海珠区产业转型升级的路径研究

符祥东[*]

摘 要： 本文结合第二、第三次全国经济普查数据对2008年以来海珠区产业转型升级情况进行分析，并研究了海珠区产业转型升级的路径。

关键词： 海珠区 转型升级 路径研究

一 海珠区经济发展和产业转型升级情况

（一）经济综合实力显著增强

1. GDP翻番

2008年第二次全国经济普查时全区GDP仅550.79亿元，自2010年以来，海珠区每年GDP增量达100亿元以上，2012年GDP突破千亿元大关（1000.65亿元），2014年全区GDP达1281.09亿元（见图1），是2008年的2.3倍，按可比价格计算年均增长11.6%，比广州市平均水平（11.1%）快0.5个百分点。

2. 财税倍增

在经济总量迅速扩大的同时，海珠区财税实力也显著增强。2008年全区税收总额为81.55亿元，2014年全区税收总额达181.56亿元，是2008年的2.2倍，按可比价格计算，年均增长13.4%。2008年全区一

---

[*] 符祥东，广州市海珠区发展和改革局经济师、统计师。

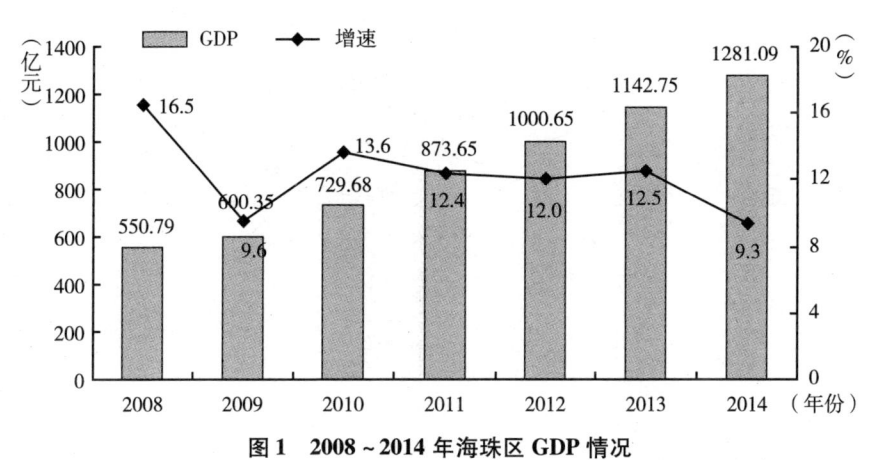

图1 2008～2014年海珠区GDP情况

般公共预算收入为24.44亿元，2014年全区一般公共预算收入达50.50亿元（见图2），是2008年的2.1倍，年均增长11.1%。

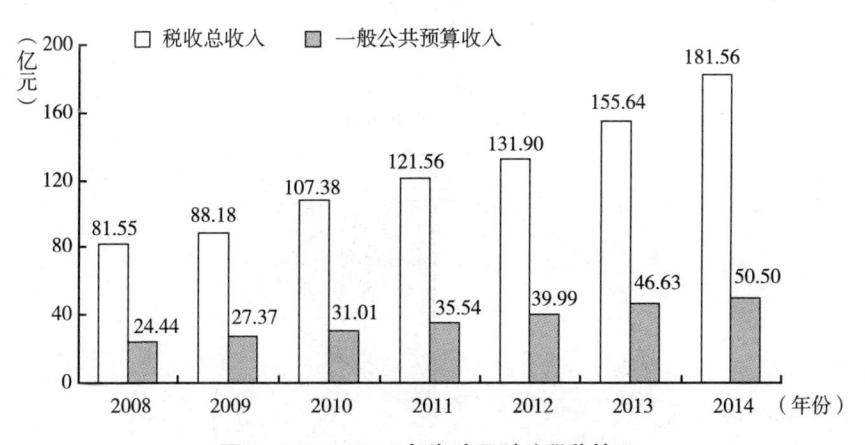

图2 2008～2014年海珠区财政税收情况

（二）产业结构优化升级

1. 三次产业结构优化

三次产业结构从2008年的0.5∶20.5∶79.0，调整为2014年的0.2∶15.1∶84.7（见图3），第三产业比重提升5.7个百分点，占比高于广州市平均水平（65.2%）19.5个百分点。几年间，第一产业增加值年均下降4.3%，第二产业年均增长7.4%，第三产业年均增长12.6%。

2008年三次产业结构
- 第一产业 0.5%
- 第二产业 20.5%
- 第三产业 79.0%

调整为↓

2014年三次产业结构
- 第一产业 0.2%
- 第二产业 15.1%
- 第三产业 84.7%

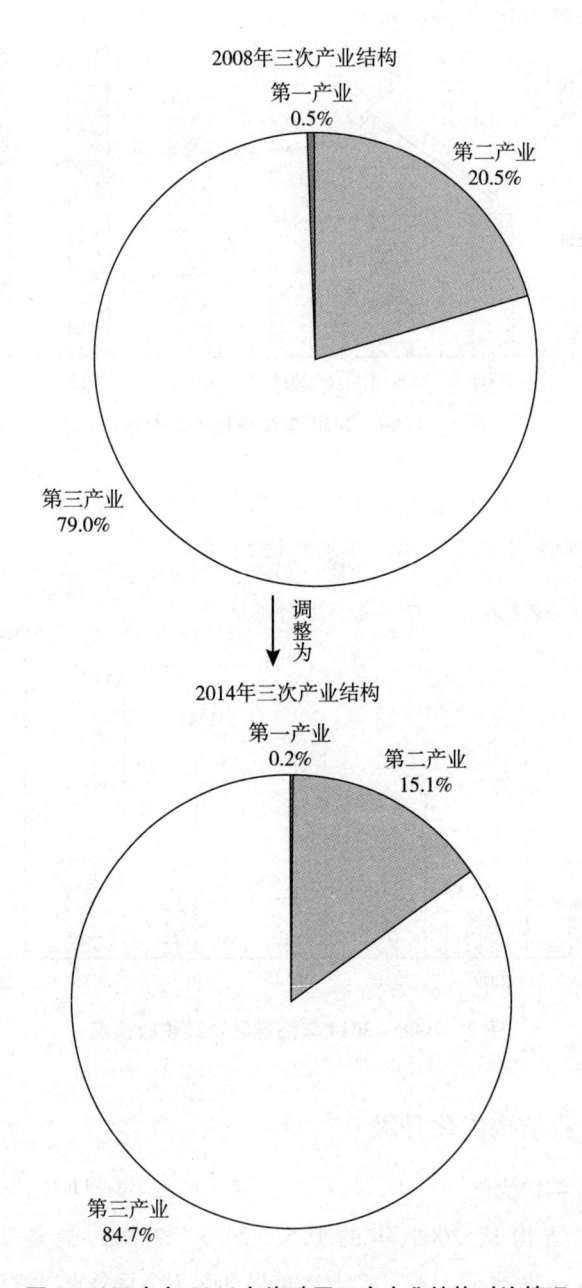

图3 2008年与2014年海珠区三次产业结构对比情况

2. 工业优化升级

在"退二"推进的同时，海珠区积极挖掘工业发展潜力，引导工业向高新技术方向发展，克服了工业企业外迁的不利影响，保持了工业生产总体的稳定增长。高新技术产品产值占规模以上工业产值比重从2008年的20.4%提升至2014年的39.9%，工业R&D投入从2008年的3.58亿元增加到2014年的5.05亿元。陈李济、天心、奇星、明兴、光华、星群、中车、人民印刷厂8家企业被认定为广州市制造业转型升级示范企业。

3. 商业高端化渐见成效

全区批发零售业商品销售额从2008年的939.32亿元增长到2014年的4518.86亿元，年均增长33.2%。批发零售业占全区GDP的比重从2008年的13.7%提升到2014年的18.8%。广百新一城、乐峰广场、海珠新都荟、富力天域中心、合生广场、香格里拉大酒店、威斯汀酒店、南丰朗豪酒店等商贸综合体和高级酒店顺利建成。专业市场转型升级初见成效，珠江国际纺织城、广州联合交易园等一批现代展贸型商厦建成开业。专业市场电子商务发展取得新突破，珠江国际纺织城与广贸天下网共同启动跨境电子商务项目，银岭轻纺广场等专业市场与震海批发网合作开拓电商业务。

4. 服务业内部结构优化

一是传统服务业占比下降，其中交通业占全区GDP比重从2008年的16.9%下降到2014年的9.2%，居民服务业从2.1%下降到0.7%，房地产开发从11.6%下降到8.5%。二是现代高端服务业占比提升，其中信息技术服务业占GDP比重从2008年的1.5%提高到2014年的1.9%，商务服务业从9.4%提升到12.6%，科研技术服务业从3.2%提升到5.7%。

（三）新兴产业逐步崛起

会展业企业户数从2008年的123家发展到2014年的381家，其中年营业收入1000万元以上企业户数从12家发展到27家。琶洲地区举办展会数量、面积由2008年的58场、391.6万平方米增加到2014年的224场、843万平方米。10万平方米以上的大型展会从8场增加到16场。广交会、广州国际照明展规模居全球行业第一位。

信息技术服务业企业户数从2008年的478家发展到2014年的966家；商务

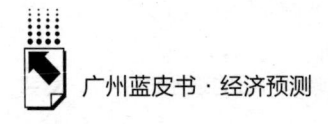

服务业企业户数从2216家发展到4341家；科研技术服务业企业户数从826家发展到2718家；文体娱乐服务业企业户数从267家发展到568家（见表1）。

表1　海珠区新兴产业发展情况

单位：家，万元

行　业	2008年企业户数	2014年企业户数	其中年营业收入1000万元以上企业			
			2008年户数	2014年户数	2008年营业收入	2014年营业收入
1. 信息技术服务业	478	966	22	48	119617	204506
2. 商务服务业	2216	4341	116	250	917167	1733368
会展业	123	381	12	27	314774	573791
3. 科研技术服务业	826	2718	39	132	183021	831053
4. 文体娱乐服务业	267	568	8	17	30729	53311

注：会展业为商务服务业内部中类行业。

（四）企业发展壮大

1. 企业户数增多，户均营业收入提高

全区法人企业从2008年的17052家发展到2013年的23189家，增长36.0%；总营业收入从2008年的1739.59亿元发展到3847.16亿元，增长1.2倍；户均年营业收入从2008年的1020万元提高到2014年的1659万元，增长62.6%。

2. 大型企业不断进驻

近年来，中船重工物资贸易集团广州有限公司、中海油广东销售有限公司、广东韶钢国贸贸易有限公司、广州市地下铁道总公司、广州市虎头电池集团有限公司、广州工程总承包集团有限公司等大企业相继进驻海珠区。

3. 企业做大做强

从营业收入看：全区年营业收入1亿元以上企业从2008年的218家发展到2014年的348家；10亿元以上企业从19家发展到50家；50亿元以上的企业从1家发展到8家；百亿元以上企业从无发展到4家。

从税收收入看：全区年税收100万元以上企业从2008年的299家发展到2014年的1156家；1000万元以上企业从23家发展到217家；1亿元以上企业从无发展到20家。

（五）创新驱动取得突破

全区高新技术企业从 2008 年的 54 家发展到 2014 年的 78 家。海珠三大创新区域——琶洲互联网创新集聚区、新港路科技带、南中轴电商大道发展格局已现雏形。琶洲互联网创新集聚区将打造成为立足珠三角、面向全世界、年营业收入突破 1000 亿元的高端总部集聚区，将为海珠区创新发展带来历史性机遇。新港路科技带集聚了中山大学、中国科学院南海海洋研究所、中国电子科技集团第七研究所等多家高校院所。南中轴电商大道由广一国际电子商务产业园、龙腾 18 电子商务产业园、洋湾 1601 电子商务产业园、南华西电子商务产业园等组成。海珠区初步形成了电子信息、生物医药、勘察勘测、检测与认证等产业集群。

（六）重点项目助推产业转型升级

近年来，海珠区区委、区政府把重点项目作为引领产业转型升级、增强发展后劲的重要抓手，通过项目优化产业结构、拓展城市功能、保障改善民生。2009~2014 年全区累计完成固定资产投资 2177.45 亿元，是上一个六年的 2.2 倍。六年来，保利世贸中心、保利叁悦广场、万胜广场、中洲交易中心、南丰汇、琶洲国际采购中心、广州国际媒体港、广州塔、联合交易园、达镖国际中心、富力海珠广场、中交南方总部基地、广百新一城、乐峰广场、海珠新都荟、香格里拉大酒店、威斯汀酒店、南丰朗豪酒店等一大批项目建成，成为海珠区经济增长和产业转型升级的重要载体。

二 海珠经济转型升级存在的主要问题

（一）经济基础仍然较为薄弱

1. 经济总量依然不大

2014 年海珠区 GDP 1281.09 亿元，仅占广州市的 7.7%，在 12 个区中排第六位，仅为天河的 41.2%、越秀区的 52.0%。2014 年海珠区人均 GDP 80491 元，仅为广州市平均水平的 62.7%。

2. 财税总量偏小

2014年海珠区税收总收入181.56亿元，仅占广州市的4.3%，在12个区中排第九位，仅为天河区的31.9%、越秀区的59.0%。2014年海珠区一般公共预算收入50.50亿元，仅占广州市的4.1%，在12个区中排第八位（见表2）。同时财政收入结构不合理，2014年非税收入占比高达36.7%，比全市平均水平（19.9%）高16.8个百分点，是12个区中占比最大的。

表2 2014年广州市及各区主要指标对比

地区	GDP(亿元) 实绩	排名	人均GDP(元) 实绩	排名	税收收入(亿元) 实绩	排名	一般公共预算收入(亿元) 实绩	排名
广州市	16706.87	—	128464	—	4190.02	—	1241.53	—
海珠区	1281.09	6	80491	10	181.56	9	50.50	8
荔湾区	941.97	9	105803	6	226.96	5	39.25	10
越秀区	2464.45	2	215480	2	307.64	4	48.12	9
天河区	3109.71	1	207980	3	568.80	1	59.34	6
白云区	1434.05	5	62972	11	159.30	10	54.75	7
黄埔区	755.96	11	160250	5	199.06	8	17.82	12
番禺区	1483.64	4	101755	8	226.62	6	79.25	2
花都区	1009.48	8	103419	7	224.76	7	69.25	3
南沙区	1025.59	7	161275	4	336.69	3	62.88	5
萝岗区	1990.22	3	498289	1	458.56	2	120.81	1
增城区	886.90	10	83611	9	146.10	11	65.54	4
从化区	323.82	12	52642	12	43.87	12	31.14	11

（二）产业高端化不足、层次不高

虽然海珠区产业结构中第三产业（服务业）占比接近85%，但产业发展不均衡，层次不高，存在中小企业多、大规模企业少，低端产业多、高端产业少的结构性问题。

（1）从企业规模看，经济普查资料显示：2013年末海珠区共有法人企业23189户，数量居全市第四位，但企业户均年营业收入仅1659万元，居全市第十一位，仅为广州市平均水平的49.4%，仅为天河区的28.8%（见表3）。

表3　2013年广州市及各区企业法人单位对比

地 区	企业户数(家) 实绩	排名	总营业收入(亿元) 实绩	排名	户均营业收入(万元) 实绩	排名
广州市	178373	—	59893.61	—	3358	—
海珠区	23189	4	3847.16	5	1659	11
荔湾区	11679	7	3042.71	8	2605	8
越秀区	26475	2	7623.07	2	2879	7
天河区	30818	1	17774.04	1	5767	3
白云区	26379	3	3776.62	6	1432	12
黄埔区	5511	10	3059.36	7	5551	4
番禺区	21077	5	4202.19	4	1994	10
花都区	12628	6	3030.50	9	2400	9
南沙区	4456	11	2880.24	10	6464	2
萝岗区	6879	8	7317.97	3	10638	1
增城区	6629	9	2382.70	11	3594	6
从化区	2653	12	957.04	12	3607	5

注：本表数据为2013年第三次全国经济普查数据。

（2）从产业内部结构看，工业中，大多数企业仍处于劳动密集的加工组装等低端环节，产品附加值较低，先进制造业所占比例小，没有形成核心竞争优势。第三产业中，传统交通业、批发零售业、住宿餐饮业以及房地产等行业所占比重较大，分别占GDP的9.2%、18.8%、4.3%以及16.1%，合计占比高达48.4%。而具有高附加值、高技术、高知识含量及较强辐射力的行业少，金融、会展、信息技术、科研技术服务业等高端服务业占比小，仅分别占GDP的1.6%、3.6%、1.1%、7.4%，合计仅占13.7%，难以拉动全区经济快速增长。

（三）创新能力有待增强

1. 核心竞争力不强

海珠区缺乏大型自主创新企业，多数企业尚未形成自己的核心竞争优势，行业领军企业、龙头企业少，高端集聚效应和产业带动效应不足。区内虽有30多所高校和科研院所，但高校和科研机构与区内企业"产学研"合作频率低、规模不大，科技成果在海珠区的转化率低，创新成果尚未对海珠区经济产生明显的拉动作用。

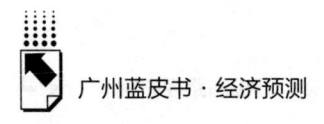

2. 高端人才匮乏

2010年全国第六次人口普查数据显示，海珠区15岁以上常住人口为140.10万人，但本科以上学历人口仅19.26万人，仅占13.7%，人才队伍面临总量不足、高端人才缺乏的困境。另外，人才优惠政策缺乏创新，对"引才"和"用才"的关注还不够，人才的补贴和管理政策还不够完善。

三 海珠产业转型升级的路径选择

（一）大力发展高端和新兴产业

一是信息技术服务业。2014年信息技术服务业占海珠区GDP的1.1%，虽然目前所占比重小，但该行业不仅自身能够带动经济增长，而且对现有产业具有"技术外溢"的效应。广州互联网创新聚集区落户海珠区，腾讯、阿里巴巴、唯品会、YY等互联网巨头进驻海珠区，将对软件信息产业的发展带来前所未有的机遇，要着力推动信息技术与各行业深度融合，促进虚拟与现实互动、线上线下整合、技术与产业跨界融合，通过对产业链的横向和纵向整合，产生新模式和新业态，形成新优势，抢占新一轮经济发展制高点。

二是会展业。2014年会展业占海珠区GDP的3.6%。海珠区的会展资源在广州、广东乃至全国都是独一无二的，但目前海珠区会展业对经济的贡献主要来自展馆的租金收入，对相关行业拉动作用还不明显。一方面，会展业发展不能"只展不商"，要使会展与商贸及服务业进行融合，对其综合效益进行挖掘，才能发挥会展经济"一业带百业"的效应。受国外市场不景气及"互联网＋"冲击影响，2012～2014年海珠区会展业营业收入年均仅增长3.4%，会展经济出现停滞的苗头，应引起高度重视。在大力发展展览业的同时，要积极培育发展会议业，发展节事活动，将外贸展与内贸展有机结合。另一方面，参加展会特别是广交会的企业大多数是国内外有实力的企业，要借助这个优势，向客商大力推介海珠，通过会展达到招商引资的目的，吸引大企业来广州谋商机，在海珠落地发展，从而带动全区经济大发展，这是会展经济应起到的另一个重要作用。

三是金融业。2014年金融业占海珠区GDP的1.6%，虽然所占比重小，但金融业是经济运行的"流动血液"，是整个国民经济的"神经中枢"，对解决企业融资问题，促进产业发展至关重要。目前银行、保险、证券等传统金融企业的总部聚集在天河、越秀等城区，海珠区金融业发展应实施"错位竞争"战略，要借助广州互联网创新聚集区的优势，依托广州互联网金融产业基地，重点发展互联网金融，继续培育小额贷款公司、股权投资基金、担保公司等类金融机构的发展，着力为区内企业提供融资支持，促进产业发展。

四是科研技术服务业。2014年科研技术服务业占海珠区GDP的7.4%，虽然目前占经济的比重不大，但科研技术服务业技术含量和附加值高，创新性强，辐射带动作用大。一般认为，科研技术服务每创造1个单位的收益，就能为服务对象带来5个单位以上的收益增加。发展科研技术服务业，能够推动科技成果商品化和产业化，促进新兴产业茁壮成长。要发挥海珠区高校和科研院所集中、科教资源丰厚的优势，实现科技创新服务于经济发展、科技创新引领产业升级。

五是商务服务业。2014年商务服务业占海珠区GDP的12.9%。商务服务业直接为经济活动中的各种活动提供服务，有着很大的"乘数效应"，能够有力推动相关产业的发展，具有强劲的辐射和带动作用。针对海珠实际，今后重点要以优化商务环境为目标，以专业化、规模化为方向，加快形成企业管理服务、法律服务、咨询服务、广告服务、会计审计服务、中介服务等门类齐全的商务服务体系，更好地服务全区经济社会发展。

六是文化创意产业。2014年文化创意产业占海珠区GDP的0.6%。目前规模虽不大，但该产业被誉为21世纪的"黄金产业"。发展文化创意产业能将海珠区的人文资源和文化优势转化为新的经济增长优势，使海珠的软实力、创造力得到提升，符合建设"文化名区"的要求。海珠是岭南画派发祥地，具有悠久的历史和深厚的文化底蕴，拥有显著的高校人才优势，拥有"一园四馆"、广州国际媒体港、广州美术学院、珠影文化创意产业园等得天独厚的资源，应抓住机遇，开拓发展文化艺术、广电媒体、影视传媒、广告创意、纺织创意等特色创意产业，努力推进"创意产业化、产业创意化"，强化城区创新功能，引领海珠区产业转型升级向更高层次发展。

七是旅游休闲业。未来经济的发展是经济、文化、生态的融合发展。2014年旅游休闲业虽仅占海珠区GDP的0.3%，但该产业能提升城区的知名度和开放度，提升城区功能的国际化、城市设施的景观化、城市服务的规范化。要充分发挥海珠湿地公园、海珠湖、大元帅府、中山大学、广州塔、黄埔古村古港、小洲村等丰厚的生态人文资源，提升海珠在国内外的知名度。海珠区发展旅游休闲业不必在乎该产业本身的经济和税收贡献。海珠旅游休闲业发展的定位应该是服务于全区经济社会发展大局，让游客、客商更好地了解海珠，吸引他们把商机带来海珠、在海珠谋发展，服务于将海珠打造成国际化生态型创新区。

（二）提升优化传统产业

一是工业。2014年工业占海珠区GDP的8.6%，是海珠区经济的重要支柱。2008年国际金融危机后，主要发达国家重新认识到发展以工业为主体的实体经济的战略意义，纷纷实施"再工业化"战略。作为中心城区，海珠区工业发展的方向应是高新技术型都市工业，依托杰赛科技、六大医药企业等重点发展电子信息制造、生物医药等先进制造业；利用地铁总部在海珠区的优势，探索发展轨道交通智能控制设备制造业。促使"退二"的企业从生产企业向总部企业转变，留住企业设计、研发、销售等核心环节及高端部分，使本土培育的工业企业在海珠实现根植性发展。

二是建筑业。2014年建筑业占海珠区GDP的6.5%，其作用不可小视。近年来，四航局一公司、广东省装饰公司、广州工程总承包公司等大企业相继迁入海珠区。目前海珠区建筑业汇集了广州富利建安公司、中交四航局、四航局一公司、四航局二公司、中交航道局、中国水产广州建港公司等年产值10亿元以上的大企业，还有中交四航勘察设计院、广东省城乡规划设计研究院、广州市电力工程设计院、四航港湾工程设计院、广东省城规建设监理公司等关联企业，形成包括设计、施工、监理等在内的相对完整的产业链，出现集聚发展的趋势。可借助中交南方总部基地等载体，加大对总部型建筑企业的引进工作，将海珠打造成大型建筑总部企业集聚地。

三是商贸业。商贸活动是城市最基础的功能之一，世界上存在没有工业的城市，但不存在没有商业的城市。2014年批发零售业和住宿餐饮业占海珠区GDP的23.1%。2009~2014年商贸业增加值年均增速高达16.5%，高于全区GDP平均增速4.9个百分点，可以说该行业发展基础好，发展态势好。从产业特征看，商贸业属于传统低端服务业，针对这种特征，转型升级的方向主要是业态的提升，发展总部经济，提升大型企业规模和质量，以商贸综合体和星级酒店为依托，以高端为方向，大力引进商业品牌，发展电子商务等新兴业态和特色商业；探索研究推动中大布市等传统专业批发市场转型，提升其经济和财税贡献；通过大型百货、大型超市、连锁商店、专业店等，促进商贸业向现代化方向转变，提升海珠区商贸业的规模、档次和品质，打造商贸高端区。

四是房地产业。2014年房地产业占海珠区GDP的16.1%，对经济特别是财税贡献重大，但随着城市的发展，海珠区可供开发的土地资源日益减少。目前海珠区人口密度过大，已不适宜过多发展住宅类项目。2014年末海珠区人口密度达1.77万人/平方公里，居全市各区第二位，仅次于越秀区（见表4）。海珠区房地产开发在项目选择上应有前瞻性，做好规划，避免沉淀过多的人口，重点发展高端商务楼宇，为大企业进驻提供载体，其房产税及出租产生的营业税将成为地方财政的稳定收入。

表4　2014年广州市及各区人口密度对比

地　区	区域面积（平方公里）		年末常住人口（万人）		人口密度（人/平方公里）	
	实绩	排名	实绩	排名	实绩	排名
广州市	7434.40	—	1308.05	—	1759	—
海珠区	90.40	10	159.98	2	17697	2
荔湾区	59.10	11	89.14	8	15083	4
越秀区	33.80	12	114.65	5	33920	1
天河区	96.33	8	150.61	3	15635	3
白云区	795.79	4	228.89	1	2876	6
黄埔区	90.95	9	47.43	11	5215	5
番禺区	529.94	6	146.75	4	2769	7
花都区	970.04	3	97.51	7	1005	9
南沙区	783.86	5	63.53	9	810	10
萝岗区	393.22	7	40.58	12	1032	8
增城区	1616.47	2	106.97	6	662	11
从化区	1974.50	1	62.01	10	314	12

五是交通业。2014年交通业占海珠区GDP的9.2%。海珠区有广州地铁公司、广州交通集团出租汽车公司、白云出租汽车公司等交通企业。交通企业

转型升级的方向主要是业态的提升,即促进这些企业发展壮大,发展总部经济。要借助广州大力发展城市轨道交通和有轨电车的机遇,促进地铁公司做大做强;要利用地铁公司总部在海珠区的优势,争取将线路规划设计、智能控制系统、电子信息产品、施工建设、检测维修、设备开发调测等轨道交通上下游关联企业吸引到海珠区落户;要依托广交会、中大布市等,探索发展现代物流业。

此外,国民经济中的其他行业,如教育、卫生和社工、水利环境等行业,对完善城市功能、提升民生福利也至关重要,随着经济社会的发展,民生福利投入加大,它们的发展前景也很广阔。

表5　2014年海珠区GDP构成

单位:亿元,%

行　业	GDP 实绩	占比
全区合计	1281.10	100
一、应大力发展的高端和新兴产业	305.8	23.9
1. 信息技术服务业	14.09	1.1
2. 金融业	20.63	1.6
3. 科研技术服务业	94.80	7.4
4. 商务服务业	165.26	12.9
会展业	46.12	3.6
5. 文化创意业	7.69	0.6
6. 旅游休闲业	3.33	0.3
二、需提升优化的传统产业	813.82	63.5
1. 工业	110.37	8.6
2. 建筑业	83.57	6.5
3. 商贸业	296.14	23.1
4. 房地产业	205.99	16.1
5. 交通业	117.75	9.2
三、其他产业	161.48	12.6
1. 教育	79.43	6.2
2. 卫生和社工	43.56	3.4
3. 水利环境	6.41	0.5
4. 居民服务业	8.97	0.7
5. 公共管理	23.11	1.8

注:部分行业数据根据经济普查资料推算。

（三）优化产业空间布局

产业空间布局，主要是通过落实产业空间规划、产业引导政策和产业配套服务等措施，推进产业在一定区域范围内形成集群效应。科学、合理、高效的产业空间布局，能够促进相关产业、行业和企业等各个层面的渗透和关联，形成优势互补的产业链条，对推进区域产业转型升级的作用巨大。海珠区作为中心城区，可选择"块状"和"柱状"相结合的产业空间布局。

1."块状"布局

"块状"布局就是加快产业集聚区建设，目前海珠的产业集聚程度并不高，建议着力打造六大产业集聚区。

一是琶洲地区。该地区可着重发展会展业、信息技术服务业、互联网金融等新兴产业。要充分发挥会展经济的辐射带动作用，带动全区经济大发展。"再过5到10年，琶洲就将代表未来的广州。"我们要借助广州互联网创新集聚区建设的历史性机遇，推动电商总部企业发挥集聚功能，吸引电商总部企业的跨地区业务落户海珠区。要发挥产业链的带动作用，吸引上下游企业"组团"落户海珠，做大做强互联网和电子商务产业链。要发挥集聚区孵化功能，优化发展环境，创新服务模式，为打造互联网和电子商务创新型企业孵化器，提供良好的创业环境。要推动互联网产业与会展、金融以及其他相关产业的融合发展，将琶洲打造成海珠乃至广州经济的中央活力区（Central Activities Zone，CAZ）。

二是南中轴地区。该地区是广州市重点发展的十大现代服务业集聚区之一，是海珠区经济发展和转型升级的重要潜力区，可重点发展高端商务、电子商务、文化创意、旅游休闲等产业。要依托"一园四馆"、广州塔、国际媒体港、中央绿轴、海珠湿地、珠影文化创意园、广一电商园区等，将南中轴地区打造为以岭南特色、花城绿轴为主体，集总部办公、文化休闲、商务服务等功能于一体的城市中心区，以及广州的休闲商务区（Recreational Business District，RBD）。

三是江南西地区。该地区汇集了广百新一城、万国广场、摩登百货、江南新地等，是海珠传统商业最繁荣的地区，随着富力海珠城、江南新地二期的建成，该地区商业将更繁荣。在强化该地区商贸功能的同时，要突出休闲、娱乐等城市功能，重点发展现代商贸、文娱休闲等高端产业，打造海珠现代商贸和消费中心。

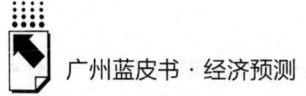

四是西部白鹅潭滨水地区。该地区人口多，小微企业多，旧厂房有待改造，在功能定位上应依托便捷的交通网络、密集的居住区，加快旧厂房的改造，延伸城市服务功能，可重点发展商贸、商务服务、社区服务等产业。目前洲头咀隧道已开通，广佛地铁燕岗至西朗段也将在年底开通，可借助广纸片区改造及乐峰广场、广百海港城等，争取吸引芳村、佛山等地区的人来海珠消费，将该地区打造成"海珠西引擎、广佛活力港"。

五是中大布匹地区。目前中大布匹市场已发展到东至广州大道、西至东晓南路、北至新港路、南至新滘路的广大区域。据测算，该布匹市场年交易额达300多亿元，其交易方式基本为"现场、现货、现金"交易，较难监管，不仅税收和经济贡献小，还形成了周边小作坊、小制衣厂等"五小"企业，使得大量的低技能人员涌入，带来城市管理的难题。一方面，应加大城中村改造力度，可将该区域适当进行分割，对"五小"企业进行整治；另一方面，要研究探索加快信息化建设，促进有形市场与无形市场有机结合，培育一批影响力强、发展潜力大的行业网站，打造中大布匹指数，使该地区成为行业的信息发布中心和价格形成中心，提高产业层次和技术水平，促使低端产业主动迁离，带动人口自然流动。

六是新港路沿线地区。目前该地区汇集了中山大学、中科院南海海洋研究所、中国水产科学研究院南海水产研究所、广东省昆虫研究所、中国电器科学研究院、广东省造纸研究所、广东省食品工业研究所、广东产品质量监督检验研究院、广州甘蔗糖业研究所、中国电子科技集团公司第七研究所、杰赛科技等单位，这些机构集聚了海珠区大多数的科技人才和大量的科研仪器设备、文献资料等科技资源。可重点促使该地区"产学研"合作，将该地区打造成"创新、创意、创业"的海珠高新技术创新带。

表6 海珠区"块状"产业空间布局

序号	区域名称	发展定位	重点产业
1	琶洲地区	中央活力区（CAZ）	信息技术服务、会展、互联网金融
2	南中轴地区	休闲商务区（RBD）	高端商务、电子商务、文化创意、旅游休闲
3	江南西地区	现代商贸和消费中心	现代商贸、文娱休闲

续表

序号	区域名称	发展定位	重点产业
4	西部白鹅潭滨水地区	海珠西引擎、广佛活力港	商贸、商务服务、社区服务
5	中大布市地区	行业信息发布中心、价格形成中心	电子商务、商贸、现代物流
6	新港路沿线地区	高新技术创新带	高新技术、科研技术服务、信息技术服务

2."柱状"布局

"柱状"布局就是要加快发展楼宇经济。楼宇经济具有产业集聚、资金集聚、人才集聚、信息集聚、效益集聚等一系列特点。在土地资源日趋成为中心城区经济发展的瓶颈时,占地少,几乎不排废水、废气的楼宇经济逐步成为城市经济发展的推动器。

目前海珠区有110多栋商务楼宇,2013年实现增加值约340亿元,约占全区GDP的30%。总体来看,除琶洲地区较好外,海珠区其他区域缺乏较大规模和成片的商务楼宇,楼宇总体品质不高,大多数商务楼宇与住宅楼混建交叉,集聚营商的氛围不理想,无法形成产业集聚和集群效益。结合海珠区楼宇经济现状,建议重点在三个方面加大推进力度。

一要增加楼宇载体有效供给。结合总部项目建设,重点在琶洲和南中轴地区建设一批符合高能级新兴产业发展趋势的甲级写字楼和5A智能大厦,注重楼宇在功能、安全、智能、环保等方面的品质,增强楼宇的竞争力和对高端企业的吸引力。

二要采取激励措施,推进楼宇二次改造,增强其办公、高端商业配套服务功能。目前海珠区中西部多数商务楼宇已显陈旧,配套功能不足,应支持和引导老楼宇进行二次改造,促进老楼宇转型升级,减少高品质企业外迁。要完善楼宇经济招商工作联动机制,发挥物业公司、业主、中介等机构的作用,形成招商合力。

三要打造楼宇经济特色品牌。通过引进行业龙头企业入驻,引导相关行业的企业围绕特色商务楼宇集中布局,形成产业带动、行业联动、企业互动的专业化、特色化楼宇产业集群,争取打造更多的"亿元楼"。

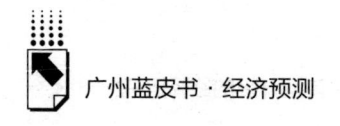

四 加快产业转型升级的保障措施

加快海珠产业转型步伐,不仅仅需要转型的思路、方向和路径,更需要实现转型的手段、措施和行动,必须集全区之力,整合各方资源,努力形成"政府引导、市场运作、企业主体、社会参与"的良好局面。

(一)突出规划导向作用

产业规划是产业培育和发展的基础,要更加突出产业规划的战略导向作用,加快形成完整的产业规划体系,做好"十三五"经济社会发展总体规划和各专项规划的编制工作,要争取将海珠区的重点产业纳入省、市的"十三五""一江三带"等发展规划。应注重产业规划的实施效果,及时对规划实施情况进行评估,适时进行相应调整。要进一步完善"三规合一",促进产业布局和城市功能之间的协调发展。

(二)突出科技引领作用

自主创新是推进区域产业转型升级的关键环节,也是企业发展的最大动力。要充分发挥海珠区科教资源丰厚的优势,促进科研成果转化为生产力,将科技、人才优势转化为产业优势,推动产业转型升级。要强化骨干企业的带动作用,全力支持优势骨干企业自主创新,培育经济总量大、具有较强核心竞争力的大企业、大集团,引导创新型、科技型企业集聚发展。

(三)完善政策激励机制

产业政策是产业规划的内容延伸,在重点产业培育、资源配置优化、升级方向引导方面具有很强的针对性和带动性。近年来海珠区相继制定并实施了《扶持重点企业发展实施意见》《促进楼宇经济发展的实施意见》等一系列产业政策,在推进产业转型升级方面发挥了较好的作用,但扶持力度还需进一步提升。下一步,应以产业转型升级的重要领域和关键环节为切入点,完善扶持政策,注重提高扶持资金绩效,集中财力保重点、办大事。要从扶持具体企业向扶持重点行业转变,从扶持单个项目向搭建服务平台转变,确保发挥政策的最大效益。

（四）完善招商引资机制

要把招商引资作为加快产业转型升级的重要手段，突出招商重点，强化产业招商、园区招商、企业招商，着力在大项目招商上取得突破，大力吸引各行业、各领域龙头企业和集团来海珠发展。创新招商方式，突出驻点招商、专业招商、定向招商、以商招商，坚持"走出去"与"请进来"相结合，扩大招商引资规模，提高招商引资质量，从税收、科技含量、发展前景等方面把好关。着力引进具有产业带动能力的大企业集团和国内外技术创新的重大成果、研发机构和领军人物。

（五）完善要素保障机制

强化人才、资金、土地等要素保障是推进产业转型升级的前提和基础。

一要强化人才支撑。牢固树立"人才强区"理念，优化人才发展机制，建立完善人才市场服务体系，着力加强机关党政管理人才、高新技术领军人才、职业经理人才、高新技术专业人才队伍建设，大力营造鼓励人才干事业、支持人才干成事业、帮助人才干好事业的社会环境，形成区域性人才聚集效应。

二要强化资金保障。加强政府、企业和金融机构之间的沟通联系，引导金融机构向企业和项目提供贷款。鼓励符合条件的企业进入资本市场融资，通过股票上市、企业债券、资产重组等多种方式筹措资金。鼓励民间资本组建商业性担保机构和小额贷款公司，优化中小型企业融资环境。

三要强化土地保障。合理调整用地结构，优先保证符合产业发展方向的重大项目建设用地。以城市更新为推手，把打造新载体、培植新产业、营造更优质的营商环境和提升城市发展品位相结合，引领海珠发展新方向、展示海珠新形象。

（审稿　刘汉中）

产业发展篇
Industrial Development

B.12 广州市产业结构特征及影响因素分析

广州市统计局综合处课题组[*]

摘　要： 本文在分析广州市产业结构演进趋势的基础上，从产业结构合理化、产业结构高级化、产业结构转变速度、产业结构转变方向四个方面分析上海、北京、广州、深圳、天津五城市的产业结构转变特征，并对影响广州市产业结构转变的因素进行实证分析，进一步提出推动广州产业转型升级的对策建议。

关键词： 产业结构　转型升级　广州市

一　广州市产业结构的演进趋势

1978年以来，广州市产业结构逐渐趋于合理，并不断向优化和升级的方向发展。

---

[*] 课题组组长：黄平湘。成员：冯俊、陈婉清。执笔：陈婉清。

（一）三次产业之间的演进趋势

（1）从三次产业的增加值比重看，1979~2014年，第一产业所占的比重呈逐步下降趋势，36年共下降10.25个百分点；第二产业比重趋于不断下降，36年共下降25.03个百分点；第三产业比重趋于不断上升，36年共上升35.28个百分点。三次产业结构从1978年的11.67∶58.59∶29.74调整为2014年的1.42∶33.56∶65.02。广州市产业结构演进主要分为以下三个阶段。

第一阶段：产业结构呈"二、三、一"格局，工业是国民经济发展的主导产业（1978~1991年）。这一阶段，广州产业以劳动密集型产业为主，对经济发展起主要作用的是制造业部门，工业在这个时期占国民经济发展的主导地位，工业以轻工业产品的生产为主，服务业则以传统服务业为主。三次产业结构从1978年的11.67∶58.59∶29.74调整为1991年的7.29∶46.53∶46.18（见图1）。

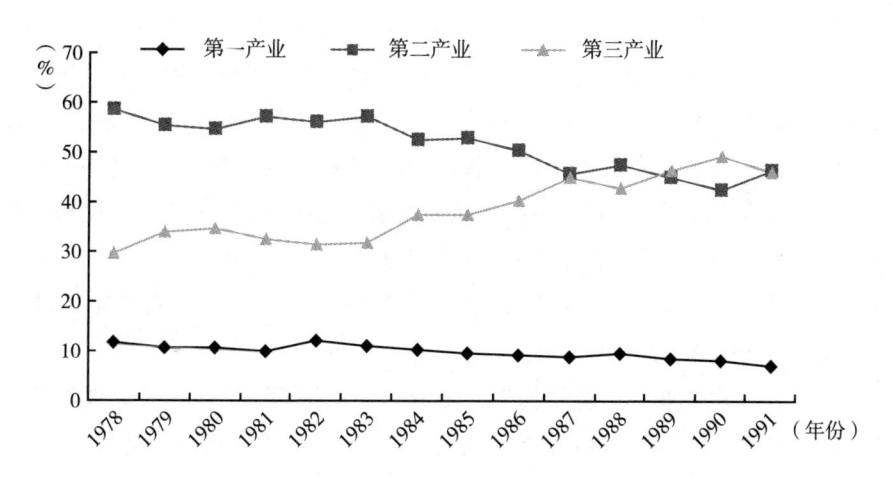

图1　1978~1991年广州市三次产业构成变动趋势

第二阶段：产业结构呈"三、二、一"格局，服务业成为国民经济发展的主导产业（1992~2001年）。这一阶段，广州产业大部分属于资本密集型产业。制造业内部由轻工业的迅速增长转向重工业的迅速增长，第三产业开始迅速发展，重化工业的大规模发展是支持当时广州经济高速增长的关键因素。三次产业结构从1992年的6.98∶47.25∶45.77调整为2001年的

3.42∶39.14∶57.44。1998年,广州市第三产业增加值比重首次超过50%,三次产业结构开始呈现服务化特征(见图2)。

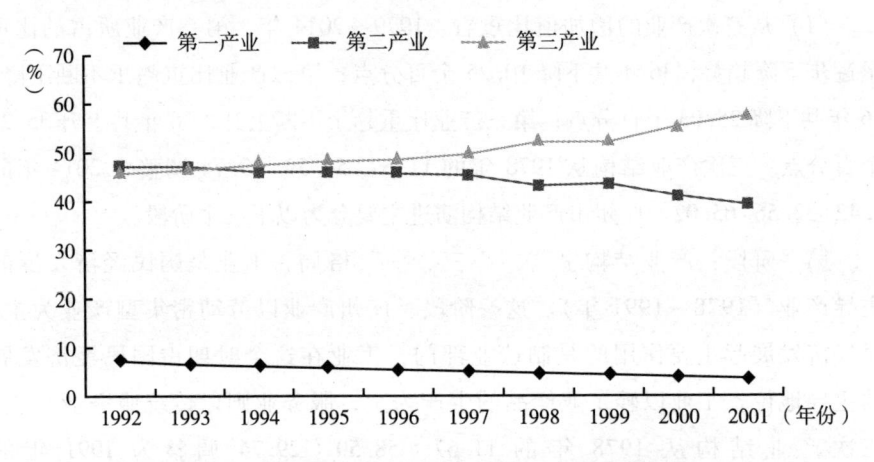

图2 1992~2001年广州市三次产业构成变动趋势

第三阶段:产业结构转型升级,现代产业体系逐步形成(2002~2014年)。这一阶段,广州逐步建立以服务业经济为主体,以现代服务业、先进制造业、战略性新兴产业为主导,第一、第二、第三产业融合发展的现代产业体系。在第二、第三产业协调发展的同时,第三产业开始由高速增长转为持续快速增长,并成为推动国民经济增长的重要力量。三次产业结构在这个阶段出现分水岭,第一产业比重均低于4%,第二产业比重在40%左右,第三产业比重则在60%左右。三次产业结构从2002年的3.22∶37.81∶58.97调整为2014年的1.42∶33.56∶65.02(见图3)。

(2)从三次产业的就业结构看,随着产业结构调整,广州市就业结构优化进程明显提速。早在1996年就形成了"三、二、一"的就业结构,2010年第三产业从业人员比重首次突破50%,为50.40%,到2014年第三产业从业人员超过六成。第一产业从业人员比重由2000年的19.27%下降到2009年的10.80%,2010~2014年保持在8%左右的水平;第二产业从业人员比重2000~2010年在40%左右波动,从2011年开始呈稳步下降态势,逐步降至2014年的29.67%;第三产业从业人员比重从2000年的40.77%上升到2009年的48.95%,2010年开始突破50%,2014年突破60%,为61.99%,呈现稳步上升的发展趋势(见图4)。

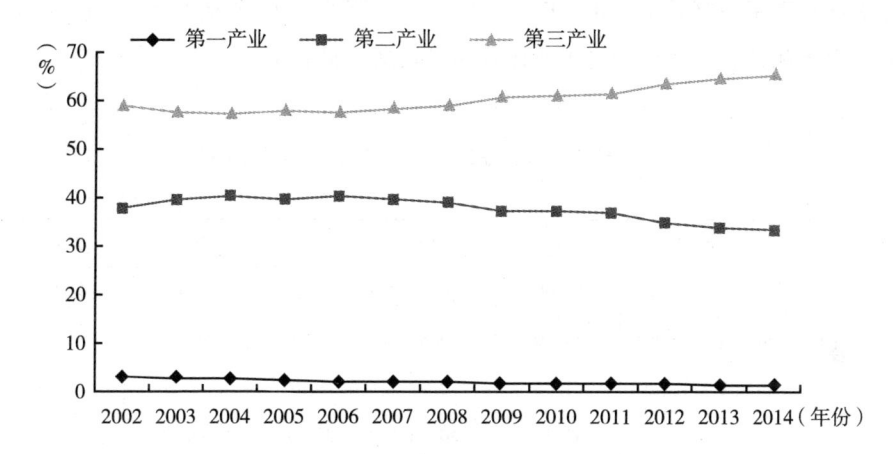

图3 2002~2014年广州市三次产业构成变动趋势

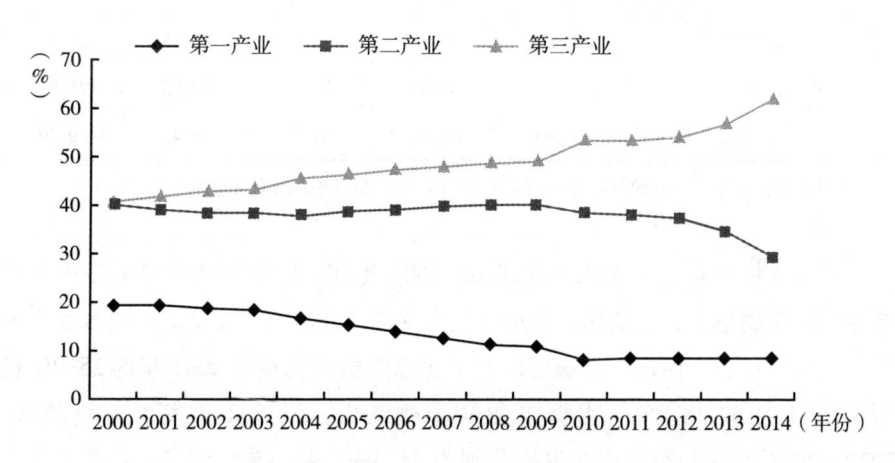

图4 2000~2014年广州市社会从业人员三次产业构成

（二）产业结构内部演进趋势

在三次产业中，第一产业比重较低且保持在相对稳定的范围，因此，我们主要对第二、第三产业内部的结构变动进行分析。

1. 第二产业中，轻重工业比例逐渐趋于合理

从轻重工业结构来看，2003~2011年广州市的工业化进程符合霍夫曼定理。即随着工业化的不断深入，重工业比例逐步提高，工业化水平不断提升，

霍夫曼系数呈下降趋势，由2003年的1.08下降为2011年的0.75。但与广东省及全国相比，广州市的轻工业比重相对较高（见表1）。

表1 广州市轻重工业比重与广东省、全国的比较

单位：%

地区	年份	2003	2005	2007	2009	2011
广州市	轻工业	52.00	49.32	43.60	43.64	42.96
	重工业	48.00	50.68	56.40	56.36	57.04
	霍夫曼系数	1.08	0.97	0.77	0.77	0.75
广东省	轻工业	41.10	40.36	38.41	39.09	37.95
	重工业	58.90	59.64	61.59	60.91	62.05
	霍夫曼系数	0.70	0.68	0.62	0.64	0.61
全　国	轻工业	35.49	30.98	29.53	29.45	28.15
	重工业	64.51	69.02	70.47	70.55	71.85
	霍夫曼系数	0.55	0.45	0.42	0.42	0.39

资料来源：各年《广州统计年鉴》、《广东统计年鉴》和《中国统计年鉴》。

三大支柱产业占工业的半壁江山。2001年起，广州开始形成电子产品制造业、汽车制造业、石油化工制造业三大支柱产业。三大支柱产业逐步壮大发展，完成工业总产值占全市规模以上工业总产值的比重由2001年的25.0%提升至2011年的48.2%，占据工业的半壁江山，但近几年发展有所放缓，2012～2014年三大支柱产业占比分别为43.3%、46.3%、47.6%，所占份额有所萎缩。

从工业内部结构来看，还存在高端化不足，结构不优，过度依赖汽车、石化、电子产业等问题，具体表现为：一是长期工业投资占比低，工业缺乏大项目支撑，发展动力不足。近年来，广州市工业投资占比在15%左右波动，与天津（41.3%）、苏州（37.1%）、重庆（31.5%）差距较大，工业投资规模小，每年新投产的工业企业少，增长乏力。二是工业结构升级缓慢、新兴产业尚未成为支撑力。近年来，广州市先进制造业增加值占规模以上工业增加值比重不升反降，2010～2014年分别占62.5%、60.3%、58.0%、55.1%、

54.2%，呈逐年下滑态势。产业升级步伐缓慢，新兴产业尚未成为工业增长新的支撑力。三是工业体量不足。与天津、重庆等城市近年来工业规模快速扩张相比，广州市工业显得体量不足。2014年，广州规模以上工业总产值为18184.92亿元，低于上海（32237.19亿元）、天津（28078.82亿元）、深圳（24410.38亿元）和重庆（18722.51亿元）。

2. 第三产业中，传统产业呈现下降趋势，新兴行业则呈现上升趋势

"十一五"以来，广州市把"稳增长、调结构"作为转型升级的重要途径，服务业内部结构不断分化。一方面，交通运输、仓储和邮政业，批发零售业，住宿餐饮业等传统服务业不断升级改造、保持稳定增长。2006~2013年，交通运输、仓储和邮政业，批发零售业，住宿餐饮业三大行业年均分别增长8.2%、16.6%、11.5%。2013年，这三个行业合计占服务业增加值的37.1%，比2005年下降4.8个百分点。其中，交通运输、仓储和邮政业占服务业增加值的比重为10.1%，比2005年下降8.9个百分点；批发零售业占服务业增加值的比重为22.8%，比2005年上升4.1个百分点；住宿餐饮业占服务业增加值的比重为4.2%，与2005年持平。另一方面，金融业、房地产业、租赁和商务服务业、科学研究和技术服务业等新兴服务业行业迅速崛起、比重上升。2006~2013年，金融业、房地产业、租赁和商务服务业、科学研究和技术服务业这四个行业的增加值年均增速分别为20.0%、14.0%、16.0%、14.8%，占服务业的比重分别由2005年的6.7%、11.2%、10.3%、2.3%提高到2013年的11.5%、13.5%、12.8%、3.1%，分别提高了4.8个、2.3个、2.5个、0.8个百分点。现代服务业占服务业增加值的比重从2008年的59.6%提升到2013年的62.5%。

表2 2013年广州市、广东省与全国第三产业增加值结构比较

单位：%

行 业	广州市	广东省	全国
批发零售业	22.8	23.9	21.3
交通运输、仓储和邮政业	10.1	8.9	10.6
住宿餐饮业	4.2	4.9	4.5
信息传输、软件和信息技术服务业	5.4	6.1	4.7
金融业	11.5	12.0	12.4

续表

行　业	广州市	广东省	全国
房地产业	13.5	13.7	12.7
租赁和商务服务业	12.8	8.0	4.7
科学研究和技术服务业	3.1	2.3	3.5
水利、环境和公共设施管理业	0.8	0.9	1.0
居民服务、修理和其他服务业	1.6	3.4	3.5
教育	4.6	5.2	7.0
卫生和社会工作	3.6	3.2	3.9
文化、体育和娱乐业	2.4	1.3	1.5
公共管理、社会保障和社会组织	3.6	6.2	8.7

注：广东省为2012年数据，2013年详细分行业数据仍在核定过程中。

二　五城市产业结构转变特征分析

（一）产业合理化分析显示，五城市产业结构均逐渐趋于均衡，深圳、上海、北京、广州产业结构合理化变动趋势呈不同态势的"L"形，表明其产业结构和就业结构呈现持续趋向于均衡的发展态势；天津产业结构合理化变动趋势呈现倒"U"形，表明其产业结构和就业结构先是趋向于偏离、再趋向于均衡

这里引入泰尔指数进行测度。该指数考虑了产业的相对重要性并避免了绝对值的计算，同时它还保留了结构偏离度的理论基础和经济含义，因此是一个较好度量产业结构合理化的指标。其计算公式如下：

$$TL = \sum_{i=1}^{n} \left(\frac{Y_i}{Y}\right) \ln\left(\frac{Y_i}{L_i} \bigg/ \frac{Y}{L}\right)$$

其中：Y为地区生产总值，Y_i表示第i产业增加值，L为社会从业人员，L_i表示第i产业从业人员。当经济处于均衡状态时，$TL=0$。泰尔指数越趋近于零，表明产业结构与就业结构越接近，产业结构越均衡合理；泰尔指数越大，表明

产业结构与就业结构偏离度越大,产业结构越失衡。

根据上述指标的计算方法,五城市产业结构合理化的变动趋势如图 5 所示。

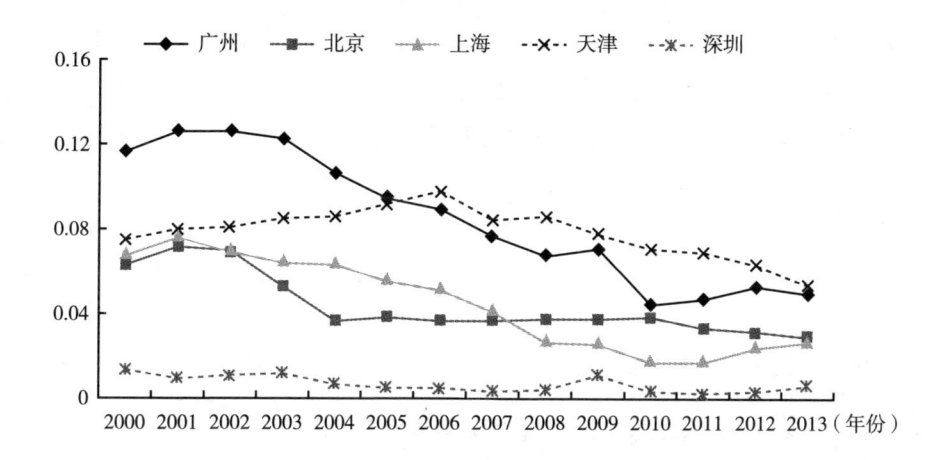

图 5　五城市产业结构合理化的变动趋势

五城市中,深圳第一产业比重由 2000 年的 0.7% 降至 2013 年的不到 0.1%,其 TL 值最趋近于 0,表明深圳产业结构与就业结构最为均衡,变动趋势最合理。上海的 TL 值从 2001 年至 2011 年保持下降趋势,2008 年开始低于北京,2012 年、2013 年虽略有上升,但 TL 值仍趋近于 0,表明上海产业结构与就业结构较为均衡,变动趋势较为合理。北京的 TL 值在 2001 年以来基本保持下降趋势,且 2004~2013 保持相对稳定,均在 0.04 左右,表明北京产业结构和就业结构变动保持相对稳定,产业结构变动趋于合理,且整体水平趋近于上海。广州的 TL 值在 2000~2013 年下降幅度最大,表明广州产业结构合理化变动趋势最快,产业结构和就业结构的偏离度不断减小。天津的 TL 值变动呈现一种倒"U"形特征,在 2000~2006 年呈现上升态势,即产业结构和就业结构趋向于偏离,在 2008 年后保持下降趋势,产业结构和就业结构逐渐趋于均衡,表明这一段时间天津产业结构和就业结构先趋向于偏离、后趋向于均衡,产业结构调整速度较快,且整体水平逐渐趋近于广州。

（二）产业结构高级化分析显示，五城市均呈现产业高级化发展趋势，第三产业规模不断扩大，经济向着服务化的方向推进

鉴于在"经济服务化"过程中的一个典型事实是第三产业的增长率要快于第二产业的增长率，本文采用第三产业增加值与第二产业增加值之比（本文简记为 TS）来度量产业结构高级化的状态。如果 TS 值处于上升状态，表明产业结构在升级，经济向着服务化的方向推进。

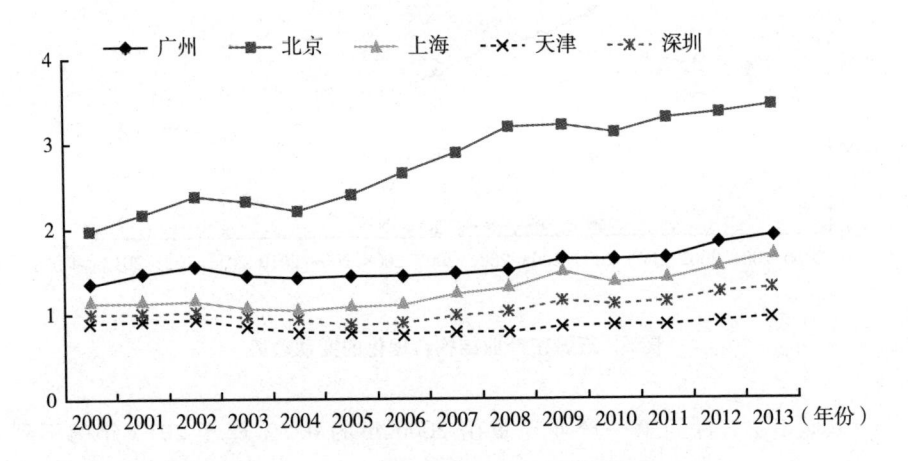

图6　五城市产业结构高级化变动情况

通过计算五城市的 TS 值发现，在产业结构高级化的变动方面，北京、上海、广州的第三产业比重占据绝对优势地位，产业高级化趋势明显，其中北京第三产业比重提升幅度较大，TS 值在2001年之后均超过2，上海、广州 TS 值保持在1~2，均呈逐渐提升态势，表明北京、上海、广州三个城市第三产业发展动力强于第二产业，经济在向着服务化的方向演进。深圳的 TS 值在1上下波动，变动幅度在五城市中最小，表明深圳第二产业与第三产业发展力量相当，第三产业比重缓慢上升。天津第二产业比重占据绝对优势地位，TS 值在0.7~0.9波动（五城市中最低），整体保持平稳，表明这一时期天津第二产业发展动力强劲。同时，天津第三产业近几年发展势头较快，2014年第三产业增加值比重为49.3%（比2010年提升3.3个百分点），已逼近第二产业增加值比重（49.4%），第三产业呈现超越第二产业的趋势。

（三）产业结构转变速度分析显示，除天津产业结构转换速度较快外，其余四城市产业结构转换速度大致均等

分析地区产业结构转换速度，主要是看地区各产业部门增长率的差异程度。如果一个地区其内部各产业增长速度差异大，则该地区产业结构转换快；反之则产业结构转换较慢。为此我们构建了产业结构转换系数以反映产业结构转换的速度：

$$V = \sqrt{\sum \frac{(A_i - A_j)K_i}{A_j}}$$

其中：A_i 和 A_j 是第 j 个城市第 i 产业和 GDP 的年均增速，K_i 是第 i 产业占 GDP 的比重。根据产业结构转换速度的计算方法，我们来分析五城市在 2000~2013 年产业结构转换的态势（见表3）。

表3　2000~2013年五城市产业结构转换速度与排名

城市	产业结构转换速度				产业结构转换速度排名			
	2000~2005年	2006~2009年	2010~2013年	2000~2013年	2000~2005年	2006~2009年	2010~2013年	2000~2013年
广州	0.044	0.055	0.036	0.043	4	4	2	2
上海	0.044	0.085	0.033	0.040	5	1	3	4
北京	0.048	0.065	0.024	0.041	3	2	4	3
天津	0.069	0.056	0.053	0.062	2	3	1	1
深圳	0.076	0.033	0.017	0.040	1	5	5	5

（1）从横向来看，2000~2013 年，五城市中除了天津产业结构转换速度最快（为 0.062）外，其余四城市产业结构转换速度均在 0.04 左右。主要原因是广州、上海、北京、深圳四个城市经过多年的发展，产业结构已进入相对成熟阶段，各产业增长呈现一个相对稳定的状态，第一产业比重保持在较低水平，第二、第三产业与 GDP 同步增长，所以产业结构转换系数较小，产业转换速度较慢。而天津近年来正处于经济腾飞阶段，新兴产业加快发展，产业间增长的差异逐步扩大，从而展现出较快的产业转换速度。

（2）从纵向来看，随着时间的推移，五城市产业结构转换速度均呈现放缓态势。天津、深圳在2000~2005年、2006~2009年、2010~2013年三个阶段的产业结构转换系数逐步降低，但天津下降幅度较小，且仍保持在0.05以上，而深圳产业结构转换系数则从2000~2005年在五城市中最高（为0.076）降至2010~2013年在五城市中最低（0.017），表明深圳产业结构转换速度始终保持在较高水平上；深圳在2000~2005年产业结构转换速度最快，但随着产业结构合理化和高级化，产业结构转换速度趋于下降。广州、上海、北京三个城市在2000~2005年、2006~2009年、2010~2013年三个阶段的产业结构转换系数均呈现先升高后降低的趋势，表明这三个城市在2006~2009年产业结构转换速度最快，在2010~2013年产业结构转换速度有所减缓。

（四）产业结构转变方向分析显示，五城市均正在由传统工业城市向现代工业城市转变，第三产业对整体经济发展的贡献日益增大，广州、上海、北京表现为第二产业增速回落、第三产业成为经济发展的重要推动力，深圳、天津表现为第二产业和第三产业共同呈现较快发展势头

地区产业结构的转换方向决定着地区工业化现代化进程，为更方便地比较各城市产业结构演进方向，我们构建地区产业结构演进系数：

$$\beta_i = (1 + A_i)/(1 + A_j)$$

其中：A_i和A_j定义与产业结构转换系数中的定义一致。

根据表中数据所示产业结构变动情况，可把各地区产业结构变动趋势分成三种类型：① $\beta_1 < 1$，$\beta_2 > 1$，$\beta_3 < 1$；② $\beta_1 < 1$，$\beta_2 > 1$，$\beta_3 > 1$；③ $\beta_1 < 1$，$\beta_2 < 1$，$\beta_3 > 1$。这三种类型大致可以代表产业结构转变的不同阶段，其演变代表着产业结构不断高级化的过程。在类型①中，第二产业产值增长较快，第三产业发展依然滞后；在类型②中，第二产业在迅速发展的同时，第三产业也呈现较快的发展势头；在类型③中，第二产业发展水平开始回落，第三产业成为经济发展的重要推动力。从五城市产业结构转变类型看，广州、北京、上海属于类型①；天津、深圳属于类型②（见表4）。

表 4 2000～2013 年五城市产业结构转变方向

城市	2000～2005 年 β_1	β_2	β_3	2006～2009 年 β_1	β_2	β_3	2010～2013 年 β_1	β_2	β_3	2000～2013 年 β_1	β_2	β_3	转变类型
广州	0.922	1.006	1.002	0.891	0.992	1.009	0.923	0.995	1.005	0.913	0.999	1.005	③
上海	0.889	1.007	0.998	0.903	0.974	1.024	0.900	0.996	1.002	0.896	0.994	1.007	③
北京	0.901	0.994	1.007	0.914	0.972	1.013	0.935	1.005	0.999	0.914	0.991	1.006	③
天津	0.928	1.019	0.983	0.888	1.012	0.991	0.899	1.014	0.987	0.908	1.015	0.986	②
深圳	0.803	1.022	0.977	0.739	0.994	1.008	0.822	0.999	1.000	0.789	1.007	0.992	②

从五城市产业结构转变方向看，五城市均表现为第一产业相对比重下降，第二、第三产业相对比重上升，均正在实现由传统工业向现代工业的转变，各城市的经济发展水平都在提高。属于类型②的城市有天津、深圳，表明天津、深圳第二产业仍保持较快发展速度，同时第三产业也呈现较快的发展势头。属于类型③的城市有广州、上海、北京，表明广州、上海、北京的第二产业发展速度开始回落，第三产业对整体经济发展的贡献日益增大。

三　广州市产业结构转变影响因素的实证分析

（一）变量选择与数据说明

结合广州市经济发展实际，本文主要从供给因素、技术创新、需求因素、政府因素、金融因素和对外开放对产业结构转变的影响机理进行分析，如表 5 所示。

表 5　变量名称符号及定义

项目	名称	符号	定义	单位
产业结构	产业结构高级化	TS	第三产业增加值与第二产业增加值之比	—
供给因素	劳动力	e	就业人数	万人
	资本	k	固定资产投资额	亿元

续表

项 目	名称	符号	定义	单位
技术创新	研发支出	rd	R&D 经费支出	亿元
需求因素	城镇化	ur	城镇化率	%
政府因素	政府职能	cz	地方财政支出	亿元
金融因素	金融贷款	f	金融机构本外币贷款余额	亿元
对外开放	外商直接投资	fdi	实际利用外资额	亿美元
	进出口贸易	ne	商品进出口总值	亿美元

（二）模型构建

本文考察了八个变量对产业结构高级化的影响作用，并分别建立一元回归模型：

$$TS = c_0 + c_1 X_i + \varepsilon$$

其中：X_i 表示第 i 个变量，c_0 为常数项，ε 表示随机误差。

（三）计量结果分析

利用2006～2013年统计数据，为了说明各解释变量 X_i 对被解释变量 TS 的影响，进行回归分析，得到8个回归方程（见表6）。

由表6可以看出，各解释变量 X_i 对被解释变量 TS 的系数分别为：$r_1 = 0.0025$；$r_2 = 0.0002$；$r_3 = 0.0019$；$r_4 = 0.1180$；$r_5 = 0.0003$；$r_6 = 0.00003$；$r_7 = 0.0239$；$r_8 = 0.0006$。本研究的可决系数（R-squared）均在0.75以上，说明所建模型整体上对样本数据拟合度较好；P值均小于0.05，表示对上述相关系数的统计检验均通过显著检验，这说明就业人数、R&D经费支出、固定资产投资额、城镇化率、金融机构本外币贷款余额、地方财政支出、实际利用外资额、商品进出口总值这八个指标对产业结构高级化（TS）的影响均是显著的。

表6 广州市产业结构高级化动力因素的实证分析

序号	变量名称	符号	指标	回归方程	P值	R-squared
1	劳动力(X_1)	e	就业人数	$TS = 0.00251857469573 \times e - 0.100560783554$	0.0007	0.868470
2	资本(X_2)	k	固定资产投资额	$TS = 0.000163224656682 \times k + 1.16382902503$	0.0000	0.948105
3	研发支出(X_3)	rd	R&D经费支出	$TS = 0.00190665285303 \times rd + 1.29487749868$	0.0001	0.927914
4	城镇化(X_4)	ur	城镇化率	$TS = 0.118000402872 \times ur - 8.20332859799$	0.0003	0.900601
5	政府职能(X_5)	cz	地方财政支出	$TS = 0.000267031164417 \times cz + 1.27604249474$	0.0004	0.889530
6	金融贷款(X_6)	f	金融机构本外币贷款余额	$TS = 0.0000328802026376 \times f + 1.14741912461$	0.0000	0.955627
7	外商直接投资(X_7)	fdi	实际利用外资额	$TS = 0.0239391901143 \times fdi + 0.668104844296$	0.0000	0.950734
8	进出口贸易(X_8)	ne	商品进出口总值	$TS = 0.000644000694152 \times ne + 1.03225238266$	0.0042	0.769601

注：①劳动力：在其他因素保持不变的条件下，就业人数每增加1万人，产业结构高级化系数提升0.0025个点。

②资本：在其他因素保持不变的条件下，固定资产投资每增加1亿元，产业结构高级化系数提升0.0002个点。

③研发支出：在其他因素保持不变的条件下，R&D经费支出每增加1亿元，产业结构高级化系数提升0.0019个点。

④城镇化：在其他因素保持不变的条件下，城镇化率每提高1个百分点，产业结构高级化系数提升0.1180个点。

⑤政府职能：在其他因素保持不变的条件下，地方财政支出每增加1亿元，产业结构高级化系数提升0.0003个点。

⑥金融贷款：在其他因素保持不变的条件下，金融机构本外币贷款余额每增加1亿元，产业结构高级化系数提升0.00003个点。

⑦外商直接投资：在其他因素保持不变的条件下，实际利用外资额每增加1亿美元，产业结构高级化系数提升0.0239个点。

⑧进出口贸易：在其他因素保持不变的条件下，商品进出口总值每增加1亿美元，产业结构高级化系数提升0.0006个点。

（四）五城市科技、金融对产业结构高级化的影响

广州未来将在科技、金融和总部经济三方面下功夫，为此，我们比较了2006~2013年五城市科技、金融对产业结构高级化影响的差异，结果如表7所示。

表7　五城市科技、金融对产业结构高级化影响的实证分析

符号	指标	城市	回归方程	P值	R-squared
rd	R&D经费支出	广州	$TS = 0.00190665285303 \times rd + 1.29487749868$	0.0001	0.927914
		上海	$TS = 0.000908846160654 \times rd + 0.947088255826$	0.0015	0.835935
		北京	$TS = 0.000861914337473 \times rd + 2.47419461946$	0.0035	0.782982
		天津	$TS = 0.000528046550965 \times rd + 0.727016016843$	0.0003	0.903536
		深圳	$TS = 0.000943967492162 \times rd + 0.779094687755$	0.0003	0.902433
f	金融机构本外币贷款余额	广州	$TS = 0.0000328802026376 \times f + 1.14741912461$	0.0000	0.955627
		上海	$TS = 0.000017927898146 \times f + 0.826586220018$	0.0013	0.841857
		北京	$TS = 0.0000201716991642 \times f + 2.4944426561$	0.0046	0.762236
		天津	$TS = 0.0000114594337103 \times f + 0.706896540803$	0.0000	0.968374
		深圳	$TS = 0.0000227785359341 \times f + 0.746906888839$	0.0000	0.948867

通过对五城市产业结构高级化的实证分析，结果显示，广州市仍处于科技、金融对产业结构高级化作用较大的发展阶段。广州R&D经费支出规模在五城市中最小，分别为北京的24.6%、上海的37.6%、深圳的50.0%、天津的68.2%。在其他因素保持不变的条件下，R&D经费支出每增加1亿元，广州市产业结构高级化系数提升的幅度是最大的（广州0.0019、上海0.0009、北京0.0009、深圳0.0009、天津0.0005）。这是由于根据边际效应递减规律[①]，在R&D经费支

---

① 边际效应递减规律：如果一种投入要素连续地等量增加，增加到一定规模后，新增加的最后一单位物品所获得的效用（边际效用）通常会呈现越来越少的现象，即可变要素的边际产量会递减。

出规模较小的发展阶段，每增加1单位的科技经费支出对产业结构高级化的促进作用较大，但随着R&D经费支出规模越来越大，每增加1单位的科技经费支出对产业结构高级化的促进作用会有所弱化。广州金融机构贷款规模在五城市中仅高于天津，分别为北京的46.0%、上海的49.6%、深圳的89.2%。金融机构本外币贷款余额每增加1亿元，广州市产业结构高级化系数提升的幅度是最大的（广州0.00003、深圳0.00002、北京0.00002、上海0.00002、天津0.00001），这表明广州市金融机构本外币贷款余额对产业结构高级化的促进作用仍较大。

根据对五城市的产业结构合理化、产业结构高级化、产业结构转换速度、产业结构转变方向以及科技、金融对产业结构高级化影响的对比分析结果，我们深入分析五城市金融、科技、投资、外贸及第二、第三产业的发展差距，找到以下几点对广州产业结构转型升级有借鉴意义的结论。

（1）金融业发达，为经济转型升级提供有力支撑。2014年北京、深圳、上海、天津金融业增加值占GDP的比重分别为15.5%、14.0%、13.9%、8.8%，高于广州（7.8%）。广州金融业存款余额、贷款余额在全国大城市中均居第四位，资金实力雄厚，但相对于其他城市还有一定的发展差距。金融作为经济发展的先导力量，是现代经济运行中最基本的战略资源，广州要进一步提升金融服务实体经济的功能。

（2）重视研发投入，创新驱动是产业结构转型升级的重要推动力。2013年北京、深圳、上海、天津R&D占GDP的比重分别为6.08%、3.65%、3.60%、2.98%，高于广州（1.90%）。广州实施创新驱动战略，必须不断增加创新研发投入，加强创新平台建设，激发全社会创新活力和创造潜能，促进创新链、产业链、市场需求有机衔接，使万众创新的活力成为未来经济增长的不熄引擎。

（3）投资规模大，在经济下行压力加大背景下大项目投资、产业投资是促进经济平稳发展的有效力量。2014年天津、北京、上海固定资产投资分别为11654.09亿元、7562.27亿元、6016.43亿元，分别是广州（4889.50亿元）的2.4倍、1.5倍、1.2倍。投资作为拉动经济增长的重要组成部分，对经济发展起着关键作用。在当前经济下行压力加大的背景下，广州要把握好投资方向，创新投融资方式，引进具有拉动作用的大型工业企业、高新技术企业和工业大项目，确保这些项目真正落地投产，有效扩大工业投资、先进制造业投资，促使投资发挥稳增长的作用。

（4）对外贸易开放程度高，外需和招商引资依然是经济发展不可或缺的一个方面。2014年深圳、上海、北京、天津商品进出口总额分别为4877.65亿美元、4666.22亿美元、4156.52亿美元、1339.12亿美元，分别是广州（1306.00亿美元）的3.7倍、3.6倍、3.2倍、1.0倍；天津、上海、北京、深圳外商直接投资实际使用金额分别为188.67亿美元、181.66亿美元、90.41亿美元、58.05亿美元，分别是广州（51.07亿美元）的3.7倍、3.6倍、1.8倍、1.1倍。广州对外开放程度高，"千年商都"的传统贸易优势大，但对外贸易的发展步伐不够快，招商引资的规模不大，与先进城市存在一定的差距。对外贸易是开放型经济体系的重要组成部分，广州要紧抓跨境电子商务、市场采购贸易、融资租赁等新型贸易业态的蓬勃发展，实施自由贸易试验区建设和"一带一路"战略，进一步推动外贸稳定增长和外贸转型升级。

（5）坚持工业、服务业两手抓，以高附加值制造业、先进制造业等产业发展支撑服务业的稳步发展。受国际经济形势波动、市场需求放缓的影响，如果没有坚实的工业基础做支撑，服务业发展会随之放缓。北京自2011年开始，第二产业增加值增速由前几年的10%以上降至7%左右，第三产业增加值增速也由9%以上降至8%左右。上海从2008年开始，第二产业增加值由连续七年的两位数增速降至个位数增速（2010年除外），近几年更是降至5%左右；第三产业增加值也由以往的快速增长降至增长10%左右，近几年进一步降至9%左右。2000~2013年，天津第二产业增加值年均增速达16.3%，带动第三产业增加值快速提高（年均增速为13.0%）。深圳第二产业增加值年均增速达14.7%，带动第三产业增加值较快提高（年均增速为12.9%）。广州第二产业增加值年均增速为13.0%，低于第三产业增加值年均增速（13.7%）。广州与北京、上海同处于第二产业增长速度有所回落、第三产业较快发展的阶段，应积极借鉴天津以大工业项目引领发展、深圳以高技术制造业为主导的发展模式，从产业发展前景和活力着眼，挖掘优势产业中具有较大发展潜力和发展动力的产业，着力发展高附加值制造业、先进制造业，抢占全球产业链关键环节，在新一轮技术进步与工业革命中争取主动权，坚持先进制造业与现代服务业双轮驱动，以坚实的第二产业发展基础支撑服务业的稳步发展。

四 推动广州市产业结构转型升级的对策建议

（一）推进金融与产业结合，提升金融支持实体经济的能力

金融是经济发展的血液，是推动产业转型升级的重要抓手，围绕建立具有国际竞争力的现代金融体系，加快金融保险领域改革创新，进一步优化金融发展生态，推进产融结合，积极发展金融租赁、消费金融等新型金融模式和保障性、普惠型金融组织，鼓励发展"互联网+金融""众筹"等新型金融服务业态，激发民间金融活力，增强广州民间金融的集聚效应和品牌效应，形成民间融资的"广州价格"，为中小企业和个人提供融资服务，以解决中小企业难以得到资金投入的难题，通过基金、政府债券、企业债券等多种融资渠道为实体经济提供要素保障，促进金融与实体经济的紧密结合。

（二）提升科技创新能力，驱动产业转型升级

强化创新驱动发展战略，推动工业化与信息化的深度融合。产业的高端化发展越来越取决于科技创新的能力，自主创新成为产业发展的核心驱动力和推动产业转型升级的主导力量。一是搭建创新载体。加快"产学研"合作创新平台建设，鼓励广州市高校院所直接为企业提供科技服务，促进高校、企业、科研院所等多主体协同创新。举办科技成果与产业对接会，研究建立主要由市场决定技术创新项目和经费分配、评价成果的机制。二是创新商业模式。加大研发投入，支持广州市企业探索与新技术发展和应用相适应的产品开发、生产销售、供应链管理、资本运作等新型商业模式，发展企业间电子商务、电子零售、专业服务、增值服务、服务外包等新业态。扩大亚马逊、腾讯、酒仙网等华南总部的带动效应，推动电子商务与金融服务、跨境贸易、智能终端应用软件等新业态深度融合，充分发挥创新驱动作用，推动产业优化升级。三是强化企业创新主体地位。强化企业创新主体地位，完善对科技小巨人企业、创新型企业的扶持措施，推进更多的工业企业建立研发机构。落实好企业研发费加计扣除、高新技术企业税收优惠等政策，提高对企业技术创新投入的回报。

（三）优化投资结构，提高投资效益

投资结构预示着未来的产业结构。经济新常态下要实现中高速增长、向中高端发展，必须要推进产业结构的调整和优化，从优化产业投资结构入手，推动产业转型升级，提升经济发展的质量和效益。一是引导投资投向基础设施领域，重点推进港口集疏运体系和连通内外的重大交通基础设施体系建设，解决制约经济持续发展的交通、能源瓶颈。二是引导投资投向与不断升级的消费结构相适应的新兴产业，满足人民群众不断提高的消费需求。三是引导投资投向能够带动产业升级和技术进步的领域，保障市场前景好的重点项目建设。四是引导投资投向保障性安居工程、廉租住房、城市交通、医疗卫生等社会保障和重大民生工程，把优化投资结构与促进消费结合起来。五是引导投资投向传统产业技术改造、战略性重组与信息化建设领域，提高传统产业市场竞争力和整体实力，促进传统产业优化升级，扩大对高技术产品的市场需求，强化引资引技引智工作，重点引进一批高端产业项目和优质企业，增强经济发展后劲。通过投资结构调整，提质增效，优化三次产业布局，改善民生，带动消费和出口，促进经济的良性循环。

（四）促进贸易新业态发展，提升对外贸易发展水平

一是培育进口新增长点。促进汽车整车进口，争取汽车平行进口试点，通过跨境商品直购中心、跨境电商体验店、电商的海外直购频道等提供更多具有价格竞争力的海外直购商品，推动进口商品销售，引导境外消费回流，把跨境消费留在本地区。二是继续做大出口。鼓励企业"走出去"，支持重点领域、重大项目的境外投资，积极培育国际化企业，增强广州外贸国际融合度，重点拓展"一带一路"国家的投资和工程承包市场，带动广州市设备、原材料等进出口发展。紧抓南沙自贸试验区建设机遇，推进区域通关一体化，促进投资贸易便利化。三是力促对外贸易转型升级。加大对自主品牌企业、科技型企业出口的支持力度，强化产品创新和品牌培育，进一步优化外贸结构，加快形成以技术、品牌、质量、服务为核心的出口竞争新优势，提高企业国际市场竞争力。

（五）提升产业结构层次，主动适应经济新常态

一是推动制造业向高端化方向发展。打好工业转型升级攻坚战，加大对工业转型升级的财政支持和金融支持，全面展开新一轮技术改造、制造业高端化、制造业智能化、工业创新、绿色发展等攻坚行动。制定行业转型升级示范标准，推动食品、医药、化工、纺织、服装、皮革皮具等传统优势产业与"互联网+"深度融合，推动工业从生产型制造向服务型制造转变，加快发展智能制造装备、轨道交通装备、工程装备、环保装备等重点产业，大力推进工业技术创新，推动企业实现"机器换人"。

二是培育壮大战略性新兴产业。加快推进"广州光谷"、广州国际生物岛生物医药创新创业示范园区、儒兴科技晶体硅太阳电池浆料产业化、科学城智能电网、太阳能系统集成技术开发应用等项目的建设。密切跟踪国际新技术发展趋势，积极推进智能装备应用、工业机器人、高性能专用芯片、3D打印技术等产业的发展，对接无线充电、太阳能、医疗器械、飞行汽车等国际高科技项目，促使创新型项目落户广州。

三是推动服务业转型升级。推动广州市传统优势服务业转型升级，做好大型专业批发市场的规划布局，加快业态新、规模大、功能强、交通优的现代化综合展贸园区的建设，引导专业批发市场建立统一的网上交易平台；加强重点商圈建设发展，鼓励企业抓住电商发展机遇，推动互联网与传统产业的深度融合，支持更多企业用好跨境电子商务试点政策开拓市场。培育生产性服务业新增长点，紧抓国际航运中心建设、南沙自贸试验区建设机遇，加快信息技术、健康服务、工业设计、现代物流、检验检测、节能环保、互联网金融、融资租赁等服务业新业态发展，使生产性服务业成为广州市经济新增长点和产业转型升级新动力。

（六）着力优化发展环境

一是发展总部经济。立足于广州的区位优势、资源基础、产业基础和城市功能，科学制订总部经济发展规划，明确总部经济发展的思路，确定产业和区域发展重点，加快建立总部经济政策支持体系和专业服务支撑体系，出台相关扶持政策，加快吸引公司总部机构在广州集聚，优化总部经济发展环境。充分

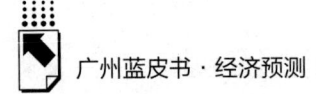

发挥华南政治中心和交通枢纽的区位优势，大力引进大型跨国公司总部或地区总部，积极吸引国内优秀企业在广州设立总部。二是营造良好的营商环境。深化行政审批制度改革，通过简政放权激发市场主体活力，打造市场化、国际化、法治化营商环境。充分利用建设南沙新区自贸区的契机，努力营造亲商、爱商、扶商、安商的发展环境。营造大众创业、万众创新的氛围，建设更多更高水平的创新创业平台。

（审稿　彭诗升）

B.13
广州与国内六大城市产业结构的比较研究

广州市发展改革委员会综合处课题组 *

摘　要： 本文通过与国内六大城市的比较揭示了广州市产业结构的演进趋势和现状特征，以供给、需求、科技、开放、政府等变量的相关指标构建模型对产业结构影响因素进行实证分析，并提出相应的政策建议。

关键词： 产业结构　影响因素　比较分析

一　产业结构现状特征比较分析

为深入分析广州产业结构的现状特征，本文将广州产业结构与北京、上海、天津、重庆、深圳、苏州六大城市（2013 年 GDP 超过 1 万亿元的城市）的产业结构进行比较。

（一）三次产业结构比较分析

2014 年广州三次产业结构为 1.42∶33.56∶65.02。第三产业增加值（10862.9 亿元）在七大主要城市中居第三位，仅次于北京（16626.3 亿元）、上海（15271.9 亿元）；第三产业占比（65.02%）居第二位（见表1），仅次于北京（77.9%），略高于上海（64.82%）。第二产业增加值（5606.4 亿元）、第二产业占比（33.56%）、工业总产值（18184.9 亿元）均居倒数第二

---

* 课题组成员：陈泽鹏，广州市发展改革委国民经济综合处处长；赵斐然，广州市发展改革委国民经济综合处主任科员。

位，仅高于北京。这说明广州产业结构中服务业的地位比较突出，但工业规模偏小，发展水平有待提升。

表1 2014年七大城市三次产业结构

单位：%

城　市	广州	北京	上海	深圳	天津	重庆	苏州
第一产业	1.42	0.7	0.53	0.03	1.3	7.4	1.7
第二产业	33.56	21.4	34.65	42.64	49.4	45.8	51.1
第三产业	65.02	77.9	64.82	57.33	49.3	46.8	47.2

（二）产业内部结构比较分析

1. 制造业内部结构比较分析

从制造业行业分布和对各主要行业的比较来看，广州制造业内部结构呈现以下特征。

第一，制造业内部行业分布比较均匀。2013年七大城市制造业排名前五位行业占规模以上制造业总产值比重都超过50%，广州占比（55.66%）排第六位，仅高于天津（51.49%），低于深圳（80.86%）、苏州（63.06%）、北京（62.10%）和上海（57.04%）、重庆（56.45%）。从排名前五位的行业间对比来看，广州、上海、北京、天津、重庆五大行业占比差距不大，排名前两位的行业占比差距都在10个百分点以内，广州排名前两位的"汽车制造业"和"通信设备、计算机及其他电子设备制造业"的占比差距只有8.7个百分点。深圳、苏州则表现为明显的"一业独大"特征，深圳的"通信设备、计算机及其他电子设备制造业"占比高达58.4%。

第二，汽车、化学制品等行业具有一定规模优势。汽车制造业是广州第一大制造行业，2013年产值（3318亿元）在七大城市中排名第二位，但与上海（4884亿元）仍有不小差距；汽车制造业占规模以上制造业总产值比重为21.1%，仅次于北京（26.8%）位列第二。化学原料及化学制品制造业是广州第三大制造行业，2013年产值为1841亿元，占规模以上制造业总产值比重为11.7%，产值虽低于上海（2620亿元），但相对其他5个城市仍具有一定优势。

第三，电子、电气机械等行业与其他先进城市相比存在较大差距。通信设备、计算机及其他电子设备制造业是广州第二大制造行业，2013年产值达到

1950 亿元，占规模以上制造业总产值比重为 12.4%，产值和占比均位居七大城市倒数第一位，产值只有深圳的 15.3%、苏州的 19.8%、上海的 35.8%、天津的 64.1%。电气机械及器材制造业是广州第四大制造行业，但产值（912 亿元）只是苏州的 37.1%、上海的 42.9%、深圳的 45.3%。广州石油加工、炼焦和核燃料加工业产值（748 亿元）也低于上海（1758 亿元）、天津（1379 亿元）、北京（767 亿元）（见表 2）。

表2　2013 年七大城市总产值排名前五位的制造行业

城市	排名前 5 位行业及其产值（亿元）					合计占制造业比重(%)
广州	汽车制造业（3318）	通信设备、计算机及其他电子设备制造业（1950）	化学原料及化学制品制造业（1841）	电气机械及器材制造业（912）	石油加工、炼焦和核燃料加工业（748）	55.66
北京	汽车制造业（3269）	通信设备、计算机及其他电子设备制造业（2217）	石油加工、炼焦和核燃料加工业（767）	电气机械及器材制造业（714）	专用设备制造业（615）	62.10
上海	通信设备、计算机及其他电子设备制造业（5444）	汽车制造业（4884）	化学原料和化学制品制造业（2620）	通用设备制造业（2459）	电气机械及器材制造业（2126）	57.04
深圳	通信设备、计算机及其他电子设备制造业（12716）	电气机械及器材制造业（2013）	文教、工美、体育和娱乐用品制造业（1534）	橡胶和塑料制品业（697）	通用设备制造业（652）	80.86
天津	黑色金属冶炼及压延加工业（4086）	通信设备、计算机及其他电子设备制造业（3040）	汽车制造业（1843）	石油加工、炼焦及核燃料加工业（1379）	化学原料及化学制品制造业（1293）	51.49
重庆	汽车制造业（3011）	通信设备、计算机及其他电子设备制造业（2128）	铁路、船舶、航空航天和其他运输设备制造业（1336）	电气机械及器材制造业（863）	非金属矿物制品业（835）	56.45
苏州	通信设备、计算机及其他电子设备制造业（9866）	黑色金属冶炼及压延加工业（2861）	电气机械及器材制造业（2460）	通用设备制造业（1854）	化学原料及化学制品制造业（1705）	63.06

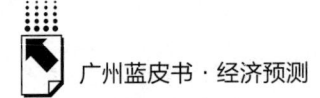

2.服务业内部结构比较分析

从各服务行业占服务业增加值的比重和各服务行业人均服务产品占有量①来看,服务业内部结构呈现以下特点。

第一,服务业内部各行业分布比较均匀。2013年广州服务业Theil指数②(0.315)略高于北京(0.286),低于上海(0.443)、深圳(0.475)、天津(0.38)、重庆(0.322)和苏州(0.463)。2013年广州排名前三的行业占服务业增加值比重为49.1%,略高于北京(46.3%),但明显低于上海(57.3%)、天津(55.5%)、重庆(52.9%)、深圳(62.3%)和苏州(59.8%)等城市,显示广州服务业不平衡程度较低,更多表现为综合化的结构特征。

第二,商务服务、交通运输、批发零售等行业具有一定比较优势。2013年,广州租赁和商务服务业占比(12.8%)和其人均服务产品占有量(9916元/人)均居七大城市首位,优势最为突出。交通运输、仓储和邮政业占比(10.1%)和其人均服务产品占有量(7848元/人)分别居第三位和第一位,优势也比较明显。批发零售业人均服务产品占有量(17619元/人)居首位,但其占比(22.8%)低于上海(26.3%)、天津(27.6%)和苏州(30.5%)。

第三,金融、信息服务、科技服务等行业与其他先进城市存在较大差距。广州金融业占比(11.5%)排倒数第一位,比其他6个城市平均水平低8.2个百分点,比排名第一位的深圳(24.5%)低13个百分点,金融业人均服务产品占有量(8866元/人)排倒数第三位,仅高于天津(8507元/人)和重庆(3613元/人),不及深圳(18891元/人)的一半。信息传输、软件和信息技术服务业占比(5.4%)和其人均服务产品占有量(4189元/人)均排第四位。科学研究和技术服务业占比(3.1%)远低于北京(9.6%)和天津(6.5%)。金融业、信息服务业、科技服务业是生产性服务业的核心产业,而这三大行业恰恰是广州的弱项,说明广州生产性服务业亟待优化提升。

---

① 人均服务产品占有量=服务行业增加值/常住人口。

② Theil指数的计算公式:$T = \sum_{i=1}^{n} s_i \log(ns_i)$, $s_i = y_i / \sum_{i=1}^{n} y_i$

式中Theil指数的取值范围为(0, lnN),数值越大,表明服务业结构的不平衡程度或平均专业化程度越高。

(三)产业高级化水平比较分析

2013年广州产业高级化指数（0.67）在七大城市中排第四位，低于北京（0.76）、深圳（0.75）和上海（0.68），说明广州产业结构还有较大的提升空间。从影响产业高级化的各项因子来看，产业结构层次位居前列。2013年广州三次产业结构层次系数为2.63，仅次于北京，在七大城市中位居第二。劳动产出效率领先。2013年广州全社会劳动生产率为20.3万元/人，领先其他六大城市。金融业占比落后于各大城市。2013年广州金融业占服务业增加值的比重仅为11.5%，远远落后于其他六大城市。高新技术产业发展与先进城市差距明显。2013年广州高新技术产品产值占规模以上工业总产值比重（42.8%）与深圳（61.2%）相比差距明显。工业增加值水平有待提升。2013年广州规模以上工业增加值率为25.9%，虽在七大城市中居第三位，但优势不明显。

二 广州产业结构转变的影响因素分析

(一)模型设定

根据相关理论和经验，把产业高级化指数作为被解释变量，把影响产业高级化水平的影响因素分为供给、科技、需求、开放和政府五大类，针对这五类因素选择八个解释变量（见表3）。本模型包含2004～2013年北京、上海、天津、重庆、广州、深圳、苏州七大城市的面板数据，一共70个观测值。

设定计量经济学模型如下：

$$H_{it} = \sum_{i=1}^{N} a_i + cTrend + \sum_{k=1}^{M} \beta_k X_{it}^k + \sum_{k=1}^{M} \gamma_k (Dum \times X_{it}^k) + \varepsilon_{it}$$

上式中，H_{it}是i城市t期的产业高级化指数的自然对数。N等于7，是所选城市个数。t等于10，代表2004～2013年共10年的数据。M是解释变量的个数，等于8。a_i是i城市的截距项[1]，代表那些随城市变化，但不随时间变化的

---

[1] 实证分析所采用的面板数据模型是固定效应模型。

表3 面板数据模型中的变量说明

变量类别		变量符号及函数形式	说 明
被解释变量		$H = \ln(产业高级化指数)$	度量产业高级化的程度(取值范围为0~1)
解释变量	供给因素	$X^1 = \ln(全社会从业人数),(万人)$	劳动力供给规模
		$X^2 = \ln(全社会固定资产投资),(亿元)$	资本供给规模
	科技因素	$X^3 = \ln(发明专利授权数量),(件)$	科技创新水平
		$X^4 =$ 规模以上工业企业R&D经费内部支出占工业总产值的比重(%)	研发投入力度
	需求因素	$X^5 = \ln(人均GDP),(元/人)$	代表收入水平
	开放因素	$X^6 =$ 进出口商品总值占GDP比重(%)	对外贸易依存度
		$X^7 =$ 实际利用外资金额占GDP比重(%)	利用外资水平
	政府因素	$X^8 =$ 地方财政支出占GDP比重(%)	政府参与经济的程度

难以观测变量的影响。Trend是时间趋势变量①,系数为c。Dum为虚拟变量,对于广州的观测值Dum取值为1,否则取值为0。β_k是第k个解释变量的系数,ε_{it}是误差项。对广州来说,第k个解释变量的系数为$\beta_k + \gamma_k$,代表第k个解释变量对广州产业高级化的影响,而β_k则代表第k个解释变量对其他6个城市产业高级化的平均影响。

(二)模型估计

为消除或减轻误差序列相关问题,对模型一阶差分处理后得到模型如下:

$$\Delta H_{it} = c + \sum_{k=1}^{N} \beta_k \Delta X_{it}^k + \sum_{k=1}^{M} \gamma_k (Dum \times \Delta X_{it}^k) + \Delta \varepsilon_{it}, \quad t = 2,\cdots,T$$

使用广义最小二乘法②(GLS)对差分后的模型进行估计,并采用逐步回归的方法剔除不显著的解释变量,最终的估计结果如表4所示。在逐步回归的过程中,系数估计结果比较稳定,说明估计结果比较理想,模型设定合理。

---

① 时间趋势变量的取值为0,1,2,…,9,分别代表2004~2013年。时间趋势变量表示每个城市的产业高级化指数都有一个随时间推移而变化的增长趋势,模型中的增长速度为$c \times 100\%$。
② 具体是截面加权的GLS方法,用该方法解决模型中存在的异方差问题。

表4 产业高级化的实证分析结果

影响因素	变量	系数估计值	显著性水平
趋势变量	c	0.0241	0.0355
全社会从业人数	$\triangle X^1$	—	—
全社会固定资产投资	$\triangle X^2$	—	—
发明专利授权数量	$\triangle X^3$	0.0461	0.0442
规模以上工业企业 R&D 经费内部支出占工业总产值的比重	$\triangle X^4$	—	—
人均 GDP	$\triangle X^5$	0.1958	0.0178
进出口商品总值占 GDP 比重	$\triangle X^6$	-0.6033	0.0008
实际利用外资金额占 GDP 比重	$\triangle X^7$	—	—
地方财政支出占 GDP 比重	$\triangle X^8$	—	—
广州与其他6个城市显著不同的影响因素	$Dum \times \triangle X^3$	-0.0472	0.0476
	$Dum \times \triangle X^4$	10.2100	0.0002
	$Dum \times \triangle X^8$	0.8850	0.0014
R^2		0.53	
Durbin-Watson stat		2.13	
Jarque_Bera stat(括号内的数值是显著性水平)		1.8415(0.3982)	

注：仅显示在5%水平上显著的系数估计值。

表5 广州与其他六大城市的解释变量系数估计值

影响因素	变量	系数估计值 广州	系数估计值 其他六个城市
全社会从业人数	$\triangle X^1$	不显著	不显著
全社会固定资产投资	$\triangle X^2$	不显著	不显著
发明专利授权数量	$\triangle X^3$	不显著①	0.0461
规模以上工业企业 R&D 经费内部支出占工业总产值的比重	$\triangle X^4$	10.2100	不显著
人均 GDP	$\triangle X^5$	0.1958	0.1958
进出口商品总值占 GDP 比重	$\triangle X^6$	-0.6033	-0.6033
实际利用外资金额占 GDP 比重	$\triangle X^7$	不显著	不显著
财政支出占 GDP 比重	$\triangle X^8$	0.8850	不显著

注：①原假设：$\triangle X^3$ 和 $Dum \times \triangle X^3$ 的系数之和等于0，Wald 检验结果是不能拒绝原假设（F-statistic 为 0.0028，显著性水平为 0.9582）。

（三）结果分析

1. 供给因素

全社会从业人数和固定资产投资的系数估计值都不显著，可能是因为这两个指标仅仅反映的是要素供给规模，而没有反映要素供给结构。这表明单纯扩大从业人员和固定资产投资规模，并不会对产业高级化产生显著影响。要发挥供给因素对产业高级化的积极影响，重点在于优化供给因素的结构，例如提高劳动力整体素质，以及优化投资的方向与领域等。

2. 科技因素

广州发明专利授权数量的系数估计值不显著，而其他6个城市发明专利授权数量的系数估计值为0.0461，在5%的水平上显著，显示发明专利授权数量对广州产业高级化的影响不显著，但对其他6个城市却存在显著影响，专利授权数量增加1%，产业高级化指数平均提高约0.05%。可见，广州需要在专利等科技成果转化方面做出更大努力。广州研发投入的影响不仅在统计意义上非常显著，而且系数估计值较大，为10.2。但从其他6个城市的平均水平来看，研发投入对产业高级化没有显著影响。当前广州研发投入水平较低[1]，而研发投入对产业高级化又有着显著影响，因此加大研发投入是推动广州产业高级化的重要途径。

3. 需求因素

人均GDP的系数估计值为0.1958，在2%的水平上显著，表明人均GDP所代表的收入水平等需求因素对产业高级化有着显著影响。随着人均收入水平提高，广州等国内大城市的产业结构逐渐趋向高级化，实证分析结果符合产业结构演进规律的预期。

4. 开放因素

外贸方面，进出口商品总值占GDP比重的系数估计值小于0，并且非常显著，显示进出口规模对产业高级化有负面影响。长期以来我国进出口结构层次偏低，出口产品的附加值较低，服务贸易处于起步阶段，导致进出口规模扩大

---

[1] 2013年广州规模以上工业企业研发内部支出占工业总产值的比重，在七大城市中仅略高于重庆和苏州，不及天津和深圳的一半。

对产业高级化产生负面影响。外资方面，实际利用外资金额占GDP比重的系数估计值不显著，可能是因为该指标反映的是规模数量，而没有反映外资的投向或领域。因此，今后在扩大使用外资规模的同时，更要引导外资投向价值链高端领域。

5. 政府因素

广州财政支出占GDP比重的系数估计值比较显著，意味着地方财政支出对产业高级化有着积极影响。政府财政支出反映了政府对经济的调控能力，有针对性的财政扶持政策能够对产业高级化起到明显的促进作用。政府财政支出仅从一个侧面反映政府因素对于产业高级化的影响，而实际上政府因素在重点产业选择、产业空间布局、特定企业扶持、产业技术改造、营商环境改善等方面都能够发挥重要作用。相对其他6个城市，由于财政体制原因广州财政支出占GDP比重明显偏低，所以增加财政支出的边际效应比较大。增加政府财政支出是推进广州产业高级化的一个重要着力点。

三 加快广州产业结构转型升级的建议

当前，全球产业技术革命风起云涌，国内外城市竞争异常激烈，广州必须抓住国家实施"一带一路"和自贸试验区战略的重大契机，对接"中国制造2025"和"互联网+"行动计划，围绕"三中心一体系"建设，实施现代服务业和先进制造业"双轮驱动"战略，在培育新兴接续产业、增强产业创新能力、提升总部企业发展能级、构建高水平开放格局等方面下功夫，全面提升广州产业核心竞争力。

第一，在产业重点选择上，要在加快推动存量产业转型升级的同时，培育壮大航运航空、信息服务、医药健康、高端装备四大新兴接续产业。当前广州产业面临的最突出问题是存量产业增长动能遇到瓶颈，而新兴接续产业尚未成气候。因此，一方面，要千方百计稳定汽车、石化、电子等支柱产业的增长，通过狠抓技术改造推动纺织服装、食品饮料、商贸流通等传统优势产业加快转型升级。另一方面，要坚持问题导向，发挥比较优势，集中力量培育一批新兴接续产业。航运航空方面，要针对广州市交通运输业占比大幅下降和港口优势弱化的问题，编制实施国际航运中心建设三年行动计划，加快建设南沙港铁路、南沙港区无水港和航运物流集聚区，抓紧设立航运产业基金，精心打造航运交易中心，落实启运港退税试点政策。编制实施航空产业发展规划，抓紧设立航空产业基金，规划建设空港产业园，加快发展航空物流、航空维修、航空制造、飞机租赁等产业，形成引领制造业高端化的新增长点。信息服务方面，要针对广州市信息服务业占比明显下降的问题，抓紧制订实施"互联网＋"行动计划，推动互联网与传统产业跨界融合，加快推进国家超算中心商业化应用，做大做强琶洲电子商务和移动互联网集聚区、天河软件园等重大园区，狠抓浪潮、中软、思科等招商项目落地建设，尽快在大数据、云计算、移动互联网等领域形成新增长点。医药健康方面，要针对广州市医药制造业占比下降的问题，推动国际生物岛等园区建设尽快取得新突破，引导广药集团拓展医疗器械等产业链高端环节，加快出台健康服务业发展实施意见，鼓励社会资本发展健康服务业，打造医药健康全产业链。高端装备方面，要针对广州市装备产业优势弱化的问题，借"一带一路"的东风，利用全国高铁大发展和珠三角"机器换人"的新机遇，大力发展轨道交通装备和智能制造，充分发挥"广州地铁"品牌效应，推动组建轨道交通产业链企业；积极争取整车生产资质，争创国家级工业机器人及智能制造产业试点基地，支持发展3D打印、无人机、智能穿戴设备制造等新业态，通过工程设计、总集成总承包等方式带动上下游产品开拓国内外市场，实现"全产业链走出去"，培育形成新的支柱产业。

第二，在产业动力切换上，要牢牢把握高新技术企业培育、孵化器建设、研发机构发展三大抓手，推动科研成果迅速转换成为新的现实生产力。研发投入不足、企业创新主体作用不强、科研成果转化水平较低是广州产业发展的突出问题，必须进一步加大政府在研发经费上的投入力度，大力实施财政科技投入倍增计划，在高新技术企业培育、孵化器建设、研发机构发展等方面下功夫见实效。高新技术企业培育方面，要推进实施创新型企业成长路线图计划和开展科技企业上市培育专项行动。实施《企业研发经费投入后补助实施方案》，用好创新型企业专项资金和科技小巨人企业扶持资金，推动企业加大研发投入。加大力度引进一批技术驱动型高科技企业。孵化器建设方面，要大力实施孵化器倍增计划，依托高新区和科技园区抓好科技企业的孵化工作，扩大孵化规模，优化孵化服务，打造一批以特定科技基础设施、行政服务体系、人居环境为支撑的科技创业社区。在研发机构发展方面，要坚持市场导向，推动现有大型骨干企业全面建立省级以上工程研究中心、企业技术中心、重点实验室等研发机构，集聚创新人才和团队，开展重大科技专项和关键技术攻关。

第三，在产业平台建设上，要全力打造南沙新区、空港经济区、广州开发区三大引擎，构建高水平对外开放发展格局。广州产业布局相对分散，集群效应未能充分发挥，必须集中力量建设重点产业平台，打造新的产业发展高地。南沙新区要以自贸试验区和海港为核心，加快推动《广东自贸试验区总体方案》各项政策的落地实施，面向全球进一步扩大开放，在构建符合国际高标准的投资贸易规则体系上先行先试，重点发展航运物流、特色金融、国际商贸和高端制造业，建设具有世界先进水平的综合服务枢纽，打造国际性高端生产性服务业要素集聚高地。空港经济区要以白云机场这一国际航空枢纽为核心，积极申报国家级跨境电商平台，加快建设机场第二高速等重大基础设施，积极推进新科宇航飞机维修基地建设，吸引国际航空快递巨头进驻，大力发展航空物流、飞机维修与制造、融资租赁、跨境电商等产业，打造国家级空港经济示范区。广州开发区要以广州科学城、中新知识城为核心，积极推动中新知识城上升为国家战略，重点发展新一代信息技术、生物医药、研发设计、检验检测等产业，推动工业从生产型制造向服务型制造提升，建设珠三角产业转型升级示范区。同时，要进一步优化开放发展环境，出台实施《广州市建设市场化法治化国际化营商环境三年行动计划》和《广州市实施企业投资项目清单管理工作方案》，推动投资贸易便利化。要落实"引资引技引智"工作会议任务，围绕产业链招商加快引进一批重大项目。大力发展外贸新业态，扩大旅游购物出口，加快跨境贸易电子商务公共服务平台建设，开展汽车平行进口试点，优化外贸结构，尽快发挥外贸进出口对产业结构优化的正效应。

第四，在产业主体发展上，要重点发展"两个500强"等高能级总部企业，鼓励大众创业万众创新，形成"大企业顶天立地，小企业铺天盖地"的良好局面。"星星多，月亮少"是广州产业组织形态的短板。一方面，要针对广州市总部企业能级不高的问题，加快制订总部经济发展三年行动计划，落实加快总部经济发展若干措施，全面优化总部经济生态环境，重点瞄准"两个

500强"企业（世界500强企业、中国500强企业），全面梳理总部项目清单，由专人专责跟进，有针对性地吸引企业在广州设立总部、区域总部、结算中心、共享服务中心，培育壮大本土总部企业。另一方面，要全面优化创业环境，加大对各类开放式创业服务平台的支持力度，推动粤港澳（国际）青年创新工场、创新谷创大联盟、红鸟创业苗圃、YOU+青年创业社区等孵化平台和"众创空间"的建设速度。优化创业投资引导基金托管机制，逐年扩大基金规模，并参股设立创业投资子基金。建立科技投资风险补偿机制，对天使投资失败项目给予一定比例的补偿。制定出台政策措施，对来广州创业创新的人才，在提供住房、就医、社保等"保健型"服务的同时，加大融资支持、专业服务载体建设等"激励型"服务的服务力度，打造人才创业创新的福地。

（审稿　陈浩钿）

B.14
广州市骨干企业发展情况研究

广州市统计局综合处课题组[*]

摘　要： 本文根据广州市第三次全国经济普查数据，深入分析广州市各行业骨干企业的特点，通过对骨干企业行业盈利能力和成长能力的分析，提出推动广州培育发展骨干企业的建议。

关键词： 广州　骨干企业

一　广州市骨干企业基本现状

根据2013年广州市第三次全国经济普查数据，广州市主营业务收入10亿元以上的四上企业[①]（下文简称骨干企业）有700家，占全市企业法人单位（17.84万家）的0.39%；吸纳从业人员113.86万人，占全市企业法人单位从业人员（583.17万人）的19.52%；资产合计2.78万亿元，占全市企业法人单位资产（7.87万亿元）的35.32%。

（一）骨干企业户数、规模齐增长，户数分布呈"金字塔"形

骨干企业户数增长近一倍。2013年，广州市主营业务收入10亿元以上的

---

[*] 课题组成员：冯俊、陈婉清、李俊。执笔：李俊。
[①] 根据国家统计方法制度，统计部门按法人单位所在地口径进行统计，为保证不重不漏，统计对象为所在地的独立法人单位。本文分析对象为广州市"四上企业"，指规模以上工业企业、资质等级以上建筑业企业和房地产开发经营企业、限额以上批发零售业企业和住宿餐饮业企业、规模以上其他服务业企业的统称。其中规模以上其他服务业企业指年末从业人员50人及以上，或年营业收入1000万元及以上的服务业法人单位，涉及行业包括交通运输、仓储和邮政业，信息传输、软件和信息技术服务业，租赁和商务服务业，科学研究和技术服务业，水利、环境和公共设施管理业，教育，卫生和社会工作；以及物业管理、房地产中介服务等。

四上企业（骨干企业）共700家，占全部四上企业（20013家）的3.50%；与2008年广州市第二次全国经济普查数据相比，骨干企业增加332家，增长90.2%。

户数分布呈"金字塔"形。从户数规模分布来看，广州市骨干企业呈现"金字塔"形结构，主营业务收入10亿～50亿元的骨干企业数量占比达八成，基础稳固。2013年，主营业务收入100亿元及以上的骨干企业有63家，占全部骨干企业的9.0%，占比较2008年提升2.75个百分点；主营业务收入50亿～100亿元（不含100亿元）的骨干企业有77家，占全部骨干企业的11.0%，占比较2008年提升2.58个百分点；主营业务收入在10亿～50亿元（不含50亿元）的企业户数最多，为560家，占全部骨干企业的80.0%。

规模大型化特征明显。主营业务收入100亿元及以上的骨干企业户数增长最快，2013年比2008年增长1.74倍。主营业务收入50亿～100亿元（不含100亿元）的企业户数比2008年增长1.48倍，主营业务收入10亿～50亿元（不含50亿元）的企业户数较2008年增长78.3%，显示骨干企业规模呈不断扩张趋势（见表1）。

表1 骨干企业基本情况对比

主营业务收入区间	企业户数（家）2013年	企业户数（家）2008年	企业户数增长	主营业务收入（万亿元）2013年	主营业务收入（万亿元）2008年	主营业务收入增长
合计	700	368	90.2%	3.65	1.56	1.34倍
100亿元及以上	63	23	1.74倍	1.99	0.69	1.88倍
50亿~100亿元（不含100亿元）	77	31	1.48倍	0.52	0.23	1.26倍
10亿~50亿元（不含50亿元）	560	314	78.3%	1.14	0.64	78.1%

（二）骨干企业效益增长明显，主营业务收入超百亿元的大型骨干企业主营业务收入占比达五成，主营业务收入增长最快

骨干企业主营业务收入增长快于企业户数和从业人员数量增长。2013

年，全市700家骨干企业完成主营业务收入3.65万亿元，而2008年，全市368家骨干企业完成主营业务收入1.56万亿元，六年来骨干企业主营业务收入增长1.34倍，快于企业户数增长（增长90.2%）和从业人员数量增长（增长81.4%）。

63家主营业务收入超百亿元大企业实现主营业务收入占比超五成。主营业务收入在100亿元及以上、50亿~100亿元（不含100亿元）、10亿~50亿元（不含50亿元）的骨干企业分别完成主营业务收入1.99万亿元、0.52万亿元、1.14万亿元，比重分别为54.52%、14.25%、31.23%。

主营业务收入超百亿元企业主营业务收入增长最快。从主营业务收入增长情况来看，主营业务收入超百亿元的骨干企业增长最快。与2008年相比，主营业务收入超百亿元的63家骨干企业主营业务收入增长1.88倍；50亿~100亿元（不含100亿元）的77家骨干企业主营业务收入增长1.26倍；10亿~50亿元（不含50亿元）的560家骨干企业主营业务收入增长78.1%。

（三）批发零售业、工业集聚超七成骨干企业、超八成主营业务收入，房地产开发经营业户数及效益增长最快

批发零售业、工业企业户数合计占比超七成，主营业务收入合计占比超八成。从行业分布来看，全市700家骨干企业中，批发零售业有299家，占全部骨干企业的42.71%；完成主营业务收入1.93万亿元，占全部骨干企业的52.88%。工业企业有223家，占全部骨干企业的31.86%；完成主营业务收入1.12万亿元，占全部骨干企业的30.68%。两个行业户数合计占比74.57%，主营业务收入合计占比83.56%。

房地产开发经营业户数、主营业务收入增长均为最快。从户数增长情况看，房地产开发经营业骨干企业户数增长最快，比2008年增长2.20倍；其次为建筑业、批发零售业、工业、住宿餐饮业和其他服务业，分别比2008年增长1.26倍、1.18倍、66.4%、50.0%和24.5%。从主营业务收入增长情况看，房地产开发经营骨干企业主营业务收入增长最快，比

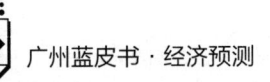

2008年增长2.88倍,其次为建筑业、批发零售业、住宿餐饮业、工业和其他服务业骨干企业,分别比2008年增长2.19倍、2.16倍、1.26倍、79.8%和17.0%。

(四)有限责任公司、外商投资企业、国有企业三足鼎立,所有制多元发展

有限责任公司户数占比最大、增长最快。从企业户数看,2013年,骨干企业登记注册类型主要为有限责任公司、外商投资企业、私营企业和港澳台商投资企业,占比分别为32.71%、20.43%、15.14%和14.86%,合计占比达83.14%。国有企业和股份有限公司占比分别为8.57%和8.00%。与2008年相比,有限责任公司骨干企业户数增长最快,增长2.42倍,私营企业、股份有限公司骨干企业户数分别增长1.72倍和1.24倍。

有限责任公司、外商投资企业、国有企业效益三足鼎立。从主营业务收入看,有限责任公司、外商投资企业、国有企业主营业务收入占比分别为33.22%、20.66%、18.16%,合计占比72.04%。有限责任公司、私营企业、国有企业主营业务收入分别比2008年增长3.95倍、2.14倍、1.16倍。

国有企业主导作用依然明显。有限责任公司、外商投资企业的户数份额与主营业务收入份额基本匹配,而国有骨干企业虽然户数下降25.0%,但主营业务收入增长1.16倍,以8.57%的户数,实现了18.16%的主营业务收入,说明国有企业呈大型化发展特征,主导作用依然明显。

(五)天河、越秀和萝岗集聚超五成的骨干企业、超六成的主营业务收入

从户数区域分布来看,2013年,全市700家骨干企业分布在全市12个区(县级市),其中骨干企业户数量占比超15%的有天河(150家,21.43%)、越秀(128家,18.29%)和萝岗(111家,15.86%)三个区,合计占比为55.58%;占比超5%的有南沙(52家,7.43%)、番禺(49家,

7.00%)、海珠（46家，6.57%）和荔湾（41家，5.86%）四个区，合计占比为26.86%（见图1）。

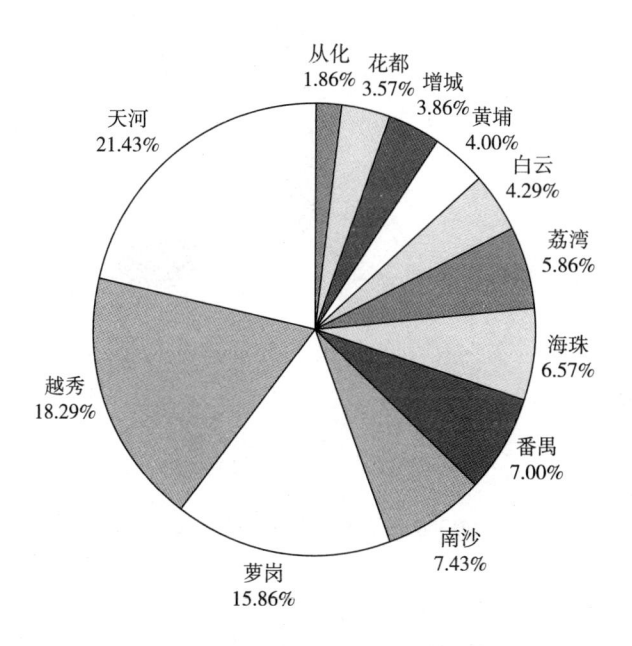

图1　2013年骨干企业户数区域分布

从主营业务收入区域分布来看，全市骨干企业超六成的主营业务收入集中在天河、萝岗和越秀，占比分别为36.47%、14.10%和10.90%，合计占比为61.47%。主营业务收入占比超5%的区有黄埔（6.31%）、南沙（5.53%）、白云（5.29%）和海珠（5.21%），合计占比为22.34%（见图2）。从增长情况看，从化、花都、增城、南沙、番禺、荔湾、白云、海珠的骨干企业户数，2013年比2008年分别增长2.25倍、2.13倍、2.00倍、1.36倍、1.33倍、1.28倍、1.14倍、1.00倍。从化、增城、番禺、天河、海珠、南沙、花都、萝岗、白云的骨干企业主营业务收入，2013年比2008年分别增长3.35倍、2.64倍、2.53倍、2.36倍、2.16倍、1.84倍、1.75倍、1.52倍、1.05倍。可见，从化、增城、南沙、番禺、海珠的骨干企业户数和主营业务收入增长均较快。而骨干企业户数占比较大的天河、萝岗主营业务收入增长较快。

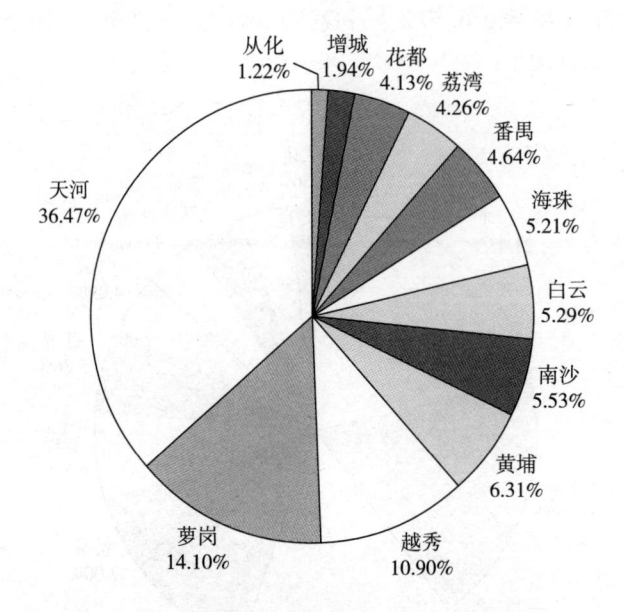

图 2　2013年骨干企业主营业务收入区域分布

二　骨干企业分行业发展特点

（一）工业骨干企业发展情况

三大支柱产业集聚近四成的工业骨干企业。从行业分布来看，超六成的工业骨干企业集中在七大行业。2013年，全市共有35个工业行业大类，其中31个工业行业有骨干企业。全市223家工业骨干企业中，有136家企业集中分布在以下七个行业：汽车制造业（31家）、计算机通信和其他电子设备制造业（30家）、化学原料和化学制品制造业（22家）、电气机械和器材制造业（17家）、铁路船舶航空航天和其他运输设备制造业（15家）、通用设备制造业（11家）和农副食品加工业（10家），合计占全部工业骨干企业的60.99%。其中三大支柱产业合计89家，占全部工业骨干企业的39.91%。

四大行业实现工业总产值及主营业务收入占比近六成。从产值来看，2013年，四大行业完成工业总产值均超千亿元：汽车制造业2879.25亿元，计算机通信和其他电子设备制造业1446.37亿元，化学原料和化学制品制造业1343.68亿元，电力热力生产和供应业1143.00亿元，合计完成工业总产值6812.30亿元，占全部工业骨干企业总产值的58.45%。从营业收入来看，2013年，四大行业完成主营业务收入均超千亿元：汽车制造业2904.69亿元，化学原料和化学制品制造业1269.47亿元，计算机通信和其他电子设备制造业1268.51亿元，电力热力生产和供应业1062.60亿元，合计实现主营业务收入6505.27亿元。

九大行业主营业务利润率超15%，其中化学原料和化学制品制造业、汽车制造业盈利较好。工业骨干企业所在的31个行业中，主营业务利润率超过5%的行业有24个，超过10%的行业有17个。其中九大行业主营业务利润率超过15%，分别是食品制造业49.4%、医药制造业44.4%、酒饮料和精制茶制造业36.4%、水的生产和供应业35.0%、化学原料和化学制品制造业34.1%、家具制造业28.9%、皮革毛发羽毛及其制品和制鞋业25.1%、通用设备制造业19.6%、汽车制造业18.9%。这九大行业中，除了化学原料和化学制品制造业、汽车制造业外，其余七个行业的主营业务收入较少，仅在27亿~400亿元，工业总产值也较低，仅在29亿~420亿元，但盈利情况好。产值排名前四位的行业中，化学原料和化学制品制造业、汽车制造业盈利处于较高水平，利润率分别达34.1%和18.9%。计算机通信和其他电子设备制造业、电力热力生产和供应业的利润率分别为9.5%和6.5%。

（二）批发零售业、住宿餐饮业骨干企业发展情况

2013年，全市共有299家批发零售业骨干企业（其中257家为批发业骨干企业，42家为零售业骨干企业）和3家住宿餐饮业骨干企业。

批发业骨干企业商品销售额占全市限额以上法人批发业企业销售额份额近八成。2013年，257家骨干企业实现商品销售额20148.86亿元，占全市限额以上法人批发业企业商品销售额的77.55%。

批发业以石油、服装、汽车批发为主。2013年，矿产品、建材及化工产品批发（以石油为主），纺织、服装及家庭用品批发（以服装为主），机械设备、五金产品及电子产品批发（以汽车及汽车零配件为主）分别实现商品销售额15372.60亿元、1797.81亿元和1004.99亿元，分别占批发业骨干企业商

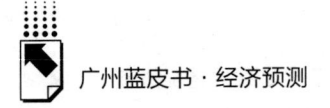

品销售额的76.30%、8.92%和4.99%,合计占比为90.21%。

网上零售商店异军突起。商业经营形式发生变革,多种零售业态共同发展,商业新型业态蓬勃发展,零售业骨干企业的零售业态由2008年的四种增加为2013年的七种,增加了便利店、家居建材商店和网上商店三种零售业态。其中网上商店从无到有、发展迅猛,市场份额迅速提升。零售业态为网上商店的骨干企业有4家,合计实现主营业务收入占比达19.53%,仅次于14家专业店(46.83%),高于6家百货店(12.30%)、10家专卖店(10.48%)、6家大型超市(9.22%)。

住宿餐饮业骨干企业完成营业额占全市限额以上住宿餐饮业企业完成营业额的两成多。2013年,全市住宿餐饮业骨干企业有3家,占全市限额以上住宿餐饮业企业(1502家)的0.20%,完成主营业务收入85.39亿元,占全市限额以上住宿餐饮业企业(390.27亿元)的21.88%;完成营业额85.90亿元,占全市限额以上住宿餐饮业企业营业额(402.24亿元)的21.36%。

(三)规模以上其他服务业骨干企业发展情况

2013年,全市共有规模以上其他服务业骨干企业66家,比2008年增加13家;实现主营业务收入2647.89亿元,比2008年增长17.0%。

租赁和商务服务业,交通运输、仓储和邮政业集聚近七成规模以上其他服务业骨干企业。规模以上其他服务业涉及的十个门类中,骨干企业分布在其中的五个行业门类,分别是租赁和商务服务业(24家),交通运输、仓储和邮政业(22家),信息传输、软件和信息技术服务业(11家),科学研究和技术服务业(6家),文化、体育和娱乐业(3家)。可见,近七成规模以上其他服务业骨干企业集中在租赁和商务服务业及交通运输、仓储和邮政业。

新兴服务业发展加快,新增长点凸显。受国内外经济环境影响,现代新兴产业发展势头良好,拉动服务业发展的新增长点凸显。一是信息传输、软件和信息技术服务业持续快速增长,经济规模和效益稳步提高。2013年,信息传输、软件和信息技术服务业骨干企业有11家,比2008年增加6家;实现主营业务收入556.38亿元,比2008年增长86.5%。二是电子商务发展带动快递业发展,海陆空交通枢纽加快建设,交通运输、仓储和邮政业骨干企业有22家,比2008年增加5家;实现主营业务收入1272.04亿元,比2008年增长

39.8%。三是科学研究和技术服务业发展迅速,骨干企业从2008年的1家增加到2013年的6家,实现主营业务收入161.73亿元,比2008年增长14.0倍。

(四)房地产开发经营业骨干企业发展情况

房地产开发经营业骨干企业完成投资占全市房地产开发投资额的近三成。2013年,全市房地产开发经营业骨干企业有48家,占全市房地产开发经营业(1270家)的3.78%;完成投资418.50亿元,占全市房地产开发投资额(1572.43亿元)的26.61%。

大中型房地产开发经营业骨干企业优势带动作用明显。2013年,主营业务收入50亿元及以上的房地产开发经营业骨干企业共3家,占全市房地产开发经营业骨干企业的6.25%;完成主营业务收入近400亿元,占比为32.07%;从投资规模看,这3家企业完成投资近百亿元,占比为23.39%,大中型房地产骨干企业优势明显。主营业务收入50亿元及以上、20亿~50亿元(不含50亿元)、10亿~20亿元(不含20亿元)房地产开发经营业骨干企业主营业务收入分别比2008年增长4.96倍、2.75倍、2.10倍,房地产开发经营业骨干企业呈大型化、规模化发展特征,主营业务收入50亿元及以上房地产开发经营业骨干企业的增速最快、带动作用最明显。

(五)建筑业骨干企业发展情况

建筑业骨干企业完成建筑业总产值占全市资质高级以上建筑业总产值的七成。2013年,全市建筑业骨干企业有61家,占全市资质高级以上建筑业企业(882家)的6.92%;完成建筑业总产值1572.99亿元,占全市资质以上建筑业总产值(2216.18亿元)的70.98%。以占比不足一成的企业户数,完成达七成的建筑业总产值,建筑业骨干企业的龙头作用显现。

大型建筑业骨干企业实力雄厚。2013年,主营业务收入100亿元及以上的建筑业骨干企业共3家,占比仅为4.92%。但从主营业务收入看,这3家建筑业骨干企业完成主营业务收入近600亿元,占比为27.33%;从建筑业总产值看,这3家企业完成建筑业总产值近500亿元,占比为29.34%。3家大型建筑业骨干企业完成主营业务收入和建筑业总产值均占近三成,大型建筑业骨干企业实力雄厚。主营业务收入50亿元及以上、20亿~50亿元(不含

50亿元)、10亿~20亿元（不含20亿元）的建筑业骨干企业主营业务收入分别比2008年增长1255%、90.8%、105%，它们的大型化、规模化发展趋势明显。

三 骨干企业的影响力及发展启示

（一）骨干企业提升广州的国际、国内影响力

大型骨干企业的发展水平在很大程度上代表了一个地方的经济发展水平和综合实力。大型骨干企业成为广州的"城市名片"，广州有12家企业进入《财富》2014年中国500强排行榜，它们均为上市企业，其中唯品会在纽交所上市，富力地产和时代地产在港交所上市，其余公司均在A股市场上市。这些骨干企业增强了广州的区域影响力，提升了广州的知名度（见表2）。

表2 广州入选《财富》2014年中国500强的企业

排名	公司名称（中文）	排名	公司名称（中文）
49	中国南方航空股份有限公司	273	广州白云山医药集团股份有限公司
58	保利房地产(集团)股份有限公司	290	广州发展集团股份有限公司
144	广州富力地产股份有限公司	329	金发科技股份有限公司
173	广东电力发展股份有限公司	421	唯品会控股有限公司
262	广州汽车集团股份有限公司	436	广州东凌粮油股份有限公司
270	广东海大集团股份有限公司	447	时代地产控股有限公司

注：按2013年营业收入排名。

（二）骨干企业规模化、集约化趋势显著

各行业骨干企业占全行业比重不断提升，市场份额大、实力强，集约化程度持续提高。2013年，批发零售业、建筑业、工业、房地产开发经营业骨干企业主营业务收入占"四上"企业主营业务收入比重在七成左右，分别为74.9%、73.7%、67.7%、57.4%。与2008年相比，骨干企业主营业务收入占"四上"企业的比重均有不同程度提升，提升幅度最大的为建筑业（24.4

个百分点）和房地产开发经营业（21.8个百分点），批发零售业、工业、住宿餐饮业骨干企业主营业务收入占比分别提升了9.5个、8.1个、6.8个百分点。

（三）骨干企业成为广州经济发展的重要增长极

骨干企业规模大，资本充裕，发展水平普遍快于行业平均水平，对经济发展起着重要推动作用。与2008年相比，骨干企业主营业务收入增长超两倍的有房地产开发经营业（2.87倍）、建筑业（2.19倍）、批发零售业（2.16倍），住宿餐饮业、工业分别增长1.26倍、79.8%，均快于行业平均水平。

（四）代表居民生活刚性需求及科技创新的行业成长能力较强

选取资产利润率代表赢利能力、主营业务收入增长率代表成长能力，得到各行业赢利能力及成长能力的量化数据（见表3）。

表3 各行业赢利能力及成长能力

单位：%

行　业	盈利能力	成长能力
批发零售业	5.8	216.2
工业	9.4	79.8
建筑业	2.8	218.8
房地产开发经营业	11.7	287.4
住宿餐饮业	6.6	125.8
其他服务业	—	—
其中：交通运输、仓储和邮政业	2.0	39.8
租赁和商务服务业	4.7	-37.7
信息传输、软件和信息技术服务业	18.0	86.5
科学研究和技术服务业	4.2	1402.3
文化、体育和娱乐业	3.1	-7.3

注：国家统计局自2012年起建立规模以上其他服务业统计制度，2008年数据采用限额以上其他服务业统计口径，口径不可直接比较，研究结果仅供参考。

定义赢利能力大于7%为赢利能力强、小于等于7%为赢利能力弱；成长能力大于100%为成长能力强、小于等于100%为成长能力弱。Y轴和X轴相

交于 $X=7$、$Y=100$，把坐标平面划分为 A、B、C、D 四个区域，把上述行业分成四类（见图 3 及表 4）。

表 4　按赢利能力和成长能力进行行业分类

	成长能力强（>100%）	成长能力弱（≤100%）
赢利能力强（>7%）	A 类：房地产开发经营业	B 类：工业，信息传输、软件和信息技术服务业
赢利能力弱（≤7%）	C 类：批发零售业，建筑业，住宿餐饮业，科学研究和技术服务业	D 类：交通运输、仓储和邮政业，租赁和商务服务业，文化、体育和娱乐业

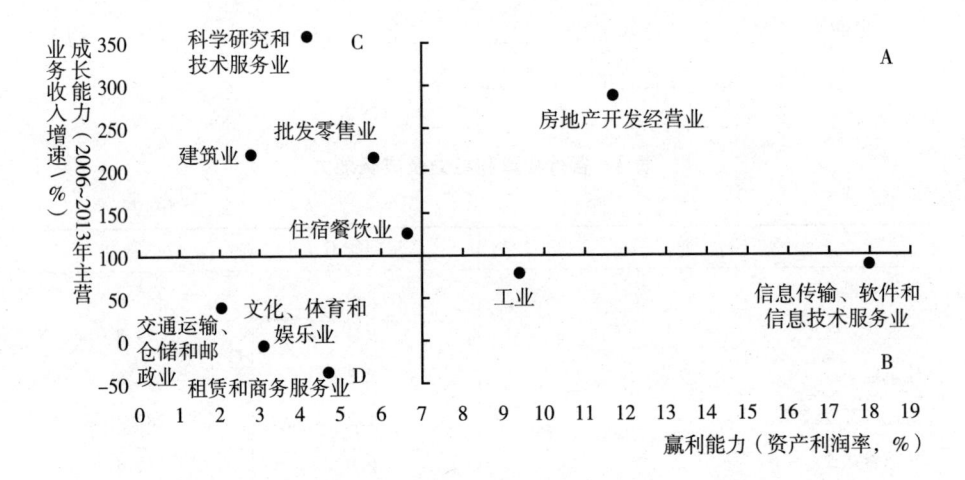

图 3　波士顿矩阵法对行业分类

注：为了图表整齐，科学研究和技术服务业成长能力为 1402.3%，在图中仅显示为大于 350%。

房地产开发经营业属于 A 类优势产业，这类产业具有赢利能力强、成长性好的特点，并且产业链条长、市场需求大，在房地产市场高速发展的阶段，会对经济发展产生较大的带动作用。

工业，信息传输、软件和信息技术服务业属于 B 类产业，具有低成长能力、高盈利能力的特点。工业行业发展进入成熟阶段后，财务特点是销售量大、产品利润率高，同时由于工业化的推进，传统工业产品竞争力下滑，成长能力下降。信息传输、软件和信息技术服务业是资产利润率最高的行业，经济效益较好，但由于服务市场受地域限制，其成长能力不够高、未能实现翻倍增长（增速为86.5%）。

批发零售业、建筑业、住宿餐饮业、科学研究和技术服务业属于C类传统优势或科技创新产业，具有高成长能力、低赢利能力的特点。广州市作为千年商都，批发零售业、住宿餐饮业较为发达，但它们属于低端服务业，资产利润率相对较低，需要进行转型升级、提质增效。科学研究和技术服务业成长能力最强，五年间不仅骨干企业户数成倍增长，而且主营业务收入也呈现增长十几倍的高速成长态势，但资产利润率相对较低。

交通运输、仓储和邮政业，租赁和商务服务业，文化、体育和娱乐业属于D类调整型产业，具有低成长能力、低赢利能力的特点[1]。

分类结果显示，代表居民生活刚性需求的房地产开发经营业、批发零售业、建筑业、住宿餐饮业等行业，以及代表科技创新的科学研究和技术服务业成长能力较强。工业，信息传输、软件和信息技术服务业，房地产开发经营业资产利用效率较好，赢利能力较强。

四　对培育发展骨干企业的对策建议

（一）以创新现代产业引领企业发展

以世界眼光布局未来，在新一轮科技革命和产业变革中将支持骨干企业发展与推进经济结构战略性调整、产业转型升级、建设现代产业体系相结合，以发展新空间承载发展新产业，以发展新产业增强发展新动力，大力发展新产业、新业态、新模式的"三新"经济，构建高端高质高新现代产业新体系。一是大力提升骨干企业的自主创新能力及综合竞争力。更加注重骨干企业发展质量，提升企业品牌影响力、行业引领力、市场拓展力，着力提升创新能力和发展科技企业新业态。二是积极培育成长能力高的骨干企业。培育一批高新技

---

[1] 交通运输、仓储和邮政业，租赁和商务服务业，文化、体育和娱乐业均属于规模以上其他服务业，因国家统计局自2012年起建立规模以上其他服务业统计制度，2008年数据采用限额以上其他服务业统计口径，口径不可直接比较，研究结果仅供参考。

术企业、新型外贸服务企业、"互联网+"企业,加快发展战略性新兴产业,大力发展金融、电子商务、平台经济、信息服务、现代物流、移动互联网、大数据等高端服务业。三是立足优势,促进"千年商都"向"现代商都"跃升。促进离岸贸易、大宗商品交易、跨境电商等新型贸易业务发展,做大做强网上零售骨干企业,提升有色金属、塑料、木材等交易平台功能。

(二)以总部经济带动企业发展

深圳有带动作用显著的总部经济,在电子信息、通信设备、电子产品等新兴制造业及金融、互联网等行业领域有较大优势,且拥有华为、中兴、平安保险、招商银行、腾讯等一批国际知名的大型行业领先企业,形成了完整的电子制造、金融、互联网产业生态链。广州要向大型企业、新兴产业集聚发展的深圳学习,大力发展总部经济和大中型骨干企业,促进产业集聚集群集约发展。一方面将支持骨干企业发展与扶持中小企业相结合,大力发展中小企业,促进本土民营企业做大做强,争取将民营企业总部留在广州;另一方面要大力引进各种所有制企业在广州设立总部、区域总部、跨国运营中心、销售中心、结算中心、共享服务中心,充分发挥大企业对中小企业的带动作用,努力形成"大企业顶天立地,中小企业铺天盖地"的企业生态,储备大型骨干企业后备力量。

(三)以优质政府管理服务企业发展

政府应为企业发展创造良好的环境。持续建设市场化、法治化、国际化营商环境,吸引全球高端要素,打造制度竞争力、信用竞争力和政府服务竞争力。围绕法治、信用和开放,率先形成与国际投资贸易通行规则相衔接的市场经济基本制度框架,打造信誉良好的社会信用体系,提升投资贸易便利化水平和生活便利化水平,为电子商务等新业态发展,及"互联网+"企业的商业运作及模式创新提供优质环境,形成较强的制度竞争力。重视支持民营企业做大做强。在资源开发、市场准入、投资开放等方面使民营经济真正享有"国民待遇",推动民营骨干企业向"大型"骨干企业转型。对骨干企业实施"引领式"服务,打造全过程、全方位"绿色通道"服务体系,确保骨干企业数量持续递增。

（四）以政策导向加大企业培育力度

形成明确的政策支持导向，在用地专项保障、财税资源支持、能源资源倾斜、减负强企等方面出台政策措施，努力为企业解决实际困难和问题。加大对本土企业的培育力度，帮扶高成长能力企业发展，协调银行等金融机构把高成长能力企业列入支持名单。大力推介民营大型骨干企业领导者的创业成功经验，设立新兴产业发展基金，支持大型骨干企业转型升级。选择主营业务收入1亿~10亿元企业中发展较快的作为重点后备骨干企业，并给予集中支持。开展后备骨干企业负责人培训，提升企业负责人的战略管理和经营管理能力。促进骨干企业兼并重组，认真落实国家有关企业所得税处理及增值税、营业税减免等支持企业兼并重组的政策措施，搭建国有资本与民间资本对接平台，促进国有大型骨干企业与社会资本对接，促进各类资本交叉持股或合作投资，共同做大做强。

（五）以优化人才发展环境构筑企业发展基础

完善引进国内外专家（智力）的长效机制，促使高端人才政策与国际接轨，增强人才竞争力。加快高层次人才引进，充分发挥和提升"留交会"等平台作用。引进海外高层次人才和科技领军人才、创新创业人才、创新团队和高技能人才，培养行业专家。积极引进紧缺人才，对急需紧缺人才，抛开条条框框的限制，开辟"绿色通道"，譬如，提供高薪和帮助解决户口、家属安置、住房等方面的实际问题，为他们开展工作创造良好条件。在营造良好的政策环境、激励环境、工作和生活环境以及人文环境上下功夫，为骨干企业输送人才，让人才引得进、有作为、留得住。

（审稿　刘汉中）

B.15
2015年广州都市农业现状分析与2016年展望

广州大学广州发展研究院课题组**

摘　要：本报告分析了2015年广州都市农业发展中存在的问题，指出2016年广州需要出台专门文件，为都市农业发展指出方向与目标；提升科技创新创业能力，为现代农业发展提供后劲；规范发展观光休闲旅游，提升农业"吸金"能力。

关键词：广州　都市农业

都市农业是我国大型城市农业发展的必由之路。广州作为城区常住人口超过1000万的超大型城市，近年来高度重视都市农业发展。2015年广州市农村工作会议提出：各级各部门要结合广州实际，以建设都市型现代农业为方向，结合全市产业结构调整，加快转变农业发展方式，按照"稳粮增收、提质增效、创新驱动"的总要求，大力发展都市型现代农业。[①] 2015年，广州市在经济发展新常态和农业、农村发展新形势的挑战下，都市农业发展继续取得进展，但仍面临着若干发展瓶颈，需要社会各界加以重视并共同探索解决之道。

---

* 本报告系广东省高校重点研究基地广州大学广州发展研究院、广州市哲学社会科学发展"十二五"规划2015年度广东省"广州学"协同创新发展中心课题"广州学研究的现实价值取向——田野调查法与'三农'问题刍议"（项目编号：2015GZXY02）的研究成果。
** 执笔人：杨宇斌，博士，广州大学广州发展研究院助理研究员。
① 毕征：《以推进农业现代化为引领　推动"三农"工作全面上水平》，《广州日报》2015年4月3日第A1、A5版。

一 广州都市农业现状及2015年的进展

(一)都市农业继续稳健发展,总收入保持增长

近年来,广州都市农业一直保持着稳健的发展势头。根据《广州统计年鉴(2015)》,广州都市农业全年总收入为1794亿元,同比增长25亿元,增长率为1.4%。其中,农林牧渔业收入365.6亿元,同比增长7.1亿元,增长率约为1.9%;加工本地农产品总收入902亿元,同比增长2亿元,增长率为0.2%;运输本地农产品总收入98.6亿元,同比增长7.7亿元,增长率为7.8%;批发零售本地农产品总收入420.4亿元,同比增长8.2亿元,增长率为2.0%;观光休闲旅游农业总收入79.6亿元,同比减少2.3亿元,增长率为-2.9%。[①] 以上各项占广州都市农业总收入的比重如图1所示。

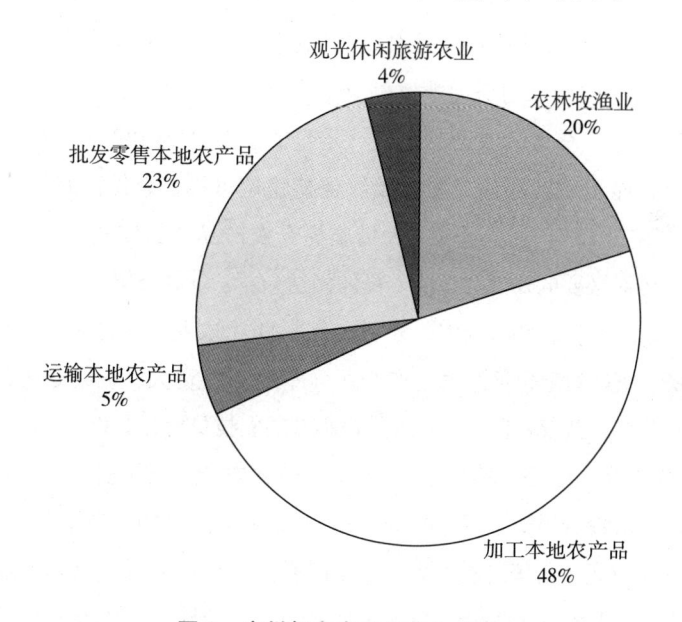

图1 广州都市农业总收入构成

---

① 广州市统计局:《广州统计年鉴(2015)》,广州统计信息网,2015-12-23,http://data.gzstats.gov.cn/gzStat1/chaxun/njsj.jsp。

从图1可见，在广州都市农业的五大构成部分中，按照收入由大到小排序，依次为：加工本地农产品＞批发零售本地农产品＞农林牧渔业＞运输本地农产品＞观光休闲旅游农业。其中，加工本地农产品所占的比重最高，几乎等于其他四项之和，是传统农林牧渔业的2.4倍；批发零售本地农产品、运输本地农产品、观光休闲旅游农业三者相加，占都市农业总收入的32%，是传统农林牧渔业的1.6倍。

由此可见，在广州的现代都市型农业收入格局中，呈现出两大特征：一是农产品加工收入远高于种植业和养殖业收入；二是农业类服务业（批发零售、运输、旅游等）的收入明显高于种植业和养殖业收入。这意味着如果仍然狭隘地将农业视为第一产业，即以传统农林牧渔业的收入或产值来衡量农业的经济价值，已经远远不能如实反映农业对于广州的经济贡献了。

（二）提升全市农产品质量，保障市民"舌尖上的安全"

2015年，广州市把加强包括农产品在内的食品安全监管列为十大民生实事之首，相关单位和部门努力建立健全农产品质量安全监测网点抽检体系。截至2015年11月，全市的农产品定性、定量、速测达到142.4万份，总体合格率99.9%[①]，显示农产品质量安全始终保持稳定可控、总体向好的格局。

广州市在2015年主要通过三大措施提升农产品质量安全。

第一，传播必要的知识和技能。具体做法包括：①2015年3~6月，广州市农业技术推广系统和政府部门合作，分别在全市11个农业区举办蔬菜产品安全生产专项培训班。培训对象包括蔬菜生产企业（基地）负责人、蔬菜专业合作社带头人、科技示范户、蔬菜种植大户、外耕户和基层农技员等，共培训834人，发放培训资料1700多份，有效提高蔬菜生产经营主体的农产品质量安全意识和生产技术水平。②广州市农业局举办"《食品安全法》新解暨对食用农产品安全监管的影响及要求"法制讲座，由华南农业大学法学院教授王权典讲授《食品安全法》修订概况及亮点、重典治乱的理念、与《农产品质量安全法》的衔接，以及对食用农

---

① 广州市农业局：《市农业局召开2015年农产品质量安全监测评估分析会》，中国广州政府网，2015-12-23，http://www.gz.gov.cn/gzgov/s5832/201512/660ce54d33eb4355958a4fef9a4077a3.shtml。

产品监管的对接等。③广州市绿色食品办公室举办"2015年广州市绿色食品质量安全内部管控知识培训班",由相关领域知名专家讲解绿色食品现场检查中普遍存在的问题,绿色食品标志、标准、基地创建要点;从产品质量检测机构角度,讲授绿色食品质量安全生产控制相关知识;结合绿色食品标志使用申请书、调查表填写,讲解企业内部安全生产操作规范等。

第二,推进农业生产标准化、生态化。广州市2015年紧密结合保障农产品质量安全和可持续农业两大领域,开展农业标准化工作,努力提高标准的实用性、前瞻性、通俗性。具体做法包括:①广州市绿色食品办公室举办"2015年广州市绿色食品有机食品标准与认证知识培训班",着力加强市、区两级在绿色食品、有机食品认证预审及证后监管方面的协调联动作用,提升广州获证企业的标准执行能力及产品质量安全水平。②广州市农业信息中心向社会力量购买"广州市'菜篮子'产品供应和安全保障信息管理系统标准化建设"项目服务,促进广州市农业信息资源共享,实现农业信息数据的规范化、标准化。③增城区先后组织创建市级农业标准化示范区7个;组织起草研制《地理标志产品——增城丝苗米》国家标准1项,地理标志产品地方标准4项,市级农业技术规范20项。白云区实施了茅岗良种猪场标准化改造、鱼塘标准化建设等。

第三,严厉查处违法违规行为。2014年中央农村工作会议提出要用最严谨的标准、最严格的监管、最严厉的处罚、最严肃的问责,确保广大人民群众"舌尖上的安全"。广州市亦全面加强监管工作,提出了"五个一律"的工作要求:对农业生产经营者一律实施农产品质量安全告知书和承诺书制度,对监督抽查不合格的农产品一律责令停止上市并依法处理,对被行政处罚的农业生产经营主体一律列入全市食品安全"黑名单",对涉嫌犯罪的农业生产经营者一律移交司法机关追究刑事责任,对质量安全问题突出的地区和问题一律逐级挂牌督办。2013~2015年广州市各级农业部门立案查处农产品及农业投入品违法案件635宗,移送公安机关查办28宗,协助抓获犯罪嫌疑人49人,其中10人被判处半年到10年不等的有期徒刑①。

---

① 广州市农业局:《广州市农业局致全市农业生产经营者的公开信:切实做好我市产地农产品质量安全》,广州动物卫生监督网,2015-04-20,http://www.gzahi.gov.cn/news/1000_19_1001_5711.html。

（三）推介良种良法，促进农业增效、农民增收

2015年广州积极实施农业科技入户示范工程，引导农民选用优良品种和先进适用技术，充分发挥良种良法在促进农业增效、农民增收上的作用。具体做法包括以下几点。

第一，推介"2015年广州市农业主导品种和主推技术"。通过组织专家论证，遴选出2015年62个农业主导品种和17项主推技术，使广州的农业经营主体在选择品种和改进技术方面有所依托，盲目性大为降低。其中主导品种包括：水稻、玉米、甘薯、马铃薯、花生、蔬菜、果树、花卉、禽畜、水产。主推技术包括：水稻、淮山、无籽砂糖橘、蝴蝶兰、红掌的栽培，"水肥一体化"灌溉施肥，植物病虫害防治，鸡的饲养和病虫害防治，罗非鱼、草鱼的养殖和防病，微生物制剂在水产养殖业上的应用。

第二，公布《广州市农药使用品种推荐名录》，共计推荐68个农药品种。包括用于水稻、蔬菜、水果的杀虫（杀螨）剂、杀菌剂、植物生长调节剂；用于大田作物、柑橘园和非耕地的除草剂；用于水稻和蔬菜的杀螺剂。

第三，举办"蔬菜新品种展示推广会"。2015年5月20日，为期20天的"2015年春季广州市蔬菜新品种展示推广会"在广州市农业科学研究院南沙基地举行。推广会以瓜类、豆类、特用玉米等蔬菜新品种的田间展示为主题，开展现场品尝、产品展示、蔬菜文化交流、企业与农民交流、专家咨询等活动，现场示范面积达250亩，包括露地展示面积200亩，温室展示面积50亩，新优品种600多个。2015年12月9日，为期20天的"第十届广州市蔬菜新品种展示推广会"，在广州市农业科学研究院南沙基地举行，推广会以茄果类、叶菜类、特用玉米等蔬菜新品种的田间展示为主题，接待参展的专业人员、种植户、市民、学生等共5000人次以上。

由于新品种新技术推广及时、措施得力。2015年第1~3季度，全广州实现农林牧渔业总产值280.71亿元，同比增长2.4%。农业和渔业增长稳定，增速分别为3.1%和4.1%，其中蔬菜、花卉产值分别增长3.8%、4.0%。①

---

① 广州市统计局：《1~3季度全市经济运行稳中向好》，广州统计信息网，2015-10-26，http://www.gzstats.gov.cn/tjfx/gztjfs/201510/t20151026_38640.htm。

(四)在全省率先全面推进新型职业农民培育工作

党的十八大、十八届三中全会,以及2012年以来的中央1号文件和全国农业农村工作会议,都强调必须大力培育新型职业农民,解决"谁来种地"和"如何种好地"的问题。2012年起,农业部在全国开展新型职业农民培育示范试点,大力推动新型职业农民培育工作;2015年广东省政府将实施新型职业农民培育工程列为年度重点工作。

2015年5月,经广州市人民政府同意,市农业局和市财政局联合印发了《广州市新型职业农民培育工作方案(2016~2020年)》(下简称《方案》),在全省率先全面推进新型职业农民培育工作。根据《方案》的目标计划,广州市将从2016年起每年培育新型职业农民1800人;到2020年,累计培育新型职业农民超过9000人,认定新型职业农民累计超过2500人。市财政将对新型职业农民培育工作给予财政补助。新型职业农民培育工作由各有关区政府组织实施,市有关部门、各区政府已出台或即将出台的各类扶持政策和相关项目,都要向获得资格证书的新型职业农民倾斜。[①]

二 广州都市农业发展中存在的突出问题

(一)尚未出台专门文件,都市农业发展缺乏方向与目标

广州是我国较早提出并有意识地发展都市农业的城市之一,还率先在统计年鉴中公布"都市农业主要指标",这在全国范围内也是一个创举,展现了广州市委市政府勇于探索的精神。但令人费解的是,虽然广州市委市政府已经明确地提出了要"大力发展都市型现代农业",但至今还没有出台专门的都市农业文件、政策或规划,导致广州市的农业经营主体和涉农党政部门、各相关单位,在发展都市农业的进程中缺乏方向与目标。

广州在这个方面的不作为与省内的兄弟城市东莞形成了鲜明对照。东莞市

---

① 广州市农业局、广州市财政局:《广州市农业局 广州市财政局关于印发广州市新型职业农民培育工作方案(2016~2020年)的通知》,广州农业信息网,2015-05-27,http://www.gzagri.gov.cn/zwgk/zfxxgkpt/gkml/bmwj/201506/t20150630_430735.html。

近年来大力发展都市农业,早在2009年就成立了"东莞市都市农业科技研究中心",2014年成立了"东莞都市农业研究院",为都市农业发展提供强大的科技和智力支持。尤其重要的是,在2013年东莞市密集推出了《关于推进都市农业发展的意见》《关于加快都市农业发展的若干政策措施》等文件,全面启动都市农业发展引擎,指明了东莞农业由传统向现代转型的大方向。2014年,《东莞水乡特色发展经济区特色农业发展实施意见》,提出将东莞水乡建设成为都市农业发展的先行试验区和样板示范区,打造"天蓝、地绿、水净"的美好家园。同年,东莞市人民政府印发《广东东莞水乡特色发展经济区发展总体规划(2013~2030年)实施方案》。2015年,东莞市政府常务会议审议并通过了《东莞水乡特色发展经济区生态环境规划(2015~2030)》,涉及水乡经济区"10镇1港",总面积510平方公里。以上文件构成了脉络清晰、规划缜密的东莞都市农业政策体系,效果正在逐步显现,值得广州借鉴学习。

(二)科技水平停滞不前,农业持续发展乏力

近年来广州缺乏亮眼的农业新技术和新产品,这与广州作为华南地区的教育和科研中心,聚集了全省2/3的普通高校、97%的国家重点学科和全部国家重点实验室(企业国家重点实验室除外)的地位严重不符。在2014年举行的第二届中国农业科技创新创业大赛上,全国共有18家企业获奖,其中广东省的获奖企业有3家,全部属于深圳市,而作为国家级中心城市、广东省省会的广州市没有一家企业获奖,这一窘况不能不令人深思。

《2014年广州都市农业的现状分析与2015年展望》曾经指出:"科技创新是我国农业增产、发展的根本动力。然而,广州市在农业科技创新创业方面乏善可陈,现代农业发展的后劲堪忧。"[①] 2015年公布的广州"都市农业主要指标"再次证明了笔者的判断:广州市的农业科技水平相关核心指标显著收缩——高新科技农产品48个,同比减少8个,下降14.3%;高新科技农产品产值16亿元,同比减少约4亿元,下降20%。在广州农业科技水平徘徊不前的同时,与其相关的都市农业指标也随之下降:全年种子种苗销售额8.4亿元,同比减少0.3亿元,下降3.6%;农业产业化规模比重为15.5%,同比下

---

① 杨宇斌:《2014年广州都市农业的现状分析与2015年展望》,《2015年中国广州经济形势分析与预测》,社会科学文献出版社,2015,第200页。

降4.8%；农业产业化企业（组织）辐射能力39.1%，同比下降4.6%；绿色农产品个数为196个，同比减少10个，下降4.9%；绿色农产品产值4.4亿元，同比减少0.2亿元，下降4.3%；规模以上农业生产单位1102个，同比减少130个，下降10.6%。[1]

由于农业科技水平下降、农业科技创新创业能力不足，广州都市型现代农业的持续发展将面临较大压力，相关党政部门和农业经营主体需要给予足够的重视，尽快扭转这一趋势。

（三）观光休闲旅游农业不增反降，亟须破局

观光休闲旅游农业，是近年广州农业主管部门以及增城、从化、花都、番禺、南沙等主要农业区着力发展的重点产业之一，也是广州都市型现代农业的重要组成部分。这一产业一出现就吸引了各界眼球，被一致认为是朝阳产业，在广州等大城市具有良好的发展前景。

然而政府公布的数据展现出令人意外的情况：在都市农业总收入有所增长，并且农林牧渔业、加工本地农产品、运输本地农产品、批发零售本地农产品等构成都市农业总收入的指标皆有所增长的情况下，观光休闲旅游农业不增反降：全年观光休闲旅游农业企业总收入79.6亿元，同比减少0.2亿元，增长率为－2.4%；观光休闲旅游总收入约8亿元，同比减少0.2亿元，增长率为－2.4%；接待观光休闲游客人次1195万，同比减少2万，增长率为－0.2%。[2] 这一情况与社会各界对它的热情宣扬、持续关注和大量投入显然不相吻合。

目前广州有各式农家乐千余家，分布在除越秀区之外的各区。绝大多数农家乐只是零散地自发经营，同质性强，管理也比较随意，难以规模化、规范化、特色化。不少农家乐还存在经营困难、污染环境、资源浪费等问题，迫切需要转型升级、破解困局。

---

[1] 广州市统计局：《广州统计年鉴（2015）》，广州统计信息网，2015－12－23，http：//data.gzstats.gov.cn/gzStat1/chaxun/njsj.jsp。

[2] 广州市统计局：《广州统计年鉴（2015）》，广州统计信息网，2015－12－23，http：//data.gzstats.gov.cn/gzStat1/chaxun/njsj.jsp。

三 对广州都市农业发展的若干建议

（一）出台专门文件，为都市农业发展提供方向与目标

为促进农业转型升级，推进都市农业更好更快发展，广州需要制定若干专门的文件，以构建相对完备的都市农业政策体系，为都市农业发展提供方向、目标及规划。具体而言，大致需要以下四个文件。

一是制定总体性的都市农业发展意见。主要内容包括：①都市农业对于广州城市发展、推进生态文明建设、农业转型升级等方面的重要意义与作用。②广州发展都市农业的总体思路与主要目标、基本定位、多元功能等。③制定适宜广州实际情况和需要的都市农业重点工作领域。④保障广州都市农业发展的措施，包括思想认识、组织领导、财政投入、交流合作、检查考核等。

二是制定与意见相配套的政策措施。主要内容包括：①适宜现代都市型农业发展的土地利用政策。②有利于培育、发展都市农业的财政政策。③对都市农业经营人才有吸引力的人才引进和奖励政策。④针对都市农业经营特点的环境与生态保护政策。⑤鼓励社会资本进入的招商引资政策。

三是制定政策措施的实施细则。主要是落实以上政策措施的实施细则和办法，如农业产业园建设、农业技术推广、农业标准化建设、农机设施装备、农业产业化经营、农业品牌推广以及农业类服务业发展等若干方面的项目申请程序、认定办法、奖补标准以及监督管理等内容。

四是制定中长期的都市农业发展规划。主要包括规划的总体目的，规划的地理区域范围，规划的近期、中期、远期时间限定，规划的地理环境依据、法规政策依据、标准规范依据、相关规划与区划依据，各类功能区的划分，重点建设工程，等等。

（二）提升科技创新创业能力，为现代农业发展提供后劲

目前，科技创新创业的不足已经成为制约广州农业发展和转型升级的显著短板，广州亟须提升自身的农业科技水平，为现代都市型农业持续发展提供

后劲。

第一，加大涉农科研投入。当前，广州市对科学技术方面的财政投入依然不足，这一问题在涉农科研方面尤其明显，这就从根本上制约了农业科技水平的保持和提升。因此政府应该下定决心，发挥公共财政的导向和引领作用，大力支持农业科技创新创业项目。就目前而言，投入应该集中在以下三方面：①特色、优质、高附加值新品种；②农产品精深加工技术和设备；③绿色、安全农产品的种植和养殖技术，以及相关的加工技术。

第二，培育并引进涉农人才。广州既要建立农业人才机制，也要完善奖励激励机制。包括建立分类别的广州农业专家库，以"培养自己的、用好现有的、引进急需的、留住关键的"为原则，构建具有一定规模且能发挥实际作用的农业科技人才队伍；提高农业人才素质和能力，为都市农业发展提供人才支撑。与此同时，还应加强涉农知识产权保护，加大对科技人才和企业的奖励、扶持力度。对于广州迫切需要的涉农人才，实施奖金、住房、入户、子女入学等多种奖励，充分调动科研及创新主体的主动性和积极性。

第三，加强涉农交流与合作。以"走出去、引进来"相结合为大原则，积极开展涉农科技和创新创业交流，与国内外科研机构、高等院校或企业开展技术及经营合作，广泛借鉴、引进适合广州具体情况的各种先进农业技术成果、模式和项目，促进农业科技知识普及和信息流通，协助提升广州都市农业的创新创业能力。

（三）规范发展观光休闲旅游，提升农业"吸金"能力

针对广州观光休闲旅游农业零散分布、同质性强、管理随意、污染环境、经营困难等问题，可着力从以下三点进行改善。

一是要规范发展。观光休闲旅游农业的口碑非常重要，消费者或游客一旦在某个场所感到不满或发生纠纷，很容易通过微信、微博、评价软件等传播开来，进而对整个地区的相关行业产生不利影响。目前迫切需要对现有以及未来的观光休闲旅游农业经营单位进行规范。值得一提的是，为促进广州农家乐市场健康发展、规范提升农家乐服务行为，广州市政府常务会议于2015年7月审议并通过了《广州市农家乐管理办法》。但其实施成效将取决于各单位和经营者的执行力度，以及对其中的若干条款是否还有更具体的细化规定。

二是要突出特色。观光休闲旅游农业的发展，关键在于建立起自身特色，以及这种特色与消费者的习惯要相吻合。其特色的建立，需要立足于当地的环境气候状况、产业基础、基础设施、配套服务，等等，再进行别出心裁的打造。各经营者还要进行市场和消费群体的调查分析，以明确其顾客来源和消费特征，进而提供有针对性的产品和服务，以及执行有针对性的营销方案。

三是要宣传推广。除了各经营主体自身需要针对特定消费群体进行宣传推广之外，政府及相关单位亦须积极指导，充分利用手中的各种资源和平台，协助本地的观光休闲旅游农业打响知名度，这对于刚起步的经营者尤为重要。比如举办大型公众活动、比赛，发动媒体记者采访报道，给具有特色又经营得当的场所举行挂牌、授星仪式，等等。

四　2016年广州都市农业展望

（一）都市农业总收入继续缓慢增长，科技指标仍将徘徊不前

2016年广州都市农业总体将呈现继续增长，但增速缓慢的态势。由于广州市对绿色农业产品、生态农业产品的需求仍在增长，广大市民对食品质量与食品安全保持高度关注，全市农业基础设施建设不断加强，结合近年来广州都市农业的增长趋势，2016年广州都市农业总产值、都市农业总收入等主要经济指标将继续有所增长，预计增速与2015年接近。

与此同时，农业科技创新创业能力收缩的趋势并非短时间内能够扭转。预计2016年，高新科技农产品个数、高新科技农产品产值等体现广州市农业科技水平的重要指标仍将徘徊不前。

另外，由于农家乐的服务质量和管理规范已经引起社会各界的重视，预计2016年广州市的观光休闲旅游农业很有可能扭转跌势，实现小幅增长。

（二）观光休闲旅游农业发展将进一步规范

鉴于《广州市农家乐管理办法》已于2015年颁布实施，对于观光休闲旅游农业的引导和服务力度将有所加强。在现有法律框架和行政管理体制下，市

级和区级的农业、旅游、环保、水务、食品药品监管、人力资源和社会保障等相关部门的职责分工大致理顺，明确了环保、安全和诚信等方面的经营规范，并提出鼓励扶持和管理监督的措施。广州市观光休闲旅游农业的开办和经营将更加注重因地制宜、保护生态环境和传播优良农业文化等原则，逐步实现生态效益、经济效益和社会效益的统一。

（三）新型职业农民群体开始形成

《广州市新型职业农民培育工作方案（2016~2020年）》已于2015年制定完成，广州市在全省率先全面推进新型职业农民培育工作。2016年，广州市培育和认定新型职业农民的工作将正式展开，新型职业农民将作为一种新型群体，开始形成并逐步壮大。这对于有志经营农业的中青年人来说是重大利好。广州市农业经营主体的生产技能、经营水平、经营规模将会逐步提升。

（四）农产品质量安全水平将进一步提升

2015年12月6日，中央电视台新闻频道"每周质量报告"栏目以增城区石滩镇白江村等地为现场，报道了若干省份散小菜农涉嫌违法使用禁用农药的情况。节目播出后，广州市农业局立即会同增城区农业局赴白江村开展调查，并部署成立了5个督导组深入全市各农业区、镇（街）指导开展全面的排查、执法和培训教育菜农及信息发布等各项工作；各区农业部门亦成立了多个检查组开展地毯式排查整治，对辖区内蔬菜种植户和农资经营店进行了"拉网式"检查。增城区白江村一菜农因涉嫌违禁使用高毒农药水胺硫磷种植蔬菜被逮捕，涉案蔬菜已全部铲除。

广州市历来重视农产品质量安全，再加上受这一事件所刺激，2016年必将更加注重保障市民"舌尖上的安全"，加大对涉农违法违规事件的查处和打击力度，全市农产品质量安全水平有望进一步提升。

（审稿 谭苑芳）

B.16
关于越秀区主导产业发展的研究

越秀区发改局2015年课题调研组 *

摘　要： 本文利用第三次经济普查及近几年来的数据，通过多种分析方法，深入剖析了越秀区主导产业发展的基本概况、发展成就、主要问题和发展前景，并提出促进主导产业发展的对策措施。

关键词： 越秀区　主导产业　产业融合

一　越秀区主导产业发展基本概况

（一）法人单位情况

第三次经济普查数据显示，2013年越秀区共有法人单位29779家，其中主导产业18992家①，占全区的63.78%。主导产业中商贸业法人单位数量最多，共13203家，占全区的44.34%；文化产业、健康医疗产业和金融业法人单位数量依次为5822家、5659家和128家，分别占全区的19.55%、19.00%、0.43%。

---

* 课题组成员：刘震海，越秀区发改局局长；蒲敏珩，越秀区发改局调研员；冯嘉茹，越秀区统计调查队队长；汤亚丽，越秀区统计调查队科员；杜福华，越秀区服务业统计调查中心职员。

① 由于四大主导产业中部分企业互有交叉从属关系，同一法人单位可分别从属于多个产业，如有些企业既是商贸业，也属于文化产业和健康医疗产业，故法人单位的分产业数加总大于主导产业总数。

从法人单位规模看，2013年越秀区3483家规模以上法人单位[①]中，主导产业2128家，占全区的61.10%。其中，商贸业规模以上单位1621家，占全区规模以上主导产业的76.17%；健康医疗产业623家，占29.28%；文化产业545家，占25.61%。

（二）资产情况

第三次经济普查数据显示，2013年越秀区法人单位资产总计43958.48亿元，其中主导产业资产总计28525.27亿元，占全区的64.89%。金融业资产规模最大，资产总计达25073.52亿元，占全区法人单位资产总量的57.04%；其他产业规模相对较小，商贸业资产总计2593.88亿元，占全区的5.90%；文化产业资产总计1052.87亿元，占全区的2.40%；健康医疗产业资产总计1209.58亿元，占全区的2.75%。

（三）从业人员情况

第三次经济普查数据显示，2013年越秀区法人单位从业人员共101.72万人，其中主导产业从业人员44.63万人，占全区的43.88%。商贸业吸纳就业能力最强，从业人员达21.66万人，占全区的21.29%；其次为健康医疗产业，从业人员达12.34万人，占全区的12.13%；文化产业和金融业吸纳就业人数相对较少，分别为10.75万人和7.40万人，分别占全区的10.57%和7.27%。

表1　2013年越秀区主导产业基本情况

项　目	法人单位（家）	资产总计（亿元）	从业人员（万人）
全区合计	29779	43958.48	101.72
主导产业合计	18992	28525.27	44.63
商贸业	13203	2593.88	21.66
金融业	128	25073.52	7.40
健康医疗产业	5659	1209.58	12.34
文化产业	5822	1052.87	10.75

---

① 规模以上单位数量不包含金融业，因为金融业统计管理没有下放到区一级。

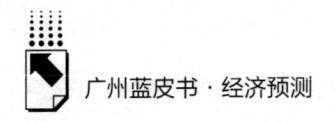

二 主导产业发展成就

（一）拉动经济持续增长

2011~2014年越秀区主导产业发展成效显著，产业规模不断扩大。2014年越秀区主导产业实现增加值1767.27亿元，同比增长[①]8.6%；占全区GDP的比重由2011年的63.62%提高至2014年的68.30%，提升4.68个百分点；2011~2014年平均增速达到11.5%，高出GDP增速2.3个百分点，拉动经济增长的幅度均在5个百分点以上，彰显出其作为越秀区经济增长极的重要地位。

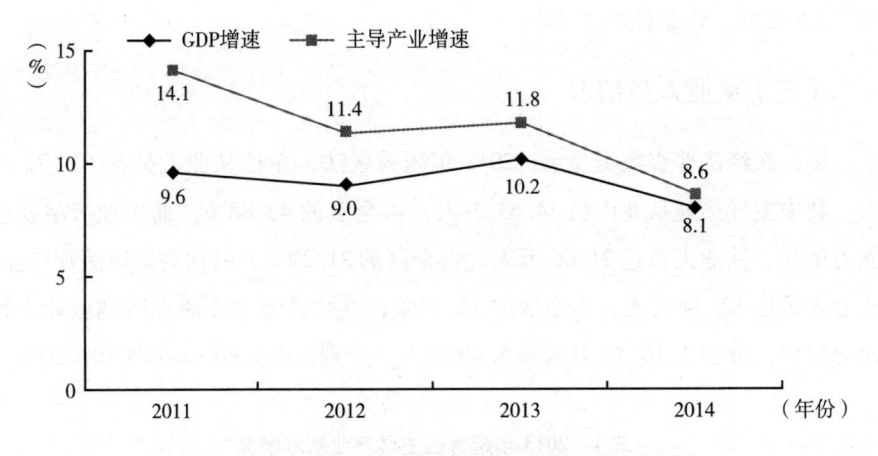

图1 2011~2014年越秀区GDP与主导产业增速

（二）推动产业结构优化

2011~2014年主导产业在越秀区产业结构优化中扮演重要角色。主导产业占第三产业的比重由2011年的66.74%逐渐提高至2014年的69.72%，提升2.98个百分点，已成为推动第三产业增长的强力引擎。2011~2014年越秀区

---

① 下文简称"增长"。

第三产业分别增长9.9%、9.1%、10.4%、8.4%,一直高于GDP增速,其中主导产业无疑起到重要的推动作用。2014年越秀区第三产业增加值达2534.70亿元,占GDP的97.96%。

在主导产业的带动和影响下,越秀区总部经济发展势头强劲,产业结构逐渐向高端化进阶。2014年越秀区认定的总部(优质)企业达362家,比2011年的339家增加23家,其中属于主导产业的就有159家;实现增加值1251.58亿元,增长8.2%,占全区GDP的48.37%;2011~2014年总部企业平均增长9.6%,高于GDP增速0.2个百分点。

(三)促进产业集聚发展

越秀区主导产业大型企业集中,市场支配能力强,产业集聚发展态势显著。2014年全区11家营业收入超百亿元的企业中属于主导产业的有10家;147家营业收入超10亿元的企业中属于主导产业的有100家,占比达68.03%;799家营业收入超亿元的企业中属于主导产业的有553家,占比达69.21%。

目前越秀区已初步形成黄花岗科技园、广州民间金融街、北京路文化核心区、广州健康医疗中心等主导产业功能区。这些主导产业功能区增强了越秀区主导产业的竞争优势,促进了产业的良性发展。

黄花岗科技园由当初的一栋大楼发展至目前的十几个各类园区,通过合作,建设了健康产业园、创意产业园、信息服务业示范园和动漫软件人才培训基地等园区。2014年黄花岗科技园企业实现技工贸总收入472.11亿元,增长18.0%;实现税收收入14.57亿元,增长18.0%,高于全区税收收入增速11.3个百分点。如今,黄花岗科技园已成为促进全区产业升级转型的重要因素和推动经济发展的新动力源。

作为国内首条民间金融街,广州民间金融街自2012年启动首期建设,经过3年的规划建设,已发展为涵盖小贷、再贷款、融资担保、典当、互联网金融、电商平台、融资租赁、文化产业、专业配套、商务服务于一体的宜商宜居综合体。截至2014年,街内入驻的金融机构已达152家,三期新引入唯品会小贷、粤信融资租赁等50家金融及配套机构,其中包括11家互联网金融机构;入驻机构全部盈利,共实现利润总额近10亿元;缴纳税收超过4亿元,是2013年的2.9倍;已带动实体投资达3000亿元,有效拉动实体经济的增长。

北京路文化核心区作为推动越秀区文化复兴、产业振兴、城市更新的重要抓手，先后被评为"广州市战略性重大发展平台""广州市第一批重点文化产业集聚区"（全市仅3个）。2014年北京路文化核心区共实现生产总值1081.13亿元，增长8.6%，增速高于全区生产总值0.5个百分点。目前，北京路文化核心区管委会已全面启动北京路国家4A级旅游景区创建工作，正根据方案开展23项整改提升工作。

广州健康医疗中心（下文简称"中心"）以中山大学附属医院群及广东省人民医院为主核心区域，将被打造成为一个功能齐全、专科特色突出、具有国际影响力和竞争力的中国南方国际"健康之都"。中心范围内拥有三级医院17家，卫生技术人员约3.6万人，床位数2.1万张，2014年总诊疗人次超4000万人次。2014年中心实现营业收入472.88亿元，增长12.9%，占全区健康医疗产业营业收入的比重达60.05%。目前，中心的产业、发展及交通配套三大规划均已形成阶段性成果；中心内硬件设施不断升级改造，中山大学第一附属医院新建手术科大楼，配备装备精良的手术室、ICU、检验设备流水线、病房等，并已正式投入使用。

（四）提升人才集聚层次

优厚的产业政策和人才激励政策吸引了大量中高级人才会聚越秀区。根据专业技术人员统计[①]结果，2014年越秀区拥有高级职称从业人员18557人，拥有中级职称的从业人员39556人；其中主导产业中拥有高级职称的从业人员9282人，占全区拥有高级职称从业人员的比重由2012年的48.52%提高至2014年的50.02%，提升1.50个百分点；拥有中级职称的从业人员19921人，占全区拥有中级职称从业人员的比重由2012年的48.47%提高至2014年的50.36%，提升1.89个百分点。主导产业中健康医疗产业的拥有高级和中级职称的从业人员数量最多，分别有5770人和8016人，占全区拥有高级和中级职称从业人员总数的31.09%和20.26%；商贸业人才层次略低，拥有高级和中级职称的从业人员分别有330人和1920人，仅占全区拥有高级和中级职称从业人员总数的1.78%和4.85%。

---

① 统计范围为城镇非私营单位。

三 主导产业发展面临的主要问题

（一）产业内部结构不均衡

越秀区产业结构不均衡的情况在金融业表现得尤为明显。保险、银行和证券被称为中国金融业的"三驾马车"，但在越秀区却呈现银行业"一家独大"的局面：2014年银行业营业收入占全区金融业营业收入的74.86%，保险业、证券业以及其他金融机构合计只占25.14%。此外，越秀区以投资银行、货币经纪公司、证券金融公司、金融租赁公司、消费金融公司等为代表的新型金融机构起步较晚，证券投资基金管理公司、金融产品研发中心、金融软件、数据处理、服务网络等金融辅助产业发展水平仍有待提高。

（二）产业高端化水平不高

随着经济的发展，区域产业结构将呈现高端化的发展趋势。但在越秀区主导产业的高端化水平普遍不够，主要表现在：总部企业实力不强、知名品牌缺乏、企业规模相对较小。

总部企业实力不强。一方面，总部企业的职能比较单一，整体层次相对较低，行政总部、研发总部和营销总部等高端总部机构少；另一方面，尽管越秀区有爱立信、松下电器、沃尔玛等世界500强企业，但大多以分支机构为主。属于主导产业的34家世界500强企业中，61.76%的企业是分公司、项目公司或者办事处，中国总部或华南地区总部较少。

知名品牌缺乏。随着市场竞争的日趋白热化，企业对品牌建设日益重视，口碑和品牌效应成为企业的核心竞争力之一。越秀区作为"千年商都"核心，主导产业中却缺少具有影响力和号召力的企业品牌。在商贸业方面，2014年上半年中国零售业上市企业营业收入排名中，越秀区百货业龙头老大广百股份仅排名第19位，与排名第一位的重庆百货相差甚远；在文化产业方面，越秀区具有全国影响力的文化企业并不多，2014年第六届中国"文化企业30强"中，越秀区无一企业跻身此排行榜；在健康医疗产业方面，虽然越秀区大型医院云集，但在2014年全国百强企业名单前20名中，越秀区只有中山大学附属第一医院进入榜单。

企业规模小、实力弱。越秀区主导产业单位数量众多，但是营业收入超百亿元企业仅有10家，大部分集中在金融业和商贸业，由此可见，全区大型企业数量太少，能够参与国内外竞争的优势企业不多。同时，主导产业中营业收入亿元以下企业占企业总数的八成以上，这些小企业在发展上大多面临技术、资金和场地上的困难，难以适应市场经济的冲击，不利于形成规模效应。

（三）产业融合力度不够

打破产业分割界限，实现产业相互渗透，相互融合、互动发展，是现代产业发展的一大趋势。但由于复合型人才支撑不够、推进产业融合的体制机制不健全等，越秀区产业融合力度远远不够。这主要体现在以下两个方面。

一是传统产业与新兴产业的融合不够。当前，互联网浪潮风起云涌，互联网与传统产业的融合已成为必然趋势，为地区经济的增长创造了新途径。但越秀区在这方面的发展没能抢占先机，主导产业与互联网的融合不够，传统产业在激烈竞争中优势渐失。例如在电子商务发展方面，2014年荔湾区花地河电子商务集聚区电子商务交易中B2C交易金额达200多亿元，同比增长60%，约占全市B2C总额的40%，位居全市各区之首，约占该区社会消费品零售总额的29.1%，约为全国平均水平的3倍。而2014年越秀区电子商务交易中B2C交易金额为23.97亿元，只有荔湾区的1/10，仅占全区社会消费品零售总额的2.03%，电子商务在越秀区还有极大的发展空间。另外，越秀区的互联网金融也只是刚刚起步，对经济的贡献甚微；高新技术与主导产业的融合发展也需要政府的引导与推动。

二是文商旅的融合不够。文化是城市商业和旅游产业的发展基础。作为广州建城2000多年未变迁的城市和文化中心，越秀区拥有全国重点文保单位16个25处，占全市的55%；省级重点文保单位14个16处，占全市的34%；汇聚了文物文化、革命文化、建筑文化、民俗文化和五大宗教遗址遗迹。但目前越秀区对这些丰富的资源利用不足，没能形成具有全国影响力的知名文化旅游品牌，游客对越秀区景点的认知度低。北京路步行街虽已具有一定知名度和寓旅于商的功能，但区域内大量的历史文化资源尚未得到充分的挖掘，而且缺乏满足各层次消费需求的旅游接待设施、交通停车设施、旅游标识系统、特色餐饮娱乐购物配套等。同时，步行街内商品结构种类大多单一，基本上都是以衣服鞋袜和餐饮为主，高端品牌并不多。随着购物中心等新业态和新城市中心的崛起，消费者对北京路的认同感逐渐下降。

四 越秀区主导产业发展前景分析

为进一步科学评价越秀区主导产业在全市的竞争地位及未来发展前景，现基于波士顿矩阵法构建越秀区主导产业分析模型。本文以区位熵[①]和产业增长率弹性系数[②]为横纵坐标，分别以1为边界，建立一个具有四象限的产业分析矩阵（见表2和图2）。

表2 越秀区主导产业波士顿分析矩阵参数值

主导产业	增加值（亿元）	区位熵	产业增长率弹性系数
金融业	700.98	3.97	1.28
商贸业	509.66	1.23	1.05
文化产业	169.88	1.45	0.83
健康医疗产业	217.54	3.04	0.98

注：参数值利用2013年越秀区及广州市相关数据计算得出。

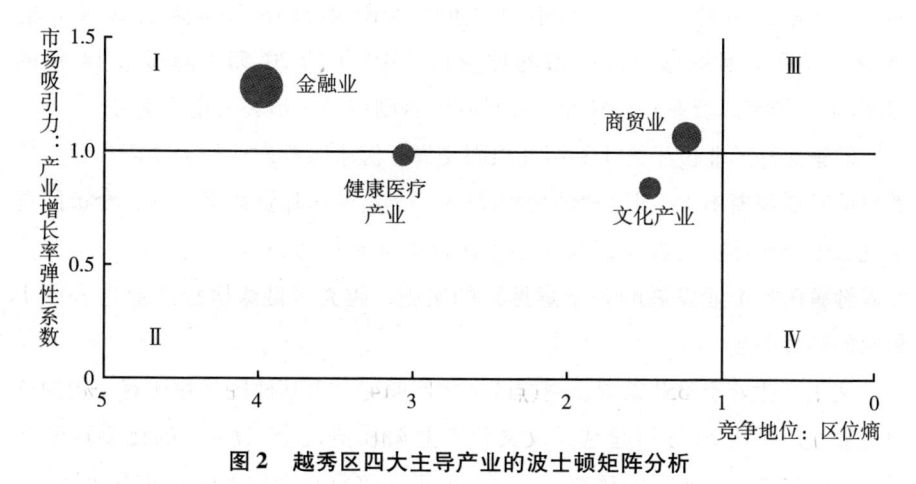

图2 越秀区四大主导产业的波士顿矩阵分析

---

① 区位熵是一个区域某产业增加值占该区域GDP的比重与全国同产业增加值占全国GDP的比值。区位熵大于1，说明该产业在国内的竞争优势较强。
② 产业增长率弹性系数是指某产业增长率与当前国内生产总值增长率的比值。该系数大于1，说明该产业发展快于国内经济增长，具有较好的发展态势，在国内市场的吸引力较强。

由产业矩阵可知，越秀区主导产业区位熵均大于1，说明主导产业在全市具有相当强的竞争优势；主导产业的产业增长率弹性系数均在1附近徘徊，说明随着宏观经济的持续下行以及区域间竞争压力的日趋加大，越秀区主导产业的市场吸引力有所弱化，各产业增速有放缓趋势。金融业和商贸业规模较大，处于第Ⅰ象限，有很强的市场吸引力和竞争优势。文化产业和健康医疗产业规模较小，均处于第Ⅱ象限，产业增速低于全市经济发展速度，但仍具有较强的比较优势，特别是健康医疗产业，在全市的比较优势更加明显。

金融业处于第Ⅰ象限，具有较高的市场增长率，竞争优势十分突出。目前，各级政府对金融业的支持力度不断加大，广州市也提出要加快区域金融中心建设，越秀区与其他区错位发展，着力推动广州民间金融街建设，并出台《广州民间金融街互联网金融创新发展的若干意见》，越秀区金融业在有利的产业政策支持下，市场吸引力和竞争地位会进一步增强。

商贸业在第Ⅰ象限边缘，产业增长率弹性系数略高于1，表明该产业在全市仍具有较好的发展态势；但由于百货业的不振、高端住宿餐饮的萎靡以及区域竞争的加剧，越秀区商贸业已被天河区超越，竞争优势在全市各区中略有减弱：社会消费品零售总额占全市的比重由2010年的18.70%降至2014年的15.30%，商品销售总额占全市的比重由2010年的20.53%降至2014年的19.64%。传统商贸业亟须转变发展模式，否则将进一步失去竞争优势。

健康医疗产业位于第Ⅰ和第Ⅱ象限交界。健康医疗产业作为朝阳产业，虽然目前发展规模不大，但是增长潜力巨大，丰富的医疗资源又使其在全市的竞争优势十分明显。随着健康医疗中心建设的逐步推进以及《越秀区关于加快发展健康医疗产业发展的若干意见》的实施，越秀区健康医疗产业进入第Ⅰ象限的趋势明显。

文化产业处于第Ⅱ象限。越秀区文化产业与全市其他区县相比有一定的竞争优势，但是从2012年起越秀区文化产业增加值占全区GDP的比重逐渐下降，产业规模已被天河区超越。不过，近年来政府对文化产业的重视度提升，从中央到地方都有诸多利好政策推动，加之越秀区正全力打造的北京路文化核心区，总体来讲，越秀区文化产业发展前景良好。但由于文化产业培养难度大，产业的发展相对于经济发展有一定延后性，预计未来几年越秀区文化产业仍将保持在第Ⅱ象限。

结论：越秀区的金融业和商贸业有先发优势，但是在新的经济形势下，这两大产业要紧抓"双创""互联网+""一带一路"等政策有利时机，着力加快转型升级，才能进一步提升产业竞争力；而健康医疗产业和文化产业有一定的发展基础和竞争优势，但目前仍处于平稳发展阶段，发展潜力有待挖掘，要经过大力培养，方可成为具有较强竞争力和带动力的支柱产业。

五 促进主导产业发展的对策措施

（一）完善政策体系

形成政策合力。整合广州市及越秀区已颁布的关于促进主导产业发展的扶持政策，做好有效对接和深度联动，在重点领域扶持、财税、用地、人才等方面形成全面推动主导产业发展的政策体系。

加大财政扶持力度。整合现有财政扶持资金，加大对主导产业的投入，支持产业发展。对有突出贡献的企业实行经营贡献奖励等政策，增强企业发展动力和品牌提升能力。

（二）优化发展环境

进一步优化政务环境。简化行政审批手续和程序，提高政府的服务效率，营造一流的投资发展环境；加快推进政务公开，实现公共信息的社会共享，逐步解决中介机构取证难、获取公共信息难的状况。

进一步优化市场环境。加大市场监管力度，支持行业协会等中介服务机构发展，使其在政府产业政策辅导与解读、行业发展信息共享、咨询评估、教育培训等方面，发挥更大的作用。加强知识产权保护，营造公开、公正的法制环境，加大失信惩戒力度，建立健全全市社会信用体系，营造诚信环境。

进一步优化人力资源环境。以主导产业发展凝聚高端人才，采取团队引进、核心人才引进、项目引进等方式吸引海内外高技术人才；围绕主导产业需求，鼓励企业与大学、院所联合培养复合型人才和高技能人才。完善人才服务和保障体系，营造最适宜人才发展的环境，采取有效措施解决引进人才在落户、安家、社会保障、子女就读等方面的问题。

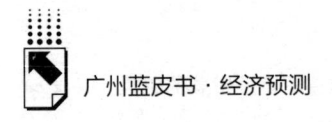

（三）提升主导产业发展载体

一是提升商务楼宇品质，为主导产业发展提供优质载体，支撑主导产业扩大发展。支持现有老旧商务楼宇利用先进的环保、节能和智能化技术，实施升级改造工作；鼓励聘用国家一级资质或国内外知名物管公司，开展高水准的物管服务；引导楼宇产权或经营权集中，促使楼宇管理更高效。二是围绕产业特点、整合优势资源、吸引高端要素，打造一批主题特色楼宇，促进同行业企业和产业链上下游企业集聚发展。支持楼宇申报国家、省、市重点扶持的科技、文化、金融等发展基地。三是培育总部亿元楼宇。鼓励重点商务楼宇引进世界500强企业、跨国公司等大型企业的区域总部、销售中心、结算中心等，建立相关企业办公场地保障协调机制，优先安排续租、扩大场地。围绕总部企业需求，引入配套商务服务，打造支持企业发展的产业生态链，提高楼宇经济规模和产出效益，培育一批税收亿元楼、营收百亿元楼。

（四）实施品牌战略

大力推进品牌建设。推动主导产业品牌建设，形成培育、发展、宣传和保护品牌的氛围，积极培育区域品牌、产业品牌、企业品牌和服务品牌，积极开展优秀服务业企业家、优秀服务人才等评选活动。建立支持体系，加强非物质文化遗产保护，促进老字号振兴发展，推动有条件的老字号企业做优做强。加强品牌管理输出，提升企业竞争力，占据价值链高端环节，着力培育一批具有自主知识产权和国际影响力的知名品牌。

促进产业集团的形成。推动企业的改革、改制和重组，鼓励主导产业中资产质量优、管理水平高、经济效益好的大型企业，利用市场手段外引内联，实现资产的优化组合和投资的多元化，形成产权明晰、品牌优势明显、产业链较长、具有较强市场竞争能力和辐射能力的龙头企业集团。

（五）提升产业融合度

建立企业主体机制。政府要引导企业充分认识到产业融合发展是提升传统产业的必然选择，认识到顾客需求是企业创新的动力所在，使企业从研究客户需求出发，推进技术创新及融合；帮助企业通过混合兼并、战略联盟等形式实现资源的合理流动，在技术和市场开发方面共担风险；采取措施促进企业克服"惰性"和传统运作惯性，使企业原有的刚性核心力柔性化，并协助企业重新设计适应产业融合的战略和制度。

创新市场培育体系。加大创新市场开放程度，强化资本市场对科技型企业的支持力度，吸引各类企业参与创新活动，促进产业融合。一是支持商业银行在越秀区范围内建立科技支行，为科技企业提供专业化的高效信贷服务，实行专门的客户准入标准、信贷审批、风险控制、业务协同和专项拨备等政策机制。二是逐渐建立知识资本的定价机制，鼓励知识积累、技术专利、基础研究成果、有价信息等知识产权的市场化交易，激活知识资本的市场。

（审稿　陈婉清）

财政税收篇
Fiscal Levy

B.17
广州地区分行业地方
财力贡献度比较研究

广州市地方税收研究会课题组[*]

摘　要： 本文立足于大量行业经济税收数据，从行业发展对市区级税收拉动作用的视角，探求广州地方财力不足的内在原因，分析广州目前各主要产业、行业发展对地方财力的贡献度，进而提出加快优化产业结构、增强地方财力的若干建议。

关键词： 地方财力　产业结构　税收　对数回归

一　与其他五大国内主要城市相比，
广州地方财政收入差距明显

"十二五"期间，广州市地方财政实力得到明显增强，地方财政一般公共

---

[*] 课题组组长：谢红鹰；成员：王朝晖、张镭、樊泓坤、王经胜、林立成、黎广超、曾艳。

预算收入(以下简称"地方财政收入")从 2010 年的 872.7 亿元上升到 2014 年的 1241.5 亿元。但从增速和占 GDP 比重看,地方财政收入五年平均增速 12.1%,低于 GDP 12.8% 的同期增速,占 GDP 的比重也从 2010 年的 8.1% 下降为 2014 年的 7.4%。与其他五大国内城市①横向比,广州市地方财政收入规模不足的问题更加明显,差距主要体现在以下四方面。

(一)广州地方财政收入规模较小

在六大城市中,广州市 2014 年国内生产总值规模约为上海的 70.1%、北京的 78.3%,与深圳相当,领先于天津和重庆,居六大城市第三位,但地方财政收入规模位居末位,大约仅相当于上海的 1/4(27.1%)、北京的三成(30.8%)、天津的一半(51.9%)、深圳的六成(59.6%)、重庆的 2/3(64.6%)。

(二)广州地方财政收入增速较慢

"十二五"期间广州市地方财政收入年均增速为 12.1%,远低于天津(23.8%)、重庆(23.0%)、深圳(18.8%)、北京(14.7%)等城市,比地方财力规模最大、增速较慢的上海仍低 0.4 个百分点,排在六个城市末位。

(三)广州地方财政收入占 GDP 比重较低

2014 年广州市地方财政收入占 GDP 的比重仅为 7.4%,是六大城市中唯一一个比重低于 10% 的城市,与比重最高的上海的差距有 12.1 个百分点之多,与排名第五的深圳也有 5.6 个百分点的差距。

(四)广州 GDP 增长对地方财政收入的拉动作用较弱

经过对数回归模型计算,六大城市的 GDP 增长对地方财政收入的拉动系数如表 1 所示。模型结果显示,天津的 GDP 增长对地方财政收入的拉动系数最高,达到 1.456,即天津 GDP 每增长 1%,地方财政收入可增长 1.456%,上海、重庆、北京、深圳拉动系数也大于 1,依次为 1.366、1.306、1.259、

---

① 其他五大国内主要城市主要包括:其他四个国家中心城市北京、上海、天津、重庆,以及计划单列市深圳。

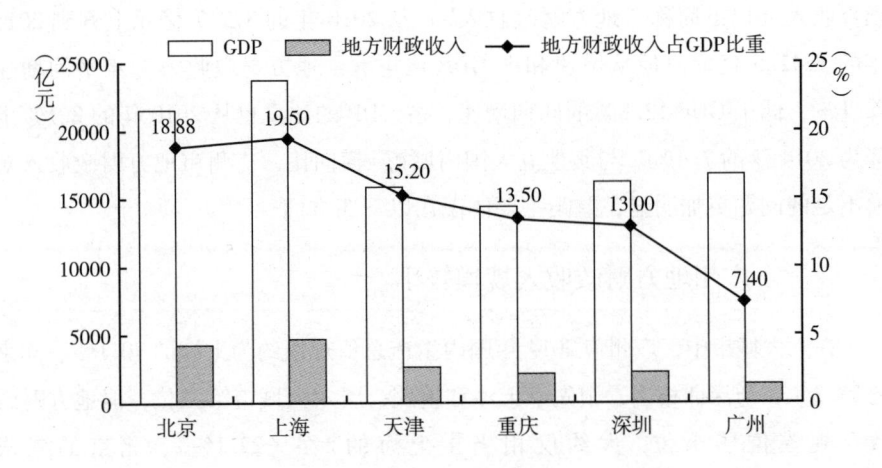

图 1　2014 年国内六大主要城市地方财政收入占 GDP 比重情况

1.214，表明这五大城市的 GDP 增长对地方财政收入增长的拉动作用较强。而广州拉动系数仅为 0.910，即广州 GDP 每增长 1%，地方财政收入仅增长 0.910%，明显弱于其他五大城市。

表 1　六城市地方财政收入拉动系数情况

城市	2010~2014 年地方财政收入增长拉动系数	拉动系数排名	城市	2010~2014 年地方财政收入增长拉动系数	拉动系数排名
北京	1.259	4	重庆	1.306	3
上海	1.366	2	深圳	1.214	5
天津	1.456	1	广州	0.910	6

二　广州地方财力较弱的原因剖析

（一）广州财政体制相对直辖市和计划单列市存在劣势

按照现行财政体制，广州的税收收入需要同时与中央和广东省分享，而直辖市天津、计划单列市深圳则不必与省分享，其上缴中央国库以外的部分全部留成于市。以 2014 年的税收数据为例，广州上缴省级收入总量高达 657 亿元，这无疑大大影响了税收留成地方部分,直接造成广州市地方财政收入规模缩减。倘若广州能够享受与天津、深圳同等"优惠"的财政体制,即三地财政收入以同等口径计算,那么2014年广州地方财政收入将达到1898亿元,比目前实际的1242亿元多出52.8%,占GDP的比重提升为11.4%,与天津、深圳的差距明显缩小。

然而,即便按加上省级收入的同口径计算,广州地方财政收入"十二五"期间的平均增速也仅为13.6%(比实际口径增速高出1.5个百分点),仍大幅落后于天津的23.8%和深圳的18.9%;GDP增长对地方财政的拉动系数提升为1.05,仍显著低于天津的1.445和深圳的1.214。

可见,财政体制的劣势导致广州地方财政收入规模偏小,但这并不是广州财政收入增速偏慢、经济增长对地方财政收入的拉动作用偏弱的主要原因。

(二)广州支柱行业地方级税收拉动作用偏弱

与直辖市和计划单列市相比,广州财政体制存在先天劣势,这种比较劣势短期内难以改变,下面进一步从经济结构入手,比较广州与天津、深圳支柱行业发展对地方财政收入的贡献,探求广州地方财力偏弱的原因。为剔除财政体制上的不可比因素,本部分广州地方级税收按"省级+市区级"口径计算,即按与天津、深圳地方财政收入同口径计算。

从广州、天津、深圳地方级税收前五大行业对比情况看,广州支柱行业对地方级税收拉动作用明显偏弱。如表2所示,广州前五大行业依次为房地产业、工业、金融业、批发零售业和租赁商务服务业,五大行业总体地方级税收增长拉动系数为0.996,低于天津的1.299和深圳的1.155。这意味着广州五大行业增加值合计每增长10%,能带动五大行业地方级税收增长9.96%,落后天津3.03个百分点,落后深圳1.59个百分点。五大支柱行业中,广州的薄弱环节主要在工业,广州工业地方级税收增长拉动系数仅为0.712,大大低于天津的1.202,也低于深圳的0.865,即广州工业增加值每增长10%,仅带动该行业地方级税收增长7.12%,低于天津和深圳4.9个和1.53个百分点。究其原因,可能是各城市工业的支柱产业对地方级税收的拉动能力不同所致[1]——天津、深圳的第一大工业产业是电子信息产业,而广州则是汽车制造业。

---

[1] 由于相关城市经济数据缺失,尚无法对此推测做数据实证研究。

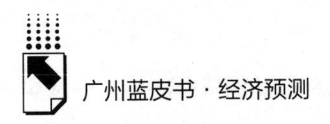

表2 广州、天津、深圳五大支柱行业地方级税收贡献情况

单位：%

城市	行业门类	2011~2013年贡献市区级税收占比	2011~2013年市区级税收产出率	2010~2014年地方级税收增长拉动系数
广州	全行业总计	100.0	9.4	0.964
	五大行业小计	74.9	10.3	0.996
	房地产业	27.5	32.9	0.914
	工业	22.2	6.6	0.712
	金融业	10.2	13.5	1.090
	批发和零售业	9.0	6.1	0.732
	租赁和商务服务业	5.9	6.9	1.336
天津	全行业总计	100.0	9.4	1.325
	五大行业小计	78.4	9.7	1.299
	工业	31.8	6.3	1.202
	房地产业	18.7	48.8	2.271
	金融业	10.4	12.7	1.191
	建筑业	9.6	21.0	1.323
	批发和零售业	7.8	5.7	0.761
深圳	全行业总计	100.0	10.4	1.076
	五大行业小计	77.5	10.3	1.155
	工业	23.6	5.9	0.865
	房地产业	17.6	21.3	1.065
	金融业	19.2	14.7	0.984
	批发和零售业	9.7	8.7	0.853
	租赁和商务服务业	7.4	26.4	1.650

可见，广州支柱行业特别是工业对地方级税收拉动作用偏弱，而天津、深圳的支柱行业对地方税收拉动作用较强，是导致广州地方财力增长弱于天津、深圳的主要原因。

（三）从广州各产业对地方财政收入的贡献情况看，产业结构有待进一步优化

我们通过实证分析发现，着眼于增加地方财力的目标，从广州经济税源内部看，产业和行业结构存在进一步优化、提升的空间。下面应用"十二五"

期间广州经济税源中各主要产业、行业经济指标与市区级税收收入数据,建立对数回归模型,深入剖析在现行财政分成体制下,广州各产业、行业发展对地方财政收入的贡献,以期获得一些有益的结论。

1. 第三产业市区级税收产出率和市区级税收增长拉动系数均高于第二产业

2014年,广州市地区生产总值达到16707亿元,同比增长8.6%;其中,第二产业增加值占全市GDP的比重为33.5%,比2009年下降了3.8个百分点;第三产业增加值占全市GDP的比重为65.2%,比2009年提高了4.3个百分点。

从对税收总量的贡献看,第二产业以占GDP 33.5%的经济规模,贡献了46.7%的税收总量,税收总量产出率高达27.6%,比第三产业高10.7个百分点;但从对市区级税收的贡献看,第三产业以占GDP 65.2%的经济规模,贡献了63.6%的市区级税收,市区级税收产出率为5.9%,比第二产业高0.7个百分点;再看市区级税收增长拉动系数,第三产业拉动系数为0.803,比第二产业高出0.052。以上数据表明,第三产业对税收总量产出能力弱于第二产业,但其市区级税收产出能力以及对市区级税收增长的拉动作用均强于第二产业。这种差别主要是现行财政体制造成的,第二产业的流转税主要是增值税和消费税,第三产业主要是营业税和营业税改征的增值税,而营业税和营业税改征的增值税收入(除金融保险业营业税、南航运输、广梅汕三茂铁路运输增值税外)的市区级留成比例(50%)明显高于增值税(25%)和消费税(0%)。

表3 2014年广州各产业、行业税收贡献对比情况

单位:%

行业门类	增加值占GDP比重	贡献税收总量占比	贡献市区级税收占比	税收总量产出率	市区级税收产出率	2010~2014年市区级税收增长拉动系数
全行业合计	100.0	100.0	100.0	19.8	6.0	0.854
第二产业	33.5	46.7	29.2	27.6	5.2	0.751
工业	30.4	40.7	24.1	26.5	4.8	0.862
建筑业	3.2	3.5	5.1	21.7	9.6	1.414
第三产业	65.2	55.7	63.6	16.9	5.9	0.803
房地产业	8.2	15.2	26.9	36.7	19.7	0.730

续表

行业门类	增加值占GDP比重	贡献税收总量占比	贡献市区级税收占比	税收总量产出率	市区级税收产出率	2010~2014年市区级税收增长拉动系数
批发和零售业	15.0	12.1	10.9	15.9	4.4	0.679
金融业	8.5	9.3	3.8	21.7	2.7	1.047
信息传输、计算机服务和软件业	3.0	4.6	3.3	30.2	6.7	1.229
租赁和商务服务业	7.0	4.5	5.5	12.7	4.7	1.051
交通运输、仓储和邮政业	6.8	2.7	3.3	8.0	2.9	0.504
科学研究、技术服务和地质勘查业	2.5	2.1	2.6	16.6	6.2	0.658
居民服务和其他服务业	1.1	1.7	2.4	29.7	12.7	1.568
住宿和餐饮业	2.7	1.0	1.6	7.5	3.5	0.328
公共管理和社会组织	2.4	0.9	1.5	7.3	3.7	1.199
文化、体育和娱乐业	1.5	0.5	0.6	7.1	2.5	0.315
教育	3.3	0.4	0.4	2.6	0.8	0.550
卫生、社会保障和社会福利业	2.5	0.4	0.3	2.8	0.6	0.583

2. 第二产业中，工业税收规模大但对市区级税收贡献偏弱，战略新兴产业发展弱于天津、深圳，建筑业市区级税收拉动作用突出但规模有限

——工业税收总量产出率高，但对市区级税收贡献偏弱

近年来，在汽车、石化、电子信息三大行业的引领下，广州的工业总产值稳步增长，稳居广州经济的第一大支柱行业，2014年在广州地区生产总值中所占份额高达30.4%，领先第二名批发零售业15.4个百分点。从税收贡献看，该行业贡献了税收总量的40.7%，税收总量产出率达26.5%，市区级税收增长拉动系数为0.862，与全行业总体水平相当，但市区级税收产出率仅有4.8%，明显低于全行业市区级税收产出率6%的水平。

工业对税收总量贡献度高而对市区级税收贡献度低，这主要是由工业的税收收入税种构成和现行财政分成体制决定的。由于在工业企业所提供的税收收入中，增值税、消费税、企业所得税、个人所得税四大税种占了绝大部分（2014年四大税种税收总和占工业企业税收总量的比重高达90%），而这四个税种的现行分成体制更有利于中央财力的提高，对地方财力的贡献较小。比

如，增值税一般按照中央75%、市区25%比例分成，而电力企业的增值税市区库则不参与分成；消费税100%全属中央；一般企业的企业所得税仅有20%划归市区级收入，中央级企业、省属企业的企业所得税市区库则没有分成。

从工业内部各主要行业税收贡献看，汽车制造业贡献最大，2014年该行业共完成税收325亿元，占工业税收总量（1346亿元）的24%，其中完成市区级税收58亿元，占工业市区级税收总量（242亿元）的比重也达24%。税收贡献排名第二至第五位的行业依次为电力、烟草制造、食品制造和石油化工行业，广州三大支柱产业之一的电子设备制造业税收贡献仅位列第七。但从市区级税收增长拉动系数来看，这几大工业行业普遍偏低，仅食品制造业（1.188）和医药制造业（1.056）大于1，即有放大效应；从市区级税收产出率[①]看，仅食品制造业（5.32%）、烟草制造业（5.52%）高于工业平均水平（4.8%），而汽车制造业的市区级税收产出率仅1.55%。（见图2）

此外，值得关注的是，医药制造业虽然税收规模不大，2014年共完成税收总量30亿元，市区级税收产出率也不高（3.3%），但其近几年增长势头突出，市区级税收增长拉动系数也达1.056，有一定放大效应：该行业规模以上工业总产值从2009年的138亿元增长至2014年的255亿元，接近翻番，年均增速达13%，高出规模以上工业总产值增速近10个百分点；其市区级税收从2009年4.5亿元增长至2014年的8.3亿元，年均增长13.2%，高出全市市区级税收增速（11.4%）1.8个百分点。

——战略新兴产业税收贡献尚未形成规模，发展现状明显弱于天津、深圳。

在以科技创新为特征的战略新兴产业方面，虽然近年广州不断加大对生物医药、节能环保、新能源和互联网信息产业等领域的扶持力度，并取得了较快的发展，但总体上这些新兴产业尚处在起步阶段，因此税收贡献规模较小。而深圳、天津依靠电子信息、高端装备制造等产业的优势，新兴产业总体发展已初具规模，已成为经济、税收重要的增长极。

从税收总量规模看，2014年，广州生物医药、节能环保、电子信息产业

---

① 因工业内部分行的行业增加值无法获取，此处市区级税收产出率＝某行业贡献的市区级税收/该行业总产值。

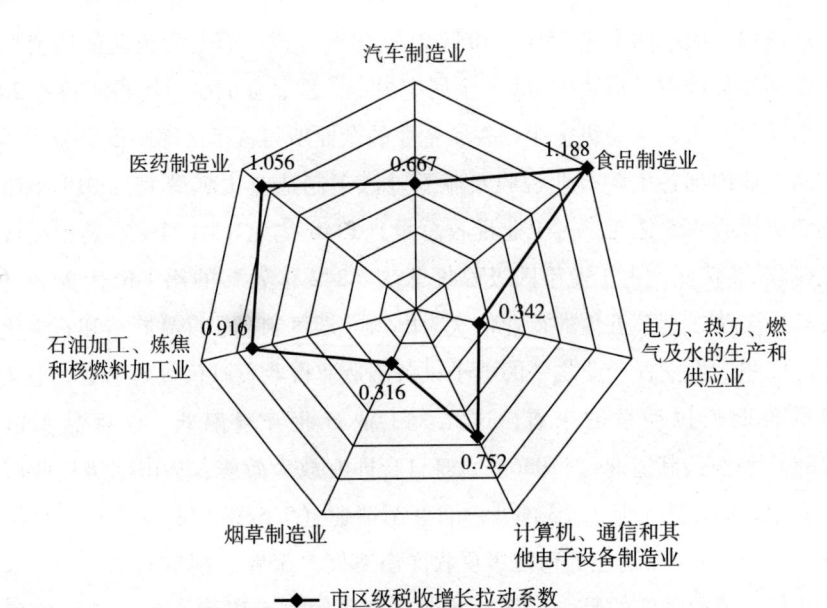

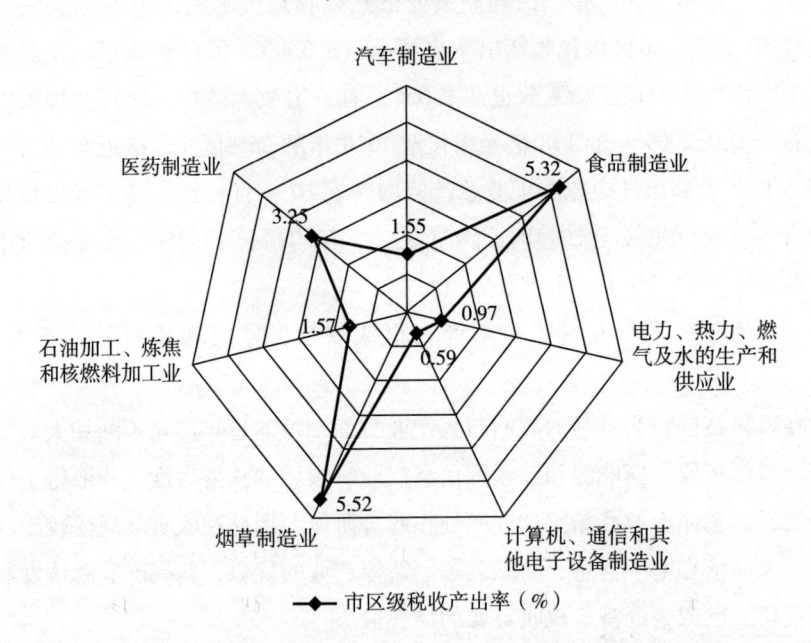

图2 广州工业主要行业的市区级税收增长拉动系数与市区级税收产出率

等战略新兴产业共完成税收136.2亿元,比天津(167.9亿元)少31.7亿元,仅为深圳(460.8亿元)的三成;广州新兴产业税收占税收总量的比重仅为

244

4.1%，低于天津（5.8%）1.7个百分点，低于深圳（12.8%）8.7个百分点。从市区级税收贡献看，2014年，广州新兴产业贡献市区级税收25.5亿元，占市区级税收总量的2.5%，近5年年均仅增长4%，市区级税收产出率为0.8%，对市区级税收增长拉动系数仅0.454；而天津、深圳新兴产业分别贡献市区级税收61.6亿和166.7亿元，分别占市区级税收总量的3.9%和9.7%，近5年年均增幅分别达15.4%和9%，市区级税收产出率分别达1.6%和1.1%，对市区级税收增长拉动系数分别高达1.667和1.069（见图3）。

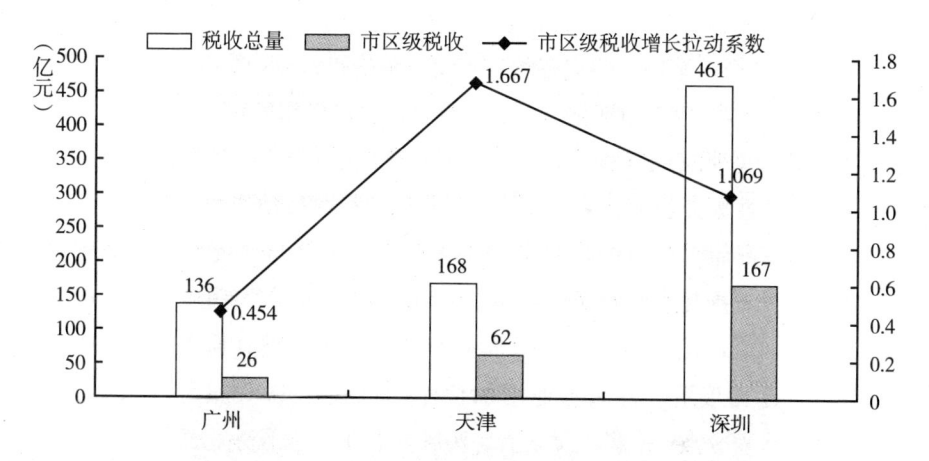

图3　广州、天津、深圳战略新兴产业税收贡献情况

战略新兴产业各主要行业中，广州与天津、深圳差距最大的是电子信息产业，2014年广州规模以上电子信息产业工业总产值为2158亿元，而天津已达3040亿元，是广州的近1.5倍，深圳更高达12716亿元，是广州的近6倍；相应地，广州电子信息产业市区级税收规模（12.7亿元）仅为天津（18.3亿元）的2/3，不足深圳（148.2亿元）的1/10，差距十分明显。

——建筑业对市区级税收增长拉动作用突出，但收入规模不大。

第二产业各主要行业中，广州建筑业的市区级税收增长拉动系数最高，达1.414，即建筑业增加值每增长1%，可拉动建筑业市区级税收增长1.414%，有明显的放大效应。该行业税收总量产出率和市区级税收产出率也分别高达21.7%和9.6%，分别比总体的税收总量产出率（19.8%）和市区级税收产出率（6.0%）高出1.9个和3.6个百分点。可见，建筑业对税收增长尤其是市区级税收增长的拉动作用十分突出。

但从税收规模来看，建筑业贡献并不突出。2014年，建筑业共实现税收115.1亿元，仅占税收总量（3303.7亿元）的3.5%；其中，贡献市区级税收50.9亿元，仅占市区级税收总量（1002.6亿元）的5.1%。建筑业税收规模不大，一方面因为经济规模较小，2014年广州建筑业增加值531亿元，仅占广州GDP的3.2%，仅为第一大行业工业增加值（5071亿元）的约1/10；另一方面是由于建筑业主体税种的税率较低，2014年建筑业第一大税种为营业税，该税种收入占建筑业税收总量的比重达55%，而建筑业营业税税率为3%，低于房地产、金融、住宿餐饮、不动产租赁等行业5%的税率。

3. 第三产业中，生产性服务业对市区级税收拉动作用显著，商贸服务业发展迅速但对市区级税收拉动作用不大，房地产业税收贡献突出但周期性波动风险较大

——生产性服务业增长势头良好，对市区级税收拉动作用显著。

从目前情况看，广州中心城区产业"退二进三"与一批生产性服务业功能区建设的大力推进，取得了一定成效。从经济规模看，2014年，广州生产性服务业增加值占国内生产总值增加值的比重达31.3%，比工业比重高0.9个百分点；近五年生产性服务业增加值年均增速达12.9%，快于总体增速（11.9%）1个百分点。从税收贡献看，2014年，生产性服务业贡献了税收总量的25.8%，税收总量产出率达16.3%，虽然市区级税收产出率仅有4.3%，但其市区级税收增长拉动系数达1.02，高于总体市区级税收增长拉动系数0.85。

生产性服务业内部各主要行业中，从税收规模看，金融业的税收总量规模最大，2014年该行业共完成税收308亿元，占全市税收总量的9.3%；租赁商务服务业的市区级税收规模最大，2014年该行业共完成市区级税收549亿元，占全市市区级税收总量的5.5%。从地方财力贡献度情况看，居民及其他服务业的市区级税收产出率和市区级税收增长拉动系数均位列第一，两指标分别高达12.69%和1.568，明显高于6%和0.85的总体水平；信息服务业、公共管理业、商务服务业和金融业市区级税收拉动作用也较强，四行业市区级税收增长拉动系数分别为1.23、1.2、1.05和1.05，均明显高于总体市区级税收增长拉动系数。需要特别说明的是，金融业受财政分成体制制约，其主要税种金融保险营业税100%属省级收入，各大中央金融机构的企业所得税全属中央级收入，因此金融业税收的市区级分成很少，市区级税收产出率仅2.7%，但省政府每年通过增量

返还的形式，将金融保险业营业税超基数部分按50%予以返还，如果加上这部分返还收入（2014年26亿元），2014年金融业市区级税收产出率提升为4.5%。

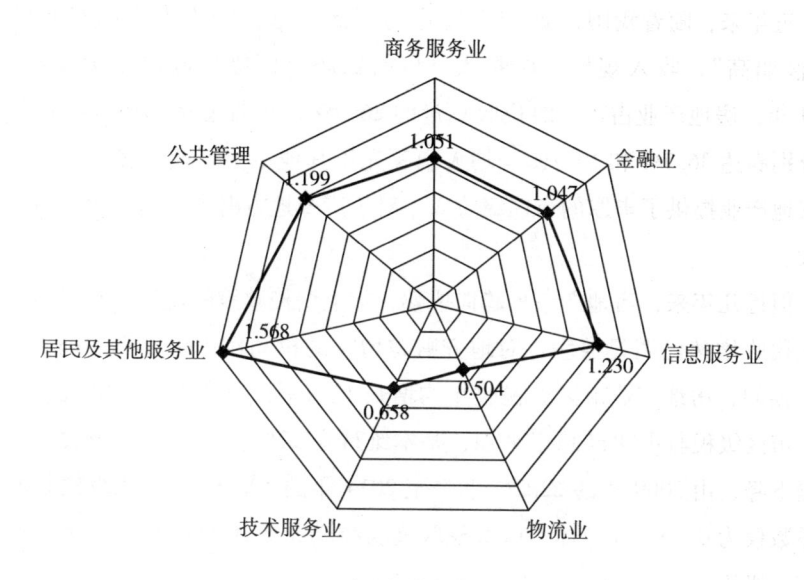

图4 广州生产性服务业各行业市区级税收增长
拉动系数与市区级税收产出率

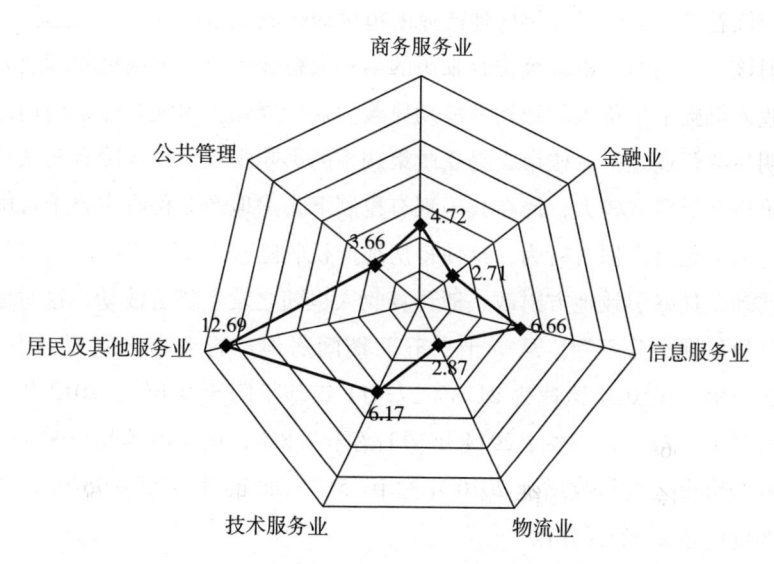

——房地产业对市区级税收贡献突出，但其周期性波动给地方财政带来结构性风险。

近年来，随着我国房地产市场化的不断推进，广州市房地产业税收也"水涨船高"，收入规模不断扩大，目前稳居市区级税收第一大来源行业。2014年，房地产业占市区级税收总量的26.9%，税收总量和市区级税收产出率分别高达36.7%和19.7%，均大幅领先于其他主要行业。客观地说，近几年房地产业提供了丰厚的市区级收入，对于广州地方财力迅速壮大的贡献作用较大。

但近几年来，房地产市场趋向成熟，加上调控政策的使用更趋灵活，房地产业税收增速已明显放缓，对地方财力增长的拉动作用也大不如前。"十二五"期间，房地产业市区级税收年均增长11.4%，与全市市区级税收增速持平；市区级税收占比已趋于平稳，基本维持在27%左右；市区级税收产出率缓慢下降，由2009年的22.2%下降至2014年的19.7%；市区级税收增长拉动系数仅为0.73，比总体市区级税收增长拉动系数还低0.12，比生产性服务业市区级税收增长拉动系数低0.29。

应该看到，虽然近几年房地产业的市区级税收比重持续走高的趋势有所扭转，但该行业仍然是市区级税收来源的第一大行业，对市区级税收和地方一般预算收入仍会带来很大的结构性波动风险。众所周知，房地产业是周期性波动最为明显的行业之一，楼市交易受政策调控的影响很大，市场冷暖转换频率很快、价格高低落差较大，而在我国现有税制下，房地产业税收主要来自房屋交易行为而不是财产保有行为，这使得房地产税收随楼市交易市况出现剧烈的周期性波动，最终引致地方财政一般预算收入也随之发生显著波动，这对地方财力的平稳发展十分不利。从"十二五"期间房地产行业市区级税收发展看，如图5所示，2010年增速为21.3%，2011年却下降至2.6%，2012年、2013年回升到14.3%、17.3%，2014年又下落至2.8%，增速波动相当明显，并直接影响全市市区级税收增速2010年达20.5%，而2011年仅-0.4%，这两年波动幅度高达21个百分点。

——商贸服务业发展迅速，但对市区级税收贡献较低。

自古以来，商贸服务业（包括批发零售业、物流业、住宿餐饮业、租赁和商务服务业）都是广州传统优势产业。近几年来，广州商业秉承和发扬

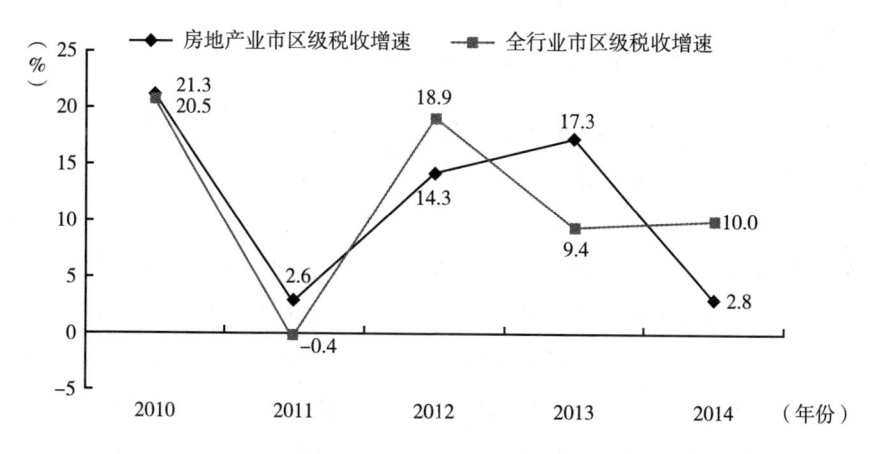

图5 "十二五"期间广州全行业及房地产业市区级税收增速情况

"千年商都"的优势，商贸服务业实现较快发展。"十二五"期间，商贸服务业增加值年均增长13.9%，比同期GDP总体增幅（12.8%）高1.1个百分点。相应地，该行业税收总量增幅（20.0%）比总体增幅（11.9%）高8.1个百分点。

但从税收产出能力来看，商贸服务业税收总量产出率和市区级税收产出率分别为12.8%和4%，均明显低于总体水平；其市区级税收增长拉动系数也仅0.74，低于总体市区级税收增长拉动系数（0.85），表明该行业发展对地方财力增长的贡献度较低。

三 促进广州地方财力平稳较快增长的对策和建议

以上数据分析表明，与上述五大主要城市相比，广州市地方财力相对不足，这既是财政分成体制上先天劣势的直接反映，也是经济税源内部产业结构特征在税收贡献上的外在体现。为促进地方财力的平稳较快增长，广州应该结合地方财力的发展需要，大力推动财税体制改革，进一步加快产业结构调整的步伐，找准发展重点和突破口，逐步形成更利于壮大地方财力的经济税源结构，打造与国家中心城市地位相匹配的财政实力，为广州的发展提供更强大的动能。

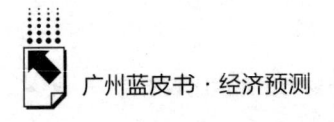

（一）深入推进财税体制改革

要以建设国家中心城市和自贸区为契机，适时向国家争取包括增加地方税收分成比例在内的财税政策支持，实现"财力"与"事权"相匹配。

一是争取减小政策劣势。在我国五大国家中心城市中，除广州外，北京、天津、上海、重庆四市均为直辖市。相比之下，直辖市在立法权、财政支配、行业试点、政策争取等方面均具有更大的优势。作为国家中心城市，自然应当承担更多的国家责任，需要在国家对外交流合作中发挥更大作用，但这需要更强的地方财政实力作为支撑。广州目前地方财力偏弱，一个十分重要的原因就是财政体制存在劣势、经济管理权有限，这与国家中心城市的要求不相匹配。建议广州借大力建设国际中心城市和自贸区之机，积极向中央争取更多的政策支持，缩小与其他几个国家中心城市的"政策差距"。

二是争取增加地方税收分成比例。广州"财权"的偏小，与税收分成比例低密切相关。广州地税部门2014年组织税收收入1350亿元，其中19.8%（267亿元）入中央库，33.2%（448亿元）入省库，余下的47.0%（635亿元）入市区库；而深圳地税部门2014年累计组织税收收入1712亿元，其中28.5%（488亿元）入中央库，由于深圳没有省级分成环节，余下的71.5%（1224亿元）全部留存市区库，市区库收入规模几乎是广州的2倍。近年来，广州市政府通过积极向上级争取，广东省逐渐增加了对广州的财政返还比例。例如自2015年起，增加了金融保险业营业税的增量返还额。但整体而言，广州对金融保险业等重点行业以及在穗央企、省企等重点企业的税收分成比例仍然较低。为此，建议广州要继续向上级争取支持，适时对税收分成体制进行调整，进一步增加地方税收留成比例。

（二）不断优化产业结构

要在推动各行业蓬勃发展的基础上，重点发展高技术服务业和高技术制造业等对地方财力稳定增长具有积极意义的优质行业和产业。

积极打造高端制造业，优化战略性新兴产业。广州地区的工业对地方级税收拉动作用相对于天津、深圳等城市明显偏弱。因此，广州要在巩固电子产品制造、食品制造等传统行业的同时，大力打造战略性新兴产业，重点发展新一代信息技术、生物健康、新材料与高端制造产业，培育发展时尚创意、节能环保、新能源汽车产业。汽车制造业尽管对市区级税收增长拉动系数和产出率偏低，但该行业对税收总量以及市区级税收的规模贡献较大，对上下游产业的带动作用亦不容小觑。广州要在做大做强汽车产业方面发力，改造提升并壮大传统装备产业规模，将工业机器人和智能制造装备、轨道交通等高端制造业打造成新兴支柱产业，同时要抢占发展先机，加快新能源汽车发展步伐和战略布局，大力推进高能效、低排放节能汽车发展，推动新能源汽车技术的推广应用和产业化。电子信息技术产业是广州工业相对于天津、深圳的短板，广州要在做大产业规模的基础上，构建新型显示、新一代宽带无线通信、数字家庭与数字视听三大优势产业集群，培育集成电路设计、物联网、云计算、应用电子等产业，建成我国重要的电子信息产业基地、新一代信息技术应用示范产业基地和国际创新高地。医药制造业尽管税收规模不大，但对市区级税收增长拉动系数达1.06，居工业内部主要行业前列，对市区级税收增长拉动作用明显。广州要充分发挥医疗资源丰富、产业基础扎实等方面的优势，大力发展用于重大疾病防治的创新药物大品种，加快先进生物医学工程产品的研发和产业化，打造进口药品中心城市，构建广州生物医药健康产业新高地。此外，广州作为华南地区教育中心，要充分发挥教育科研资源雄厚的优势，积极推进"产学研"结合，大力鼓励自主创新，推动基因工程、节能环保、新材料等知识密集型新兴产业加快发展。

大力发展生产性服务业，打造国际航运中心。生产性服务业尽管受现行财政体制制约而对市区级税收产出率不高，但市区级税收增长拉动系数较高，即其经济增长对市区级税收增长的拉动作用较强。因此，广州要继续加大支持力度，重点发展金融、物流、会展、信息服务、节能环保服务等行业，推动"广州服务"为经济增长以及财力增强注入新的动力。物流业的市区级税收增长拉动系数虽然不高，但广州作为华南地区高速公路、铁路、机场"海陆空"交通枢纽，要充分借助南沙自贸区的优势，大力发展现代物流业，以物流吸引和聚集信息流、技术流和资金流；大力推动金融创新，与国内其他金融中心错位发展，积极发展融资租赁、互联网金融等金融新业态；加快国际会展中心建设，大力发展商贸会展业，积极举办国际会议、经贸洽谈会和高端论坛；抢先发展大数据、云计算等新兴信息技术产业，创新面向专业领域的信息服务方式,加快广州超算中心应用推广;大力发展第三方节能环保服务体系,积极发展再制造专业技术服务,探索节能市场化交易。

(三)继续优化房地产税制

要采取有力措施促进房地产业健康稳定发展,稳步推进房地产税立法进程。

一是科学调节供应结构,通过平抑房价保证交易活跃度。房地产业税收在地方财政收入中占据十分重要的地位。地方政府要认真把握好中央关于房地产市场调控的政策走向,充分发挥"政策工具箱"作用,因地制宜,采取有效措施促进房地产业健康、稳定发展。要根据市场实际情况科学调控用地供应规模,稳定市场预期,逐步构建住宅市场的层次化、多样化供给格局,最大限度地释放住房刚性需求,促进市场交易的长期活跃,从而保证房地产业税收以及地方财力的可持续增长。

二是整合房地产相关税种,降低房地产业税收的波动风险。对房地产市场的税收"重保有轻流转"是目前国际通行的做法,而我国的房地产市场税收则是"重流转轻保有",这也是导致目前房地产市场需求过旺、房价过高的原因之一。建议将现有的城镇土地使用税、土地增值税与房产税合并为房地产税,在房地产保有环节征收,以房屋的评估价格作为计税依据,并恢复对居民住宅的房产征税。

(审稿 欧阳知)

参考文献

《珠江三角洲地区改革发展纲要规划(2008~2020)》。
《广州市国民经济和社会发展第十二个五年规划纲要(2011~2014)》。
中国人民银行绍兴市中心支行国库科课题组:《税负行业差异与地方政府产业结构调整的关系研究》,2011。
高敏雪、李静萍、许健:《国民经济核算远离与中国实践》,2008。

《关于构建地方税体系提高地方财政自给能力的思考》，2013。
《广州市统计年鉴》，2009~2014年。
京、沪、深、津、渝等城市统计年鉴和税收数据，2009~2014年。
广州市国税局、地税局：《分入库税金明细月报表》、《税收收入分行业分税种统计月报总表》、分行业、分级次税收数据，2009~2014年。

B.18
广州空港临空产业税源发展问题研究

广州市国际税收研究会课题组*

摘 要: 本文围绕广州空港临空产业的现状展开分析,借鉴国内外空港临空产业的发展经验,提出有借鉴意义的措施,旨在优化广州空港临空产业结构,带动区域经济和税源发展。

关键词: 空港经济区 临空产业 税源发展

一 临空产业视角下的广州空港概况

广州白云国际机场是国内规模最大、功能最完善、现代化程度最高的国家机场之一。2014年白云国际机场旅客吞吐量近5500万人次,居全国第二位;货邮吞吐量约145万吨,居全国第三位。预计到2020年,白云国际机场旅客吞吐量将达到7000万人次,货邮吞吐量达到360万吨,成为高度成熟的国际门户复合型航空枢纽。

广州空港经济区的建设起步较晚,与北京、天津等地发展较为成熟的空港经济区存在一定差距。位于北京市顺义区的首都空港经济区依托首都国家机场,发展起步于20世纪90年代,包含天竺综合保税区的临空经济核心区,目前已有2100余家企业入驻,世界500强企业投资项目50余个,2014年核心区实现国内生产总值约900亿元,实现税收约82.5亿元。天津空港经济区成立

---

* 课题组成员:罗桂新、张永聪、叶锦帮、张晖,白云区国家税务局。

于 2002 年，是天津临空产业区（航空城）的核心组成部分，规划包含现代化新城区和科技园、工业园、物流园的"一城三园"，目前有注册企业 7000 多家，世界 500 强企业投资项目 120 余个。2014 年天津空港经济区与天津港保税区（海港）共同实现国内生产总值近 1400 亿元，实现税收约 146 亿元。而从 2014 年广州空港经济区税收数据看，重点税源企业仅有与空港紧密关联的部分产业如机场股份有限公司、南联航空食品有限公司、机场快线和飞机维修公司等有 10 余亿元税收入库，其余税收不多，整体税收规模不大，区域税源有待进一步培育。

近年来，广州市高度重视空港经济发展，规划将白云国际机场建设为国际空港门户枢纽，把空港经济区建设成为国家空港体制创新试验区和高端产业集聚区。广州市分别成立广州市空港经济发展委员会（以下简称空港委）和白云、花都两区空港经济发展委员会，出台了《广州空港经济发展规划纲要（2010~2020）》《白云区临空产业发展规范》等一系列发展规划指引，全面统筹和指导空港经济发展。目前广州空港经济区建设已进入加速阶段，一批重点骨干项目取得新的进展。综合保税区规划面积 7.385 平方公里。已经引入联邦快递亚太转运中心、广州飞机维修公司和新近投产的新科宇航飞机维修基地等龙头项目，万达集团投资 500 亿元打造的大型文化旅游城项目已经落地，为空港的发展带来了巨大的机遇。

二 国内外部分空港临空产业发展经验借鉴

从国外来看，依托航空运输的优势，各空港以制造、物流等发展内容为主导，形成了各具特色的空港发展模式（见表 1）。例如荷兰的史基浦空港区以总部基地、多元化经济发展而闻名，凭借优越的交通条件和低税率政策吸引了全世界 540 多家跨国公司的总部和近百家销售中心入驻，已发展成为欧洲物流中心和"欧洲商业神经中枢"。美国的孟菲斯空港经济区着力打造航空物流基地，依托联邦快递、UPS 等大型物流企业成为全球最重要的航空货运中心和著名的"航空大都市"，近年来发展平稳，年货运量更是已超 400 万吨，稳居世界第一位。

表 1　空港发展模式

发展类型	发展内容	典型案例
航空+制造主导	发展航空高端制造业或总部经济	爱尔兰香农、荷兰史基浦等
航空+物流主导	发展综合联运发挥交通枢纽作用	美国孟菲斯等
航空+科技主导	发展科研开发和高科技产业	日本成田、印度班加罗尔等
航空+服务主导	发展金融、会展和休闲旅游等产业	法国法兰克福、韩国仁川等

从国内看，部分城市空港建设成效斐然。北京将首都临空经济功能区列入首都六大高端功能区之一，形成了包含天竺出口加工区、空港经济开发区、空港物流基地、国门商务区等功能组团。天津临空产业区被列为滨海新区的七大功能区之一以重点发展，以机场为核心，搭建现代化"航空城"，规划了教学科研、航空制造等六个功能区。上海虹桥机场周边的长宁区20世纪80年代初提出了"依托虹桥，发展长宁"的思路，90年代初又提出了"优化功能，争创优势"的思路，现在是国内临空经济发展较为成熟的地区。

从国内外不同空港经济区的建设来看，有以下经验可借鉴：一是合理引导产业引入类型和结构。优化市场准入机制，从区域整体视角开展布局建设，结合企业辐射能力、税收贡献率等因素，提高标准选择投资项目，引导更具活力的产业入驻，实现产业集聚的良性发展。二是加强政府政策和管理支持。通过资金扶助、税收政策优惠等吸引企业入驻，并通过设立包含税务、工商、国土等部门在内的政务审批中心，为区内企业提供一条龙服务。三是加强科研机构建设与人才引进。加快建设科技产业园，引导更多的科研机构与高校入驻，加强企业与科研机构的合作。四是打造航空物流中心。发挥空港枢纽作用，加强海陆空交通建设，打造立体交通网络，依托区位优势引进国内外大型物流产业，服务航空制造业、临空制造业、商贸等产业的发展。

三　广州空港临空产业税源发展存在的问题

广州大学广州发展研究院在2015年广州蓝皮书·经济预测中将国际空港水平不够高列为广州作为国家中心城市在建设上尚存在的四大不足之一。尽管广州空港经济区拥有无可比拟的区位优势并已规划多年，但产业发展却相对滞后。受限于建设进度，区内已入驻企业数量不多，缺乏大型总部经济和重点关联企业。直接导致该区域尚未形成较为成熟而集聚的税源体系，整体税收收入不高。制约临空产业税源发展的问题，主要有以下几个。

一是政府规划和统筹有待进一步加强。尽管政府层面已经对空港经济区的建设进行了详细规划，但各部门协作和落实力度不够，实际建设困难重重，进度明显滞后。同时，机场地跨白云、花都两区，容易产生行政利益分歧，出现社会资源浪费和不良竞争。

二是财税优惠政策扶持力度偏弱。相比国内外发展较为成熟的空港经济区，广州空港经济区缺乏更具竞争力的财政扶持和税收优惠政策。目前广州空港综合保税区尚在建设中，税收优惠吸引力不足，同时地方政府在资金支持、土地优惠等方面的扶持力度有待进一步加强。

三是产业发展尚未形成完备规范的体系。新机场于2004年开始通航，时间短，产业基础薄弱，辖区内部分企业同空港经济关联度不高，占用了大量土地资源却浪费了空港带来的优势条件；加之空港附近中小企业较多，缺乏有影响力的国内国际大企业总部，产业辐射带动力严重不足。

四是规划落地面临用地和生态瓶颈。空港经济区近水源、农田保护区，同时处在城乡接合地区，建设用地零散混杂，环境要求较高同时实际可用土地局限性较强。政府规划中的部分项目由于实际土地利用情况无法征得土地，难以实现，如空港综合保税区的北、中、南三区界限经多次调整才最终确定。而大量劳动密集型企业占用了大量的用地资源，部分污染企业也对当地生态环境造成了破坏。

五是未纳入"一带一路"与广东自贸区发展的大格局。在自贸区发展大背景下，广州将加快同世界其他国家和地区的融合，为加快自身贸易发展和产业升级注入新的活力。空港经济区如何发挥优势融入自贸区发展大格局，进一步吸引政府财力支持，亟待研究和重视。

四　推动临空产业税源发展的思考和建议

（一）强化政府引导，提升建设发展质量

广州空港的发展应以建设"航空大都市"为定位，围绕航空运输产业链，

加快发展航空运输业，重点培育总部经济、会展等现代服务业，积极发展航空制造、高新技术产业等临空制造业。一是严格规范功能分区聚集产业。借鉴北京、天津等地空港经济区建设发展经验，结合广州空港优势和特色进一步明确空港功能分区，打造临空特色产业园，按行业分区开展税源专业化管理。依托园内已入驻的大型龙头企业，加强配套产业的引入；相关部门提高企业落户门槛，积极关注临空指向性较强的关联产业。加强产业引导，积极协调行政、土地等因素，确保企业在对口产业功能区内规范布局。二是合理调整管理模式。建议广州空港经济采取"市级统筹主导、政府引导机制与市场化运作机制相结合"的管理体制，由市空港委直接负责协调落实，加强市政府各部门的统筹分工，同时引导白云、花都两区的合理竞争与产业发展，确保社会资源有效调动与利用。

（二）增强政策扶持，加大招商引资力度

应充分借鉴其他空港经济区优惠政策，吸引大型总部经济与重点税源企业入驻。一是加大财税政策扶持力度。建议结合区域特点推出多项财政扶持政策，为招商引资提供优惠开放的政策环境。推行土地优惠租卖，实现承包土地流转的规模经营、集约经营，通过土地定向租赁等方式吸引商家入驻，缓解土地开发难题。推行财政返还，以奖励的形式对业绩突出的企业进行财政返还，鼓励企业入驻并做大做强。借鉴上海自贸区及其他空港经济区税收政策和先进做法，尝试申请试点前沿性的财税、金融政策，吸引企业入驻。二是探索帮助跨境电商实现出口退税的新方法。落实"互联网+"行动计划，通力协作支持试点企业开展业务，优化政务一条龙服务，吸引相关企业入驻。加快研发跨境贸易电子商务通关管理系统，搭建对电子商务交易、物流、通关环节的电子监管平台。税收上，加强税收新政策研讨，探索征管新模式，继续推进出口跨境电商增值税、消费税退税或免税政策，助力跨境电商新业态发展。同时，充分发挥综合保税区的职能，为落户企业提供境外货物入区保税、境内货物入区退税、区内流转自由免征增值税和消费税等优惠政策。

（三）提升产业竞争力，加快产业配套建设

政府应加强对企业转型升级的支持力度，加强配套设施建设和技术人

才引入，提高区域整体形象和竞争力。一是加快产业转型升级。充分发挥空港优势，实现区内劳动密集型产业向资金、科技密集型产业的过渡，同时依托生态优势发展休闲旅游业，提高资源利用效率。建议对现有企业进行清分整合，通过"腾笼换鸟"，置换现存的低端中小型企业，为下一步发展腾出土地空间。改善营商环境，促进与航空相关联产业的引入，充分利用空港优势，推动临空产业的规模发展。二是加强对高新技术产业的培育。吸引高新技术企业入驻，推行财政优惠补贴，根据企业发展状况为其提供财政专项补助，扶持高新技术企业的发展壮大。加强对高新技术企业资格认定的宣传，面向高新技术企业推广落实所得税减免、增值税即征即退等税收优惠政策。

（四）强化综合治税，加强各部门协同合作

通过设立街镇综合治税服务工作站，加强各街镇与政府各部门之间的多方联动和协作，着力解决税源监管过程中征纳双方信息不对称、部门涉税信息分割、税务征管力量单一等问题，进行资源整合和信息共享，形成综合治税的局面。一是加强部门合作。采取多种形式配合税务部门开展对税收优惠政策、招商引资政策的宣传力度；推动工商、城管等部门加强对不规范经营的打击力度，发动社会力量打击偷税行为。二是建立信息交换和共享机制。推动工作站建立信息平台，定期与税务、工商、质检等成员部门进行信息交换，促使各部门加强同各街镇联系，共同完善辖区内税源库、项目库和企业库建设。

（五）深入涵养税源，提升征管纳服水平

临空产业的发展前景乐观，必将形成企业众多、行业齐全的产业模式，税务部门应该提升专业化管理水平，强化税源分析力度，加强税源涵养，多手段提升征管服务。一是强化税收分析。全面开展税收形势分析、税收风险分析、政策效应分析和经济运行分析，充分发挥税收数据的优势，提高税收预测的准确性和税收分析的实效性，提高税收分析的频率和密度，为地方政府招商引资和涵养税源提供决策参考。二是推进税源专业化管理。按照行业规模和税收贡献等开展分类管理，根据特点实施个性化管理，根据部门差异实施针对性管

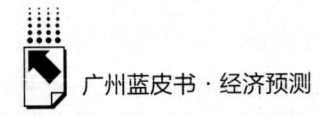

理。以全国纳税服务规范为标准，统一业务流程，深化预审、导税服务，扩大免填单服务范围，为企业提供良好的办税体验。

（审稿　王朋）

参考文献

中国民航局网站：《2014年民航机场吞吐量排名》。

曹允春等：《中国临空经济发展现状与趋势》，《经济问题探索》2006年第12期。

曹允春等：《以航空为核心构建航空大都市的关键要素研究》，《港口经济》2013年第1期。

柴晔、爱尔兰：《香农国际航空港自由贸易区》，《国际市场》2014年第6期。

刘苑菲：《广州空港经济研究》，《区域经济》2015年第2期。

刘晓萍：《国外航空港的发展模式及启示》，《国际交流》2015年第1期。

B.19
广东自贸区南沙片区税收政策的国内外借鉴研究

广州市国际税收研究会课题组 *

摘 要: 本文通过国际比较,结合国内外自贸区经验及广东自贸区广州南沙新区片区的功能定位,有针对性地为自贸区发展战略提出税收政策支持和税收制度完善的建议。

关键词: 南沙自贸区 税收政策 广东

一 南沙自贸区税收政策现状

南沙自贸区是广东自贸区三大片区之一,总面积达60平方公里,分为7个区块:海港区块、明珠湾起步区区块、南沙枢纽区块、庆盛枢纽区块、南沙湾区块、蕉门河中心区区块、万顷沙保税港加工制造区块。

(一)南沙自贸区现有税收优惠政策

在出口退税和境外旅客购物离境退税方面,《中国(广东)自由贸易试验区总体方案》(以下简称《总体方案》)明确可"结合上海试点实施情况,在统筹评估政策成效基础上,研究实施启运港退税政策试点问题。符合条件的地区可按照政策规定申请实施境外旅客购物离境退税政策"。

在进口税收政策方面,《关于中国(广东)自由贸易试验区有关进口税收

---

* 课题组组长:李健强,广州市地方税务局;副组长:陈汉钗,广州市南沙开发区地方税务局;成员:梁若莲、卫广林、黄瑞昌、吴巧伶、何卫红、夏畅、曹绍贤、吴凡、叶暖君。

政策的通知》指出"将选择性征收关税政策在自贸试验区内的海关特殊监管区域进行试点，即对设在自贸试验区海关特殊监管区域内的企业生产、加工并经'二线'销往内地的货物照章征收进口环节增值税、消费税，根据企业申请，试行对该内销货物按其对应进口料件或按实际报验状态征收关税的政策"，并且"在严格执行货物进出口税收政策前提下，允许在自贸试验区海关特殊监管区域内设立保税展示交易平台"。

但是，《总体方案》也明确"深圳前海深港现代服务业合作区、珠海横琴税收优惠政策不适用于自贸试验区内其他区域"，因此到目前为止，在南沙自贸区内暂时还没有其他特殊的税收优惠政策。

（二）南沙自贸区已实施的创新税收服务

广东自贸区在上海自贸区10项创新税收服务措施的基础上，加推了10项创新税收服务措施，统称为"办税一网通10+10"，包括网络税收管理、国地办税一窗化、自助业务一厅化、培训辅导点单化、缴税方式多元化、出口退税无纸化、业务预约自主化、税银征信互动化、税收遵从合作化、预先约定明确化、风险提示国别化等，目前大部分项目已在南沙自贸区内落实推进。

以南沙地税为例，为服务自贸区建设发展，梳理出台了创新服务自贸区建设20条措施，全面简化审批流程，660项税（费）业务中，601项实现即时办结，59项实现限时办结，即时办结率达91%；原有"先审后办"审批类和备案类共175项，现仅保留8项，其余167项全部实现"先办理、后监管"。推行全业务电子化办税服务，目前489项税（费）业务实现全流程网上办理。2015年1~6月，南沙地税电子办税率达95%，网上办税开户达11613户；网上办税事项达102918笔，占总业务量的89%。

（三）现行税收政策对南沙自贸区发展的制约

1. 广东自贸区各片区税收优惠政策不统一

目前，在南沙自贸区内暂时还没有特殊的税收优惠政策，但是在前海高端人才可享15%个人所得税优惠、产业优惠目录内的产业企业入驻可享15%的企业所得税优惠；在横琴，对鼓励类产业企业按15%的税率征收企业所得税，对在区内任职受雇的、符合一定条件的港澳居民免缴工薪个人所得税。

2015年1~6月,南沙、前海、横琴税收收入(含国地税)为108.9亿元、39.6亿元、45.8亿元,同比增长-3.7%、182.6%、48.0%,三个片区中,唯独南沙自贸区为负增长。

表1 2015年1~6月广东自贸试验区各片区税收收入情况

单位:亿元,%

项 目	南沙		前海		横琴	
	收入	同比增长	收入	同比增长	收入	同比增长
总税收	108.9	-3.7	39.6	182.6	45.8	48.0
其中:营业税	10.3	74.2	6.8	303.0	8.2	79.4
企业所得税	25.8	-10.8	10.5	203.1	—	—
个人所得税	5.4	15.6	7.2	172.0	7.7	112.9

2015年1~5月,前海自贸区新增注册企业已有上万家,增幅达五成,截至6月30日,前海企业注册总数达35015家,注册总资金达19183.79亿元。反观南沙自贸区,2015年1~6月新登记企业仅为2648户,新增注册资本总额约461亿元。

由此可见,广东自贸区内各片区税收优惠政策的不统一,使南沙自贸区处于相对不利的位置。

2. 离岸金融业务税收政策

我国将离岸金融业务定义为从事离岸业务金融机构,为非居民客户提供两头在外,以非本国货币结算,其交易不受使用货币发行国法规管制的投融资等金融服务。自贸区金融开放的重点主要是境外资金融通的离岸银行、证券、保险和衍生业务。但目前我国对离岸金融业务还没有税收上的鼓励政策,世界上其他国家和自贸区大多对离岸金融服务收入实行增值税零税率优惠,不但免征销项税,同时退还进项税,有的甚至还有免征或减征所得税政策,这就使得南沙自贸区内离岸金融业务在国际竞争中处于不利地位。

3. 境外股权投资税收政策

境外股权投资既涉及投资主体不同性质的企业和个人,也涉及投资、转让、持有不同投资环节,而我国由于对法人和非法人企业实行不同所得税制度和所得税政策,所以涉及境外股权投资的处理方式也不同。同时境外股权投资中的税收抵免政策较为复杂,境外完税凭证难以保管,部分"走出去"企业不得不放弃申请抵免的权利，其境外已纳税利润回国后仍需按25%税率再征一次企业所得税，纳税人负担加重，严重制约了我国企业"走出去"的步伐。

4. 物流业税收政策

物流业税收实行营改增后，由于行业的特殊性，很多进项无法取得增值税专用发票进行抵扣，实际税负明显加重，虽然地方政府采取了财政补贴的方式，但这种临时性办法难以复制和延续。另外，区内大型物流企业普遍采取集团统一管控、分公司分散经营的模式，按规定只能就地预缴企业所得税，不能由总机构统一纳税。较高的房产税也进一步加重了仓储型物流企业的税收负担。

二 自贸区功能定位与税收政策设计的国际经验

针对南沙自贸区的功能定位和存在问题，我们选取了部分借鉴意义较大的自贸园区和自贸区域成功案例作为参考，进行比较。

（一）国际航运中心——新加坡自由港

新加坡仅有600多平方公里国土面积，却发展成为世界第二大国际航运中心，与其自由港政策紧密相关。①低关税：除汽车、石油产品、烟酒外，新加坡对90%的商品不征收关税，关税率一般较低，货物的从价税关税率为5%，低于WTO成员总体6%的平均关税水平。②低所得税：公司所得税税率为17%，来自海外公司的红利收入免征所得税。③海运及金融税收优惠：新加坡建立了海事奖励计划（MSI），推出国际航运公司、海事船舶仓库租赁业和船舶相关服务业等的税收优惠措施；国际旅游航行的娱乐用船适用零消费税率；金融服务免征商品和劳务税。④便捷的通关手续：新加坡海关通关手续和程序都较为简单，同时，建立了覆盖申报、审核、许可、管制全过程的电子数据交换网络，连接政府部门、船公司及其代理人、货主、集装箱中转站，通过一体化的信息平台提高通关效率。

（二）综合性自贸区——美国纽约港自贸区

随着现代贸易形态的变化，自贸区的功能出现多样化和综合化的发展趋势，综合性自贸园区已经成为美国的主流模式。其中，美国纽约港第49号自贸区于1979年成立，是全美260个对外贸易区中最大的区域。区内可享受以下税收优惠：①关税优惠：实行关税延期、关税倒置、无出口关税、关税减免、便利出口、备件免税、简化进出口手续、人工成本和利润免税、质量控制、区间自由转移、每周报关结算、不受配额限制、安全保证、改善库存控制、消耗性商品免税、免库存税、免税展览、便利原产地标识等优惠政策。②增值税优惠：相对区外6.5%的增值税税率，区内企业增值税率仅为3%。③公司主导型的管理体制：海关一般不在对外贸易区派驻机构，没有特殊情况，海关人员不会进入对外贸易区。货物入区备案、区内自由储存流动、出区核销均由企业自行管理。

（三）区域合作典范——欧盟自贸区域

欧盟是世界三大自由贸易区域之一，它的诞生使欧洲的商品、劳务、人员、资本自由流通，使欧洲的经济增长速度快速提高，其区域合作经验，尤其是边境工人的税收制度对促进南沙自贸区和港澳地区的人才交流有较高参考价值。

边境工人是指在某一欧盟成员国工作，但居住于另一成员国的个人。在OECD税收协定的框架下，对边境员工的征税权往往属于工作地一国，这种情况下，居民国还需要承担外税抵免的义务。为简化税收处理，部分欧盟成员国间税收协定中对边境工人的税收处理进行了规定：如果个人在一国的边境地区居住，而在另一国的边境地区工作，该个人只需要在居住地一国纳税；倘若该个人居住地或工作地不属于两国的边境范围内，征税权则属于收入来源国，即工作地所在国。①

（四）其他成功自贸区

纵观各国自贸区税制，无论是发达国家还是发展中国家都更倾向于用税收中性较大的关税、增值税及营业税来实行税收减免，而在税收中性较小的所得税、消费税领域，虽种类繁多但优惠力度较小。相较而言，发展中国家市场经

---

① European Parliament, Frontier Workers in the European Union, http：//www.europarl.europa.eu/workingpapers/soci/w16/summary_en.htm.

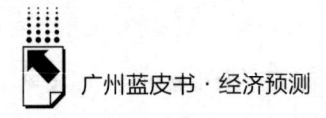

济尚不成熟，资金实力弱，吸引外资的目的性较强，因而对自贸区的税收优惠较多。表2对部分国家（地区）自贸区的主要税收优惠制度进行了归纳。

表2　部分国家（地区）自贸区主要税收优惠概览

国家/地区	关税	流转税	企业所得税	个人所得税
日本	货物在自贸区保税区内生产，运往自贸区以外的境内地区，企业可选择按原材料或成品中较低税率的项目，缴纳关税（部分商品不适用）	自贸区内从事安装、扩建工业用设施设备的企业，5年内减免部分营业税①	对自贸区内新成立的企业，员工人数不少于20人的，成立后10年内，减免35%的企业所得税②；在自贸区内安装或扩建设施，用于建筑、机器设备的投资成本不低于1千万日元的，15%的机器成本及8%的建造费用可在计算企业所得税时一次性扣除③；用于建筑、机器、设备的投资成本不低于1千万日元的，机器设备成本的50%以及建筑成本的25%可作为折旧在税前扣除④	
阿拉伯联合酋长国	低关税率(5%)，且大部分商品免征进出口关税		除特定行业，免征15年的企业所得税，期满后可申请延长15年免征期	无须缴纳个人所得税
中国台湾	区内企业自用进口货物、进口仪器和设备免征关税	区内企业自用的进口货物、进口仪器和设备免征消费税、经营税；保税区内企业向自贸区内企业销售的商品不征营业税	在台湾境内成立公司或设立分公司的境外投资人，自行申设或委托自由港区承包商于自由港区内从事货物储存与简易加工，并将该货物售与台湾境外客户，其所得免征营利事业所得税	
韩国	头五年内进口资本货物，免关税	对高新技术及工业支持服务企业或资产高达一定程度的企业，5年内免特殊消费税和增值税	投资额不低于1千万美元的，自取得营业收入起，3年免征，之后2年减半征收；马山自贸区内，高新技术及工业支持服务企业可享受5免2减半优惠	为外资企业区内分支机构工作的外籍员工及管理层可享受：工资收入的30%免征个人所得税或选择按17%的税率缴纳个人所得税

续表

国家/地区	关税	流转税	企业所得税	个人所得税
菲律宾	除了开发商自有土地的房产税以外,自贸区内的企业免征所有税项。取而代之的是,企业需要缴纳总收入的5%,其中3%交给国家政府,2%给地方政府			
印度	本地进口/购买的免关税货物批准的使用有效期为5年	经济特区单位无须缴纳服务税	享受5免5减半优惠;经济特区内允许建立境外金融业务单位,且享受3免2减半优惠	
巴拿马	进入科隆自由贸易区的货物可以被进口、储存、加工、再包装及再出口而不需缴纳进口关税或其他税金	自由区内免消费税、生产税、投资税	从国外获得的收入无须缴纳所得税;对于外来投资,仅对获取利润部分收取较低的税金(法律规定按累进原则收取2%~5%的利润所得税,实际执行稍有出入)(一般企业的税率为25%);对持有两年以上的资产进行资本买卖无须缴纳资本收益税	非巴拿马籍的行政人员与巴拿马居民缴纳同等税率的所得税
巴西	进口关税最高可减征88%	部分或全部退还商品及服务增值税;免征工业产品税	再投资企业或亚马孙地区经营的企业,所得税减征75%	
土耳其	从国外向自由经济区购买商品时不收取任何关税;原材料和中间商品的生产和加工免收关税	在自由经济区内,免征增值税、消费税	免征生产企业的所得税	对雇员的收入不收个人所得税(但需要支付社会保险费用)

注:①适用于生产企业、包装企业、仓储企业、陆路运输企业及批发企业。
②只适用于生产企业、包装企业及仓储企业。
③适用于生产企业、包装企业、仓储企业、陆路运输企业及批发企业。
④适用于生产企业、包装企业、仓储企业、陆路运输企业及批发企业。

三 国内其他自贸区的税收创新实践

(一)鼓励区域合作的税收政策

上海自贸区成立以来,受益于多项制度创新,溢出效应凸显,成为上海乃至华东地区跨区域经贸合作的有力推手。在上海自贸区设立当年,区内境外投

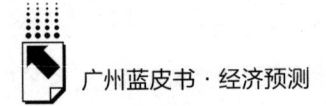

资额已超过浦东过去10年的境外投资额。①

上海自贸区已经实施的税收政策主要包括以下几项。

1. 促进投资的税收政策

注册在试验区内的企业或个人股东,因非货币性资产对外投资等资产重组行为而产生的资产评估增值部分,可在不超过5年期限内,分期缴纳所得税。

2. 促进贸易的五条税收政策

一是将区内注册的融资租赁企业或金融租赁公司在试验区内设立的项目子公司纳入融资租赁出口退税试点范围;二是对区内注册的国内租赁公司或租赁公司设立的项目子公司,经国家有关部门批准从境外购买空载重量在25吨以上并租赁给国内航空公司使用的飞机,享受相关进口环节增值税优惠政策;三是对设在区内的企业生产、加工并经"二线"销往内地的货物照章征收进口环节增值税、消费税,根据企业申请,试行对该内销货物按其对应进口料件或按实际报验状态征收关税的政策;四是在现行政策框架下,对区内生产企业和生产性服务业企业进口所需的机器、设备等货物予以免税;五是完善启运港退税试点政策。

(二)吸引人才的税收政策

为吸引高端人才前往自贸区创业和发展,多个自贸区推出了针对个人的财政补贴或税收优惠政策。

上海自贸区给予企业高端人才和紧缺人才对区内企业股份或出资比例等股权形式的奖励,实行股权激励个人所得税分期纳税政策。在横琴新区工作的港澳居民,其实际缴纳的个人所得税与其按照港澳税法测算的应纳税款的差额,可获得全额补贴。在确定税负差额时,申请人只要提交港澳地区税务部门或者会计师事务所出具的鉴证报告即可,操作简便。在深圳前海登记注册的企业和相关机构工作连续1年以上,符合前海优惠类产业方向的境外人才,其在前海缴纳的工资薪金所得个人所得税已纳税额超过工资薪金应纳税额15%的部分,可获得财政补贴,申请人取得的上述财政补贴免征个人所得税。

---

① 数据来源:中国(上海)自由贸易试验区门户网站,www.china-shftz.gov.cn。

（三）征管方式创新

2014年6月，上海自贸区税务机关推出了网上自动赋码、网上自主办税、电子发票网上应用、网上区域通办、网上直接认定、非居民税收网上管理、网上按季申报、网上备案、纳税信用网上评价、创新网上服务在内的"税收一网通办、便捷优质高效"的10项措施。与此同时，税务部门应用网上办税服务厅推出"网上服务体验"，向纳税人推送个性化政策、风险提示提醒、网上涉税事项办理进度查询等。

四 国内外经验的启示和建议

随着国内外人才的加速流动，税收制度和监管环境已经超越人才和技术，成为区域投资环境和国际竞争力的重要因素。因此，各国在制定自贸区税收政策时，一是注意提升税收制度的透明度和稳定性；二是尽量避免税收政策干预市场机制的正常运行；三是在制定税收优惠时，尽量选择对税收规则整体影响较小、对持续增长型企业激励程度更大的间接优惠；四是通过有效的反避税税收法律制度，打击通过利润转移侵蚀国家税基的恶意税收竞争行为。

（一）南沙自贸区税收优惠政策建议

《总体方案》明确，可"在符合税制改革方向和国际惯例，以及不导致利润转移和税基侵蚀前提下，积极研究完善适应境外股权投资和离岸业务发展的税收政策"。同时，我们在与企业的交流中发现，大多数企业仍然希望南沙自贸区能够在税收优惠政策上有所突破。自贸区虽然不是政策的洼地，但纵观全世界，各个自贸区均存在具有自身特色、符合当地经济发展的税收优惠政策，因此我们建议南沙自贸区可试行以下税收优惠政策，其中部分优惠政策可在取得成效后，适时推广复制到全国其他地区。

1. 实行促进投资的税收政策

（1）企业所得税优惠

一是对区内企业在所得税方面给予特定优惠，比如参照广东自贸区横琴、前海片区，在政府牵头制定的南沙自贸区的产业目录基础上，对注册在南沙自贸区、从事国家鼓励类产业的企业，减按15%的税率征收企业所得税。二是对注册在南沙自贸区内的企业投资新建的固定资产和投资或受让的无形资产，可在现行规定折旧年限的基础上，按不高于40%的比例缩短折旧或摊销年限，另外，对于用于研究和开发的费用100%加计扣除。三是注册在南沙自贸区的高新技术企业、战略性新兴产业企业、"走出去"企业，从获利年度起三年内，按有关规定提取的风险补偿金（按当年利润额的3%~5%）可以税前扣除。

（2）房产税优惠

对于区内企业在自贸区内的房产，按一定比例减征房产税，进一步减轻企业税收负担。

2. 实行鼓励金融创新优惠政策

（1）鼓励离岸金融

一是对离岸金融服务收入实行增值税零税率（营改增前免征营业税）。二是对离岸账户持有人取得的由注册在南沙自贸区内企业支付的利息收入免征预提税。

（2）鼓励融资租赁

一是将不动产融资租赁纳入营改增范畴，与有形动产租赁服务一样，按17%的税率计算缴纳增值税，并享受增值税超过实际税负3%的部分给予即征即退等税收优惠。二是区内融资租赁企业从事不动产租赁时，对于出租方在取得租赁标的物产权时按1.5%的优惠税率缴纳契税，融资租赁期满，在将标的物产权转移给承租方时退还已缴纳的契税。

（3）鼓励民间投资

一是非合伙制股权投资基金和股权投资基金管理企业采取股权投资方式投资未上市的中小高新技术企业2年（24个月）以上，凡符合《国家税务总局关于实施创业投资企业所得税优惠问题的通知》（国税发〔2009〕87号）规定条件的，可以按照其对中小高新技术企业投资额的70%，在股权持有满2年的当年抵扣企业应纳税所得额；当年不足抵扣的，可以在以后纳税年度结转抵扣。二是以有限合伙制设立的合伙制股权投资基金或创投企业中，自然人有限合伙人按照"利息、股息、红利所得"或"财产转让所得"项目征收个人所得税，适用20%的税率；自然人普通合伙人，既执行合伙业务又为基金的出资人的，取得的所得能划分清楚时，对其中的投资收益或股权转让收益部分，适用20%的税率。三是对区内企业以未分配利润、盈余公积和除股票溢价发行外的其他资本公积转增注册资本和股本的，转增注册资本和股本时暂不缴纳个人所得税，在转让该股权并获得现金收入时依法缴纳个人所得税；或在合理期限（5年）内延期纳税。

（4）鼓励小额贷款

对设立在自贸区的小额贷款公司按规定提取的贷款损失准备金允许其在缴纳企业所得税前扣除。

3. 实行鼓励物流业发展的税收优惠政策

（1）增值税优惠

一是对"货物运输服务"和"物流辅助服务"统一执行6%的税率，并设立"综合物流服务"税目，对运输、仓储、货代、配送等物流业务各环节统一增值税税率。二是允许营改增的物流企业集团总机构纳税人实行增值税合并纳税。三是对于交通运输业近五年内购置的存量资产（如机器设备、运输工具等），允许每年计提的折旧额中包含的进项税额核定为可抵扣进项税额；或者按照合理的折算比例折算企业期初留抵进项税额。对于物流业一些相对固定的支出（如过路过桥费、保险费等），按照行业平均水平测算应抵减比例，将这些项目的支出作为减计收入处理，计算销项税额。

（2）企业所得税优惠

允许对注册在自贸区内的集团型物流企业实行企业所得税总分机构统一申报缴纳，取消对跨省市总分机构物流企业实行"就地预缴"的政策。

（3）土地使用税优惠

落实土地使用税减半征收政策，明确物流企业认定范围，将专业建造并出租仓储设施的企业和提供仓储服务的仓库企业视同专业物流企业，同时明确物流基础设施平台建设类单位（物流园区、物流中心、货物中转站）可以享受该项政策。

4. 实行鼓励粤港澳合作的税收优惠政策

（1）面向企业的税收优惠

对港澳企业取得的由注册在南沙自贸区的居民企业分配的股息、红利等权益性投资收益，参照"符合条件的居民企业之间的股息、红利等权益性投资收益为企业所得税的免税收入"的政策，免征企业所得税。

（2）面向个人的税收优惠

一是对在南沙自贸区工作的港澳居民由广东省人民政府按内地与港澳个人所得税差额给予补贴，纳税人取得的上述补贴免征个人所得税。二是对港澳青年来南沙自贸区创业、就业的，参照有关实施支持和促进重点群体创业就业的相关优惠政策给予政策扶持。

5. 实行吸引国际人才引进的税收政策

（1）鼓励国际人才交流

一是对在南沙自贸区工作的外籍人员，增加税前扣除项目，如个人进修课程培训费、赡养老人和照顾子女开销、慈善捐款，等等，降低国际人才的税收负担。二是对在南沙自贸区就业的符合条件的海外高层次人才取得的政府给予的个人所得税补贴，免征个人所得税。

（2）鼓励个人科技创新

一是对创新人才股票期权奖励实行减免税优惠：对实施股票期权计划的企业，在等待期内会计上计算确认的相关成本费用，可先行在对应年度计算缴纳企业所得税时扣除，待可行权后再根据实际行权时的公允价格进行纳税调整；对取得股票期权的员工在行权时暂不征收个人所得税。二是对在南沙自贸区注册的科技创新、创业企业转化科技成果，以股份或出资比例等股权形式给予本企业相关技术人员的奖励，获得奖励人员在获得股权时暂不缴纳个人所得税，在转让该股权并取得现金收入时依法缴纳个人所得税，或在合理期限（5年）内延期纳税。

（3）鼓励企业人才培养

在南沙自贸区内注册的企业在技术人才培养和员工培训方面的职工教育培训经费可在缴纳企业所得税前据实扣除。

（二）南沙自贸区税收监管制度创新建议

南沙自贸区要在借鉴主要国家和地区自贸区税收监管的先进经验的基础上，建立遵循国际惯例，并与新兴产业、新业态发展相适应的税收管理模式。

1. 加强部门协作，简化办税流程

一是健全单一窗口模式，国地税与工商、海关、边检、环保、消防等管理部门联合建立统一综合管理服务平台，推动金税三期系统与政务系统的融合对接，推行"一口受理"、"一照一码"、跨境电子商务一体化通关管理模式，实行透明办理、限时办结和网上办理服务。二是创新国地税合作机制，建立统一的共享数据交互平台，实现国地税管辖业户信息档案一档共享；采取相互共建、共同委托和相互委托等模式，逐步实现在同一大厅、同一窗口、同一受理人的国地税涉税业务联合通办模式，并在一窗办理的基础上，联合设立导税台，实行一号联办；开发设置国地税一体化自助办税终端，组建国地税联合咨询热线，开通国地税联合微信官网，实现国地税 CA 证书互认。

2. 推行制度创新，提高税收透明度

一是推行税务权责清单制度，将各项行政职权及其依据、行使主体、运行流程、对应责任等以清单形式明确列示，向社会公布，接受社会监督，并通过建立税务权责清单制，进一步明确税务部门职责权限，健全问责机制，形成科学有效的权力监督、制约、协调机制。二是推行税收信用制度，一方面，建立税收黑名单，健全纳税信用评价体系，应用量化指标体系综合评判企业纳税遵从情况，大力推进社会信用体系建设，通过责任追溯制度，实施包括名誉惩戒、信用惩戒和征收管理从严等各方面惩戒措施，实施"一处违法，处处受限"的失信惩戒和约束联动机制；另一方面，加大信用等级电子证书应用，加强与金融机构合作，优化"税融通"服务方式，帮助自贸区中小微企业解决融资难题，实现纳税信用与金融信用密切挂钩，培养纳税人依法纳税意识，营造守法诚信的社会氛围。

3. 创新征管模式，提升税收征管质量

一是简政放权，推行"先办理、后监管"，突出纳税人权利义务主体地位，由事前保姆式管理向事后针对性追责转变，以"窗口办理、内部流转、风险管理、事后核查"的模式，规范并强化税务审批事项业务流程和后续管理；同时，积极推行网上办税、涉税事项事先裁定及税收服务国别化等服务。二是数据管税，打破各管理部门"信息孤岛"，依托综合治税机制，建立覆盖税务、海关、工商、国土、社保、水电气等部门的涉税信息应用平台，实现各类涉税数据互联互通，提高数据利用水平。

（审稿　欧阳知）

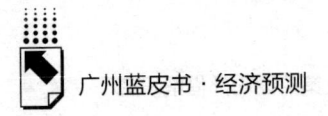

参考文献

广州市对外贸易经济合作局：《自由贸易园区知识读本》，2013。

陈浪南、童汉飞、谢绵陛：《世界自由贸易区发展模式比较》，《税务研究》2005年第8期。

王婷婷：《中国自贸区税收优惠的法律限度与改革路径》，《现代经济探讨》2014年第4期。

汪思祎：《新加坡航运税制现状及对中国（上海）自由贸易试验区建设的启示》，《水运管理》2014年第7期。

董岗：《纽约—新泽西港务局运营自由贸易区经验及借鉴》，《水运管理》2013年第9期。

B.20
基于地方财税视角的互联网金融发展探析

广州市越秀区地方税务局课题组[*]

摘　要： 本文尝试运用大数据分析方法，立足于地方财税视角，对互联网金融这种新兴业态的发展进行探讨。认为地方税务机关要深入研究互联网金融的发展规律和特点，采取多种有效的措施进行风险控制和管理。

关键词： 地方财税　互联网金融　新兴业态

中国人民银行发布的《中国金融稳定报告2014》指出："一般来说，互联网金融是互联网与金融的结合，是借助互联网和移动通信技术实现资金融通、支付和信息中介功能的新兴金融模式。"[①] 目前我国互联网金融的主要业态包括互联网支付、P2P网络借贷、非P2P的网络小额贷款、众筹融资、金融机构创新型互联网平台、基于互联网的基金销售六种。

一　互联网金融平台分布的主要特点

由于目前尚缺乏十分权威的官方数据，本文主要综合网贷之家（P2P网贷行业门户网站，http://www.wangdaizhijia.com）、网贷天眼（P2P网贷行业门

---

[*] 课题组成员：谢政，广州市越秀区地方税务局局长；徐芳，广州市越秀区地方税务局办公室副主任；黎广超，广州市越秀区地方税务局办公室科员。

[①] 宣昌能、陶玲、金荦、梁世栋、黄晓龙：《中国金融稳定报告2014》，中国金融出版社，2014。

户网站，http：//www.p2peye.com)、司马钱（互联网金融行业综合服务平台，http：//www.smartqian.com）3家国内知名的行业门户网站数据，对互联网金融平台在各地的分布状况进行统计分析。结果显示，各地的平台数量与当地经济发展呈一定程度上的正相关关系。

（一）广东作为经济第一大省，平台数量在全国各地中最多

网贷之家于2015年7月8日发布的《2015年中国网络借贷行业半年报》显示："从各平台地区分布来看，广东、浙江、山东运营平台数量居全国前三位，分别达392家、275家和254家，占据全国总运营平台数量的45.41%，北京、上海紧随其后。"[①] 7月16日发布的《广东半年报：红岭为唯一贷款余额破百亿平台》显示："截至2015年上半年，广东省正常运营平台达到392家，居全国各省市第一位，占全国正常运营平台比例的19.33%。"[②]

笔者在2015年8月9日对网贷之家、网贷天眼以及司马钱3家网站所收录的互联网金融平台进行了完全统计。截至当日，网贷之家的网贷档案收录1576个网贷平台，其中广东369个，占比23%。网贷天眼收录2892个网贷平台，其中广东558个，占比19%。司马钱收录3532个互联网金融平台，在其中的1622个P2P网贷平台中，广东324个，占比20%；在其中的185个众筹平台中，广东47个，占比25%；在其中的270个第三方支付平台中，广东32个，占比12%；三种平台合计占比19%。从这3家网站的平台数据可以看出，广东网贷平台数量在全国各地中居首位，约占全国总数的两成（见表1）。

此外，经济发达的地区，互联网金融平台亦相对较多（如北京、上海）。2015年GDP排名前三位的广东、江苏、山东三省，拥有的P2P网贷平台在各省份（不含直辖市）中分别排名第一、第五、第二位（网贷之家）。三省GDP约占全国总量的30%，网贷平台数量占35%（见图1）。

[①] 盈灿咨询：《2015年中国网络借贷行业半年报》，http：//www.wangdaizhijia.com/news/baogao/20950 - all.html，2015 - 07 - 08/2015 - 08 - 09。

[②] 盈灿咨询：《广东半年报：红岭为唯一贷款余额破百亿平台》，http：//www.wangdaizhijia.com/news/baogao/21235 - all.html，2015 - 07 - 16/2015 - 08 - 09。

基于地方财税视角的互联网金融发展探析

表1 部分地区网贷平台数量统计

单位：个，万亿元

地区	网贷之家	网贷天眼	司马钱	2015年GDP
广东	369	558	324	7.28
江苏	64	124	75	7.01
山东	120	361	303	6.30
浙江	120	287	204	4.29
河南	38	71	30	3.70
四川	56	93	38	3.01
河北	25	66	30	2.98
湖北	76	103	34	2.96
湖南	46	67	29	2.90
辽宁	11	18	5	2.87
福建	47	73	42	2.59
上海	147	243	123	2.50
北京	216	356	189	2.30

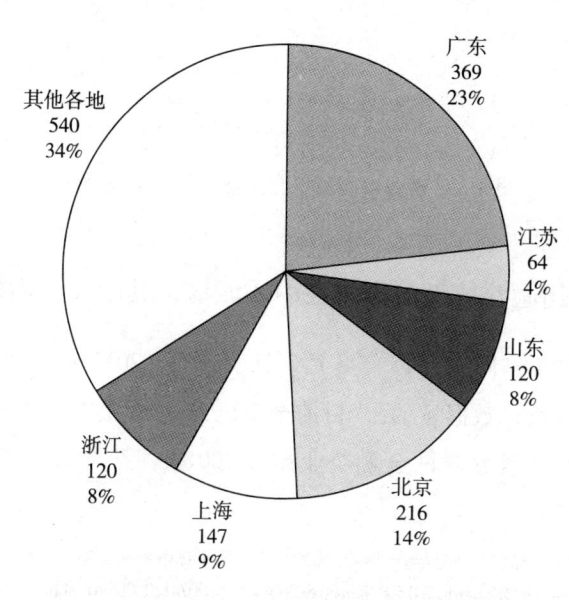

图1 部分地区网贷平台数量占比（网贷之家）

（二）深圳作为首个经济特区，平台数量在广东各市中遥遥领先

《广东半年报：红岭为唯一贷款余额破百亿平台》指出："从平台分布看，广东省的网贷平台主要位于深圳市和广州市，占比接近 90%。"其中深圳占比 78%、广州占比 11%。而司马钱收录的 1622 个 P2P 网贷平台中，广州、深圳的 P2P 网贷平台在广东的比例更达到了 94%。在司马钱收录的广东的 324 个平台中，广州占 57 个、深圳占 246 个，后者数量为前者的四倍有余（见图 2）。

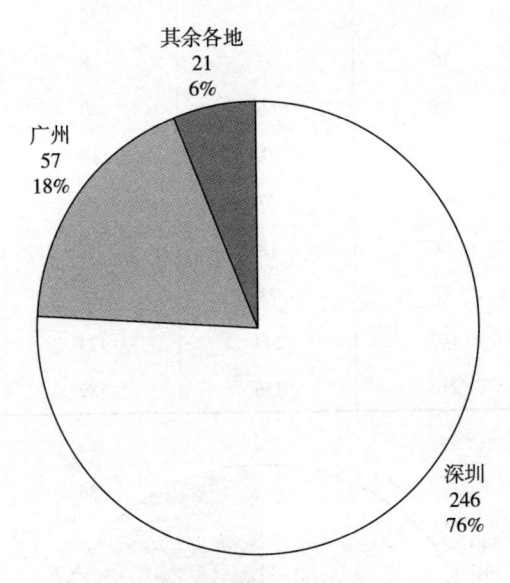

图 2　广东各地网贷平台数量占比（司马钱）

（三）广州逾八成平台集中在中心城区，其中天河占据半壁江山

广州市金融工作局在 2015 年 8 月 3 日发布的《2015 年上半年我市金融业实现平稳较快增长》数据显示："目前全市已设立和引进第三方支付、P2P 网贷、股权众筹等各类互联网金融企业超过 100 家。"[1] 本文在综合网贷之家、

---

[1] 广州市金融工作局政策法规与规划处：《2015 年上半年我市金融业实现平稳较快增长》，http://www.gzjr.gov.cn/gzjr/gzdt/201508/82a44b882c08476b8b00741e0a5bfcd1.shtml，2015 - 08 - 03/2015 - 08 - 09。

网贷天眼以及司马钱3家门户网站收录的互联网金融平台运营企业名单的基础上，结合工商、税务登记情况，汇总收集到广州市160户互联网金融企业作为研究样本，以期实现样本数量最大化，尽量接近企业实际数。在这160户互联网金融企业样本中，广州中心六区（越秀、荔湾、海珠、天河、白云、黄埔）共128户，占总数的80%。其中，天河84户，占比52.5%；越秀16户，不到天河的两成（见表2）。

表2 广州各区互联网金融企业数量统计表

单位：户，%

区域	数量	占比	区域	数量	占比
天河	84	52.5	白云	10	6.3
越秀	16	10.0	其他各区	23	14.4
南沙	15	9.4	合计	160	
海珠	12	7.5			

目前，广州市选定广州民间金融街、天河CBD、广州中小微企业金融服务区、海珠万胜广场打造4个互联网金融产业基地。但从各区的互联网金融企业数量来看，天河的吸引力无疑最大，吸引了全市过半互联网金融企业在该区落户。

二 广州市促进互联网金融发展政策举措与各地之比较

为了抢占互联网金融发展先机，各地纷纷出台政策，推出各项举措，吸引互联网金融企业集聚，鼓励互联网金融创新和发展。广州尽管有互联网金融基地建设起步早的优势，但在扶持政策的出台和具体细则的实施等方面与部分城市相比依然存在距离。

（一）互联网金融基地建设起步早

2014年6月，武汉中央商务区被武汉市人民政府正式批准为"华中互联网金融产业基地"。2014年12月，上海认定浦东新区新兴金融启航基地等5

个"上海市互联网金融产业基地"。2015年7月,"南宁互联网金融产业基地"正式揭牌。2015年4月,沈阳市和平区政府与东北大学、东网科技签署了三方协议,"东北亚互联网金融总部基地"落户三好街。2014年4月29日,广州民间金融街互联网金融基地已经正式揭牌成立,成为广州市首个互联网金融基地。

表3 部分地区互联网金融发展政策对比

时 间	单 位	政策举例
2013年10月	北京市海淀区人民政府	对认定的重点互联网金融机构高管人员给予北京户口、工作居住证、子女入学、公租房等方面的政策支持
2013年12月	中关村国建自主创新示范区领导小组	对经中关村管委会认定的互联网金融创新型孵化器,原则上给予最高不超过100万元的一次性资金支持
2014年3月	深圳市人民政府	经认定符合深圳市互联网金融发展方向,当在深圳缴纳的企业所得税年度达到500万元以上(含)后,参照《关于印发深圳市支持金融业发展若干规定实施细则的通知》(深府〔2009〕6号)银行类金融机构一级分支机构待遇享受相关政策
2014年6月	贵阳市人民政府	市政府每年安排不低于5000万元的专项资金,用于互联网金融基础设施建设,以及互联网金融企业、人才的各项奖励和补贴
2014年7月	南京市人民政府	从2014年开始,三年内每年安排总额不低于1000万元的互联网金融产业发展专项资金,重点用于支持我市互联网金融示范区及孵化器建设、互联网金融重点企业引进和培育、重点示范项目实施、经认定的互联网金融业务创新等
2014年7月	广州市越秀区人民政府办公室	由区金融工作部门向区政府统一申请"绿色通道服务卡";对其高管人员提供1~2个申请义务教育阶段区属规范化中、小学优质学位名额
2014年8月	上海市人民政府	支持有条件的互联网金融企业进行软件企业、高新技术企业、技术先进型服务企业等方面的认定,按照规定享受相关财税优惠政策
2014年9月	上海市长宁区人民政府	设立专项投资基金,引导培育互联网金融等"四新"企业发展。基金一期规模为2.5亿元,按照《长宁区产业发展引导基金管理试行办法(修订稿)》(长金融办〔2012〕1号)管理

续表

时 间	单 位	政策举例
2014年11月	杭州市人民政府	经区、县(市)政府认定的互联网金融企业,其符合条件的高级管理人员和高级技术人才可享受杭州市人才引进政策或申报杭州市有关高层次人才项目
2015年1月	浙江省金融办、人行杭州中心支行、银监会浙江监管局、证监会浙江监管局、保监会浙江监管局	各地、各有关部门在相关法律法规框架下,对互联网金融企业工商登记、增值电信业务经营许可、民间借贷登记、人才引进等方面予以政策支持
2015年1月	广州市人民政府办公厅	企业年利润总额达1亿元(含)以上的,一次性奖励1000万元;企业年利润总额1亿元以下、5000万元(含)以上的,一次性奖励500万元;企业年利润总额5000万元以下、2000万元(含)以上的,一次性奖励200万元;企业年利润总额2000万元以下、1000万元(含)以上的,一次性奖励100万元
2015年7月	中国人民银行、工业和信息化部、公安部、财政部、国建工商总局、国务院法制办、中国银行业监督管理委员会、中国证券监督管理委员会、中国保险监督管理委员会、国家互联网信息办公室	遵循"鼓励创新、防范风险、趋利避害、健康发展"的总体要求

(二)互联网金融扶持政策出台晚

从政策出台的时间先后来看,北京海淀2013年10月出台《关于促进互联网金融创新发展的意见》(海行规发〔2013〕3号),中关村同年12月出台《关于支持中关村互联网金融产业发展的若干措施》(中示区组发〔2013〕4号),跑在全国前列。紧接着,深圳市(2014年3月)、贵阳市(2014年6月)、南京市(2014年7月)、上海市(2014年8月)、杭州市(2014年11月)均于2014年以市政府的名义出台了本地支持或促进互联网金融发展的政策。尽管广州市越秀区亦于2014年7月以区府办的名义出台了《关于促进广州民间金融街互联网金融创新发展的若干意见(试行)》(越府办〔2014〕71号),但正式以市政府办公厅名义出台《关于推进互联网金融产业发展的实施意见》（穗府办〔2015〕3号），已经到了2015年1月。可见，若单以政策出台时间先后论，广州市推进互联网金融发展的步伐已经慢了一步（见表3）。

（三）财税支持力度略显不足

从各地出台的政策细则来看，普遍都有强调加强互联网金融风险防控，以应对互联网金融存在的技术漏洞、信用缺失以及监管不到位等固有风险。而更加重要的是，各地大多把对互联网金融的政策"支持"、"扶持"和"鼓励"摆在了更加突出和重要的位置，且因地而异。如北京海淀规定"对认定的重点互联网金融机构高管人员给予北京户口、工作居住证、子女入学、公租房等方面政策支持"，就是利用了北京户口难求和教育资源丰富的特点，吸引企业落户。而深圳的规定"当在深圳缴纳的企业所得税年度达到500万元以上（含）后，参照《关于印发深圳市支持金融业发展若干规定实施细则的通知》（深府〔2009〕6号）银行类金融机构一级分支机构待遇享受相关政策"，则是利用了当地金融改革创新政策完善的优势。

广州目前也在注册登记、资金扶持、人才保障等方面加大了对互联网金融企业的扶持力度，且大部分举措并不输其他城市。然而，就个别具体的措施来看，与其他地区相比依然存在差距。如对企业注册资本（或实收资本）的奖励门槛设定，广州越秀区规定："注册资本5000万元以上的，奖励50万元。"而贵阳规定："实收资本达10亿元以上（含10亿元）的，奖励500万元。"前者50万元封顶，后者500万元封顶。再如对企业办公用房的租金补贴，广州规定："互联网金融产业基地所在区（县级市）政府应出台扶持政策措施，对在互联网金融产业基地落户的互联网金融企业购买或租赁办公用房、业务发展等给予区（县级市）级财政资金扶持。"而贵阳规定："租赁自用办公用房的，三年内每年按房屋租金的30%给予补贴。"前者仅对落户互联网金融产业基地的企业由所在区政府给予补贴，后者则对落户该市的所有互联网金融企业给予补贴。

三 广州市互联网金融税收简析

在本文所选取的160户互联网金融企业样本中，有97户"在册企业"在2014年（含）之前就已经开始成立经营，另外63户"新开企业"在2015年之后才登记经营。对这160户企业的税收情况进行分类分析，可以看出目前广州市互联网金融对地方税收的贡献主要有以下三个方面的特点。

（一）所得税占比大，使互联网金融对地方财力的直接贡献比例偏低

160户互联网金融企业，2015年在广州市入库地方税收15122.6万元。其中，市区级税收3578.1万元。个人所得税11560.7万元，占比76.4%，在所有税种中占比最大；企业所得税2355.1万元，占比15.6%。两者共计占税收总量的92%。营业税（823.9万元）、城市维护建设税（254.4万元）、印花税（74.3万元）、房产税（52.8万元）以及城镇土地使用税（1.5万元）等其余几个税种仅占8%。有6户企业税收总量在100万元以上（见表4）。

表4 广州市160户互联网金融企业2015年地方税收入库情况

单位：万元

项 目	新开企业	在册企业	合 计
个人所得税	63.6	11497.1	11560.7
企业所得税	0.4	2354.7	2355.1
营业税	0.4	823.5	823.9
城市维护建设税	1.7	252.7	254.4
印花税	1.9	72.4	74.3
房产税	0	52.8	52.8
城镇土地使用税	0	1.5	1.5
税收合计	68.0	15054.7	15122.7
其中,市区级税收	16.6	3561.5	3578.1

2015年，160户互联网金融企业税收的市区库留成部分占其税收总量的23.7%——相当于每产生100元的地方税收中，仅有23.7元留在本市财政。而从全市总的情况来看，2015年广州地税部门组织计划口径市区级税收为672.6亿元，占税收总量的52.6%，远高于互联网金融企业的市区级税收占比。

由此可以看到，由于两个所得税税收在互联网金融行业中占比高，而在地方分成比例低（市区级分成约为两成），导致互联网金融行业税收对地方财政的直接贡献比例偏低。

（二）处在起步阶段，使互联网金融对地方税收的直接贡献额偏少

63户"新开企业"，2015年仅在广州市入库地方税收68万元。其中，市区级留成不到17万元。个人所得税63.6万元，占税收总量的93.7%，印花税1.9万元，城市维护建设税1.7万元。

（三）随着行业发展，互联网金融贡献地方税收的增速明显加快

97户"在册企业"，2015年在广州市入库地方税收15054.7万元，大幅增长1.7倍，其中市区级税收3561.5万元，大幅增长1.2倍。在各税种中，个人所得税（11497.1万元）增长5.1倍，营业税（823.5万元）增长18.2%，印花税（72.4万元）增长16.9%（见表5）。

表5 "在册企业"地方税收入库情况

单位：万元，%

项　目	2015年收入	2014年收入	同比增长
个人所得税	11497.1	1881.3	511.1
企业所得税	2354.7	2596.5	-9.3
营业税	823.5	696.4	18.2
城市维护建设税	252.7	287.3	-12.0
印花税	72.4	61.9	16.9
房产税	52.8	28.7	83.9
城镇土地使用税	1.5	9.0	-83.1
税收合计	15054.7	5561.1	170.7
其中，市区级税收	3561.5	1630.7	118.4

四　建议

根据互联网金融的发展规律和特点，当前，广州市各级政府，要注重在优化发展环境和完善扶持政策等方面着力。对这种新兴的业态的创税能力和创税潜力，需要客观、整体和长远地看待。此外，还需要强化对互联网金融税收的风险控制和管理。

一是优化互联网金融发展大环境。主动适应经济发展新常态和"互联

网+"发展潮流,全面实施城市创新发展战略,深化改革开放,优化营商环境,提升城市品质,为本地互联网金融现有企业、新开企业以及引进外地优质企业创造良好的发展环境。明确互联网金融税收征管办法和管理规程,提升纳税人税法遵从度,积极营造依法纳税的良好氛围。

二是完善互联网金融发展措施。建议由政府相关部门牵头,对现行互联网金融扶持措施进行梳理并加以完善,缩小与各地在政策上的差距,充分发挥本地优势,在人才引进、配偶就业、子女教育、医疗保障等方面出台政策吸引互联网金融企业集聚。

三是理性看待新兴业态的创税潜力。通过对互联网金融企业的税收分析可以看出,尽管新开企业对地方税收的贡献暂时不大,但随着企业的发展,税收增速也在加快。评估互联网金融对地方经济的贡献能力,不但要从其自身的直接创税能力来看,更需要从其对整个金融行业的带动效应来进行评价。换言之,互联网金融企业自身缴纳的地方税款可能暂时还十分有限,但它的出现,或许能够提高当地金融行业乃至整体的经济效益,这与企业孵化器的原理十分相似。为此,各地政府,尤其是地方税务机关,要理性看待新兴的互联网金融自身的创税能力,同时还要前瞻性地看到互联网金融行业发展所产生的创税潜力。

四是强化税收风险控制和管理。互联网金融在短短几年内得到迅速发展,一方面摆脱不了传统金融所具有的信用、市场以及流动性等方面的风险;另一方面体现了互联网所具有的技术、系统、操作等方面的风险,并可能由此引发并加大该行业的税收风险。为此,不但要求监管部门从立法、征信、风控等多方面着手加强对互联网金融的规范管理,同时还需要税务机关紧紧抓住这种新兴业态的风险特点,通过采取大数据管理、纳税评估以及行业稽查等多种有效措施,强化对互联网金融的税收风险控制和管理。

(审稿　虞水)

参考文献

宣昌能、陶玲、金荦、梁世栋、黄晓龙:《中国金融稳定报告2014》,中国金融出版

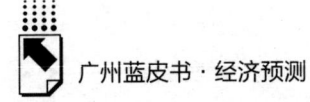

社，2014。

徐红伟、马骏、张新军、王方：《P2P网贷平台运营手册》，同济大学出版社，2015。

零壹财经、零壹数据：《中国P2P借贷服务行业白皮书2014》，中国经济出版社，2014。

芮晓武、刘烈宏：《中国互联网金融发展报告（2014）》，社会科学文献出版社，2014。

广州市金融工作局：《2015广州金融白皮书》，广州出版社，2015。

黄震、邓建鹏：《互联网金融法律与风险控制》，机械工业出版社，2014。

刘永斌：《互联网金融法律风险防范实务指导》，中国法制出版社，2015。

吴卫明：《互联网金融知识读本》，中国人民大学出版社，2015。

贸易消费篇

Trade Consumption

B.21
广州市就业者收入差距影响因素研究

潘 旭[*]

摘 要： 本文从微观角度出发，以广州城乡一体化住户调查资料为基础，研究分析了个人自身特征的差异对其收入的影响。研究结果表明：个人特征对收入影响程度越来越大；自身能力比外在环境因素更能影响个人收入；教育对收入的影响最为关键；体制性因素对收入的影响仍然不能忽视。

关键词： 收入差距 个人特征 泰尔指数

近年来，伴随着经济快速增长的同时，居民收入水平普遍得到提高。但收入分配领域也出现了一定的矛盾，居民收入差距不可避免地出现了一定程度的

---

[*] 潘旭，国家统计局广州调查队主任科员，统计师，主要研究方向为专项统计调查。

分化。以广州市为例，2014年五等分组高收入组居民人均可支配收入是低收入组的3.1倍。① 造成这种收入分配差距的原因是多方面的，从宏观来看，有经济层面如产业结构调整、资本市场发展程度的影响，也有社会体制的原因，如我国基本经济制度、收入分配制度、社会保障制度等。从微观来看，就业者的年龄、文化程度、从事某工作时长、身体状况等这些与劳动生产率有关的个人特征会造成收入差距，而性别、种族、婚姻状况等与劳动生产率无关的个人特征亦会形成收入差距。② 本文试图借助家庭层面的调研数据，从就业者个人特征角度出发，解析不同个人特征对就业者收入的影响程度，探析个人收入差距成因，并提出相关建议。

一 数据说明和研究方法

本文就业者个体特征及收入数据来源于广州城乡一体化住户调查及广州城镇住户调查。③ 本文研究对象限于就业者，是考虑到非就业者（如儿童、失业者、学生、离退休人员，等等）收入来源要么是金额有限且不稳定，要么是来源渠道单一，故不择其为本文研究对象。为了凸显个体特征对个人收入的影响，本文使用就业者个人收入而非家庭人均收入作为其收入指标。为获得个人收入，我们做如下处理：根据我们调查数据收入来源的划分，就业者的个人收入包括工资性收入、经营性收入、财产性收入及转移性收入四类。其中，工资性收入和经营性收入明显属于个人收入，与就业者个人特征关联性强，且在就业者个人收入中占比超过九成，我们认定为其个人收入。财产性收入及转移性收入本身属于家庭共有收入，与就业者个人特征关联性相对较弱，且占比较小，不做个人收入的摊分处理。经过处理后，得到最终样本数据3126条（$N=3126$）。样本数据包含个人性别、年龄、受教育程度、就业状况、行业、职业、收入七项指标，由此计算出来的数据结果能够比较真实地反映就业者之

---

① 数据来源于《广州统计年鉴（2015）》。
② 沈萍、朱春奎：《中国居民收入差距研究文献综述》，《中共宁波市委党校学报》2009年第1期。
③ 由于国家统计局城乡一体化住户调查改革，2013年前为城镇住户调查，从2013年开始为城乡一体化住户调查。由于调查范围的改变，可能对本文研究结果有一定的影响。

间的收入差距。

在收入差距的研究中,学者用于衡量收入差距的指标主要有两大类:一类是绝对指标,如极差、标准差等;另一类是相对指标,如基尼系数、泰尔指数等。其中,泰尔指数既可以衡量总体收入差距,又可以将其分解为不同分组下的组内差距和组间差距,是国际上常用的研究不同分组下收入差距情况的指标。本文拟采用泰尔指数[①]对就业者不同特征分组下的收入差距情况进行分析,探讨影响其就业收入差距更深层次及更微观方面的原因,分析不同个人特征对就业者收入的影响程度。

二 就业者个人特征对收入差距影响分析

(一)性别对就业者收入差距影响明显减弱,但男性就业市场竞争趋烈

(1)广州就业市场人力资源竞争相对充分,性别对个人收入的影响明显降低

数据显示,2014年男女就业者人口比为1.15:1,2004年为1.20:1,这说明在广州的就业市场,女性参与就业的程度逐步提高,但是男性在就业市场中仍然占有优势。从收入获取能力上来看,2014年女性就业者人均收入比2004年增长了75.0%,同期增幅比男性就业者高23.5个百分点,2014年男女就业者人均收入比为1.27:1,比2004年缩窄0.19个百分点。这说明男性就业者收入整体上要高于女性,但是女性获取收入的能力在不断提高,两个群体的差距在不断缩小。

从按性别分组的就业者收入泰尔指数来看,男女组间差距对总收入差距的贡献率由2004年的8.40%下降到2014年的3.45%,表明在总体收入差距中,性别差异对收入差距的影响明显减小。这也反映了广州就业市场人力资源竞争相对充分,性别对个人收入高低的影响大大降低,基本实现了男女同工同酬,男女就业者收入差距主要来源于其他方面因素的影响。

---

① 泰尔指数计算方法见苑林娅《中国收入差距不平等状况的泰尔指数分析》,《云南财经大学学报》2008年第2期。

表1 按性别分组测算收入差距泰尔指数及构成

指标	泰尔指数		贡献率(%)	
年份	2014	2004	2014	2004
男性	0.1247	0.1149	62.56	55.69
女性	0.0678	0.0741	33.99	35.91
组内差距合计	0.1925	0.1890	96.55	91.60
组间差距	0.0069	0.0173	3.45	8.40
合计	0.1994	0.2063	100.00	100.00

（2）同性别组内差距较大，男性群体竞争更为激烈

由表1可见，男女组内差距对总收入差距的贡献都占了主要部分，2014年，男女组内差距对总收入差距的贡献占比达96.55%，其中，男性群体组内差距对总收入差距的贡献率为62.56%，比2004年提高了6.87个百分点，女性群体组内差距对总收入差距的贡献率为33.99%，比2004年降低了1.92个百分点。男性组内差距有扩大趋势，女性则稍有缩小趋势。2014年男女群体组内差距对总收入差距贡献率之比为1.84∶1，远远高于两者的人口比例。从上述数据分析，可以得出以下结论：在当前广州就业市场上，男性群体内部收入分配不均等的程度远远高于女性群体内部，这说明男性就业市场内部竞争远远大于女性。

（二）年龄对就业者收入差距影响较小，但影响小幅扩大

由于年龄通常和工作经验具有较强正相关关系，所以也是影响就业者收入的重要因素，不同年龄群体的就业者具有不同的收入特征。从年龄群体和人均收入的线性图（见图1）来看，年龄—收入曲线均呈明显的抛物线特征，即前期随着年龄的增长收入增加，达到一定的水平后，随着年龄的增加收入减少。

根据年龄分组的泰尔指数计算结果显示，2014年，各年龄群体组间差距对总收入差距贡献率为4.78%，比2004年提高了2.26个百分点，组间差距有所扩大，说明年龄和收入的相关关系较之以前更为明显（见表2）。

图1 年龄—收入关系

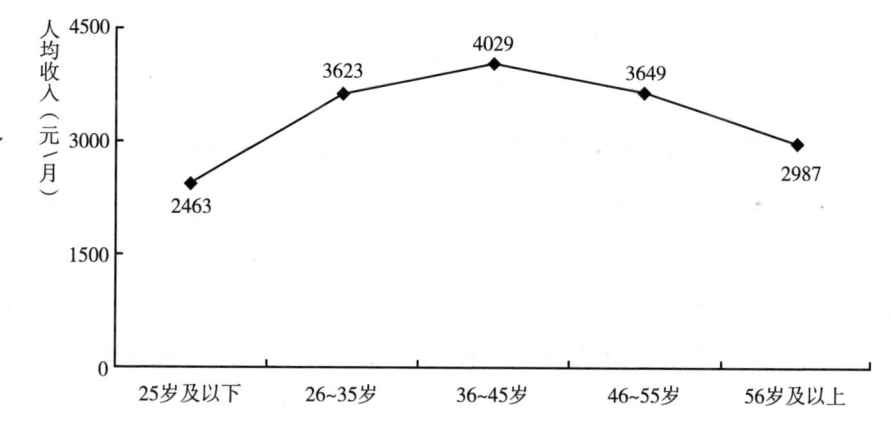

表2 按年龄分组测算收入差距泰尔指数及构成

指标	泰尔指数		贡献率(%)	
年份	2014	2004	2014	2004
25岁及以下	0.0082	0.0062	4.13	2.99
26~35岁	0.0474	0.0674	23.76	32.68
36~45岁	0.0604	0.0752	30.29	36.48
46~55岁	0.0518	0.0445	25.99	21.58
56岁及以上	0.0220	0.0077	11.05	3.75
组内差距合计	0.1899	0.2011	95.22	97.48
组间差距	0.0095	0.0052	4.78	2.52
合计	0.1994	0.2063	100.00	100.00

从组内差距看，2014年各年龄群体的组内差距累计贡献率达到了95.22%，对比2004年，各年龄群体组内差距变化不一。由表2可见，36~45岁的就业者收入差距对总收入差距贡献是最大的。数据显示，该年龄群体就业者人均收入也是所有年龄群体中最高的。这是由于36~45岁就业者既处于人生中精力旺盛的阶段，又积累了较长时间的工作资本，身体状况和工作能力均处于人生中相对理想的状态，但是由于该年龄群体就业者的教育程度、就业行业、职业等其他因素的影响，该年龄群体就业者收入差距也最大。从其他年龄段分析，对总收入差距的贡献率由大到小依次为46~55岁、26~35岁、56岁及以上、25岁及以下，这与就业者的受教育程度、工作经

验积累、退休年龄以及工作经验收入回报边际效应随工作经验增加而下降等因素不无关系。

（三）个人受教育程度正面影响其就业收入，而且有增强趋势

（1）教育对提高就业者收入作用明显

教育是最直接的人力资本投资，就业者的受教育程度是影响其就业收入的重要指标，受教育程度越高的就业者往往在人力资本市场获得高收入回报的概率也越大。从不同受教育程度的就业者人均月收入来看，教育的投资回报非常明显，随着文化程度的提高，就业者整体收入水平呈递增趋势。

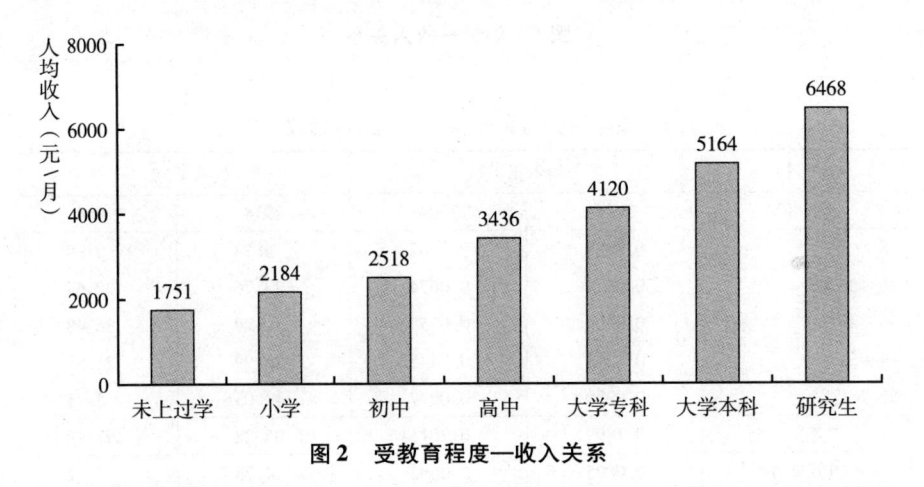

图2 受教育程度—收入关系

根据受教育程度分组的泰尔指数的分解结果，2004年不同受教育程度就业者的组间差距对总收入差距贡献率达到了16.40%，2014年增加到了19.12%，这意味着受教育程度对总收入差距有很明显的影响，不同受教育程度的就业者群体收入会有很大差距（见表3）。

表3 按教育程度分组测算收入差距泰尔指数及构成

指标	泰尔指数		贡献率(%)	
年份	2014	2004	2014	2004
未上过学	0.0001	0.00004	0.04	0.02
小　学	0.0042	0.0025	2.10	1.23
初　中	0.0332	0.0283	16.67	13.72

续表

指标	泰尔指数		贡献率(%)	
年份	2014	2004	2014	2004
高中	0.0486	0.0749	24.39	36.32
大学专科	0.0372	0.0375	18.65	18.15
大学本科	0.0363	0.0222	18.23	10.76
研究生	0.0016	0.0070	0.80	3.40
组内差距合计	0.1613	0.1725	80.88	83.60
组间差距	0.0381	0.0338	19.12	16.40
合计	0.1994	0.2063	100.00	100.00

(2)高层次学历人才就业竞争激烈，收入差距拉大明显

纵向来看，2014年对比2004年，同一层次教育程度的就业者收入差距略有缩小。变化较大的是高中和大学本科两个学历层次，其中，高中层次对总收入差距的影响减弱，而大学本科层次对总收入差距的影响增强。这意味着随着广州市就业者整体受教育程度的提升，高中学历层次的就业竞争降低，而本科层次的就业竞争更加激烈，随着时间的推移和国家教育的发展，高层次学历人才的就业竞争将会越来越明显，收入差距也会拉大。较低学历的小学及以下和更高学历的研究生，对总收入差距贡献较小，两者累计不到3.0%，因为小学及以下受教育程度就业者受教育程度低、劳动技能单一的限制，往往只能从事体力劳动，故在就业市场获取收入回报低，其组内差距相应也小，而研究生及以上受教育程度就业者学历层次最高，但是其比例小，而且目前就业市场对研究生及以上这种高学历人才的需求也还相对较少，其就业领域相对集中，教育回报的差异不大。

（四）行业就业者收入差距明显，且有扩大趋势

(1)行业间就业者收入差距悬殊，垄断性行业以及现代服务业占有收入优势

不同行业产生的经济效益存在一定的差异，个别行业由于体制和政策的原因还存在一定的垄断属性，行业间收入差距无疑是影响个人收入差距的重要因素。行业分组的泰尔指数分解结果，也反映了就业行业差异是影响就业者总收

入差距的重要因素。2014年不同行业组间差距对总收入差距贡献率为9.65%，比2004年高2.48个百分点，意味着近年来不同行业间就业者收入差距略有扩大（见表4）。

表4 按行业分组测算收入差距泰尔指数及构成

指标	泰尔指数		贡献率（%）	
年份	2014	2004	2014	2004
农林牧渔	0.0114	0.0006	5.72	0.30
采矿业	0.0003	0.0002	0.16	0.08
制造业	0.0290	0.0320	14.53	15.50
电力、热力、燃气及水产和供应业	0.0015	0.0024	0.75	1.16
建筑业	0.0072	0.0037	3.59	1.81
批发和零售业	0.0304	0.0168	15.26	8.17
交通运输、仓储和邮政业	0.0107	0.0095	5.39	4.59
住宿和餐饮业	0.0068	0.0228	3.39	11.04
信息传输、软件和信息技术服务业	0.0129	0.0047	6.48	2.29
金融业	0.0038	0.0049	1.91	2.38
房地产业	0.0027	0.0057	1.35	2.79
租赁和商务服务业	0.0036	0.0032	1.83	1.53
科学研究和技术服务业	0.0021	0.0066	1.06	3.19
水利、环境和公共设施管理业	0.0042	0.0019	2.11	0.94
居民服务、修理和其他服务业	0.0203	0.0225	10.17	10.89
教育	0.0043	0.0085	2.18	4.13
卫生和社会工作	0.0073	0.0057	3.66	2.76
文化、体育和娱乐业	0.0018	0.0036	0.91	1.74
公共管理、社会保障和社会组织	0.0197	0.0362	9.90	17.54
组内差距合计	0.1802	0.1915	90.35	92.83
组间差距	0.0192	0.0148	9.65	7.17
合计	0.1994	0.2063	100.00	100.00

行业工资统计数据亦显示，2004年广州市城镇单位职工工资的最高行业的证券业职工人均工资为7.1万元，最低行业的渔业人均工资为1.3万元，证券业

职工人均工资是渔业职工的 5 倍多，而 2014 年广州市城镇非私营单位在岗职工工资的最高行业的资本市场服务业在岗职工人均工资高达 32.5 万元，而最低的餐饮业在岗职工人均工资仅 3.8 万元，最高的是最低的 8 倍多。垄断性较强的金融业、航空运输业、广播、电视、电影和影视录音制作业、电力煤气及水供应业等行业的在岗职工工资水平近年来一直位居前列，紧随其后的是提供公共服务行业和智力密集型行业，如信息传输、软件和信息技术服务业，卫生和社会工作，科学研究和技术服务业等现代服务性行业，而传统的劳动密集型行业如制造业、建筑业、批发零售业、餐饮业、居民服务业等行业收入水平则一直处于低位。[①] 我们的调查数据也呈现出类似特征，如 2014 年金融业就业者人均收入较 2004 年增长了 117.89%，而同期农林牧渔行业就业者人均收入仅增长 12.45%，相差近 10 倍。

（2）劳动密集型行业需转型升级，现代服务业还有较大发展空间

从各行业的组内差距来看，2014 年，对总收入差距贡献较大的依次是批发和零售业，制造业，居民服务、修理和其他服务业，分别为 15.26%、14.53%、10.17%，对总收入差距的累计贡献率达 39.96%，从这几个行业的就业者人口比例看，不难发现这几个行业属于劳动密集型行业，这三个行业的就业者占总就业者人口的 45.65%，故对总收入的差距贡献也相对较大。而收入较高的金融业，教育，文化、体育和娱乐业，信息传输、软件和信息技术服务业，卫生和社会工作这些现代服务业，虽然人均收入靠前，但是其就业者人数还相对较少，对总收入差距的贡献相对也低，这也意味着广州市目前在这些领域的发展还具有相当大的空间。

从纵向比较看，结合就业者人口比例变动影响，对比 2004 年，2014 年组内差距明显缩小的行业有制造业，居民服务、修理和其他服务业，而组内差距明显扩大的有信息传输、软件和信息技术服务业，卫生和社会工作。可以发现，组内差距明显缩小的是平均收入水平较低、而且属于劳动密集型的行业，而组内差距扩大的是平均收入相对较高、智力密集型的现代服务业。这在一定程度上说明在劳动密集型行业的就业者收入水平较为均衡，也意味着收入增长的空间有限；而在现代服务业的就业者之间的收入差距更明显，也意味着还有上升空间。

---

① 以上分析数据基于 2004 年、2005 年、2010 年、2015 年广州市统计年鉴。

（五）国企大锅饭现象在慢慢被打破，个体私营竞争愈来愈激烈

（1）国企单位就业者收入水平领先其他单位类型就业者

从泰尔指数分解结果来看，不同就业单位性质的人员收入差距明显，2014年不同就业状况组间差距对总收入差距的贡献率为13.35%，而2004年该数值为9.62%。从不同就业状况就业者的收入水平来看，在所有就业状况类型中，国有企业雇员的整体收入水平明显领先于其他就业状况的就业者，这与该部分人员的就业单位具有一定的制度性特征不无关系，而占有就业者总人口比例近七成的其他雇员的就业者收入水平则较低，约为前者的六成。由于就业状况类别划分出现调整，同2004年有较大差别，但是根据2004年的就业状况分类来看，国有经济单位职工收入水平仍然是遥遥领先其他就业状况就业者，这说明了在就业单位类型中，国有企业就业者收入相比其他就业单位类型一直具有绝对优势。

（2）国企大锅饭现象有所突破，个体经济竞争较为充分

从不同就业状况的组间差距变化来看，有两个明显特点：一是国有企业、集体企业吃大锅饭的现状在慢慢被打破，国有经济单位、城镇集体单位中不同层级人员的收入差距在慢慢拉大。2004年国有经济、城镇集体经济单位职工占总就业者人口比例近六成，对总收入差距的贡献率却不到五成，但是到2014年，国有企业雇用、公职人员、事业单位人员占总就业者人口比例与其对收入差距贡献率大致持平。二是个体经济市场化更为充分，个体经营者收入差距明显扩大。2004年，城镇个人或私营企业主占总就业者人口比例为6.91%，对总收入差距贡献为7.23%；但2014年雇主以及非农自营者占总就业者人口比例只有7.97%，对总收入差距贡献却达到了14.1%（见表5）。

（六）职业对就业者总收入差距影响最为显著，个人能力直接关系到个人收入水平高低

职业在一定程度上是个人所拥有技能和特长的具体体现，所以和就业者收入水平紧密相关，这是显而易见的。泰尔指数分解结果显示，由于职业分工不同所造成的组间差距对总收入差距的贡献率由2004年的15.05%扩大到2014年的21.20%，说明了不同职业之间的收入差距非常明显，而且近年有扩大的

表5　按就业状况分组测算收入差距泰尔指数及构成*

2014 年			2004 年		
就业状况	泰尔指数	贡献率(%)	就业状况	泰尔指数	贡献率(%)
雇　主	0.0145	7.3	国有经济单位职工	0.0817	39.6
公职人员	0.0054	2.7	城镇集体经济单位职工	0.0189	9.15
事业单位人员	0.0172	8.62	其他经济类型单位职工	0.0402	19.47
国有企业雇员	0.0135	6.76	城镇个人或私营企业主	0.0149	7.23
其他雇员	0.1001	50.23	城镇个体或私营企业被雇者	0.0199	9.66
农业自营	0.0084	4.24	其他就业者	0.0109	5.27
非农自营	0.0136	6.8	—	—	—
组内差距合计	0.1728	86.65	组内差距合计	0.1865	90.38
组间差距	0.0266	13.35	组间差距	0.0199	9.62
合　计	0.1994	100	合　计	0.2064	100

＊城乡一体化改革后，就业状况采用新分类标准。2004年为旧分类标准。

趋势。从组内差距来看，高收入的专业技术人员以及国家机关、党群组织、企业、事业单位负责人的就业者组内差距对总收入差距贡献率累计为20.60%，而其人口比例累计为17.18%，低收入的农林牧渔水利业生产人员及其他从业人员组内差距对总收入差距贡献率累计为11.37%，而其人口比例累计为17.57%，这种组内差距和人口比例倒挂的现象说明了越是高收入的职业，内部竞争越激烈。属于中等收入群体的办事人员和有关人员、商业、服务业人员这两类职业就业者组内差距最大，对总收入差距贡献率分别为20.93%、20.38%，但是结合人口比例影响分析，从事这两类职业的就业者人口最多，同一职业就业者人口越多，则其他个人特征对其收入影响的层次分化越明显，收入差距亦越大。根据职业分类的收入平均值分析也印证了上述结论，专业技术人员以及国家机关、党群组织、企业、事业单位负责人的收入远高于农林牧渔水利业生产人员，对比2004年，2014年职业分类中收入最低的农林牧渔水利业生产人员收入增长了33.4%，而同期从事专业技术以及国家机关、党群组织、企业、事业单位负责人职业的就业者收入增长了76.6%。

表6 按职业分组测算收入差距泰尔指数及构成

指标	泰尔指数		贡献率（%）	
年份	2014	2004	2014	2004
国家机关、党群组织、企业、事业单位负责人	0.0102	0.0542	4.60	25.80
专业技术人员	0.0354	0.0058	16.00	2.76
办事人员和有关人员	0.0462	0.0546	20.93	26.03
商业、服务业人员	0.0450	0.0156	20.38	7.43
农林牧渔水利业生产人员	0.0093	0.0227	4.20	10.80
生产、运输设备操作人员及有关人员	0.0118	0.0002	5.34	0.10
军人	0.0004	0.0226	0.18	10.75
其他从业人员	0.0158	0.0027	7.17	1.28
组内差距合计	0.1741	0.1783	78.80	84.95
组间差距	0.0469	0.0316	21.20	15.05
合计	0.1994	0.2099	100.00	100.00

三 结论建议

通过上文对个人特征定量分析可见，随着社会和经济的发展，不同个体特征对收入差距的影响呈现不同的强度，总结起来，呈现出以下几个特点。

一是个体特征对总收入差距影响程度总体扩大，广州就业市场人力竞争较为充分。随着社会、经济大环境的变动，六项个体特征中，除性别外，其他个体特征对收入差距的解释程度均有所加大，其中，职业分组对总收入差距解释程度明显增加，其后依次为就业状况、受教育程度，表明基于这些个体特征进行分组的就业者组间收入差距较之以前更为明显。

二是个体自身因素对收入水平的影响比环境因素更为重要。从影响大小的排位来看，不同个人特征对总收入差距影响程度的排序有明显变动。2004年，对总收入差距影响程度的重要性由大到小的个人特征依次为受教育程度、职业、就业状况、性别、行业、年龄，而2014年则变为职业、受教育程度、就业状况、行业、年龄、性别，对总收入差距影响程度的重要性增加的有职业（前移1位）、行业（前移1位）、年龄（前移1位），重要性减小的有受教育程度（后退 1 位）、性别（后退 2 位），不变的只有就业状况。从排位上我们发现，行业、就业状况一直排位在职业、受教育程度之后，年龄一直靠后，性别则排位大幅下降，这在一定程度上说明了环境因素（行业、就业单位性质）对总收入差距的影响没有个体自身因素（受教育程度、职业）的影响大，而个人先天因素（性别、年龄）则对收入差距影响最弱，这样的排位完全符合社会市场经济发展规律。

表 7　不同个体特征测算收入差距泰尔指数贡献率变动

单位：%，个百分点

个人特征	组间差距对总收入差距贡献率		贡献率变动
	2014 年	2004 年	
性　别	3.45	8.40	-4.95
年　龄	4.78	2.52	2.26
受教育程度	19.12	16.40	2.72
就业状况	13.35	9.62	3.73
行　业	9.65	7.17	2.48
职　业	21.20	15.05	6.15

三是受教育程度一直是影响就业者收入水平的最重要因素。从排位来看，六项个人特征对总收入差距影响重要程度排位中，受教育程度一直是位居前列。从教育具有对个人进行塑造的功能性来讲，一个就业者的受教育程度对其就业职业、行业以及就业状况都有非常大的影响，从而间接影响到其收入水平的高低，所以从某种程度上来说，教育是影响就业者收入水平高低的最重要因素。

四是体制性因素对就业者收入影响仍然显著。根据就业者就业行业、就业状况分析结果可见，带有一定程度政府行政管制性因素的行业、企业，如金融业、教育、水利、卫生、环境和公共设施管理业等行业，国有、集体等企业，在这些行业或者企业内就业的就业者的收入远远领先于其他行业、企业就业者。虽然通过泰尔指数分析可见在国有企业吃大锅饭的现状在慢慢被打破，但是这仅属于制度内收入差距的调整，而对于体制外的行业和单位，仍然表现出明显差距。

结合前文个人特征分析以及综合分析的几个特点，鉴于目前广州城市居民收入差距仍然较大、就业者个人收入是城市居民收入的主要来源的现状，我们提出从提低、扩中、限高三个方面采取措施调节居民收入，建议如下。

一是积极发展定向教育和培训，提高低收入就业者受教育程度及劳动技能水平，增强其个人人力资本竞争力。从前文分析中我们可以看到，一方面，教育投入回报效用明显，对就业者的收入水平高低有直接的影响；另一方面，与个人受教育程度密切相关的职业更是对就业者的收入水平起着显著的作用，这都表明了教育是提高个人人力资本竞争力的根本，对个人进行教育和技能培训是提高其收入水平的最佳手段。从人力市场分析，受教育程度低的就业者一般是依靠体力劳动或者简单技能在人力市场参与竞争，但随着广州市产业转型升级步伐的加快、人力市场对个人技能更细更精更专的要求、科学技术的不断进步等，对劳动技能要求较低的人力市场必将萎缩，较低人力资本的就业者将会面临更加激烈的就业竞争。因此，应该结合广州市劳动力市场供需现状，积极发展并提供各行业专业化、分层次的教育和技能培训，从根本上提高低收入就业者的人力资本竞争力，增强其就业竞争力，从而提高个人收入。

二是大力推动发展现代服务业，创造更多相对高收入的就业机会。从前文分析可见，劳动密集型的行业如制造业、餐饮业等行业就业者不但收入水平相对靠后，而且收入上升空间有限，而现代服务业不但收入水平相对较高，就业人口比例也较低，数据比较显示，广州市现代服务业就业人口比例（11.8%）距离现代服务业较发达的北京（35.5%）还有较大距离[1]，这说明现代服务业有吸纳并可以提升就业者收入的潜力。从居民收入来源来看，广州市居民财产性收入比例较低，这在一定程度上说明了广州金融业的欠发达；从居民消费角度看，在发达国家居民消费结构升级进程中，现代服务业也将是居民消费发展的重点，如当前广州市存在的上学难、看病难、养老难、停车难、交通堵等问题说明了居民在这些方面的消费需求在市场上得不到满足，而这些恰恰是教育、医疗、保险、社会公共服务等现代服务业发展不足所导致的。因此，应以广州市产业结构转型升级为契机，加大力度发展如金融、教育、卫生、文化、科研、计算机信息技术等现代服务业，产业升级和居民消费升级两者良性互

---

[1] 根据行业分类标准，本文将金融业，信息传输、软件和信息技术，科学研究和技术服务业，教育，卫生和社会工作，文化、体育和娱乐业，公共管理、社会保障和社会组织等对人力资本要求较高的七大行业视为现代服务业。数据来源于2015年广州市统计年鉴、北京市统计年鉴。

动,从而达到扩大就业岗位,提高就业者收入的目的。

三是进一步推动市场化经济,规范垄断性行业、企业收入分配制度,限制垄断性行业企业超高收入,降低体制性因素对收入差距的影响。通过前文分析可见,虽然广州市就业者收入水平的决定性因素更多地是个人自身能力和素质,但是体制性因素对就业者收入差距的影响不容忽视。建议从短期和长期两个方面一起入手,短期内我们可以采取制定垄断性行业、企业最高收入标准或者对该行业、企业就业者收入通过税收调节等模式来解决目前垄断性行业、企业过高收入的现状,但是从长期来考虑,根本上还是需要政府逐渐打破垄断性行业的垄断地位,让更多的民间资本参与到垄断行业所控制的资源和市场中,通过市场的公平竞争调节收入。

(审稿 刘汉中)

B.22
广州居民消费结构的变化趋势及2016年展望[*]

李玲玲[**]

摘　要： 本文基于广州1999～2014年居民收入与消费支出的统计数据，根据居民的八大类消费支出的变化情况，对广州居民消费结构的现状与基本变化趋势做出判断，最后对2016年广州居民消费结构进行展望并提出优化建议。

关键词： 居民消费　消费结构　广州

当前我国经济处于增长动力转型调整时期，在需求侧提高居民消费，提振内需是当前经济改革的核心内容之一，因此现阶段掌握广州居民消费结构及其特点，把握其发展趋势，对调整产业结构、实现经济良好发展具有重要的现实意义。

一　广州居民的消费结构及其变化趋势

（一）城乡居民收入稳步提升，收入差距扩大，平均消费倾向平稳

1999年以来，广州城乡居民收入和消费支出均发生了很大变化，从统计数据（见表1）来看有如下明显特征。

---

[*] 本报告是广东省教育厅"广州学"协同创新发展中心、广州市教育局"广州学"协同创新重大项目及广州大学广州区域经济发展研究团队的研究成果。
[**] 李玲玲，广州大学经济与统计学院讲师，博士，研究方向为经济增长与转型。

表 1 广州城乡居民的人均可支配收入与消费支出

单位：元

年份	城乡居民人均可支配收入* 城市	城乡居民人均可支配收入* 农村	城乡居民人均消费支出 城市	城乡居民人均消费支出 农村	城市居民平均消费倾向	农村居民平均消费倾向
1999	12018.52	5833.92	9571.44	3634.66	0.80	0.62
2000	13966.53	6085.97	11349.00	4453.33	0.81	0.73
2001	14694.00	6445.72	11467.00	4388.39	0.78	0.68
2002	13380.47	5831.34	10672.00	4182.38	0.80	0.72
2003	15002.59	6129.95	11571.00	4115.94	0.77	0.68
2004	16884.16	6625.16	13121.00	4353.18	0.78	0.62
2005	18287.24	7080.19	14468.00	5395.58	0.79	0.61
2006	19850.66	7788.27	15445.00	5628.86	0.78	0.69
2007	22469.22	8612.84	18951.00	6341.51	0.84	0.65
2008	25316.72	9828.12	20836.00	6837.67	0.82	0.65
2009	27609.59	11066.69	22821.00	7742.20	0.83	0.62
2010	30658.49	12675.55	25012.00	8987.06	0.82	0.61
2011	34438.08	14817.72	28210.00	10100.86	0.82	0.61
2012	38053.52	16788.48	30490.00	10964.52	0.80	0.60
2013	42049.14	18887.04	33157.00	11688.20	0.79	0.58
2014（新口径）	42954.60	17662.80	33385.00	12867.79	0.78	0.66
平均值	24227.10	10134.99	19407.90	6980.13	0.80	0.65

* 由于2014年起，按照城乡一体化要求，统计口径发生变化，广州农村居民收入中的"人均纯收入"改为"人均可支配收入"，因此本文中相关收入指标均写为"人均可支配收入"。

1. 居民消费支出水平与收入水平同步增长

1999~2014年16年间，城乡居民人均可支配收入和消费支出均稳定增长，人民生活水平持续提高。不考虑通货膨胀因素，城市居民人均可支配收入和消费支出额分别增长了2.57倍和2.49倍，农村居民人均可支配收入[①]和消费支出额分别增长2.0倍和2.5倍。

---

① 自2014年起广州实施城乡一体化分市县住户调查制度，农村家庭居民收入数据以新口径公布，"人均可支配收入"指标代替"人均纯收入"指标，不再公布"人均纯收入"数据。本文中收入指标2014年以前数据为"人均纯收入"数据，2014年指数按可支配收入同口径计算。除特殊标注外，本文数据均来自广州统计信息网。

2. 可支配收入的增长略快于消费支出增长,城乡差异明显

城乡人均可支配收入和消费支出差距逐年扩大,2014年可支配收入差距为25291.8元,消费支出差距为20517.2元;与收入变化相比较,消费支出的差异程度略小。城市居民的人均可支配收入的平均年增长率为9%,略快于农村居民的8%;城乡居民的人均消费支出年平均增长率均为9%,在存在较大收入差距的条件下,农村居民的需求更显强劲。

3. 平均消费倾向随收入提高而下降,城市居民消费意愿更强

按照凯恩斯的理论,平均消费倾向随收入水平的提高而下降,平均储蓄倾向相应上升。但广州城乡居民的平均消费倾向表现出先降后升的特点,并且广州城市居民的平均消费倾向明显高于农村居民。城市居民的平均消费倾向相对平稳,均保持在0.78~0.84;农村居民的平均消费倾向波动较大,保持在0.58~0.73。2006年起农村居民平均消费倾向持续下降,城市居民在1999年和2007年分两次下降,总体下降幅度不大,绝对值始终高于农村居民。总体来看,城市居民的收入稳定性较高,储蓄意愿低于农村居民。

(二)消费结构总体优化,城市居民多享乐需求,农村居民多医疗保健需求

随着收入的增加,广州居民的消费需求已经从量的满足转变为质的需要,城乡居民对基本生存需要的物质需求减少,服务消费需求稳步提高。由于存在城乡收入差距,以及城市和农村内部收入差距,不同收入组之间对八大类商品的消费支出分配比例有较大的差异。

由表2可知,城市居民的可支配收入高于农村居民两倍有余,平均消费倾向随收入提高降低,农村低收入居民的平均消费倾向最高,2014年的支出甚至动用了储蓄。总体来看,食品和居住支出是城乡居民最大的支出项目,仅农村高收入户的交通通信支出比例略高于居住支出的比例,这点略有不同。交通通信和娱乐教育文化支出稳居城乡居民消费支出的第三和第四位,城乡居民的消费结构已经明显倾向于增加服务性消费支出。

表2 2014年广州城乡家庭平均每人年消费支出

城市居民

项目	总平均	低收入户	中等偏下收入户	中等收入户	中等偏上收入户	高收入户
可支配收入(元)	42954.60	23949.23	34026.28	41786.57	51279.77	74669.20
消费支出(元)	33384.74	19077.03	27169.35	32791.75	40835.61	54416.32
平均消费倾向	0.777	0.797	0.798	0.785	0.796	0.729
食品烟酒(%)	32.90	37.31	34.11	33.90	31.02	28.30
衣着(%)	5.45	4.40	4.78	5.71	5.45	6.20
居住(%)	23.57	24.99	25.61	24.34	23.08	24.13
生活用品及服务(%)	6.14	5.33	5.61	5.82	5.73	7.39
交通通信(%)	11.63	11.47	11.31	11.73	12.65	10.99
教育文化娱乐(%)	12.80	10.83	11.80	11.81	13.22	14.66
医疗保健(%)	4.45	3.47	4.31	3.71	5.42	4.69
其他用品和服务(%)	3.07	2.19	2.49	2.99	3.43	3.64

农村居民

项目	总平均	低收入户	中等偏下收入户	中等收入户	中等偏上收入户	高收入户
可支配收入(元)	17662.80	8872.17	13651.48	17071.80	21090.46	32378.62
消费支出(元)	12867.79	8922.90	10393.11	11987.25	14466.58	21559.86
平均消费倾向	0.729	1.006	0.761	0.702	0.686	0.666
食品烟酒(%)	42.89	43.41	43.03	46.01	42.09	39.91
衣着(%)	4.79	3.93	4.14	4.75	4.85	5.00
居住(%)	14.24	16.81	16.24	14.37	12.06	12.81
生活用品及服务(%)	5.88	5.44	5.53	7.25	6.35	6.89
交通通信(%)	11.85	8.85	12.45	10.96	12.63	12.97
教育文化娱乐(%)	10.85	13.95	10.76	9.24	11.75	9.35
医疗保健(%)	6.36	5.30	5.86	4.12	7.42	8.60
其他用品和服务(%)	3.14	2.30	1.98	3.29	2.83	4.48

从绝对值来看，收入水平越高的家庭，其食品和居住支出所占比重则越低，衣着和生活用品的支出比重越高。城乡间有所不同的是，城市高收入居民在教育文化娱乐和其他用品方面的支出比例提高，在交通通信方面的支出比例降低；农村高收入居民则会选择提高交通通信和医疗保健方面的支出比例，降低教育文化娱乐方面的支出比例。城市居民的医疗支出和农村居民的其他支出在不同收入组之间的消费比例没有稳定变化趋势。城市居民家庭在教育文化娱乐、居住、衣着、生活用品方面的支出比重明显高于农村居民，农村居民在医

疗方面的支出比重明显高于城市居民。这主要是由于城市高收入居民在提供子女教育方面的能力较强，享受娱乐文化服务的可能性也更多，而农村居民相对基础设施配套仍不够完善，因此农村较富裕的居民更注重生活保障性支出。

（三）八大类消费支出的变化特征

如表3所示，2005~2014年，广州居民的消费结构中，对服务业和换代产品的支出明显增加。

表3 2005~2014年广州城乡家庭消费支出结构

城市居民

指标名称＼年份	2005	2006	2007	2008	2009	2010	2011	2012	2013	2014
人均可支配收入(元)	18287	19851	22469	25317	27610	30658	34438	38054	42049	42955
人均消费性支出(元)	14468	15445	18951	20836	22821	25012	28210	30490	33157	33385
食品(%)	37.31	37.05	32.81	33.70	33.18	33.29	34.00	33.98	33.90	32.90
衣着(%)	6.23	6.19	6.24	6.71	6.66	7.53	7.68	7.29	7.27	5.45
家庭设备用品及服务(%)	5.16	5.11	5.77	6.73	7.12	7.09	6.80	6.66	6.54	6.14
医疗保健(%)	5.79	5.94	5.95	5.90	6.08	5.43	4.67	4.56	4.44	4.45
交通和通信(%)	17.22	17.14	18.52	15.48	14.59	15.92	16.84	16.53	16.55	11.63
教育文化娱乐服务(%)	16.10	16.39	17.29	16.89	18.12	18.44	17.69	18.28	18.51	12.80
居住(%)	8.85	8.82	9.91	9.42	9.30	7.88	7.42	7.68	7.90	23.57
杂项商品和服务(%)	3.35	3.36	3.52	5.17	4.94	4.43	4.90	5.01	4.89	3.07

农村居民

指标名称＼年份	2005	2006	2007	2008	2009	2010	2011	2012	2013	2014
人均纯收入(元)	7080	7788	8613	9828	11067	12676	14818	16788	18887	17662
人均生活消费支出(元)	5396	5629	6342	6838	7742	8987	10101	10965	11688	12868
食品(%)	43.22	42.60	42.82	47.47	43.95	45.91	44.71	44.50	44.21	42.89
衣着(%)	3.71	3.87	3.76	4.13	4.52	4.22	4.54	4.64	4.86	4.79
居住(%)	13.42	15.80	19.14	12.11	12.50	13.44	14.72	15.36	14.57	14.24
家庭设备用品及服务(%)	4.92	4.32	4.49	5.12	5.25	4.89	5.46	5.87	5.88	5.88
医疗保健(%)	6.24	4.77	4.81	4.59	5.35	5.18	4.76	5.42	5.50	6.36
交通和通信(%)	12.06	12.79	11.83	14.00	14.74	11.94	13.38	11.66	11.21	11.85
文教娱乐用品及服务(%)	14.22	13.57	10.94	10.29	11.47	12.31	10.27	10.34	10.52	10.85
其他商品及服务消费	2.20	2.29	2.21	2.28	2.24	2.10	2.15	2.22	3.24	3.14

1. 恩格尔系数总体下降，食品消费转向质量改善

2005~2014年，广州城乡居民的恩格尔系数明显下降，居民对食品的需求收入弹性始终小于1。2014年城乡居民购买食品的支出比重分别为32.90%和42.89%，分别比2005年下降4.41个和0.33个百分点。根据联合国粮农组织提出的判定生活发展阶段的标准，广州城乡居民分别处于富裕水平和小康水平。从趋势来看，城市居民的恩格尔系数持续降低，而农村居民的恩格尔系数出现双驼峰总体向下的变化趋势，这表明食品仍然是农村居民比较重要的支出项目。从详细分类中可以看出，部分年份农村居民在副食中的支出增加较快，表明农村居民一方面承受的副食价格压力高于城市居民，另一方面农村居民也在积极提高自己的食品消费质量。

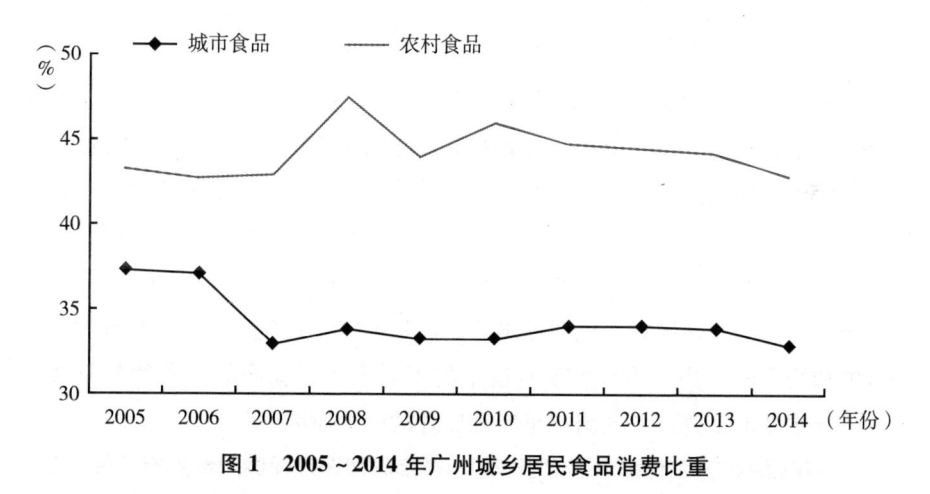

图1 2005~2014年广州城乡居民食品消费比重

2. 衣着支出整体所占比重较低，高收入居民对高质量服装的需求增加

近年来，随着收入增长，广州城市居民在衣着方面的需求更加富有弹性，整体支出比例也高于农村居民。这表明，当收入提高时，广州居民对高品质服装的需求会增加。城市居民对衣着方面的支出更为重视，高收入的广州居民愿意为高价格、高质量的服装埋单。但城乡居民的衣着支出比例均低于8%，走势基本相同，在2007年之后表现为平缓上升趋势，其中农村居民的上升趋势更为明显，城市居民后期有所下降。这表明从广州居民的消费习惯来看，衣着支出并不是家庭的主要开支，但消费需求可以随收入提高进一步提升。受居住支出统计口径变化影响，2014年广州城市居民的衣着支出比上一年明显下降1.82%，消费支出比重排名比2005年的第五位下降一个位次，这表明衣着支出较容易被其他支出替代。

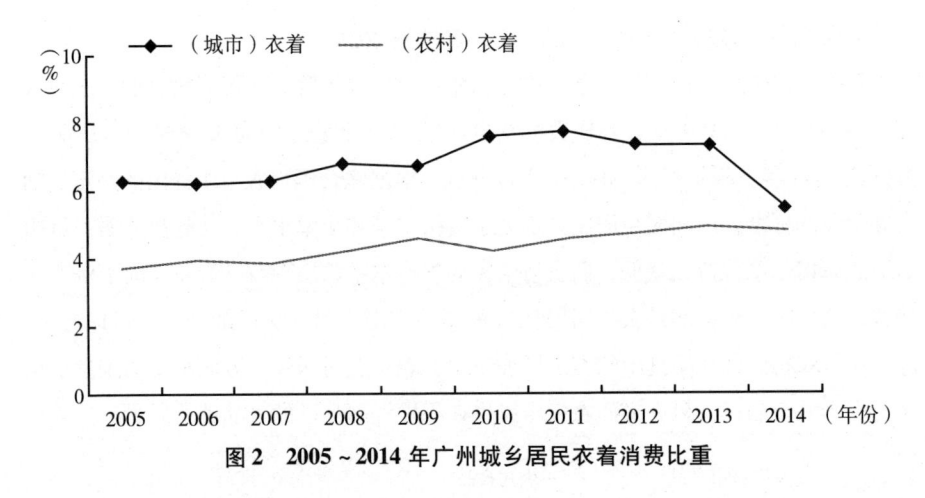

图 2　2005~2014 年广州城乡居民衣着消费比重

3. 城市家庭设备消费接近饱和，农村消费增加

城市家庭对家庭设备用品及服务的消费比重先升后降，占总支出的比重最终从 2005 年的第七位上升至 2014 年的第五位，农村居民的支出持续上升，位次不变。从总体看，随着收入的稳步提高，增加家庭设备拥有量以及提高家庭设备质量是居民改善生活质量的重要手段之一。家庭设备的支出受购房需求与相关产品的价格变化影响，该项支出的走势基本符合我国房地产市场有效需求相对饱和的发展趋势，并且由于新技术的不断产生，新产品消费物价指数较低，也会是城市家庭设备支出比重先升后降的一个原因。

4. 城市居民的医疗保障水平优于农村，城市居民医疗保健消费支出下降，农村居民增加

广州农村居民的医疗保健支出比重先降后升，2011 年后增幅明显，但在总支出中所占比重的位次不变；城市居民的医疗保健支出初期平稳而后明显下降，占总支出的比重从 2005 年的第六名下降至 2014 年的第七名，但需求收入弹性仍大于 1。这表明城乡居民都较为重视自身的健康水平。相对而言，城市居民的医疗保障机制比较完善，2008 年起广州试点全国城市居民医保制度，2009 年广州医疗保险服务管理局成立，有效的医疗保障相应减少了居民的医疗保健支出。而农村居民的医疗保障相对薄弱，因此随着收入水平的提高，农村居民在医药保健品等方面的支出表现出增加的趋势。

5. 交通通信成本下降，城乡居民支出比重平缓下降

2014 年，城市居民的交通通信支出比重比 2005 年明显下降，占总消费支

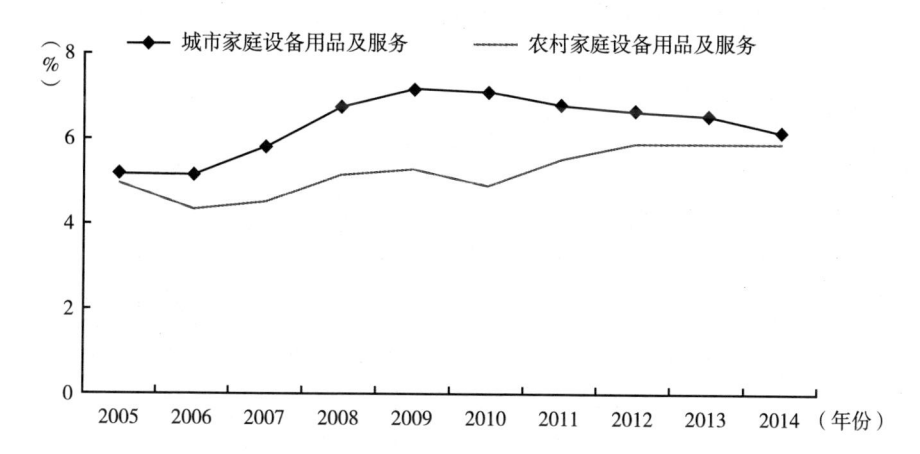

图3 2005~2014年广州城乡居民家庭设备用品及服务消费比重

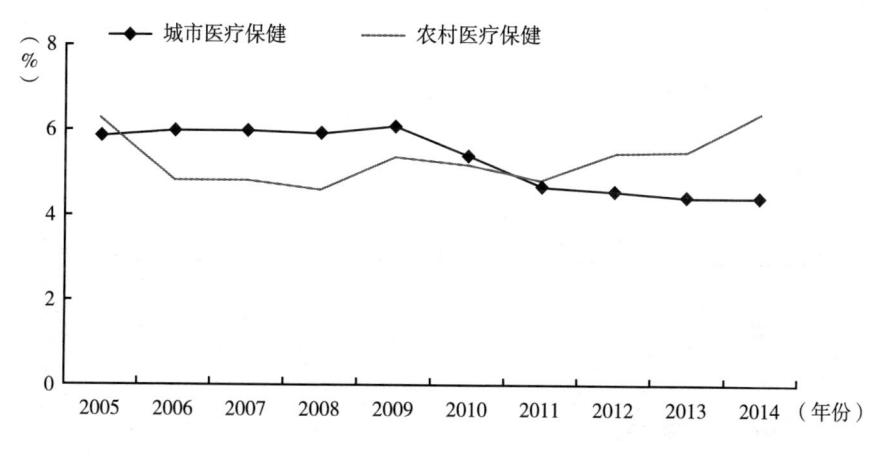

图4 2005~2014年广州城乡居民医疗保健消费比重

出比重的位次也从第二位下降到第四位，需求收入弹性小于1；农村居民的消费比重波动幅度较大，占总消费的位次从第四位提高到第三位。广州作为国家综合性门户城市和国际综合交通枢纽，具备完善的公共交通基础设施，互联网和通信网络建设已覆盖农村，极大地降低了居民的交通和通信成本。另外，广州城市中的汽车拥有量已接近公路最大承载能力范围，市政府从2012年开始施行车牌限购，交管部门数据显示2008年比2007年的上牌总量同比下降0.89个百分点，居民车辆购置支出的增长速度得到了控制。这些都有利于广州城市居民减低在交通通信方面的支出比例，但农村居民对基础设施的享用程度相对

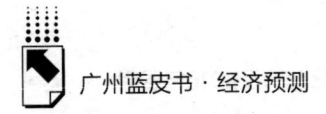

较低，并没有明显表现出交通通信支出比例的下降。

6. 农村居民对娱乐教育的支出水平低于城市居民

城市居民在这一项的支出强度较高，需求收入弹性大于1，表明了对娱乐教育文化支出的高度重视，虽然受居住的统计口径变化影响，2014年该项支出出现明显下降，但其在总消费中所占的比重仍然排名在第三位。农村居民在该项方面的支出增加不明显，10年间还两次出现下降趋势，支出占总支出的比重也从2005年的第二位降至2014年的第四位，表明广州农村居民目前的收入尚未达到消费相对物价水平较高的娱乐教育文化产品来提升生活质量的水平。

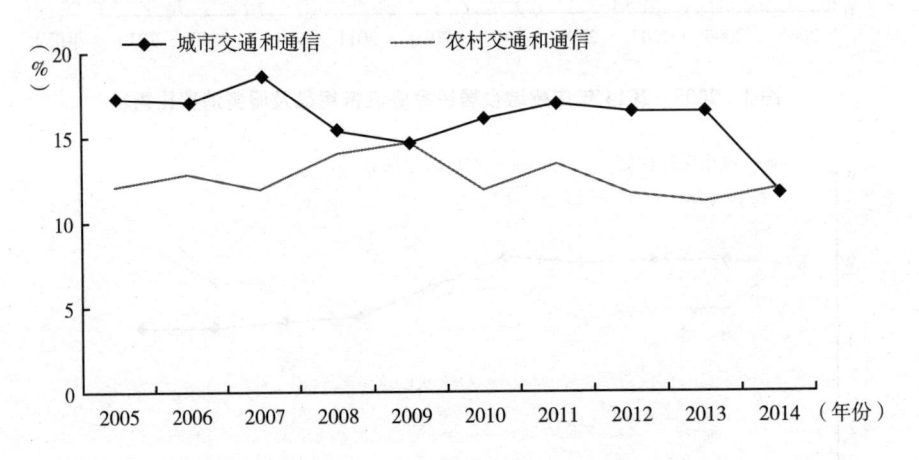

图5 2005~2014年广州城乡居民交通和通信消费比重

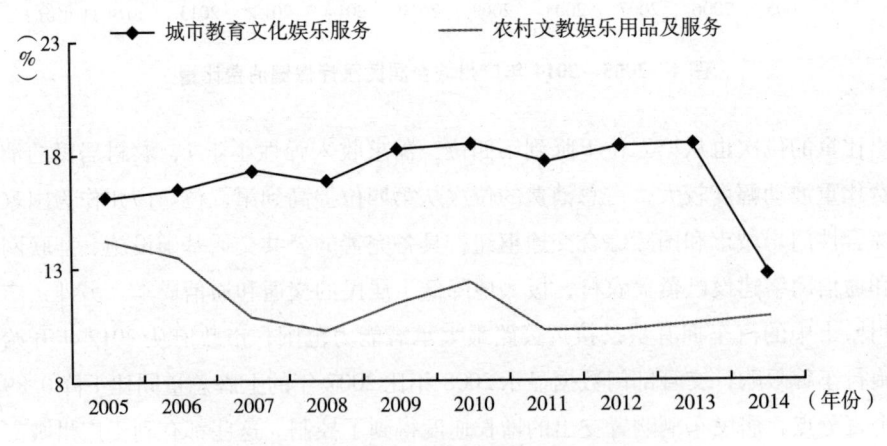

图6 2005~2014年广州城乡居民教育文化娱乐消费比重

7. 城乡居民在居住方面的负担差异较大，城市居民的其他支出上升趋势明显

城市居民的居住支出总体低于农村居民，并且趋势平稳，而农村居民的居住支出先升后降之后保持平缓的上升趋势。2013年，城市居民的居住支出比重比2005年明显下降，表明相应的费用支出减少，消费比重位次不变。2014年，城市居民的该项支出占总消费支出的比重从2005年的第四位上升至第二位。造成该项比重明显变化的主要原因是2014年数据的统计口径发生了变化，原有城市居民消费支出中只有住房和居住服务费两项，住房费用下包含水电燃料及其他费用，居住服务费下包含物业管理费，未包含购房和租房支出，所以在总支出中所占比重较低。城市居民居住消费支出中增加了租赁房房租、自有住房折算租金，将城市居民的租房成本纳入统计后，城市居民的居住成本支出比重明显增加，需求收入弹性仍保持小于1，统计数据更为合理。农村居民居住支出则包括新建（购）房屋、房屋维修、居住服务、租赁住房所付的租金、生活用水、生活用电、用于生活的燃料等支出，与2005年相比，2014年该项消费支出比重的位次也上升一位。

城乡居民对其他商品及服务的消费虽然占总支出的比重较低，但基本呈上升趋势，表明广州居民的消费日益多样化发展。由于该项支出包含内容较多，很难准确分析，在此不做详细阐述。

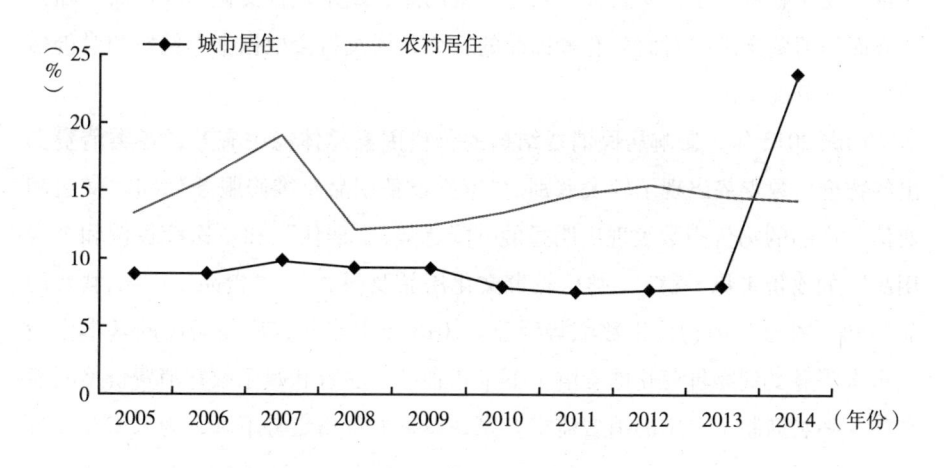

图7 2005~2014年广州城乡居民居住消费比重

图8　2005~2014年广州城乡居民其他商品消费比重

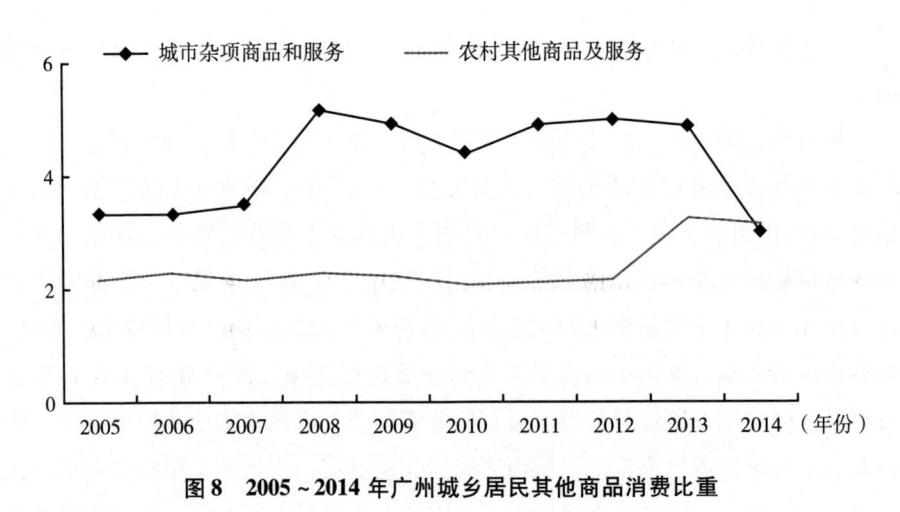

二　2016年广州居民消费结构变化展望

广州居民对广州经济的总体走势比较乐观，广州市消费委员会所做的"2014年广州居民消费信心调查"① 结果显示，2012年以来，居民消费信心逐年增加，但整体消费信心不足。

根据本文的研究，食品、交通通信和居住已成为广州居民的生活必需品，受价格变化影响较小，而衣着、家庭设备用品、娱乐教育文化、医疗保健和其他方面的消费支出相对而言有奢饰品的特征，居民将会根据个人偏好和对价格的敏感度分配支出。

回顾2015年，影响居民消费结构的价格因素总体稳中有升，各类消费支出的物价指数走势出现了较大差别。"家庭设备用品及维修服务"和"交通和通信"产品的物价指数表现出明显的下降趋势，"居住"和"医疗保健和个人用品"的物价走势平稳，"娱乐教育文化用品及服务"、"食品"、"烟酒及用品"和"衣着"的物价指数涨势明显。2015年上半年，广州居民的基本生活支出未明显受到物价变化的影响，下半年食品、衣着和娱乐教育消费价格明显上涨，必然抑制了一定的消费需求。家庭设备的价格走势下降，为未来在该方

---

① 广州市消费委员会所做的2014年广州居民消费信心调查，下称消费调查。

面的改善性需求提供了有利条件；娱乐教育文化产业的价格指数走高，会在一定程度上影响居民的消费支出，但收入条件的改善，会使该项消费的支出比例明显提升。

根据中国社科院的预测，2016年中国经济增长速度为6.6%~6.8%，2015年广州前三季度经济增长速度为8.3%，低于2014年的8.6%，预计2016年将继续放缓。虽然经济增长面临下行的压力，但我国已经开始着力推动提高劳动收入在收入分配中所占的比重，推进公务员及国有企事业单位的人事制度改革，改善收入分配结构，因此，2016年广州居民有望实现收入水平的提高以及收入差距的缓慢缩小。在收入水平提高的保障下，广州居民整体消费势头良好，消费信心有望进一步恢复。

研究发现购房支出会在一定程度上挤出其他消费，2015年房地产价格走势平稳，2016年政府推出多项购房鼓励政策，有利于稳定居民的消费预期，增加居民的消费意愿，提高与购房相关的家用设备和用品的消费支出。统计数据也表明居住支出增加后，家庭对娱乐教育文化的支出比例会明显降低，因此如果价格指数继续保持2015年的上涨走势，将会抑制居民的消费需求。虽然高价格有利于支持企业提升产品和服务的内在质量，但仍需注意分析市场的有效需求，以保障实现利用产品升级引导消费结构升级。在食品和交通通信支出方面，按照2015年的价格走势，这两项基本需求的居民支出可以得到充分的保障。衣着支出方面，随着广州的虚拟交易平台的扩张和逐步完善，居民的消费渠道日益多样化，这部分的支出份额也有望与相关平台的发展同步提升。最后在医疗保健支出方面，随着广州城乡一体化的推进，城乡医保制度逐步完善，居民在医疗方面的基本支出必然下降，需求将随着收入水平的提高转向消费高品质的体检、医疗、保健服务，若市场能够有效提高这类产品的有效供给，高收入居民的健康医疗保健支出有望增加。

三 广州优化居民消费结构的对策建议

针对现有居民消费结构中存在的问题本文建议从缩小收入差距、拓宽消费渠道、完善生活保障、提高产品供给质量、健全质量监督和加快城乡一体化发展六个方面着力优化广州居民消费结构，推动消费升级。

1. 缩小居民收入差距，提高低收入居民的消费支出水平

目前居民的消费信心不足的一个重要原因是阶层之间的收入分配的差距过大。从居民感知状况来看，消费调查中的大部分居民认为自己在社会上属于中间及中间偏下的位置。当然值得注意的是，2014年对认同自己为中间位置的居民有所增多，认同自己为中间偏下位置的居民逐渐减少，居民由中间偏下至中间位置的主观感知呈现稳步升高的趋势。2016年，中等收入群体的主要投资渠道股市和楼市的预期收益性均不及往年，居民的消费信心有可能受到一定影响。因此，为实现优化消费结构的目标，应首先通过缩小城乡居民之间与城市内部居民间的收入差距，加强对低收入群体的基本生活保障，着力实现提高中等收入消费群体的比重的目标；其次应保障居民就业稳定，提高居民对未来收入的良好预期，增加即期消费；最后应拓宽居民收入来源，健全投资渠道，保障居民的家庭财产稳步增加。

研究中也发现农村富裕居民对娱乐教育文化支出的重视程度不高，这对广州提高居民文化素质，以科技推动生产力发展有不利的影响；农村较贫困的家庭在该项支出中的消费支出比例较大，因此，有理由相信提高农村低收入居民的收入水平，将会明显带动教育文化和娱乐产业的发展。

2. 拓宽居民消费渠道，以"互联网＋"模式推动居民消费

根据商务部国际贸易经济合作研究院公布的针对广州等五个城市居民2016年第一季度大额消费意向的调查结果，2016年第一季度，我国居民通过网络购买大件商品的意向较高，其中以"实体店＋网购"和"纯网购"方式购买出境游、大病或养老商业保险、空气净化器和大家具的消费者分别占总受访人数的50.8%、40.1%、54.6%和39.4%。在网络购买用户中使用移动终端购物的消费者比例大幅上升。另外，根据2015年阿里电商平台的统计，广东省是全国"双十一"消费最多的省份。可见网购已经渗透至广州居民的生活之中，无论是日常用品还是大件商品，网络平台都已经日渐成为广州居民消费的主要渠道。

2016年电子商务将继续成为广州经济增长的重要引擎。2015年，黄埔状元谷、荔湾花地河已被认定为国家电子商务示范基地，已建成及在建11个投资额5000万元以上的跨境电商园区，培育8家国家电子商务示范企业，开展跨境电商业务的企业已有777家。互联网平台与实体经济的结合，有利于降低

流通成本，减少居民的支出负担。例如服装消费已经成为广州居民收入水平提高后的重点消费支出方向，但目前看广州居民对服装的消费要求不高，正逐渐展现出向高质量消费转型的趋势。2016年厂商应注重在消化现有库存的同时，加速产品升级换代，以产品带动或顺应城市居民消费结构的整体提升。

3. 完善社会医疗保障制度，提供相对公平有效的教育环境

目前，由于我国的城市医疗保险和公费医疗制度没有把一些大病的医疗项目纳入可报销的范围内，患者依然需要支付一部分费用，这意味着这部分患者的自费负担依然较重。居民仍需把家庭收入的一部分储存下来，以备家庭成员未来生病之用。

因此，一要提高农村居民的医疗保障程度，平衡城乡居民在医疗用品方面的支出负担。以各种方式推动企业为职工分担商业医疗保险费用，提高国内保险市场的大病医疗保险产品的可投资性，有效增加对居民重大疾病的保障力度。

二要着力平衡市区和郊区的医疗资源，借力互联网平台，以支付宝、医护网等平台为依托，实现除看病之外的全部环节电子化。通过居民医疗档案信息共享，使居民在大医院、小医院可以自由就医，患者档案更加清晰，方便医生诊断。对郊区的医疗资源适度倾斜，减少郊区居民的医疗成本，提高医疗保障水平。

4. 提高产品供给质量，引导消费需求

在物质产品方面，应拓宽企业融资渠道，积极推广新技术、新产品，加大企业新产品开发力度，向市场多供给高质量的创新产品，避免低端产品的大量重复生产，从供给侧推动居民消费结构的持续提升。

在服务产品方面，要着力提高服务质量。一要加强对居民休闲福利的保障，政府应该在完善农村娱乐文化教育基础设施的前提下，创造性地增进城市居民的休闲福利。有序推进城乡间公共文化基础设施的建设，保护城乡文物古迹，开发农村度假旅游项目，丰富城乡居民的业余生活，适度提供补贴，提供更优质的休闲体验。二要着力提高国内教育体系的整体教育水平，减少家庭在消费教学附加产品方面的支出。切实推动义务教育资源的流转，平衡城乡各区县的教育资源，同时以市场机制保障有学习能力和有支付能力的学生能够有平等机会受到同等质量的教育。切实推动高水平大学建设，以优质的国内高等教

育形成对国外教育产品的替代。

5. 加强社会质量监管制度建设，增加居民对国内产品的消费信心

一要提高产品出厂质量标准，全面实现产品质量安全抽检制度，尤其对于食品在生产环节和主要流通环节实现抽检覆盖率达100%。

二要推动实现企业生产流程透明化，流通环节实现微信、微博和消费者协会网站等网络平台的信息共享，实现产品质量可追踪，以群众监督有效覆盖官方质监部门无法顾及之处。提高消费者委员会的权威和作用，对有通过制假、违规经营影响产品质量的行为予以全国通报、全面下架和资金处罚。一方面通过公共媒体提倡诚信建设，另一方面以有效手段惩戒不诚信行为。

三要督促企业加大研发投入力度，以提高产品质量为目标，减少低附加值产品的生产，进一步完善售后服务，以高质量的国内产品供给满足高收入群体对家庭消费结构升级需求。

6. 加速城乡一体化建设，完善交通通信基础设施

一要解决大城市的拥堵病，目前，核心商圈、优质医疗资源、行政资源等都集中在中心城区，高峰期中心城区的拥堵率较高，郊区的居民在生活各方面均受到交通不便的限制。郊区的公交和地铁站点密度较低，班次也少于中心城区。广州应加快推动外围商圈建设并科学规划市政及公交系统，以进一步优化社会公共服务和公交系统，实现城乡有效连接。以交通发展带动经济增长，为城乡居民购房、买车、出行选择等方面提供顺利优化升级的保障。

二要着力降低已有道路的改建力度，合理安排施工路段的行车流量，提高郊区居民出行的便利程度。目前农村居民在交通通信方面的支出比例低于城市居民，在一定程度上是收入水平较低导致的，另外也体现出农村居民在出行方面的便利性和可选择的方式上不及城市居民。

三要加强农村通信设施建设，降低乡村通信成本支出负担。当前城市居民对交通通信的需求接近饱和，未来一段时间农村居民消费将成为拉动交通通信行业发展的主要力量。

（审稿　周凌霄）

B.23
2015年广州开展负面清单管理的现状、问题及对策分析*

刘 广**

摘 要： 2015年，广州依据各级政府和部门相关政策规划指导精神，在各相关领域积极实施负面清单管理，不仅有利于实施广东自贸区建设、对接国家"一带一路"战略和推进行政审批改革，而且有利于提升市场透明度，为市场参与主体提供清晰的行为边界和稳定预期，还有利于厘清政府和市场之间的关系，更好地发挥市场在资源配置中的决定性作用。

关键词： 负面清单管理　市场准入　行政审批改革　广州

国内开展负面清单管理发轫于党的十八届三中全会的战略部署。彼时中央首次提出要"实行统一的市场准入制度，在制定负面清单基础上，各类市场主体可依法平等进入清单之外领域"。其后，"十三五"规划要求在"十三五"期间实现"重点生态功能区实行产业准入负面清单"，以及"全面实行准入前国民待遇加负面清单管理制度，促进内外资企业一视同仁、公平竞争"。结合经济新常态下我国经济社会发展要求和国际投资贸易领域监管模式发展趋势，积极探索如何在投资准入和社会治理中实施负面清单管理是当前理论和实践关注的焦点和热点问题。

负面清单管理主要由美国所倡导提出，目前已被世界上大多数国家、地区

---

* 本报告是广东省教育厅"广州学"协同创新发展中心、广州市教育局"广州学"协同创新重大项目及广州大学广州区域经济发展研究团队的研究成果。
** 刘广，广州大学经济与统计学院讲师、博士，主要研究方向为政府管理与资本市场。

和行业所采用。中国（上海）自由贸易试验区（以下简称"上海自贸区"）于2013年10月开始对外资准入实行负面清单管理，开启了国内实施负面清单管理的先河。国内其他地区和部门随后陆续发布了相应的负面清单，使负面清单管理一时蔚然成风。广州作为华南地区经济和文化中心，具有实施负面清单管理的现实需求和市场基础。适时总结分析广州目前在实施负面清单管理过程中获得的经验、表现出的特征、凸显的问题和显露的趋势，有利于指导其下个阶段更好开展负面清单管理工作。

一 广州开展负面清单管理的现实基础分析

负面清单管理最初出现在国际贸易投资领域，是指在国际投资协定中，缔约双方在承担若干义务的同时，以列表形式将与这些义务不符的特定措施列示出来，进而可以继续保持这些不符措施，或者以列表形式列出某些行业，保留将来在这些行业采取不符措施的权利。负面清单管理主要由美国所倡导提出，已被世界上大多数国家、地区和行业所采用。负面清单管理的典型代表是1994年生效的《北美自由贸易协定》（NAFTA）。与正面清单管理相比，负面清单管理的典型特征是"法不禁止即自由"。负面清单管理最初与外资进入及国民待遇有关，其后逐渐扩展到行政管理领域。

目前国内外针对负面清单管理的理论研究已较为丰富，使其具备了较为成熟的理论基础；国务院大力推进行政审批制度改革，各级政府和部门陆续出台了支持负面清单管理的相关政策，使其拥有了完备的法律依据。相关国家及上海自贸区提供了实施负面清单管理的成功案例，中国（广东）自由贸易试验区（以下简称"广东自贸区"）建设和广东省开展企业投资项目负面清单管理试点工作为广州开展负面清单管理提供了优良的实验条件。广州开展负面清单管理由此获得了良好的市场环境和诸多便利，为取得丰硕成果奠定了坚实基础。

在市场准入方面，2015年4月20日，国务院印发了《中国（广东）自由贸易试验区总体方案》（国发〔2015〕18号）（以下简称《总体方案》），明确要求广东自贸区"要积极探索外商投资准入前国民待遇加负面清单管理模式，深化行政管理体制改革，提高行政管理效能，提升事中事后监管能力和水平"。《总体方案》将推动粤港澳三地跨境金融创新作为重点之一，在"三、任务和措施"部分首先提出要"建设国际化、市场化、法治化营商环境","建立宽进严管的市场准入和监管制度"。具体包括"实施自贸试验区外商投资负面清单制度,减少和取消对外商投资准入限制,重点扩大服务业和制造业对外开放,提高开放度和透明度;对外商投资实行准入前国民待遇加负面清单管理模式,对外商投资准入特别管理措施(负面清单)之外领域的外商投资项目实行备案制(国务院规定对国内投资项目保留核准的除外)"。在深化金融领域开放创新方面,提出要"推动适应粤港澳服务贸易自由化的金融创新",具体包括在《内地与香港关于建立更紧密经贸关系的安排》《内地与澳门关于建立更紧密经贸关系的安排》及其补充协议(以下统称《安排》)框架下,在金融业建立和完善负面清单准入模式,简化港澳金融机构进入自贸区的方式,推动广东自贸区金融服务业进一步对港澳地区开放。在"五、机制保障"部分,强调"各有关部门要支持自贸试验区在扩大投资领域开放、实施负面清单管理模式、创新投资管理体制等方面深化改革试点,及时解决试点过程中的制度保障问题"。这些既是对上海自贸区经验的借鉴和发展,也是在CEPA补充协议及粤港澳服务贸易自由化协议框架下进一步提高广东自贸区金融服务对港澳开放水平的制度安排。

在《总体方案》发布的同时,国务院也适时印发了《自由贸易试验区外商投资准入特别管理措施(负面清单)》(国办发〔2015〕23号)和《自由贸易试验区外商投资国家安全审查试行办法》(国办发〔2015〕24号),继续对外商投资准入特别管理进行了规定,明确指出在广东自贸区"试点实施与负面清单管理模式相适应的外商投资国家安全审查措施,引导外商投资有序发展,维护国家安全"。依据《国民经济行业分类》(GB/T 4754—2011),出台了一份具有15个门类50个条目122项的特别管理措施,形成了第一份正式负面清单。

应国务院关于广东自贸区建设的若干指示精神,广东省人民政府于2015年7月20日发布了《中国(广东)自由贸易试验区建设实施方案》(粤府〔2015〕68号)(以下简称《实施方案》),明确提出"实施内外资负面清单管理模式","对外商投资实行准入前国民待遇加负面清单管理模式,对负面清单之外的外商投资项目实行备案制(国务院规定对国内投资项目保留核准的除外),同步实施内资投资项目负面清单;对负面清单之外的领域,按照内外资一致原则实施管理，发布实施指南，做好相关引导工作"。《实施方案》较《总体方案》有所突破，将负面清单管理由外资准入扩大到内资准入领域。不仅如此，《实施方案》在现有对全球投资者负面清单管理要求基础上，还梳理出对港澳服务提供者更开放的措施，提出在CEPA框架下，在金融服务、交通航运服务、商贸服务、专业服务、科技服务等领域"制定港澳投资准入特别管理措施（负面清单）"。

其他主管部门随后也陆续出台了支持广东自贸区实施负面清单管理的相关文件。商务部2015年8月25日发布了《商务部关于支持自由贸易试验区创新发展的意见》（商资发〔2015〕313号），提出进一步降低自贸区内的投资准入门槛。中国人民银行2015年12月11日发布了《关于金融支持中国（广东）自由贸易试验区建设的指导意见》，针对资本项目可兑换实施"区内企业的跨境收支由此前的收支种类管理变为负面清单下的限额管理"，即区内注册、负面清单外的境内机构可在跨境收入和支出均不超过规定限额（暂定等值1000万美元）的范围内自由结售汇并开展投融资活动。此外，针对自贸区内机构的外债管理、银行机构开展的即期结售汇交易业务也放宽了监管要求。

在行政管理方面，2015年4月30日，广东省人民政府《关于支持广州南沙新区加快开发建设的若干意见》（粤府〔2015〕49号）指出，"授予南沙新区部分省级经济社会等管理权限"，要求由广东省编办会省有关部门以负面清单形式按规定程序"对法律、法规和规章规定由省政府及省有关部门行使的经济调节、市场监管、社会管理、公共服务等行政管理职权，除确需由省级行政机关统一协调管理的事项外，原则上下放或委托南沙新区管理机构依法实施（南沙新区管理机构设立前，由南沙开发区管委会、南沙区政府依法实施）"。这为广州在行政审批改革中引入负面清单管理提供了依据。

2015年10月26日，国务院印发了《国务院关于实行市场准入负面清单制度的意见》（国发〔2015〕55号）（以下简称《意见》），首次明确了在全国范围内实行市场准入负面清单管理制度的总体要求、主要任务和配套措施，为市场参与主体提供了稳定预期。负面清单主要包括市场准入和外商投资两类，《意见》所指的市场准入负面清单适用于境内外投资者，是对各类主体——包括外资和民资——市场准入的一致性管理措施。市场准入事项进一步分为禁止准入事项和限制准入事项两类。前者指市场主体不得申请、行政机关不予审批、核准、许可或发放牌照的事项,后者指由市场主体自主申请、行政机关依法审核,或由市场主体依照规定的准入条件和方式备案进入的事项。对负面清单列表以外的行业、领域或业务等,各类市场主体皆可依法平等自由进入。在实施方式和计划方面,《意见》提出遵照先试先行、逐步推开的原则,初期2015年12月1日至2017年12月31日先在部分地区试行,从2018年起正式在全国统一实行。《意见》面向境内外投资者,将市场准入和行政审批结合起来,对广州制定负面清单具有极强的指导意义。

二 广州开展负面清单管理的现状分析

广州作为华南地区经济和文化中心,作为广东自贸区南沙片区的建设主体,实施负面清单管理既与政府大力倡导有关,也与广东自贸区建设及广东省开展企业投资项目负面清单管理试点工作密切相关。2015年,广州市委市政府及相关部门为实施负面清单管理做了大量工作,取得了显著成效。

在政府统筹方面,2015年2月26日,广州召开2015年引资引技引智工作会议,市委书记任学锋在会上强调,要"放大南沙自贸区效应,落实好企业投资项目负面清单管理改革,带动深化行政审批制度和商事制度改革……进一步优化政务服务环境"。2015年11月5日,市委书记主持召开市委常委会议,传达学习省委省政府关于自贸试验区建设情况汇报会和自贸试验区工作领导小组第二次会议精神,再次强调"要发挥南沙新区制度创新'试验田'优势,推进实施内外资企业投资项目负面清单管理改革"。陈建华市长在2014年《政府工作报告》中强调,"发挥市场在资源配置中的决定性作用,在投资领域探索设立负面清单,向社会资本全面开放",此后又将"全力推进南沙新区和自贸试验区建设,落实外商投资负面清单"和"推动投资便利化,实施外商准入前国民待遇加负面清单管理模式,实行境外投资备案管理"写入2015年《政府工作报告》中,足见市委市政府对实施负面清单管理的重视和关切。

为积极落实上述文件指导精神,广州市金融局在《广州南沙2015年金融创新发展重点工作实施方案》中,指出由广州市金融局牵头、各驻粤金融监管部门和自贸区南沙片区管委会等配合,在CEPA框架下完善南沙自贸区金融业负面清单管理模式,简化港澳金融机构进入南沙自贸区的方式,推动南沙自贸区金融服务业进一步对港澳地区开放。2015年10月29日，"2015广东21世纪海上丝绸之路国际博览会——中国（广东）自由贸易试验区广州南沙新区片区推介会"在南沙举行，广州南沙开发区（自贸区）管理委员会有关领导向来自海上丝绸之路沿线相关国家的150多位与会人员介绍了推动金融创新体系建设方面的举措，包括支持完善金融业负面清单准入模式，进一步显示了广州通过实施负面清单管理与世界接轨的意愿和决心。

在制度建设方面，2015年2月，国家发改委下发了《国家发展改革委关于同意广东省开展企业投资项目负面清单管理试点的批复》（发改经体〔2015〕227号），同意广东省开展企业投资项目负面清单管理试点。广东省由此成为国家发展改革委批复的首个企业投资管理体制改革试点省份，也是当时唯一的实行国内企业投资项目准入负面清单管理试点的省份。其后，广东省人民政府印发了《广东省企业投资项目实行清单管理意见（试行）》（粤府〔2015〕26号），并制定了2015年版本的"广东省企业投资项目准入负面清单"（禁止准入类和核准准入类）。广州市作为省会城市，积极实现与广东省和各市辖区投资项目统一事项清单、统一审批标准、统一项目编码、统一网上办理，为制定企业投资负面清单奠定了坚实基础。

在上述工作基础上，2015年4月23日，广东省人民政府正式印发《广东省企业投资项目负面清单管理试点工作方案》（粤府办〔2015〕26号）（下简称《试点工作方案》），为在广东省企业投资项目中扎实推进清单管理试点工作，进一步深化广东省企业投资管理体制改革提供了详细指导。《试点工作方案》遵循"法无授权不可为、法无禁止皆可为、法定职责必须为"的基本准则，将市场、政府和企业有机结合起来，既充分发挥了市场在资源配置中的决定性作用，又引导政府转变职能和创新管理模式，而且还激发了各类企业的投资活力。市场行为的主导权将更多交还给市场主体，政府管理也从事前审批转向事中控制和事后监管，实现了监管责任和权力同步下放。计划先通过1~2年的试点，然后在全省范围内推广实施，在建立投资项目负面清单管理制度基础上，健全与之相适应的配套制度，包括投资管理制度、行政审批制度、商事制度、市场监管制度、企业信息公示制度和信息共享制度、公平竞争审查制度等。《试点工作方案》主要是针对内资企业市场准入的，与广东自贸区试验推行的外商投资负面清单并不相同。这意味着广州暂时尚未在自贸区之外地区实行外商投资负面清单。

2015年7月,广州市审议并通过了《广州市人民政府关于在中国(广东)自由贸易试验区广州南沙新区片区暂时调整实施本市有关政府规章规定的决定(草案)》(以下简称《决定》)。《决定》拟"改革外商投资管理模式,对国家规定实施准入特别管理措施(负面清单)之外的外商投资,在中国(广东)自由贸易试验区广州南沙新区片区暂时调整实施《广州市扩大区县级市管理权限规定》《广州市保税监管区域管理办法》《广州市商事登记暂行办法》《广州市人民政府关于公布保留取消调整行政审批备案事项的决定》《广州市人民政府关于取消调整保留行政审批备案事项的决定》等政府规章规定的有关行政审批或者特别管理措施,改为备案管理(国务院规定对国内投资项目保留核准的除外)"。其核心是将负面清单之外的外商投资管理模式由审批制或特别管制措施改为备案制。《决定》还明确指出,广州市政府规章中凡是与《总体方案》不一致的,都需要调整实施,并主动与《总体方案》进行对接。

在负面清单制定方面,广州一直走在全国前列。早在2013年底,广州就公布了行政权力清单,成为国内首个公布行政部门"权力清单"的城市。6月25日,越秀区环保局在其官网上发布了《广州市越秀区负面清单——环境保护类》,其中第一批16项,第二批4项,各项均给出了文件依据和执行单位,属于典型的行业监管负面清单,为行业监管提供了有益指导。11月5日,广东省纪委联合省委组织部、省监察厅和省国资委共同下发《关于促进国有企业领导人员廉洁从业禁止违规兼职的通知》,列出"十项负面清单",严禁国有企业领导人员违规兼职,使广州的负面清单又增添了重要一项。

三 广州开展负面清单管理的问题分析

(一)广州开展负面清单管理的特点

当前广州实施负面清单管理的目标有三:一是对外开放,扩大开放广度、降低准入门槛、简化审批程序,率先实现粤港澳服务贸易自由化;二是对内开放,即以"开放"促"改革",完善相关配套措施;三是联合粤港澳共建世界级"都市圈""产业群""优质生活圈",并以"香港服务"促进"广东制造"。基于该目标，广州2015年负面清单管理呈现以下三个显著特点。

1. 广东自贸区内和区外同时实施

广东自贸区包括广州南沙自贸区、深圳前海自贸区和珠海横琴自贸区三个部分，共116.2平方公里，其中广州南沙自贸区面积共60平方公里，占广东自贸区大半。南沙自贸区针对外资准入和行政审批改革实施的负面清单，占据了广州负面清单管理的大部分内容，几乎可看成广州负面清单管理的缩影。南沙自贸区实施负面清单仍较多借鉴上海自贸区的成熟经验，以针对外资准入尤其是港澳地区资本准入为主，以金融服务领域开放最为活跃。尽管广州也拟在民间投资、工业、商业和基础设施领域实行负面清单管理，但目前尚未出台正式的监管文件和清单列表。

2. 针对内资和外资准入共同实施

广州早期实施针对外资准入的负面清单管理主要依据国务院印发的《中国（广东）自由贸易试验区总体方案》、广东省人民政府发布的《中国（广东）自由贸易试验区建设实施方案》及各部委发布的关于支持广东自贸区建设的若干指导意见。针对港澳地区外资准入的负面清单管理除受上述文件指导外，还受《内地与香港关于建立更紧密经贸关系的安排》《内地与澳门关于建立更紧密经贸关系的安排》及其补充协议所指导。针对内资准入的负面清单管理主要依据广东省人民政府办公厅印发的《广东省企业投资项目负面清单管理试点工作方案》。

《国务院关于实行市场准入负面清单制度的意见》发布后，使针对市场准入的负面清单管理和针对外商投资的负面清单管理被纳入统一的监管框架中，这意味着广州未来开展负面清单管理将遵循一致性管理措施。

3. 市场准入与行政审批改革共同实施

在行政管理领域实施负面清单也是广州实施负面清单管理的重要内容之一。在深化行政审批制度改革方面，《中国（广东）自由贸易试验区建设实施方案》明确提出"进一步简政放权，向广东自贸试验区各片区下放或委托实施部分省级管理权限；最大限度减少行政审批事项，建立行政审批事项目录，做到'目录之外无审批'"。此后，《国务院关于实行市场准入负面清单制度的意见》再次强调"面向境内外投资者，将市场准入和行政审批结合起来"。广州在金融服务领域实施的负面清单管理较好地符合了上述要求。

（二）广州开展负面清单管理面临的若干问题

借助广东自贸区建设和广东省企业投资项目负面清单管理试点工作的历史机遇，及国务院在全国推行市场准入负面清单制度的外部推动作用，广州开展的负面清单管理工作走在全国前列。虽然在此过程中积累了若干经验，但也存在一些亟待解决的问题。这些问题既有共性也有个性，需要认真梳理。

1. 开展负面清单管理的法制法规尚不够健全

实施外商投资负面清单管理要求改变现有的外商投资核准制，取消一些敏感和特定行业的外资进入审批，直接改为备案制。国家相继发布了《政府核准的投资项目目录（2013年本）》和《外商投资项目核准和备案管理办法》，第一次在全国范围内将外商投资项目管理由全面核准改为有限核准和普遍备案相结合的管理方式。但在广东自贸区内，这种管理方式仍处于积极探索阶段，相应的外资管理体制改革管理办法尚未出台，备案制也尚未完全推行。除此以外，各行业或部门在开展负面清单管理时，也尚未制定相应的管理办法，更不论采取行业法律法规的形式为开展负面清单提供制度保障了。

2. 开展负面清单管理的产业梳理工作尚不够彻底

开展负面清单管理的首要任务是制定负面清单。各行业或部门出台的负面清单既要符合国际规范，又要体现中国国情和地方特点。但目前广州各行业出台的负面清单还比较少，仅有的几份清单，还存在不符措施条款太多、可操作性和透明度较低等情况。负面清单制定需要在国民行业分类的基础上，按照WTO服务部门分类列表文件进行行业分类和调整，以与国际接轨。同时还要对各限制措施给予明确而详细的描述，对援引的法律法规条款给予充分说明。这些准备性工作目前也尚未完成。

3. 开展负面清单管理的配套机制尚不够完善

在大力推进制度建设基础上，开展负面清单管理还需要其他配套机制和保障措施。负面清单管理除了提供外资国民待遇外，另一个重要作用是厘清政府和市场之间的关系。负面清单管理要求行政监管从事前转向事中和事后，加强过程监控和责任追踪。同时还要求各级监管部门回归服务角色，通过为市场主体搭建信息共享平台、建立风险防范方案、构建社会信用体系、推进财税制度改革等，为市场机制充分发挥作用提供制度基础。目前广州在开展负面清单管理过程中，这些配套机制并未完全建立起来。不仅如此，与负面清单结合最为紧密的权力清单和责任清单，很多行业和部门也尚未出台。

四 广州开展负面清单管理的政策建议

（一）国内外负面清单管理案例分析

1. 国外负面清单管理案例分析

（1）美国的负面清单管理

美国采用负面清单管理最早可以追溯至1953年与日本签订的《友好通商航海条约》，但真正应用于实践是在20世纪80年代与其他国家签订BIT以后。美国于1982年开始专门制定BIT范本作为谈判的基础，1994年、2004年和2012年分别对BIT范本进行了修订。

美国的负面清单内容包括部门列表与措施列表：前者列明保留限制的部门，后者列明现存的"不符措施"。美国的负面清单管理具有如下主要特点：负面清单以BIT范本为基础；负面清单因约束力不同分为两大类，两类负面清单中的不符措施并不完全相同；对金融服务设立单独的负面清单；负面清单中不符措施要求有较高的透明度。

（2）印度尼西亚的负面清单管理

印度尼西亚的负面清单自1995年出台后，又经历了2000年、2007年和2010年三次大幅修改。2000年版负面清单又分为四个子清单，分别针对绝对封闭领域、对外资持股投资封闭领域、对内外资合作企业有条件开放领域及其他特定条件开放领域。2007年版负面清单将四个子清单简化为两个，一个是封闭领域，另一个是有条件开放领域，不再对内外资进行区分。2010年版负面清单延续了2007年版两张子清单的做法，禁止/限制性领域的数量有所减少，列表方式也由原来的按限制条件分类改为按行业分类，条理性更强。

印度尼西亚的负面清单由投资协调委员会（BKPM）负责修订、审查和监督，突出特点是立法先行，立法技术不断提升，充分发挥市场作用。

2. 国内负面清单管理案例分析

（1）上海自贸区负面清单管理

2013年10月，上海自贸区发布了《中国（上海）自由贸易试验区外商投资准入特别管理措施（负面清单）（2013年）》，在通行的国民待遇基础上，明确了外商投资项目和外商投资企业准入措施。上海自贸区负面清单（2013）的门类有18个，特别管理措施有190项（其中禁止类38项，限制类152项）。对未列入负面清单的外商投资一般项目，采取"非禁即入"的管理模式。

上海自贸区负面清单（2013）主要涉及金融、航运、商贸、专业服务、文化、社会服务六大领域，放宽的外商投资行业准入门槛包括取消投资者资质要求、股权比例限制、经营范围等准入限制。上海自贸区负面清单行业分类依据的并非国际通用的《服务贸易总协定》服务部门分类与CPC代码，暂时仍采用国家统计局起草的《国民经济的分类代码》。

此后，上海自贸区又陆续发布了2014年版和2015年版的负面清单，特别监管措施有所减少，而开放度和透明度则进一步扩大。

（2）佛山市南海区负面清单管理

2013年12月10日，佛山市南海区同时发布了"负面清单"、"准许清单"和"监管清单"三份清单，并将三份清单一起纳入其行政管理网络审批和监督系统（见图1）。这是广东省在行政审批领域实施负面清单管理的首例，也走在全国行政审批改革前列，影响巨大，意义深远。

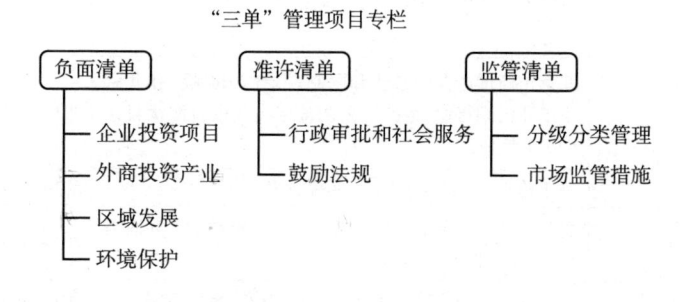

"三单"管理项目专栏

- 负面清单
  - 企业投资项目
  - 外商投资产业
  - 区域发展
  - 环境保护
- 准许清单
  - 行政审批和社会服务
  - 鼓励法规
- 监管清单
  - 分级分类管理
  - 市场监管措施

图1 南海区"三单"

南海区出台的首批行政审批负面清单涉及外商投资、企业投资、区域发展和环境保护四大领域，包括355项禁止或限制项目。这意味着只要在南海区行政审批负面清单禁止或限制项目列表之外，企业经营将没有任何限制。南海区将三份"清单"全部录入"三网融合"系统，并将审批过程通过互联网向全社会开放，增强了政府行政审批的透明度，促使市场和政府的边界更加清晰。

相对于上海自贸区出台的针对外资准入的负面清单，南海区是在国内地方政府层面尝试实施负面清单管理的先行者。南海区行政审批负面清单管理对转变政府职能、厘清政府与市场关系具有重要的促进作用，是国内行政审批制度改革领域的重大创新举措，将国内行政审批制度改革推向一个新阶段。

（3）国内其他部分地区或部门的负面清单管理

在相关政策推动作用下，在上海自贸区和南海区实施负面清单管理的示范效应下，国内其他地区或部门也争先尝试实施负面清单管理，且覆盖的领域更广，成果更加多样。

表1 国内部分地区/部门负面清单管理实践

地区/部门	负面清单方案	发布时间
北京市昌平区	产业准入特别管理措施（2014~2015年）	2014年5月26日
福建平潭综合实验区	平潭综合实验区外商投资准入特别管理措施（负面清单）（2014年）	2014年6月3日
山东省财政厅	关于在财政专项资金管理领域实行信用负面清单制度的通知	2014年6月11日
成都市高新区	成都高新区外商投资准入负面清单（试行）（2014版）和成都高新区内资准入负面清单（试行）（2014版）	2014年7月14日
湖北省	投资准入特别管理措施（负面清单）管理模式试点工作方案	2014年7月19日
北京市	北京市新增产业的禁止和限制目录（2014版）和北京市工业污染行业、生产工艺调整退出及设备淘汰目录（2014版）	2014年7月21日
河北省	关于建立"负面清单"制度实施方案	2014年9月2日
浙江省温州市	温州市产业集聚区（核心区）工业投资项目"负面清单"（2014版）	2014年9月2日
武汉市东湖新区	东湖高新区内资准入负面清单管理模式试点方案	2014年9月15日
湖南省永州市	关于实行企业投资项目负面清单管理的通告	2014年10月8日
海南省	海南服务业限制、禁止投资清单（第一批）	2014年10月9日
重庆市璧山区	重庆市璧山区环境保护负面清单	2014年10月22日
河南省财政厅	河南省省级财政专项资金信用负面清单管理办法（试行）	2014年11月27日

续表

地区/部门	负面清单方案	发布时间
江苏常熟市法院	常熟法院规范司法权运行特别提醒	2014年12月1日
中国基金业协会	资产证券化基础资产负面清单,资产证券化业务基础资产负面清单指引(征求意见稿)	2014年12月15日
洛阳市纪委	纪委(纪检组)监督责任负面清单(第一批)	2015年2月10日
深圳市龙华新区	深圳市龙华新区社会组织承接政府职能转移负面清单管理办法	2015年8月17日
贵阳市生态文明建设委员会	关于开展党员干部"负面清单"管理试点工作实施方案	2015年9月21日
江苏省	江苏省工业和信息产业结构调整限制、淘汰目录和能耗限额	2015年12月9日
中国证监会	中国证监会稽查办案十项禁令	2015年12月11日
山东省日照市	日照市建设项目环评审批负面清单(试行)	2015年12月24日
中国银监会	网络借贷信息中介机构业务活动管理暂行办法(征求意见稿)	2015年12月28日

资料来源：各地区/部门官方网站，笔者自行整理。

（二）广州开展负面清单管理的政策建议

依据《实施方案》给出的时间表，制定港澳投资准入负面清单须在2016年底前完成，该工作由广东省港澳办总负责，以广东省商务厅和发展改革委为牵头单位，广州市政府作为配合单位共同完成；在金融机构准入、放宽港澳金融服务业务范围等方面，由广东省金融办和人行广州分行总负责，须在2015～2017年间制定相应的政策。《意见》也要求从2018年起正式实行全国统一的市场准入负面清单制度。这些都对广州2016年负面清单管理工作提出新要求。

1. 总体建议

第一，确立理念。在实施负面清单管理过程中，不仅要明确树立"法无禁止则自由"的理念，还要向各部门广泛宣传并执行这一理念，形成共识。

第二，积极实施内部变革。比如在制定外资准入负面清单时，在形式上需要以列表方式制定准入标准，在实质上需要将散见于各种法律法规和部门规章中的市场准入限制加以修改，然后向社会公示，增强负面清单的透明度和公信力。

第三，增强外部制约。一方面加强立法权对产业监管权力的约束，另一方面加强司法权对监管权力的制衡。

第四，加强准入后监管。各类市场主体依法准入后，法律应当授权并要求监管部门加强事中监控和事后监管，以防范风险，保护投资者权益和消费者利益。

2. 具体实施建议

第一，将开展负面清单管理与准入前国民待遇和行政审批改革结合起来，形成互联机制。比如制定的负面清单要符合准入前国民待遇原则；将由市场主体自主调节的事项还给市场主体，鼓励行业自治，降低政府对经济活动的管制程度。

具体到行政审批改革领域，还要做到有增有减。在行政审批改革领域实施负面清单管理，通常伴随着行政审批改革与简政放权，政府将遵循"法无授权不可为"的行为准则。但政府承担的市场监管任务并未减轻，只不过工作重心由事前设立准入门槛转向事中监控和事后监管而已。因此，政府在放权和分权的同时，要及时建立起与负面清单管理相适应的社会信用体系和激励惩戒机制、信息公开和信息共享制度，并完成相关体制改革和制度建设。这些工作很难一蹴而就，对各级政府和各部门而言，仍任重道远。

第二，将开展负面清单管理与产业改革对应起来。对产业子行业进行重新编排，为科学制定负面清单列表奠定产业分类基础。同时，对各子行业进行深入细致的调研、分析和评估，制定出属于限制类和禁止类的清单列表，确定予以保留的产业目录。此外，逐渐减少对某些产业内的经济管制活动，逐步给予民营企业和外资企业进入某些产业的同等权利。

第三，开展负面清单管理与法制建设对应起来。一方面提请上级部门豁免适用全国或地区范围内的民商事法律法规，允许制定单行的民商事地方性法规和监管规则，赋予本级政府更多自主权。另一方面将涉及国家安全、社会安全以及公共利益的经营活动仍作为一般例外予以保留。

第四，开展负面清单管理与"一带一路"战略对接起来。比如对前来广东自贸区设立专业从事境外股权投资的项目公司，应给予明确的行为界限。此外，在开展与21世纪海上丝绸之路沿线国家的跨境金融资产交易时，也遵循外资准入规则。

第五，制定针对港澳地区的负面清单管理单行政策。在 CEPA 协议框架下，一方面不断拓宽与港澳地区的合作领域，进一步取消和放宽港澳投资者准入限制；另一方面不断创新粤港澳合作机制，在规则标准制定、项目资金互通、要素自由流动等方面率先突破，打造粤港澳联手参与国际竞争的合作新载体。具体到负面清单管理方面，根据《总体方案》要求，制定专门针对港澳投资准入的特别管理措施（负面清单）。在落实《总体方案》对港澳扩大开放的基础上，推动在金融、交通航运、商贸、科技和专业服务领域取得突破。在现有针对全球投资者的负面清单的基础上，制定对港澳服务提供者更开放的措施，在 CEPA 框架下制定港澳投资负面清单。

第六，做好风险防范工作。负面清单管理的潜在风险主要表现在三个方面：国家安全、金融风险和产业冲击。因此，在实施负面清单管理时，既要在宏观层面关注反垄断审查、金融审慎监管、城市布局规划、环境和生态保护要求、劳动者权益保护、技术法规和标准等方面，构建风险防御体系，也要在微观层面关注市场主体认定、市场行为判断、产品和服务界定等方面。

（审稿　傅元海）

B.24
广州城市居民消费意向调查研究

乔 勇*

摘 要： 本文分析了当前广州城市居民的消费支出情况，对广州市居民未来两年的消费意向进行了研究，并提出了促进消费的措施和建议。

关键词： 居民消费 消费行为 消费意愿

居民消费在拉动经济增长方面有着重要作用，为了解当前广州居民消费意愿、消费行为的新变化，国家统计局广州调查队开展了"2015年广州城市居民消费意向调查"。现将情况简析如下。

本次调查样本量共300个，其中，男性占49.7%，女性占50.3%；从年龄结构来看，18~30岁的占26.3%，31~40岁的占25.3%，41~50岁的占32.4%，51~65岁的占16.0%；从2015年个人月平均收入来看，2000元及以下的占4.0%，2001~4000元的占41.7%，4001~6000元的占34.0%，6001~8000元的占13.3%，8000元以上的占7.0%。

一 居民当前消费支出情况

（一）大部分居民认可2015年物价没有大幅上涨，同时认为收入与2014年比变化不大

物价水平和收入状况直接影响居民的消费行为和消费意愿。对于目前物价

---

* 乔勇，国家统计局广州调查队副主任科员，主要研究方向为专项统计调查。

水平,有69.0%的被访者认为2015年的物价水平较2014年温和上升,有9.0%的被访者认为基本与2014年持平,只有21.7%的被访者认为2015年的物价水平较上年上涨幅度较大,另有0.3%的被访者表示说不清。与2013年的相关调查相比,本次调查市民认为物价大幅上涨的比例有所降低,这也和2015年以来广州物价变动情况相吻合。统计数据显示,2015年1~10月,广州CPI同比上涨1.6%,涨幅低于上年同期(上涨2.4%)0.8个百分点,为2010年以来同期涨幅最低。对于当前广州的物价水平,有22.3%的被访者表示很满意或比较满意,54.0%的被访者认为一般,另有23.7%的被访者表示不满意。

在收入状况方面,与2014年相比,有23.7%的被访者表示2015年的家庭收入有所增加,62.0%的被访者表示基本不变,有14.0%的被访者2015年家庭收入有所减少,另有0.3%的被访者表示说不清。对于当前的收入状况,共有26.4%的被访者表示很满意或比较满意,有47.3%的被访者表示一般,另有25.7%的被访者不满意目前的收入状况,0.6%的被访者表示说不清。

(二)五成被访者的基本生活消费占总收入的比例超过50%,食品烟酒类在基本生活消费支出中所占比例较高

调查显示,有3.0%的被访者认为其家庭每月用于基本生活消费的支出占每月家庭总收入的比例为30.0%以下,有41.7%的被访者表示该比例为30%~50%,41.0%的被访者表示占到50%~70%,另有14.3%的被访者表示其比例高达70%以上。从各种商品和服务占生活消费支出的比例来看,多数市民认为食品烟酒类、生活用品及服务类、教育文化娱乐类的支出在其生活消费支出中的比例较高(见表1)。

表1 居民认为生活消费支出中占比较高的项目

单位:%

排序	项目	比例	排序	项目	比例
1	食品烟酒	71.7	5	居住	27.7
2	生活用品及服务	67.0	6	交通通信	23.0
3	教育文化娱乐	47.3	7	衣着	18.7
4	医疗保健	31.3	8	其他用品和服务	7.7

注:此题为多选题。

（三）食品烟酒和生活用品及服务的价格上涨对居民生活影响较大

在各类商品和服务价格上涨对居民生活的影响方面，本次调查中，有近七成（68.0%）的被访者认为食品烟酒类的价格上涨对生活影响较大，有63.7%的被访者认为生活用品及服务类的价格上涨对生活影响较大，43.3%的被访者认为是教育文化娱乐类，40.0%的被访者认为是医疗保健类，30.0%的被访者认为居住类价格的上涨对生活影响较大；而交通通信类、衣着类、其他用品和服务类价格的上涨则对居民生活的影响相对较小，选择比例分别是22.0%、18.3%以及8.7%。

（四）六成多被访者表示2015年的消费支出比2014年同期有所增加，其中食品类开支增加明显

与上年相比，67.0%的被访者表示2015年每月用于消费的支出有所增加，5.0%的被访者表示有所减少，26.3%的被访者表示维持不变，还有1.7%的被访者表示说不清。具体到食品、衣着、交通、医疗保健以及教育五个主要消费项目方面，在食品和教育类的开支增加的被访者比例较高。具体来看，有66.7%的被访者认为自己在食品方面的开支增加，32.6%的被访者认为开支基本持平，0.7%的被访者认为开支减少；衣着类方面，有54.7%的被访者认为基本持平，33.0%的被访者认为衣着开支有所增加，一成多（11.3%）的被访者认为衣着开支减少；交通方面，68.0%的被访者表示开支基本持平，26.3%的被访者表示开支增加，只有5.3%的认为开支减少；医疗保健方面，56.3%的被访者表示开支基本持平，34.0%的被访者表示开支增加，只有8.0%的被访者表示开支减少；教育方面，42.7%的被访者表示开支增加，35.7%的被访者表示基本持平，近一成五（14.0%）的被访者认为教育开支减少（见表2）。

表2　居民在主要消费项目的支出较2014年的变化情况

单位：%

项　目	开支增加	基本持平	开支减少	说不清
食　品	66.7	32.6	0.7	0
衣　着	33.0	54.7	11.3	1.0
交　通	26.3	68.0	5.3	0.4
医疗保健	34.0	56.3	8.0	1.7
教　育	42.7	35.7	14.0	7.6

二 居民未来两年的消费意向

（一）各有近三成被访者未来两年将增加储蓄比例或增加消费的比例

在未来两年的收入安排上，有33.3%的被访者表示将增加储蓄比例，以备未来之需；值得注意的是，有30.0%的被访者表示将增加消费比例，提高生活质量，这一比例比2013年（18.7%）提高了11.3个百分点；另有18.7%的被访者表示会增加投资比例，提高收入水平；还有18.0%的被访者表示未来两年消费、储蓄、投资比例维持现状，基本不变。

当问及如果收入增加，未来两年会注重增加哪些方面的消费支出时，选择增加生活用品及服务支出的被访者最多，占59.7%，其他依次是增加教育文化娱乐方面的支出，占57.0%；增加食品烟酒方面的支出，占48.3%；选择增加医疗保健支出，占39.0%；增加衣着类支出，占31.3%；增加居住类支出，占30.7%；而选择增加交通通信类支出和其他用品和服务类支出的被访者只有一成多，占比为13.3%和12.3%。

（二）两成被访者未来两年有购买汽车的计划，10万~20万元价位的汽车最受欢迎，绝大部分选择购买新车

调查显示，共有20.0%的被访者表示未来两年有购买汽车的计划，这一比例也比2013年（12.0%）有所提高。在有购车计划的被访者中，68.3%选择购买10万~20万元价位的汽车，15.0%选择购买10万元以内的汽车，13.3%选择购买20万~30万元价位的汽车，还有3.4%表示会购买30万~50万元价位的汽车。在计划购买汽车的种类方面，选择购买普通新车的比例占到68.3%，购买新能源新车的比例为28.3%，而选择购买二手车的比例仅为3.3%。

（三）未来两年有购房计划的被访者不到两成，首次置业自住和改善型自住的购房者比例相当，多计划购置90平方米以下的户型

调查显示，75.3%的被访者目前所居住的房屋是自有产权，18.0%的被访者是租房居住，3.7%的被访者住在单位宿舍，另有3.0%的被访者是借住。

在未来两年的购房意向方面，有16.7%的被访者表示有购房计划，这一比例和2013年的15.7%基本持平。在有购房计划的被访者中，42.0%属于改善型自住，40.0%属于首次置业自住，8.0%是为了子女上学，6.0%是为了投资保值，另有4.0%是为子女或父母购置。在购房类型方面，计划购买一手商品房的占54.0%，计划购买二手房的占40.0%，另有6.0%计划购买其他类型的住房。在购房的面积选择方面，计划购买60平方米及以下住房的占16.0%，计划购买61~90平方米住房的占54.0%，计划购买91~144平方米住房的占28.0%，另有2.0%计划购买145~200平方米的住房。

（四）近八成被访者未来一年有旅游计划，多数人预期花费不超过万元

对于未来一年，共有77.7%的被访者表示自己有外出旅游的计划，这一比例比2013年的67.0%有一定程度的提高。在有旅游计划的被访者中，计划去省外旅游的占54.1%，计划在省内旅游的占36.5%，选择到港澳台地区旅游的占30.9%，此外，还有三成左右（31.8%）表示自己未来一年有出国旅游的计划（多选）。在旅游花费方面，未来一年预计旅游花费在1500元及以下的占6.1%，1500~3000元的占23.2%，3001~5000元的占30.0%，此外，5001~10000元的占28.3%，而预计花费1万元及以上的占12.4%。

三 综述和建议

（一）居民对收入情况的满意程度相对不高，消费热情和意愿有所提升

本次调查结果表明，居民对于物价水平变动的亲身感受符合2015年以来物价相对稳定的状况，但是对于广州物价水平的满意度仍比较低。居民2015年以来收入增加的比例和满意程度也相对不高。绝大部分居民的基本生活消费支出占到家庭收入的30%~70%，一半以上居民基本生活消费支出占家庭收入比重超过50%，其中，食品类支出仍是居民消费的重要组成部分，其价格的上涨对居民的生活产生较大影响。同时，市民对于未来两年的消费意愿相对

较强,表示将增加消费的被访者占比有所提升,外出旅游热情较高,对于购买汽车、购置房屋的消费意愿也均有一定程度的提高。

(二)切实增加居民收入,提振居民消费信心

当前,消费尤其是居民消费在拉动经济增长方面发挥着重要作用。增加居民消费能力,提振居民消费信心是刺激消费、扩大内需的重要途径。为此,政府一要切实促进居民收入的增长和经济发展同步,深化收入分配制度改革,确保居民收入的逐年增加,提高居民购买力和生活质量;二要积极引导居民的消费行为,创造新的消费热点,推进旅游消费和投资,促进居民消费结构的转型升级;三要加强监管,进一步优化消费环境,规范消费市场行为,提高商品服务的质量和水平,切实保障消费者权益,提升居民消费意愿。

(审稿 周凌霄)

B.25
广州市白云区专业市场发展研究

广州市白云区政协财贸组课题组[*]

摘　要： 本文在调研的基础上，通过对广州市白云区专业市场发展现状进行分析，指出其优势和存在的问题，并提出了促进白云区专业市场进一步发展的对策措施。

关键词： 白云区　专业市场　广州市

一　白云区专业市场基本情况

（一）总体概况

广州市白云区专业市场共118个（不包括肉菜市场、农贸市场），占全市专业市场总数的13.3%。经营户数共5.4万，占全市总数的9%。年税收3.1亿元，占全市总额的21%；纳税超1000万的有5家，占比4.7%。

专业市场年成交额706亿元，占全市总额的8.83%~10.86%；成交额超亿元的市场有36个，其中广东汽车市场218亿元，江南果菜批发市场209亿元，天健国际家居装饰商贸广场60亿元，嘉禾畜禽市场31亿元，白云世界皮具贸易中心10.98亿元。

专业市场占地总面积为391.1万平方米，建筑面积233.3万平方米。占地面积5万平方米以上的市场有19个，其中超10万平方米的市场11个，如江南果菜批发市场为40.17万平方米，江村综合批发市场39.96万平方米，天健国际家居装饰商贸广场36万平方米，广大布匹商贸城20万平方米，新百佳小

---

[*] 课题组组长：刘穗龙，广东新濠畔投资集团董事长。成员：李亮，白云区石门街道办事处副主任；曹平昌，广州市金濠城物业管理有限公司董事长。执笔：刘穗龙。

商品市场 17 万平方米。

区内 118 个专业市场经营的商品主要涉及皮革皮具类、农副产品及食品类、装饰材料类、汽车汽配类、服装及布料类、美容美发化妆品类六大产业（另有一些零星的行业归入其他类）；其中经营皮革皮具类的市场有 35 个，是各类专业市场中市场数最多的一类；而美容美发化妆品类是市场数最少的一类，只有 6 个。市场占地面积最大的是农副产品及食品类为 144.2 万平方米；美容美发化妆品类占地面积最小为 5.6 万平方米（见图 1）。

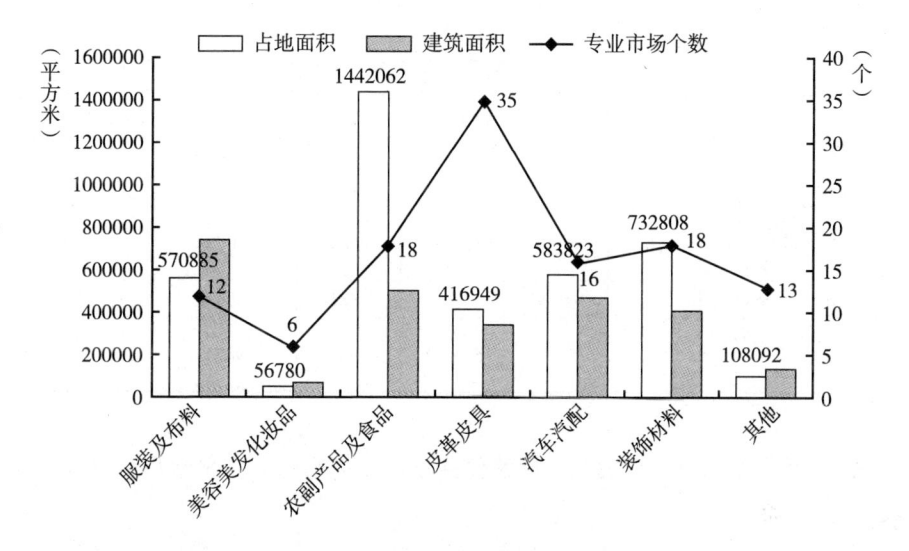

图 1 白云区不同产业类型专业市场个数及其面积对比

专业市场空间布局：分布在区内不同镇、街。整体来讲，南部分布数量大，也具有一定集聚性。如西南部的三元里、松洲、石井、黄石等 9 条街道，土地面积合计为 98 平方公里，约占白云区土地面积的 14.58%，专业市场却有 101 个，占全区专业市场数量的 88%；并有沿着三元里大道、增槎路等主要公路集聚分布的特点。外围城镇专业市场数量较少，个别地方如金沙街、人和镇没有专业市场分布，可见区内专业市场只具有局部空间集聚性。

（二）发展现状和特点

1. 行业和地域集聚程度高，产业规模效益凸显，专业市场的白云板块已具雏形

从行业分布看，全区专业市场主要集中在皮革皮具等六大类，共 105 家，占市场总数的89%。从空间布局来看，主要集中在三元里地区、机场路、增槎路、黄石路沿线这四个地区，共78家，占比67.2%。由此形成以皮革皮具、美容美发化妆品为主的三元里商圈，以农副产品及食品为主的松洲街商圈，以服装布料为主的石井商圈，以装饰材料为主的黄石街商圈。这些商圈形成一定的产业规模，市场竞争力处于较好的水平，加上区域吸引力强、辐射面广，从整个华南地区延伸至中东、非洲等地，初步形成专业市场的白云板块（见表1）。

表1 白云区部分集聚专业市场

街道	专业市场	市场个数（个）	占地面积（平方米）	建筑面积（平方米）	店档数目（家）	2013年营业额（万元）	2013年税收额（万元）
三元里街	皮革皮具	27	129688	176473	6179	348185	11354
松洲街	农副产品及食品	10	715387	333631	2686	2330780	4899
黄石街	装饰材料	5	103647	67674	883	48400	771
石井街	服装及布料	6	359185	519791	5986	298243	802

2. 市场繁荣活跃，专业化、特色化突出，在广东省、广州市乃至全国享有盛名

经过多年发展，很多市场形成自己独特的氛围和环境，具有明显特色和实力的市场不乏其数。如三元里一带皮革皮具商圈，不仅是华南地区最大的皮具交易集散地，而且是全国品种最全的市场之一，获全国首个"中国皮具商贸之都"的称号；最近三元里商圈入选第二批广东商品国际采购中心名单和国家商务部首批品牌消费集聚区联系点。又如石井商圈的尾货市场颇具特色，主要销售当季在一线市场"走不动"的商品，在这里却有二、三线城市的买家采购，十分畅销。它在广东省广州市都是独一无二的，在全国甚至中东地区享有很高知名度。又如金达食品城是华南首个时尚饮品中心，不仅有买卖，更重要有体验。近几年还培育成长了一批在全国颇有影响的领军式龙头市场，如江南果菜批发市场是全国同类市场中最为优越的交易平台，凸显了白云区专业市场的价值。

3. 逐步向现代化商贸模式转化，显示市场转型升级的新动向

如三元里皮具商圈的企业，大部分出现了现场采样、订单核对、实签实发的经营方式，这种做法，实质就是通过展贸订单的销售方式进行成品交易，比传统的"三现"大大向前发展了一步。又如白云世界皮具中心的"白云世界贸易网"、湛隆汽配市场"配易通"和广物汽贸"车唯网"等行业电子商务平台的建立和升级，说明区内专业市场已由单纯的、简单的信息流服务向信息流、商流、物流和资金流融合服务发展。

（三）对推动白云区经济社会发展的作用

1. 解决就业问题

白云区地处城乡接合部，农村富余劳动力较多；周边城中村又聚居大量外来人员，就业缺口较大。随着专业市场及与专业市场相关联的行业的发展，促使劳动力需求量大增，从而为这些待业人员提供了良好的就业机会，为国家分担解决劳动就业这个重大的民生问题。

2. 推动第三产业发展

以石井商圈为例，有20多个专业市场、2万多个商铺，从业人员有6万~7万之多。市场周边聚集了大量的专业零售、批发商户及依托第三方电子商务平台从事商品批发零售的众多微商企业。这些淘宝客，有的是当地农民，也有不少外地慕名前来白云的"掘金大军"，他们依靠专业市场寻找自己生存发展的空间。专业市场的发展，催生了几千个与专业市场商品相匹配的小工厂、小作坊、小工场；近百个物流货运场（站）。整个商圈每天人流量达20万次以上，整个大石井聚居人口达60多万。强大的人流，促进了市场周边餐饮、仓储、通信、物流、交通等及房地产、租赁业的发展，带动经济的全面提升。不少地产商前来开发建设，物业与土地价值随之升高。昔日僻静的村落，如今已是商业网点星罗棋布，一片繁荣兴旺景象。由于村集体收入的增加，农民分红也随之增高。生活富裕了，不少人购商品房、买宝马汽车、送子女上"贵族"学校；有些村民入股投资城中村改造。专业市场还为国家增加税收。可见发展一个市场、带动一片产业、繁荣一个地区、富裕一方群众、提升一个城市。发展专业市场是利国惠民的"甜蜜的事业"。

3. 促进区域内中小企业的发展

白云区专业市场在国内外均有一定的知名度和影响力，有的甚至是行业内价格的"晴雨表"、某些产品需求和供给的"指示牌"。企业通过专业市场这个平台及时分享准确的大量的引导靶向生产、经营的供求信息，及时了解到行业内最新的技术和知识的创新，为区域内产品的需求和供给提供了聚集效应，从而使中小企业在市场导向下，进行资源整合，促进整个产业链有序发展，形成较好的规模效应和经济效益。

4. 提升白云区在广州市经济社会发展中的地位

专业市场的蓬勃发展，使与之配套的物流业应运而生。区内物流园区、企业占全市总量80%以上。专业市场与物流业并驾齐驱迅猛发展，对区域经济发展起到极大的促进作用，白云区由此跃升成为华南地区专业市场和物流业集中地，从而提高了广州市作为国家中心城市的经济辐射力，也进一步确立了白云区在广州经济社会发展中的地位，白云区投资价值由此升高，备受外界关注。近几年来，绿地集团、万达集团等跨国公司纷纷踏入白云区投资落户；西门子等国内外知名客商均有重大投资项目，白云区在广州市经济社会发展中的地位已得到国内外认可。

二 白云区专业市场存在的主要问题

白云区专业市场形成时间早、发展快，但大部分是根据当时区域需求等因素自发形成。粗放型发展、数量型扩张，致使市场定位不够精准明晰，同质化严重，整体产业状态较低端，与当前经济发展极不相符。

（一）缺乏规划引导，市场规模和发展方向得不到有效控制，呈现盲目建设无序发展状态

市场单体规模小，硬件设施落后。118个专业市场中，面积在5万平方米以上的大型市场只有19个，占全区专业市场总数的16.1%。面积在5万平方米以下1万平方米以上的中型市场有42个，占比35.6%。1万平方米以下小市场有55个，占比46.6%；55个小市场中，不足2000平方米的小微市场20个，而小微市场中有6个是不足1000平方米的超微型市场。这些市场不少为

简易棚顶建筑，年久失修，隐患极大；有的混杂在商住楼里，如三元里商圈及周边的专业市场，既不符合现代市场要求，又带来消防和安全等诸多问题。由于发展前期缺乏规划，很多是"跑马圈地、见缝插针"式抢建，导致市场密度较大，布局不科学，前店后仓现象严重，内部功能不足，物流、交通等设施配套不完善，停车场车位欠缺，部分红绿灯设施不合理，交通拥堵等，制约了后续发展的动力。

（二）部分市场未来发展用地与规划用途不匹配，以及土地产权等问题，影响专业市场的提升与发展

按照白云区城市发展规划和白云区土地利用总体规划等相关规划的指引：118个专业市场中，与城市发展规划用地相符的专业市场只有48个，与土地利用总体规划相符的有101个，同时符合两规的只有41个。此外，各大商圈的专业市场，大部分都是租村集体建设用地，土地产权非自有且租赁年限短，致使市场经营者对升级改造持谨慎态度，投资力度也比较小。

（三）经营模式不规范，管理手段较落后，产业形态代际跨度大

现有专业市场大都是劳动密集型，与集约型的现代化市场形成鲜明对比。从经营规模来看，单家独户小规模经营是主流。场内个体工商户占90%以上，公司（企业）经营不到10%。5.2万经营户中，只有14户达到限额规模纳入统计，占比0.027%。这种靠小商户聚集而成的业态，难以做大做强。从经营模式来看，普遍处于传统的低端状态：一是交易与仓储功能混合，仓储配套不完善。前店后仓、下店上仓、仓储面积小等问题较严重。二是市场经营模式绝大多数还停留在"三现"交易、摊档式交易，电子交易特别是期货交易等现代化手段甚少。在电子商务的快速发展及其便利性冲击下，部分采购商从实体采购转变为通过网络等方式进行交易，使实体市场受到很大程度的影响，客源大大减少。三是市场运营基本上沿用传统的收费型物业管理模式，管理人员素质不高，服务体系不完善，远远不能满足现代商贸的要求。四是产业形态参差不齐。如位于南部的三元里商圈的皮具专业市场、黄石商圈的装饰材料专业市场等，所发展的产业较高端；而白云区北部的专业市场，如太和镇农产品专业市场、嘉禾街道五金装饰材料专业市场等，所发展的产业较低端。以上问题的

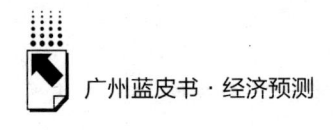

存在，使专业市场产业普遍处于低端状态，品牌聚集度不高，竞争力欠缺，吸引不了大型知名品牌进驻。

（四）市场秩序混乱现象得不到有效整治

市场的无序发展带来市场的无序竞争，从而造成市场秩序混乱。表现在以下几个方面。

1. 生产和销售假冒商品屡禁不止

如白云世界皮具贸易中心、兴发广场等知名专业市场，曾被省、市有关部门列为相关重点整治对象。2014年区内受理核查制售假案件线索5876宗，占全市的24.61%；捣毁窝点576个，占全市的27.8%；立案查处制售假案件2036宗，占全市的22.45%，极大地损害了白云区的对外形象。

2. 专业市场周边聚居了大量外来人口，从而衍生乱摆乱卖及自发形成的无证市场

这些外来人员中近90%文化素质低，从事低端手工劳作，甚至非法营运、无证经营等。市场周边的城中村、农民宅基地建的房子，均以低廉价格出租，造成"住改仓""住改商"等问题突出。加上人流、商流、物流混杂合流，致使表面上车水马龙的繁荣景象背后隐藏着大量的交通、消防、治安等社会问题。

（五）市场产出效益不高，税收贡献率较低

现将白云区专业市场与高档商业大厦（以保利国际广场北塔为例，其面积5.7万平方米）的市场单位面积产出效益相比。从经营效益看：高档商业楼平均每平方米产生销售额为187.14万元，而专业市场为3.03万元，相当于其的1.6%。从税收贡献率来看，高档商业楼平均每平方米面积产生税收9900元，而专业市场为79.26元。可见，土地空间资源被低效占用，创造的经济价值不高，因而无法形成经济发展平台的强大带动效益。

（六）宣传与管理力度不强

对专业市场的宣传力度显得单薄且比较凌乱。如石井商圈、钟落潭白云国际裘皮交易中心等偏北部或外围郊区的市场，有些已初具规模且能提供一定质

量的商品，但因缺乏有力的宣传，客源数量与质量都不如城区同类专业市场商圈。同时，由于部分商户素质低，为获取眼前利益而制售假冒伪劣产品；相关部门及专业市场管理方监管缺失或监管不到位、市场信用体系不完善、售后服务滞后等，导致整个专业市场的信誉受损。

三 促进白云区专业市场进一步发展的对策

经济新常态下，创新是引领发展的第一动力，是时代的主旋律；只有转型才能迎来新生。要把专业市场做大做强，只有把基点放在创新上，才能实现这个目标。为此本文提出"以五个创新为抓手，推动转型升级，把专业市场做大做强"的建议和对策。

（一）创新政务服务思路，从政策制定、服务优化上支持专业市场转型升级

市场发育离不开政府的支持、重视，市场转型升级更离不开政府的主导先行作用。2014年2月广州市领导率队赴海珠区调研专业市场升级改造时强调，"专业市场转型升级不能简单化，要由政府主导，企业参与"。白云区专业市场多，转型升级任务重，政府的高度重视和支持是成功的关键。

1. 政府要创新观念，树立专业市场转型升级不是一个市场的抉择，而是一个城市的抉择理念

要充分认识中国特色的专业市场，是中国特色的市场经济的关键力量，也是城市发展的重要力量。专业市场转型升级涉及一个地区整体经济产业的转型，整个地区形象的打造。白云区经济取得长足发展，专业市场功不可没。加快专业市场升级改造和商业模式创新，是专业市场发展的首要任务，政府应加大支持力度。

2. 从政策制定上予以支持

要变市场找政策谋发展为政府制定政策引导市场发展。政府应用尽可用的调控手段，给予有效的政策保护，为市场各方提供参与转型升级的动力，引导市场各方积极响应号召。应抓紧出台扶持电子商务发展和加强管理的相关政策、制定和出台加快白云区供应链金融发展的政策，配合解决电子商务快速进

入市场及转型升级中商户融资难等问题；要加大财政扶持力度，由区财政安排专项资金对专业市场升级改造项目按不同类别以项目补贴形式给予支持；在符合规划要求的前提下，允许市场升级改造后的总建筑面积适当扩大；制定专业市场行业准入门槛，对优势产业板块给予政策倾斜，鼓励支持它们进入白云区，以保证新增专业市场质量；制定招大商引大资进入白云区建设专业市场的激励政策。

3. 优化政务服务模式，提升政府服务功能

其一，要加强对专业市场转型升级的分类指导，要摸清不同类别市场的实际，制订分类具体指导的服务计划；建立落实工作长效机制，有针对性地提供到位有效的服务。其二，搭建政企电子交流平台和专业市场数据监测体系，实行政企交流无障碍。其三，完善重大项目跟踪服务机制，实现重大产业项目"一站式"服务。其四，积极与国土部门对接，协调、监督转型升级中建设用地政策的落实。其五，联手行业商协会，发挥它们在助推转型升级中的作用。

（二）创新规划调整，按照"一场一策、分类治理"的方针，有序地落实专业市场转型升级

1. 区政府应尽快审批出台《白云区推动专业批发市场转型升级的实施意见》

这是白云区根据广州市的实施意见结合自身实际拟写的指导性文件；要用"铁的手腕""大手笔大决心"的气魄组织实施，从根本上改变过去专业市场无序发展的状况。

2. 明禁区画红线

规划调整应根据市场实际，按照关闭、搬迁、合并改造、业态转型、原地升级改造等多种方式科学合理地进行。对全区市场进行摸底分类对号入座，不同分类实施不同措施。如不符合城市规划，尤其是处于交通阻塞点、消防安全隐患大的市场，必须依法实施关闭；对经营业态落后、产出效益不高、土地利用率低下、不符合产业发展定位的要停止营业；对地理位置邻近、建筑陈旧落后、功能单一相近、有较大安全隐患，但尚有发展潜力的，可利用"三旧"政策实行连片改造合并做大；对发展潜力较大，但受经营场地限制的，可进行原地升级改造，改建后将业态转型或引入更适合的业态；对一些从事生产加工的专业市场以及原址仍适宜经营，但无法满足市场发展规模的或现址已不适合

经营的，应积极引导其向外地转移。不管采用哪一种调整方式，都要一抓到底抓出成效，不能雷声大雨点小或半途而废。同时要设置白云区专业市场准入门槛，严格把关，坚决限制业态低端、消防交通问题严重，不符合市、区产业发展定位的外区专业市场迁入。

3. 通过以点带面，推动传统专业市场分步完成升级改造

选择一批大型、知名度高、技术含量高、转型升级欲望强烈的市场，如江南果菜市场、白云世界皮具中心、天健国际家居装饰商贸广场、广大商贸城等做试点，每个场选择1~2个升级改造的侧重点。以它们作为示范，推动区内符合条件的传统专业市场向现代展贸综合体转型。

4. 政府在转型升级实施规划的监督管理上要有所作为

要建立长效监管机制，对新建、扩建的重大项目要科学论证、合理布局、有效监督；要组织政企各方力量联手合作，分期分批有序推进。

（三）创新市场业态，用现代化经营手段，实现专业市场转型升级

1. 商流与物流分离，实现专业市场物流配送"专业化、集约化、市场化"

把市场的物流仓储搬出去，把现货交易从交易过程中剥离出来，形成场内交易签约、物流配送中心完成货物交割的运作模式，这是专业市场升级的必然选择。商流物流分离，可采取：①构建统一收发货平台；②将展示平台与仓储分开，升级为O2O展贸式；③引导专业市场与物流配送企业对接合作，统一为场内企业提供物流外包服务，同时引入物流配送企业承担货物配送运输功能；④在专业市场周边建造物流仓库（中心）或专业物流经营公司；⑤建造以现代电子信息、现代技术装备和管理手段为支撑的大型商业物流配送基地。专业市场既要做到商流与物流分离，又要与现代物流业相融发展，打造"专业市场＋电子商务＋现代物流"的智慧物流型专业市场。

2. 将"互联网＋"引入专业市场，创新交易方式

近几年，阿里巴巴等电子商务巨头异军突起，传统专业市场必须适应潮流，拓展新的商业模式。发展电子商务，无疑是实现转型升级最低碳最便捷和可持续发展之路。一是借助成熟的大型电商网络平台，实现实体市场与虚拟市场结合。如协调广贸天下网、震海批发网等专业平台与专业市场开展深度合作，扩大O2O电商模式，通过线上线下无缝对接，实现全方位营销。二是完

善行业现有商务平台，加快电子商务与生产、流通、消费等各领域的融合。三是发挥行业商协会作用，牵头整合各市场内单独运作的网络电子平台。探索建立行业主导、第三方牵头的市场统一信息发布、价格指导、在线交易、资源统一配置等支撑辅助功能为一体的电子商务平台；引进经验丰富、基础成熟的电商运营商和电子物流供应商，打造前展、中交、后仓的全产业链电子商务、B2B平台。

3. 打造现代化展贸综合体，优化传统商业模式

传统专业市场在现阶段仍不可减少，完全摆脱实体市场的电商化也不现实。为此，对一些具有上升空间和发展潜力的市场实行升级换代，办成融产品展示、贸易交流、创意设计、营销资讯、研发制作、电子商务和商务办公、酒店餐饮、文化娱乐等核心功能于一体的综合体。现在许多行业都逐步向展贸综合体发展，以此撬动商机，占据行业制高点，这是专业市场交易方式的创新。一是积极引入大型批发商、行业龙头、品牌企业进场，提高市场综合档次。二是引进文化元素，如吸收设计、创意、制作、研发等产业进场经营，助推市场蜕变。三是专业市场商场化。功能上虚（线上交易）实（线下体验）结合，技术上引入第三方公司、优质管理团队。四是充分发挥白云区空港经济的独特优势，承接空港经济的辐射效应。如皮革皮具商圈，可大力发挥行业协会作用，加大专业展会（皮具节、皮革节等）举办力度，吸引国内外客商"走进来"，也鼓励商户积极参与国内外重大专业展会，拓展品牌推广渠道。通过与大型会展的良性互动，加强品牌孵化，深化市场推广。

4. 实施品牌战略，创建品牌专业市场

商品要创品牌创名牌，专业市场做大做强同样要创品牌，实行品牌化经营。其一，要提高商户对品牌经营的重视度，改变打价格战、出售低端商品、赚快钱的恶性竞争；鼓励他们注重引进品牌经营，在发展自有品牌的同时，打造相应的产业品牌。其二，市场整体也要走品牌化路线，彻底改变市场粗放低端的形象。要在各种不同产业的专业市场群体中，培育一批在业内专业优势突出、核心竞争力强、影响大、声誉好的品牌市场，成为行业的"领头羊""航母"，并在工商部门商标注册。据悉2014年义乌小商品市场已在国家工商局注册商标，促进了义乌品牌形象的传播，值得借鉴。

5. 完善国际化现代化配套设施，加快大型专业市场国际化进程

一是要尽快完善适应现代化经营国际化交易的各种设施，强化国际化经营功能，加强与国际采购机构合作，拓展国际市场发展的新空间；积极开展内外贸业务，试办内外贸结合的专业市场，吸引国内外客商进驻。如石井商圈联盟会与交易会对接与俄罗斯商会合作，打通了由广州延伸至新西兰、乌克兰直至东欧的新欧亚贸易之路。二是要随着"一带一路"建设的推进，抓住中国商品交易市场走向世界的新机遇，支持皮具、鞋服、化妆品等传统优势专业市场，利用"互联网+"跨境电商等政策，冲出广州走出国门，到外国办展示厅或专业市场，实现专业市场国内、国外两地共同繁荣发展。

（四）创新管理方式，提高自身内动力，加快专业市场转型升级

转型升级不仅要注意市场硬件建设，更要注重软件服务；不仅要注意市场竞争力、配套性，更要注重市场的价值凝聚、商业文明的养成。因此要把创新管理方式放在转型升级的重要位置，做到外抓改造内抓管理，增强自身内在动力。

1. 从"出租经济+基本物业管理"的模式向多元化增值服务的管理方式转变

传统专业市场在"拿地建场招租收租"的出租经济的利益驱动下，"重收费、轻管理"，"重场地扩张、轻主体培育"，制约了市场向更高层次发展。当前专业市场进入以提升品质创建品牌为特征的集约型发展阶段，更多的是要提供市场需要的多方位专业服务，因此转型升级的着力点就是从服务入手。一是市场经营者要突破传统的办场理念，从收租者转变为市场服务提供者。经营市场不能把目光只是放在出租商铺盈利收益上，更重要的是树立"做市场就是做服务""生意你做，服务我做"的思想，站在行业发展的高度来思考经营和管理模式，通过为场内商户提供优质的全面的现代展贸综合服务，推动行业发展，提升市场业态水平。二是提升服务的精细化、专业化、人性化、差别化程度。要由传统物业向商业物业转变，融合更多的商业服务功能；针对不同行业的特点，提供有效、到位的服务，建立完善的服务体系，保证服务工作持久、经常。三是要为产业服务，帮助商户从简单的商品买卖延伸至设计、研发、品牌孵化、供应链等环节；从出租商铺到创造商机，满足产业发展需要。

2. 优化商户品质，提升市场层次

目前，由自然人、个体工商户为主体的专业市场相对过剩，而依托先进科

技手段、现代化经营理念和财务结算制度的独立大型批发企业却严重不足，这是专业市场难以做大做强的症结。转型升级必须改变长期以来市场大、商人小的格局，着力推动一批有能力有行业思维有实力的个体户向企业化、法人化转型，为培育大的经济实体创造条件，让专业市场成为中国大批发商的孵化器。

3. 建立商圈联盟实行集团化管理

商圈联盟将以点分布的单体专业市场转型为线状市场联盟。由此而生的集群化效益，不但实现了市场资源共享，避免了同质化竞争，还极大提升了每个单体专业市场的品牌美誉度，达到彼此升级融合，形成更趋完善的产业链条，使实业资本增长。石井商圈联盟是汇集服饰、皮具、鞋业等20多个经营轻工产品的传统专业市场于一体的综合商圈联盟，通过联盟达到行业自律，企业之间互惠互通，共同赢利。政府也通过商圈联盟实现地区经济提升和达到地区综合治理的目的。

（五）创新发展环境，吸引具有实力大企业进场，促进专业市场转型升级

随着经济转型发展，创业环境的优化与提升，市场环境的公平与法治，已成为投资选择的重要条件。打造宜商宜业宜居的发展环境，吸引各方"大咖"前来投资，是专业市场做大做强必不可少的举措。

1. 打造良好的融资环境

专业市场的主力军大都是个体工商户、中小型企业，它们交易活跃，但普遍资金缺乏，固定资产等传统可抵押货物不足，难以通过银行贷款。如良盛鞋材市场需银行支持的商户占30%~60%。据悉白云区内已建立基于供应链金融的第三方平台，并在汽配行业初步试点应用，取得一定成效。为此政府要尽快制定出台依托供应链金融促进专业市场转型升级的政策。此外，政府要引导金融机构对专业市场的借贷投放，引进和发展专业市场产业链贷款项目，促进小微企业与银行对接。

2. 打造良好的营商环境

①构建新型的诚信体系。一方面，大力倡导企业诚信经营、文明经商，建立诚信市场、诚信商户档案，在合规合法的前提下，对诚信企业给予行政便利与适当政策倾斜；将扰乱市场秩序的企业列入黑名单，重点监督。另一方面，

建立更加便利、及时、有效的信用反馈渠道和展示平台，将更多的市场主体纳入信用征集、评价、公示体系；完善和优化线上线下互通的诚信保障体系；加强行业自律，不断增强品牌意识和质量意识，体现新一代专业市场的素质。②加强规范整治，实现营商环境大转变。一是严厉打击非法经营和违规经营，保护业户的合法权益。采取切实措施提高商户的法治观念和文明素质，主动进行营业登记；对专业市场管理公司注册进行严格把关，下大力气对专业市场管理公司进行整顿、规范，为专业市场健康发展提供基础。二是以皮具、汽配等行业为突破口，加强对重点地区、市场、行业侵犯知识产权行为和制售假冒伪劣商品行为的监管打击力度，完善对自主知识品牌的保护力度；加大对食品安全的监管力度，形成规范有序、公平竞争的市场环境。

3. 打造良好的人文环境

加强对市场及周边的治安、交通秩序、生活环境的管理。坚持监管与疏导相结合，以预防为主，提前介入的做法；加强宣传教育，强化市场各方防火意识，加大对消防安全问题的整治力度，对消防安全隐患实行零容忍；加强对专业市场周边出租屋的管理和整治，加大对"住改仓""住改商"等的打击力度；对经营、仓储、居住"三合一"的混杂现象进行全面清理；对专业市场附近的五类车交通违法和机动车非法营运聚集地，开展集中整治行动，优化市场周边环境，创造把经营户和人才吸引留住的良好的宜商宜业宜居人文环境。

（审稿　谭苑芳）

附 录
Appendix

附表1 2015年广州市主要经济指标

指标	单位	绝对数	比上年增长(%)
年末户籍总人口	万人	854.19	—
年末常住人口	万人	1350.11	—
年末社会从业人员	万人	—	—
地区生产总值	亿元	18100.41	8.4
第一产业	亿元	228.09	2.5
第二产业	亿元	5786.21	6.8
工业增加值	亿元	5246.07	6.9
第三产业	亿元	12086.11	9.5
固定资产投资额	亿元	5405.95	10.6
社会消费品零售总额	亿元	7932.96	11.0
外商直接投资实际使用外资	亿美元	54.16	6.1
商品进口总值	亿美元	527.01	-8.9
商品出口总值	亿美元	811.69	11.6
地方财政一般公共预算收入	亿元	1349.09	8.5
地方财政一般公共预算支出	亿元	1728.15	20.3

附表1　2015年广州市主要经济指标

续表

指　　标	单位	绝对数	比上年增长(%)
全社会货运量	亿吨	10.04	3.9
全社会客运量	亿人次	10.61	8.3
港口货物吞吐量	亿吨	5.20	3.8
邮电业务收入	亿元	543.04	7.5
金融机构人民币存款余额	亿元	41574.49	14.4
城乡居民储蓄存款余额	亿元	13297.42	2.2
金融机构外币存款余额	亿美元	195.45	-8.0
城市居民消费价格总指数(上年=100)	%	101.7	1.7
城镇常住居民人均可支配收入	元	46735	8.8
农村常住居民人均可支配收入	元	19323	9.4

注：①地区生产总值、规模以上工业总产值增长速度按可比价格计算。
　　②金融机构存贷款余额增速为比年初增长速度。

附表2 2015年全国十大城市主要经济指标对比

指　　标	单位	广州	北京	天津	上海	重庆
规模以上工业总产值(当年价)	亿元	18712.36	17544.62	28016.75	31049.57	21404.66
比上年增长	%	6.4	-3.4	0.3	-0.8	12.4
规模以上工业产品销售率	%	97.7	99.2	97.7	99.5	97.8
全社会固定资产投资额	亿元	5405.95	7990.94	13065.86	6352.70	15480.33
比上年增长	%	10.6	5.7	12.1	5.6	17.1
社会消费品零售总额	亿元	7932.96	10338.01	5245.69	10055.76	6424.02
比上年增长	%	11.0	7.3	10.7	8.1	12.5
商品进口总值	亿元	3271.74	16442.61	—	15832.33	1217.87
比上年增长	%	-8.0	-24.2	—	0.5	-38.1
商品出口总值	亿元	5034.67	3395.39	—	12228.55	3425.82
比上年增长	%	12.7	-11.3	—	-5.3	-12.0
实际利用外资额(外商直接投资)	亿美元	54.16	129.96	211.34	184.59	37.72
比上年增长	%	6.1	43.8	12.0	1.6	-10.9
金融机构人民币存款余额	亿元	41574.49	123767.37	27145.93	98266.49	28904.37
金融机构人民币贷款余额	亿元	26136.95	50559.52	24500.91	48090.75	22393.93
城乡居民人民币储蓄存款余额	亿元	13297.42	26740.58	—	23384.73	12207.28
城市居民消费价格总指数	%	101.7	101.8	101.7	102.4	101.3

指　　标	单位	沈阳	武汉	南京	哈尔滨	西安
规模以上工业总产值(当年价)	亿元		12374.92	13065.80	3932.10	4395.89
比上年增长	%	—	6.8	-1.6	—	3.5
规模以上工业产品销售率	%	99.3		97.9	99.7	94.3
全社会固定资产投资额	亿元	5326.00	7680.89	5425.98	4595.70	5165.98
比上年增长	%	-18.9	10.3	-0.1	10.1	-12.5
社会消费品零售总额	亿元	3883.20	5102.24	4590.17	3394.50	3405.38

354

附表2　2015年全国十大城市主要经济指标对比

续表

指　　标	单位	沈阳	武汉	南京	哈尔滨	西安
比上年增长	%	8.2	11.6	10.2	10.5	10.1
商品进口总值	亿元	—	—	—	—	942.06
比上年增长	%	—	—	—	—	18.1
商品出口总值	亿元	—	—	—	—	819.86
比上年增长	%	—	—	—	—	11.6
实际利用外资额（外商直接投资）	亿美元	10.6	73.4	33.35	29.9	40.08
比上年增长	%	-53.3	18.5	1.3	10.0	8.2
金融机构人民币存款余额	亿元	13867.90	19057.17	25887.77	9688.60	17796.38
金融机构人民币贷款余额	亿元	11343.8	16018.3	18217.8	8492.3	13714.02
城乡居民人民币储蓄存款余额	亿元	—	6059.03	5535.53	4370.40	6571.18
城市居民消费价格总指数	%	101.2	101.4	102.0	101.4	100.7

注：数据来源于城市对比月报（2015年12月）。工业总产值、工业产品销售率为年主营业收入2000万元以上工业企业，比上年增长按可比价格计算。商品进口总值、出口总值自2014年改用人民币计价。

附表3 2015年珠江三角洲主要城市主要经济指标对比

指标	单位	广州	深圳	珠海	佛山	惠州
规模以上工业总产值（当年价）	亿元	18712.36	25055.55	4003.04	19774.93	7286.68
比上年增长	%	6.4	4.0	10.9	7.9	1.8
规模以上工业产品销售率	%	97.7	97.9	93.5	96.5	97.4
全社会固定资产投资额	亿元	5405.95	3298.31	1305.14	3035.52	1863.93
比上年增长	%	10.6	21.4	15.0	16.2	16.0
社会消费品零售总额	亿元	7932.96	5017.84	913.20	2687.22	1070.72
比上年增长	%	11.0	2.0	12.0	11.9	10.5
商品进口总值	亿元	3271.70	11101.19	1167.21	1088.20	1215.10
比上年增长	%	-8.0	-11.1	-26.7	-19.8	-14.3
商品出口总值	亿元	5034.60	16415.39	1794.84	2999.00	2160.90
比上年增长	%	12.7	-6.0	0.7	4.5	-3.1
实际利用外资额（外商直接投资）	亿美元	54.16	64.97	21.78	23.77	11.05
比上年增长	%	6.1	11.9	12.8	10.5	-43.8
金融机构人民币存款余额	亿元	41574.49	52800.13	5145.93	11479.03	3612.52
金融机构人民币贷款余额	亿元	26136.95	28223.74	2860.33	7809.51	2464.35
城乡居民人民币储蓄存款余额	亿元	13297.42	9468.60	1302.31	—	—
城市居民消费价格总指数	%	101.7	102.2	101.7	101.6	101.9

指标	单位	肇庆	江门	东莞	中山
规模以上工业总产值（当年价）	亿元	4058.09	—	—	—
比上年增长	%	7.5	—	—	—
规模以上工业产品销售率	%	98.0	94.0	97.4	—
全社会固定资产投资额	亿元	1330.03	1307.87	1446.52	1055.41
比上年增长	%	16.80	17.70	3.30	17.00
社会消费品零售总额	亿元	632.36	1032.31	2154.70	1079.74

附表3 2015年珠江三角洲主要城市主要经济指标对比

续表

指　　标	单位	肇庆	江门	东莞	中山
比上年增长	%	12.90	11.80	10.90	10.00
商品进口总值	亿元	214.70	277.10	3971.20	471.40
比上年增长	%	8.4	-14.7	-1.2	-15.5
商品出口总值	亿元	296.7	954.7	6429.5	1738.9
比上年增长	%	4.9	3.0	7.8	1.6
实际利用外资额（外商直接投资）	亿美元	13.94	8.79	53.20	4.57
比上年增长	%	4.6	3.0	17.5	-32.9
金融机构人民币存款余额	亿元	—	—	9736.24	—
金融机构人民币贷款余额	亿元	—	—	5816.04	—
城乡居民人民币储蓄存款余额	亿元	—	—	—	—
城市居民消费价格总指数	%	100.8	101.8	101.4	100.8

注：1. 广州、深圳、珠海、佛山、东莞数据来源于城市对比月报（2015年12月），惠州、肇庆、江门、中山数据来源于各市统计局网站月报。

2. 工业总产值、工业产品销售率为年主营业收入2000万元以上工业企业，比上年增长按可比价格计算。商品进口总值、出口总值自2014年改用人民币计价。

Abstract

Analysis and Forecast on Economy of Guangzhou in China (2016), jointly compiled by Guangzhou University, Policy Research Office of Guangzhou Municipal Party Committee and Guangzhou Statistical Bureau, is one of the Guangzhou Blue Book Series taken in the "National Book Series" issued by Social Science Academic Press to public. The seven parts of the book include General Report, Economic Development, Transformation and Upgrade, Industrial development, Fiscal Levy, Trade Consumption and Appendix. It collects the latest research works of many economic experts, scholars and front line people from the Guangzhou research group, universities and government departments. In a word, this book is an important reference on Guangzhou economic operation and relevant thematic analysis and prediction.

In 2015, faced with complicated environment in and abroad, Guangzhou initiative to adapt and lead the economic development new normal, insisted the main tone of seeking improvement in stability, an all-out effort to maintain stable growth, carry out reform, make structural adjustment and benefit people's livelihood. The good situation with steady progress and improve quality are showed in the economic and social development of Guangzhou. The GDP reached 1.810041 trillion yuan, up by 8.4% over the last year, higher than the national and the provincial level.

In 2016, the differentiation trend of world economy growth is more prominent, deep-seated contradictions accumulated in domestic economy through long-term are gradually highlighted. Guangzhou would promulgate a series of policies and measures including building the modern industrial system, promoting investment growth, digging consumption potential, optimizing the development environment, implementing innovation driven strategy and enhancing the level of opening up in and abroad to bring new impetus to economic development.

Contents

I General Report

B. 1 Analysis of Economic Situation of Guangzhou in 2015
and Prospect in 2016
       Joint Research Group of General Office in Guangzhou
       Statistical Bureau and Guangzhou Developmental
       Academy in Guangzhou University / 001
  1. Analysis of Economic Situation of Guangzhou in 2015   / 002
  2. Issues Required Special Attention in Economic Development / 010
  3. Prospects and Countermeasures in 2016   / 013

Abstract: In 2015, faced with complicated environment in and abroad, Guangzhou initiative to adapt and lead the economic development new normal, and take various means to main the stable growth. The good situation with steady progress is showed in the economic and social development of Guangzhou. In 2016, Guangzhou would promulgate a series of policies and measures including building the modern industrial system, promoting investment growth, digging consumption potential, optimizing the development environment, implementing innovation driven strategy and enhancing the level of opening up in and abroad to bring new impetus to economic development.

Keywords: Guangzhou; Economic Situation; Economic Development

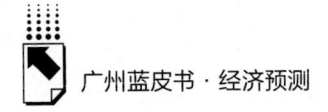

II Economic Development

B.2 Quality of Guangzhou Economic Development
in 2015 and Prospect in 2016

Fu Yuanhai / 019

Abstract: In 2014, Guangzhou economic development had entered to the new normal. Therefore, improving the quality of economic development becomes an inevitable requirement for Guangzhou to adapt and lead the new normal, and is the main line of economic development during Guangzhou "The 13th Five-Year Plan" period. In this paper, the conversion of economic growth structural momentum, transformation of economic structure, changes of economic efficiency and environmental pollution control are the main factors to investigate the quality of Guangzhou economic development in 2015, the prospect and variation trend of Guangzhou economic development quality are discussed as well.

Keywords: Quality of Economic Development; Momentum Structure; Economic Structure; Economic Efficiency; Environmental Pollution

B.3 Analysis of Guangzhou Export-oriented Economy
in 2015 and Prospect in 2016   *Zou Wenli* / 040

Abstract: World economic environment and development situation of Guangzhou export-oriented economy in recent years are analyzed to indicate the problems in the development process. The prospect of Guangzhou export-oriented economy development in 2016 is also discussed.

Keywords: Guangzhou; Export-oriented Economy; International Trade; Foreign Direct Investment

B. 4　The Study of Comprehensive Competitiveness
of Yuexiu District Comparing to Other Sub Provincial
Center City District　　*2015 Research Group of Yuexiu District Development and Reform Bureau* / 054

Abstract: Considering the current situation of macroeconomic development, the comprehensive competitiveness evaluation model of center city district is formulated in the paper. The competitive status of Yuexiu District in all center city district is quantitative anlyzed, and the main factors restricting the competitiveness and the path to make improvement are also pointed out.

Keywords: Center City District; Comprehensive Competitiveness; Yuexiu District

B. 5　The Research of Economic Development in Baiyun
District with New Normal
Research Group of Chinese People's Political Consultative Conference in Baiyun District / 074

Abstract: The historic causes and practical constraints of problems faced with economic development in Baiyun District are analyzed, as well as the advantages such as the location and general communication. At the end, the ideas and suggestions of economic development with new normal in Baiyun District are targeted proposed.

Keywords: Economic Development; Baiyun District; Guangzhou

B. 6　Comparative Research on Three State-level Development
Zones in 2015: Case Study of Guangzhou,
Zengcheng and Nansha　　*Dai Lizhu* / 084

Abstract: Current development and comparative study of three state-level new area are combed, then the corresponding recommendations to further development of three development zones are promoted.

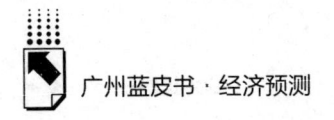

Keywords: State-level Development Zone; Comparative study; Guangzhou

Ⅲ Transformation and Upgrading

B.7 Analysis of Guangzhou Financial Innovation
in 2015 and Prospects in 2016   *Huang Yanhui* / 094

Abstract: The current situation of financial innovation in Guangzhou are discussed. Learning the advanced experiences of financial innovation from outstanding cities in and abroad, the countermeasures and suggestion from 5 aspects including creating national financial transaction platform, building a number of national financial institutions accompanied by new corporate financial institutions, constructing financial main channel involved in 21st century Maritime Silk Road, Creative developing industrial finance and modifying the financial talents introduction policies for Guangzhou are provided.

Keywords: Guangzhou; Financial Innovation; Financial Development; Regional Financial Center

B.8 Research on the Path of Innovation Driven
Economic Development in Guangzhou   *Chen Bei* / 104

Abstract: By constructing indicators system of innovation driven economic development, 4 factors are selected to implement the empirical analysis of 20 innovative cities in the country. According to the comparative analysis, combined the characteristics of selected factors in Guangzhou, the path of innovation driven economic development in Guangzhou is derived.

Keywords: Innovation Driven; Economic Development; Cities Comparison

B. 9　Analysis of Guangzhou Headquarters Economy
　　　Development in 2015 and Prospects in 2016　　　Nie Peng / 122

Abstract: The current situation, problems and reasons of Guangzhou headquarters economy development in 2015 are analyzed in details, and the corresponding policy recommendations are proposed. The paper emphasized that Guangzhou should highlight the reasonable position as being the regional headquarters agglomeration center in South China, introduce and cultivate talents, develop modern service industry, pay attention to the match between headquarters economy polices and corporate demands and cultivate the market environment to further the development of headquarters economy in Guangzhou.

Keywords: Headquarters Economy; Technological Innovation; Modern Service Industry

B. 10　The Research of Status Quo and Countermeasure
　　　 of Building Economy in Yuexiu District in Guangzhou
　　　　　　　Research Group in Guangzhou Developmental Academy
　　　　　　　　　　　　　　　　in Guangzhou University / 131

Abstract: Developing building economy to promote the industry and urban upgrading is one of the important measures to renewal the old town and enhance the limited urban space in may cities in and abroad. According to learning the advanced experiences from other cities, Yuexiu District in Guangzhou treated revitalizing public property assets and developing building economy as the breakthrough of adjusting structure and promoting transformation. Then the detailed countermeasures are proposed to building economy development in specific areas.

Keywords: Building Economy; Public Property; Yuexiu District

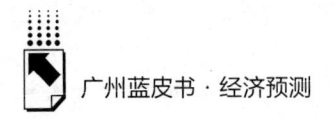

B. 11 Research on the Path of Industrial Transformation
and Upgrading in Haizhu District *Fu Xiangdong* / 146

Abstract: The second and third national economic census data are adopted to analyze the industrial transformation and upgrading in Haizhu District since 2008, the path of industrial transformation and upgrading in Haizhu District is studied in details.

Keywords: Haizhu District; Transformation and Upgrading; Path Research

Ⅳ Industrial Development

B. 12 Characteristics of Guangzhou Industrial Structure
and Influential Factors Analysis
Research Group of General Office in Guangzhou Statistical Bureau / 164

Abstract: Based on the analysis of Guangzhou industrial structure evolution trend, 4 aspects including rationalization, upgrading, transformation speed and transformation direction of industrial structure are chosen to study the characteristics of industrial structure transformation in Shanghai, Beijing, Guangzhou, Shenzhen and Tianjin. Besides, the factors influencing the Guangzhou industrial structure transformation are empirically analyzed to propose the suggestions for further industrial transformation and upgrading in Guangzhou.

Keywords: Industrial Structure; Transformation and Upgrading; Guangzhou

B. 13 Comparative Analysis of Industrial Structure
between Guangzhou and Other Six Cities
*Research Group of General Office in Guangzhou Municipal
Development and Reform Commission* / 185

Abstract: With the comparison to other six cities, the evolution trend and current characteristics of industrial structure in Guangzhou are revealed. The model with relevant indicators such as supply, demand, technology, opening up and government is adopted to do the empirical analysis of factors influencing the industrial structure, and the corresponding policy recommendations are also proposed.

Keywords: Industrial Structure; Influencing Factors; Comparative Analysis

B. 14 Research on the Development of Backbone
Enterprises in Guangzhou
Research Group of General Office in Guangzhou Statistical Bureau / 197

Abstract: With the third national economic census data, the characteristics of backbone enterprises in all industries in Guangzhou are concluded in depth. According to the analysis of industrial profitability and growth capacity, the suggestions to cultivate and develop backbone enterprises in Guangzhou are fostered.

Keywords: Guangzhou; Backbone Enterprises

B. 15 Analysis of Guangzhou Urban Agriculture
in 2015 and Prospect in 2016
Research Group in Guangzhou Developmental
Academy in Guangzhou University / 212

Abstract: The problems in the development of Guangzhou urban agriculture in 2015 are analyzed. The results showed that special files should be introduced in 2016 in Guangzhou to provide the direction and objective to urban agriculture development. Besides, the capacity of scientific technology innovation and enterprise should be improved to provide stamina for modern agriculture. In addition, Guangzhou should regulate the development of leisure tourism to enhance the "suction gold" ability of agriculture.

Keywords: Guangzhou; Urban Agriculture

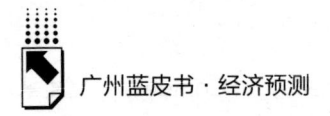

B. 16　Research on Development of Leading Industries in Yuexiu District

Research Group of Yuexiu District Development and Reform Bureau / 224

Abstract: According to a variety of analytic methods, the data from the third economic census and collected in recent years are used to analyze the general situation, achievements, characteristics, problems and prospects of leading industries in Yuexiu District. In addition, the countermeasures to promote the development of leading industries are proposed.

Keywords: Yuexiu District; Leading Industries; Industrial Integration

Ⅴ　Fiscal Levy

B. 17　Comparative Analysis of Local Finance Contributions in Different Sectors in Guangzhou

Research Group of Guangzhou Local Taxation Research Association / 236

Abstract: Massive industrial economic tax data are collected with the viewpoint of pulling effect of industrial development on municipal tax to explore the underlying causes of insufficient financial resources in Guangzhou and analyze the contribution of current major sectors and industrial development on local finance. Furthermore, the recommendations are proposed to speed up optimizing the industrial structure and enhancing the local finance resources.

Keywords: Local Financial Resources; Industrial Structure; Tax; Logarithmic Regression

B. 18 Research on Development of Guangzhou Airport

Industry Tax Sources

Research Group of Guangzhou International Tax Research Association / 254

Abstract: This paper focused on the current situation analysis of Guangzhou airport industry. Learning the development experiences from domestic and international airport industry, the meaningful measures are proposed to optimize the airport industrial structure and promote regional economic development and tax Source.

Keywords: Airport Economic Zone; Airport Industry; Development of Tax Source

B. 19 Domestic and International Reference Study

for Tax Policy in Nansha Free Trade Zone

Research Group of Guangzhou International Tax Research Association / 261

Abstract: By international comparison, combined with domestic and international experience and functional position of Nansha Free Trade Zone, the suggestions to tax policy support and tax system perfection are targeted provided to develop the Free Trade Zone.

Keywords: Nansha Free Trade Zone; Tax Policy; Guangdong

B. 20 Exploration of Internet Finance with the Perspective

of Local Finance and Taxation

Research Group of YueXiu District Local Taxation Bureau in Guangzhou / 275

Abstract: This paper attempts to use big data analysis method, based on local

367

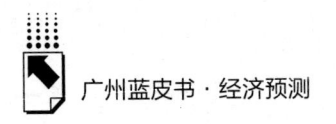

finance and taxation, to discuss the development of internet finance which is an emerging type of business. The results showed that local taxation authorities must thoroughly study the development rules and characteristics of internet finance and adopt diverse effective measures to control and manage risks.

Keywords: Local Finance and Taxation; Internet Finance; Emerging Type of Business

VI Trade Consumption

B.21　Research on Factors Influencing Guangzhou
　　　Employees Income Gap　　　　　　　　*Pan Xu* / 287

Abstract: From the viewpoint of microscopic, Guangzhou urban and rural household survey data are adopted to analyze the influence of individual's own characteristics on income. The results showed that the impact of personal characteristic on income growing, the ability would be more important than external factors to affect income, the education takes up most critical impact on income, and the institutional factor still cannot be ignored.

Keywords: Income Gap; Individual Characteristics; Theil Index

B.22　The Variation Trend of Guangzhou Residents' Consumption
　　　Structure and Prospects in 2016　　　　*Li Lingling* / 302

Abstract: Based on judgments to current situation of Guangzhou residents' consumption structure and basic variation trends, combined with actual consumption environment and associated survey data, the factors influencing Guangzhou residents' 8 categories consumption expenditure are analyzed. Last, the prospects of Guangzhou residents' consumption structure and optimization proposal are discussed.

Keywords: Residents' Consumption; Consumption Structure; Guangzhou

B. 23　Status Quo, Problems and Countermeasures of Guangzhou
　　　　Carrying Negative List Management in 2015　　*Liu Guang* / 317

Abstract: In 2015, with the guiding spirit of relevant polices and plannings promulgated by levels of government and department, Guangzhou actively implemented the negative list management in the relevant areas. This mode is not only conducive to Guangdong Free Trade Zone construction, docking to "One Road, One Belt" national strategy and advancing the reform of administrative examination and approval, but also help Guangzhou to enhance market transparency, provide clear behavioral boundaries to market participants and stabilize the expectation, as well as clarifying the relationship between government and market, in order to exert the decisive role of market in allocating resources.

Keywords: Negative List Management; Market Access; The Reform of Administrative Examination and Approval; Guangzhou

B. 24　Survey Research on Guangzhou Urban
　　　　Residents Spending Intentions　　*Qiao Yong* / 332

Abstract: Current consumption expenditure of urban residents in Guangzhou is analyzed as well as the consumption intentions in the next two years. Besides, the measures and proposals to boost consumption are put forward.

Keywords: Residents' Consumption; Consumption Behavior; Consumption Intentions

B. 25　Research on Specialized Market Development
　　　　in Baiyun District
　　　　　　　　Finance Group of Chinese People's Political
　　　　　　　　Consultative Conference in Baiyun District / 338

Abstract: Based on the field research, the status of specialized market development in Baiyun District is analyzed to point out the advantages and shortcomings. In addition, the countermeasures to promote the further development of specialized market in Baiyun District are derived.

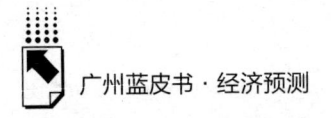

Keywords: Biayun District; Specialized Market; Guangzhou

Ⅶ Appendix

Table 1　Key Economic Indicators of Guangzhou in 2015　/ 352

Table 2　The Comparison of Key Economic Indicators Among Top Ten Cities in 2015　/ 354

Table 3　The Comparison of Economic Indicators Among Major Cities in Pearl River Delta in 2015　/ 356

社会科学文献出版社　　皮书系列

❖ 皮书起源 ❖

"皮书"起源于十七、十八世纪的英国，主要指官方或社会组织正式发表的重要文件或报告，多以"白皮书"命名。在中国，"皮书"这一概念被社会广泛接受，并被成功运作、发展成为一种全新的出版形态，则源于中国社会科学院社会科学文献出版社。

❖ 皮书定义 ❖

皮书是对中国与世界发展状况和热点问题进行年度监测，以专业的角度、专家的视野和实证研究方法，针对某一领域或区域现状与发展态势展开分析和预测，具备原创性、实证性、专业性、连续性、前沿性、时效性等特点的公开出版物，由一系列权威研究报告组成。

❖ 皮书作者 ❖

皮书系列的作者以中国社会科学院、著名高校、地方社会科学院的研究人员为主，多为国内一流研究机构的权威专家学者，他们的看法和观点代表了学界对中国与世界的现实和未来最高水平的解读与分析。

❖ 皮书荣誉 ❖

皮书系列已成为社会科学文献出版社的著名图书品牌和中国社会科学院的知名学术品牌。2011年，皮书系列正式列入"十二五"国家重点出版规划项目；2012~2015年，重点皮书列入中国社会科学院承担的国家哲学社会科学创新工程项目；2016年，46种院外皮书使用"中国社会科学院创新工程学术出版项目"标识。

中国皮书网
www.pishu.cn

发布皮书研创资讯，传播皮书精彩内容
引领皮书出版潮流，打造皮书服务平台

栏目设置：

- 资讯：皮书动态、皮书观点、皮书数据、皮书报道、皮书发布、电子期刊
- 标准：皮书评价、皮书研究、皮书规范
- 服务：最新皮书、皮书书目、重点推荐、在线购书
- 链接：皮书数据库、皮书博客、皮书微博、在线书城
- 搜索：资讯、图书、研究动态、皮书专家、研创团队

中国皮书网依托皮书系列"权威、前沿、原创"的优质内容资源，通过文字、图片、音频、视频等多种元素，在皮书研创者、使用者之间搭建了一个成果展示、资源共享的互动平台。

自2005年12月正式上线以来，中国皮书网的IP访问量、PV浏览量与日俱增，受到海内外研究者、公务人员、商务人士以及专业读者的广泛关注。

2008年、2011年中国皮书网均在全国新闻出版业网站荣誉评选中获得"最具商业价值网站"称号；2012年，获得"出版业网站百强"称号。

2014年，中国皮书网与皮书数据库实现资源共享，端口合一，将提供更丰富的内容，更全面的服务。

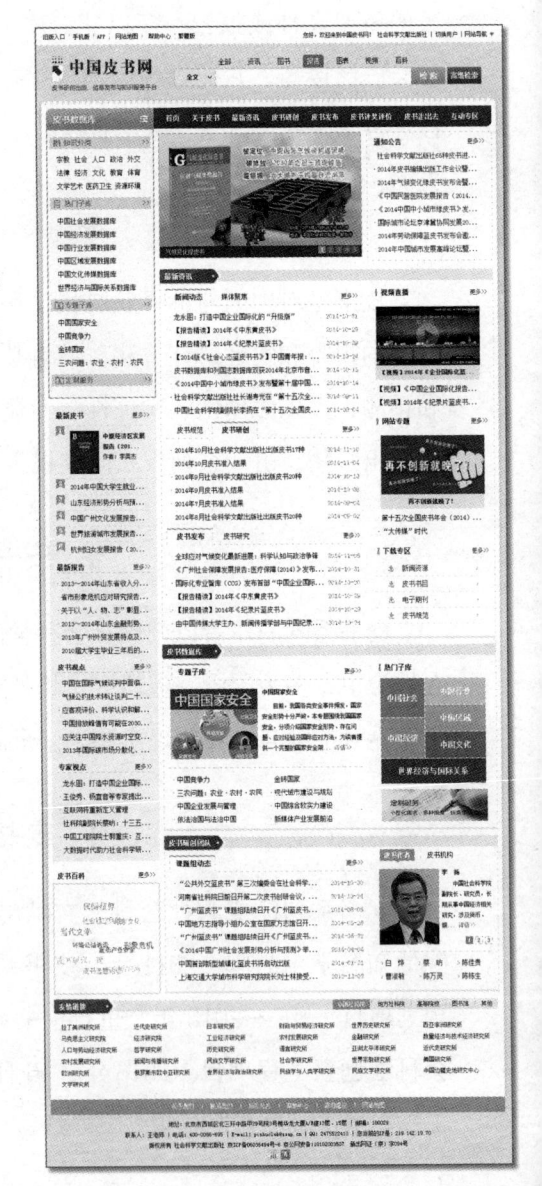

法律声明

"皮书系列"(含蓝皮书、绿皮书、黄皮书)之品牌由社会科学文献出版社最早使用并持续至今,现已被中国图书市场所熟知。"皮书系列"的LOGO( )与"经济蓝皮书""社会蓝皮书"均已在中华人民共和国国家工商行政管理总局商标局登记注册。"皮书系列"图书的注册商标专用权及封面设计、版式设计的著作权均为社会科学文献出版社所有。未经社会科学文献出版社书面授权许可,任何使用与"皮书系列"图书注册商标、封面设计、版式设计相同或者近似的文字、图形或其组合的行为均系侵权行为。

经作者授权,本书的专有出版权及信息网络传播权为社会科学文献出版社享有。未经社会科学文献出版社书面授权许可,任何就本书内容的复制、发行或以数字形式进行网络传播的行为均系侵权行为。

社会科学文献出版社将通过法律途径追究上述侵权行为的法律责任,维护自身合法权益。

欢迎社会各界人士对侵犯社会科学文献出版社上述权利的侵权行为进行举报。电话:010-59367121,电子邮箱:fawubu@ssap.cn。

社会科学文献出版社

权威报告·热点资讯·特色资源

皮书数据库
ANNUAL REPORT(YEARBOOK) DATABASE

当代中国与世界发展高端智库平台

皮书俱乐部会员服务指南

1. 谁能成为皮书俱乐部成员？
- 皮书作者自动成为俱乐部会员
- 购买了皮书产品（纸质书/电子书）的个人用户

2. 会员可以享受的增值服务
- 免费获赠皮书数据库100元充值卡
- 加入皮书俱乐部，免费获赠该纸质图书的电子书
- 免费定期获赠皮书电子期刊
- 优先参与各类皮书学术活动
- 优先享受皮书产品的最新优惠

3. 如何享受增值服务？

（1）免费获赠100元皮书数据库体验卡

第1步 刮开附赠充值的涂层（右下）；

第2步 登录皮书数据库网站（www.pishu.com.cn），注册账号；

第3步 登录并进入"会员中心"—"在线充值"—"充值卡充值"，充值成功后即可使用。

（2）加入皮书俱乐部，凭数据库体验卡获赠该书的电子书

第1步 登录社会科学文献出版社官网（www.ssap.com.cn），注册账号；

第2步 登录并进入"会员中心"—"皮书俱乐部"，提交加入皮书俱乐部申请；

第3步 审核通过后，再次进入皮书俱乐部，填写页面所需图书、体验卡信息即可自动兑换相应电子书。

4. 声明

解释权归社会科学文献出版社所有

皮书俱乐部会员可享受社会科学文献出版社其他相关免费增值服务，有任何疑问，均可与我们联系。

图书销售热线：010-59367070/7028
图书服务QQ：800045692
图书服务邮箱：duzhe@ssap.cn

数据库服务热线：400-008-6695
数据库服务QQ：2475522410
数据库服务邮箱：database@ssap.cn

欢迎登录社会科学文献出版社官网
（www.ssap.com.cn）
和中国皮书网（www.pishu.cn）
了解更多信息

社会科学文献出版社 皮书系列
SOCIAL SCIENCES ACADEMIC PRESS (CHINA)

卡号：594519179334
密码：

子库介绍
Sub-Database Introduction

中国经济发展数据库

涵盖宏观经济、农业经济、工业经济、产业经济、财政金融、交通旅游、商业贸易、劳动经济、企业经济、房地产经济、城市经济、区域经济等领域，为用户实时了解经济运行态势、把握经济发展规律、洞察经济形势、做出经济决策提供参考和依据。

中国社会发展数据库

全面整合国内外有关中国社会发展的统计数据、深度分析报告、专家解读和热点资讯构建而成的专业学术数据库。涉及宗教、社会、人口、政治、外交、法律、文化、教育、体育、文学艺术、医药卫生、资源环境等多个领域。

中国行业发展数据库

以中国国民经济行业分类为依据，跟踪分析国民经济各行业市场运行状况和政策导向，提供行业发展最前沿的资讯，为用户投资、从业及各种经济决策提供理论基础和实践指导。内容涵盖农业，能源与矿产业，交通运输业，制造业，金融业，房地产业，租赁和商务服务业，科学研究，环境和公共设施管理，居民服务业，教育，卫生和社会保障，文化、体育和娱乐业等100余个行业。

中国区域发展数据库

以特定区域内的经济、社会、文化、法治、资源环境等领域的现状与发展情况进行分析和预测。涵盖中部、西部、东北、西北等地区，长三角、珠三角、黄三角、京津冀、环渤海、合肥经济圈、长株潭城市群、关中—天水经济区、海峡经济区等区域经济体和城市圈，北京、上海、浙江、河南、陕西等34个省份及中国台湾地区。

中国文化传媒数据库

包括文化事业、文化产业、宗教、群众文化、图书馆事业、博物馆事业、档案事业、语言文字、文学、历史地理、新闻传播、广播电视、出版事业、艺术、电影、娱乐等多个子库。

世界经济与国际政治数据库

以皮书系列中涉及世界经济与国际政治的研究成果为基础，全面整合国内外有关世界经济与国际政治的统计数据、深度分析报告、专家解读和热点资讯构建而成的专业学术数据库。包括世界经济、世界政治、世界文化、国际社会、国际关系、国际组织、区域发展、国别发展等多个子库。